LA VIE QUOTIDIENNE EN NOUVELLE-CALÉDONIE

de 1850 à nos jours

DU MÊME AUTEUR

Terre et Hommes de Nouvelle-Calédonie, 1re éd. 1976; 2e éd., éditions du Cagou, Nouméa, 1984.

L'Ile aux cent visages, Graphical, Nouméa, 1980, (accompagné d'un disque),

Un pays nommé Caillou, Imprimeries Réunies, Nouméa, 1981,

La Patache, I.R.N., Nouméa, 1982.

Doc. de couverture : *Les Colonies françaises* (Cahier nº 41), Gravure de L. Geisher, d'après un dessin de G. Dasher, 1892. (Cl. Hachette/B.N.)

Jacqueline SÉNÈS

LA VIE QUOTIDIENNE EN NOUVELLE-CALÉDONIE

de 1850 à nos jours

HACHETTE
littérature

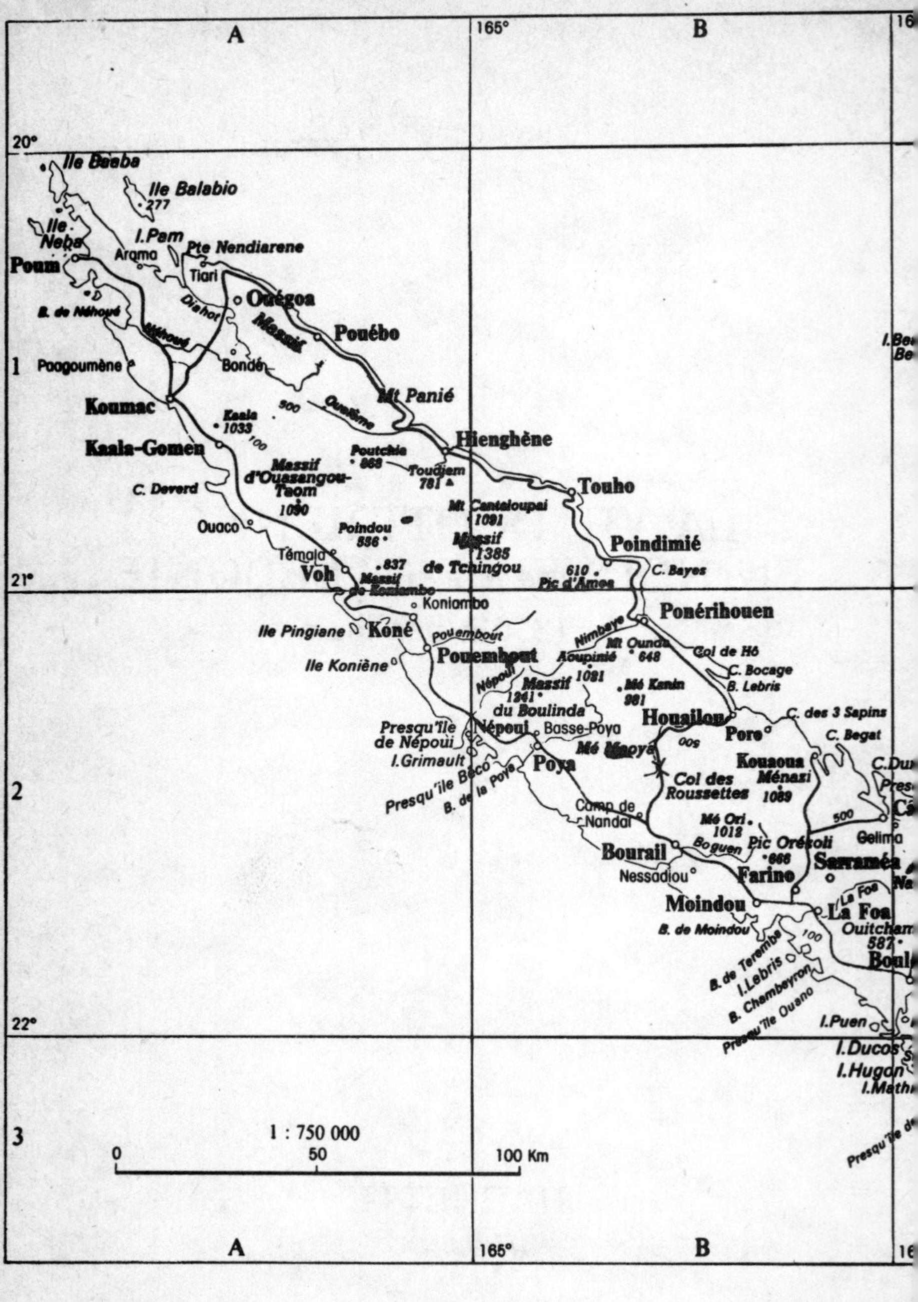
A
165°
B
20°
21°
22°
1
2
3
Ile Baaba
Ile Balabio
277
Ile Neba
I.Pam
Poum
Arama
Pte Nendiarene
Tiari
Ouégoa
B. de Néhoué
Diahot
Massif
Pouébo
Néhoué
Paagoumène
Bondé
Mt Panié
Koumac
Kaala 1033
500
Ouaième
100
Kaala-Gomen
Hienghène
Poutchie 868
Massif d'Ouazangou-Taom 1090
Toudjem 781
C. Deverd
Touho
Mt Cantaloupai 1081
Ouaco
Poindou 536
Massif 1385 de Tchingou
Poindimié
Témala
Voh
.837
610
C. Bayes
Massif de Koniambo
Pic d'Amoa
Koniambo
Ponérihouen
Ile Pingiane
Koné
Pouembout
Nimbaye
Mt Ounda 648
Col de Hô
Ile Koniène
Pouembout
Aoupinié 1081
C. Bocage
Népoui
Massif 1241
B. Lebris
Mé Kanin 981
du Boulinda
Houailou
C. des 3 Sapins
Presqu'île de Népoui
Népoui
Basse-Poya
Poro
C. Begat
I.Grimault
Mé Maoya
Poya
Kouaoua
Col des Roussettes
Ménazi 1089
Presqu'île Béco
B. de la Poya
Camp de Nandai
500
Mé Ori 1012
Gelima
Bourail
Boguen
Pic Orézoli 666
Nessadiou
Farino
Sarraméa
Moindou
La Foa
La Foa
B. de Moindou
Ouitcham 587
B. de Teremba
100
I.Lebris
B. Chambeyron
Presqu'île Ouano
I.Puen
I.Ducos
I.Hugon
1 : 750 000
0
50
100 Km
A
165°
B

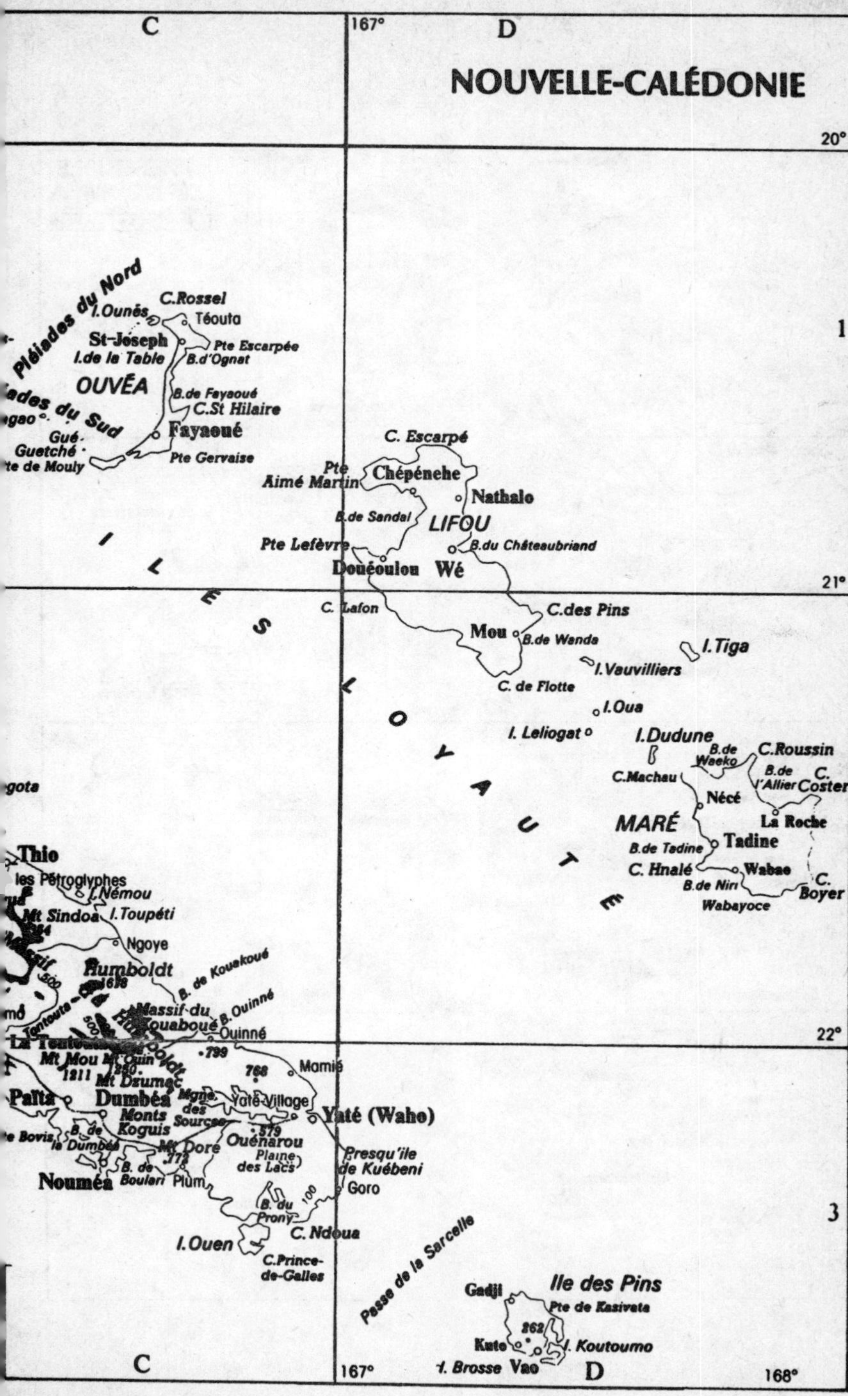

C
167°
D
NOUVELLE-CALÉDONIE
20°
1
Pléiades du Nord
C.Rossel
I.Ounés
Téouta
St-Joseph
Pte Escarpée
I.de la Table
B.d'Ognat
OUVÉA
B.de Fayaoué
C.St Hilaire
Fayaoué
Pte Gervaise
Guetché
C. Escarpé
Chépénehe
Aimé Martin
Nathalo
B.de Sandal
LIFOU
Pte Lefèvre
B.du Châteaubriand
Douéoulou
Wé
21°
C. Lafon
C.des Pins
Mou
B.de Wanda
I.Tiga
I.Vauvilliers
C. de Flotte
I.Oua
I. Leliogat
I.Dudune
C.Roussin
B.de Waeko
C.Machau
B.de l'Allier
C. Coster
Nécé
La Roche
MARÉ
Tadine
B.de Tadine
C. Hnalé
Wabao
C. Boyer
B.de Niri
Wabayoce
I L E S L O Y A U T É
Thio
les Pétroglyphes
I.Némou
Mt Sindoa
I.Toupéti
Ngoye
Humboldt
B. de Kouakoué
Massif du Kouaboué
B. Ouinné
Ouinné
22°
Mt Mou
1211
Mt Dzumac
768
Mamié
Païta
Dumbéa
Mgne. des Sources
Yaté-Village
Monts Koguis
Yaté (Waho)
B. de la Dumbéa
Mt Dore
Ouénarou
Plaine des Lacs
Presqu'île de Kuébeni
Nouméa
B. de Boulari
Plum
Goro
B. du Prony
C. Ndoua
I.Ouen
C.Prince-de-Galles
Passe de la Sarcelle
3
Ile des Pins
Gadji
Pte de Kasiveta
262
Kuto
I. Koutoumo
C
167°
I. Brosse
Vao
D
168°

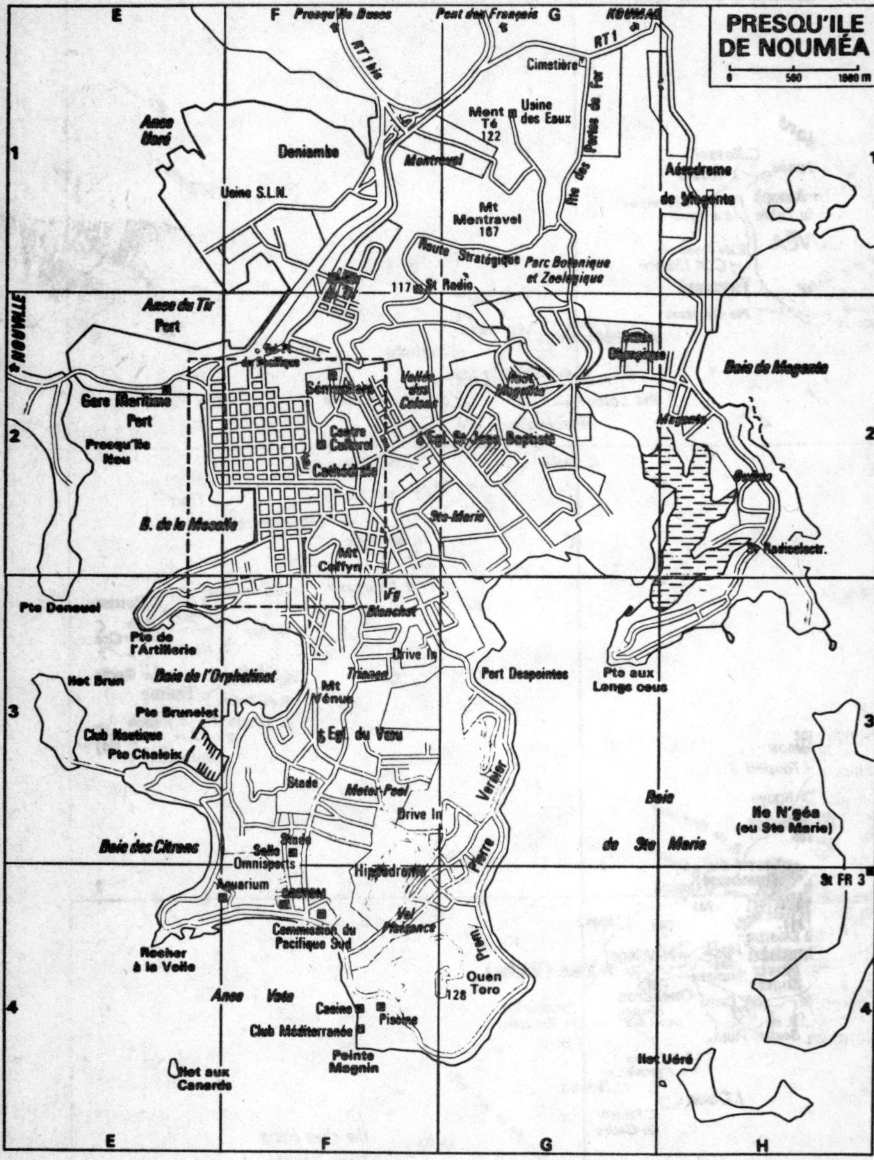

PRESQU'ILE DE NOUMÉA
0
500
1000 m
E
F
G
H
1
2
3
4
Presqu'île Ducos
Pont des Français
KOUMAC
RT 1
RT 1 bis
Cimetière
Usine des Eaux
Mont Té 122
Anse Uaré
Deniambo
Montravel
Usine S.L.N.
Mt Montravel 167
Aérodrome de Magenta
Route Stratégique
Parc Botanique et Zoologique
117
St Radio
Anse du Tir
Port
NOUVILLE
Baie de Magenta
Gare Maritime
Port
Presqu'île Nou
Centre Culturel
Cathédrale
Magenta
Ste-Marie
B. de la Moselle
St Radioélectr.
Mt Coffyn
Fg Blanchot
Pte Denouel
Pte de l'Artillerie
Drive In
Baie de l'Orphelinat
Port Despointes
Pte aux Longs cous
Ilot Brun
Mt Vénus
Pte Brunelot
Club Nautique
Pte Chaleix
Egl. du Voeu
Versailles
Stade
Drive In
Baie
Ile N'géa (ou Ste Marie)
Baie des Citrons
de Ste Marie
Stade
Salle Omnisports
Hippodrome
St FR 3
Aquarium
Commission du Pacifique Sud
Rocher à la Voile
Ouen Toro
128
Anse Vata
Casino
Piscine
Club Méditerranée
Pointe Magnin
Ilot aux Canards
Ilot Uéré

AVERTISSEMENT

Le livre que voici ne vise nullement à relater de manière exhaustive l'histoire de la Nouvelle-Calédonie de 1850 à nos jours. Un tel ouvrage eût exigé de nous des développements en profondeur que ne nous permettaient ni notre manque de recul par rapport aux événements en cours et même à leurs sources, ni surtout le temps que nous nous étions accordé. Inversement, certains détails auxquels nous nous sommes attachée n'y auraient certainement pas trouvé place. Broutilles, certes, au regard de la science historique, ces éléments constitutifs de la trame des jours nous ont, en revanche, paru servir au mieux une ambition plus modeste : celle de faire sentir au lecteur non prévenu les couleurs changeantes de la vie quotidienne tout au long de ces cent vingt années de présence française en terre mélanésienne et lui rendre intelligibles, à travers notre peinture, toutes les contradictions de l'âme calédonienne au sens le moins étroit du mot.

Est-il besoin d'ajouter que nous avons conçu l'évocation des moments difficiles de ce pays, annonçant la période cruciale qu'il traverse, de la façon la plus impartiale? Cela ne signifie pas que nous nous soyons abstenue de tout jugement, mais que, faisant abstraction de toute passion, nous nous sommes voulue équitable...

De cette île cependant nous restons complice.

Nous l'avons passionnément aimée. Mieux, nous y avons cru. Vivant autant avec les Canaques qu'avec les Caldoches, nous les avons si longtemps côtoyés les uns et les autres, sous les caféiers, sur les réserves, sur les gradins des mines ou sur les bateaux, que nous avons cessé de les dissocier. Noire, blanche ou métissée, cette population nous a retenue dans le partage du quotidien. La gentillesse des jours, la joie des travaux, la vie commune dans les écoles, les hôpitaux, sur les terrains de sport, au cours des fêtes civiles ou religieuses, nous ont fait un temps espérer l'impossible. La plus éclatante et la plus secrète des îles allait-elle savoir garder des enfants en marge du monde sur un archipel de lumière et de liberté?

Blancs et Noirs, là-bas, ont su souvent se ressembler, vivant pareillement au rythme du bétail à soigner, du cerf à traquer, du tracteur à réparer, du café à sécher, du sorcier à consulter, de l'épervier à jeter ou du sentier à encaillasser. Un tel peuple pouvait-il survivre?

C'était oublier que le diable, qui avait serti d'or la grande Chaîne mélanésienne, l'avait, du même coup, emboucanée *.

Les convoitises allumées, on s'y battrait jusqu'au sang.

Les « rushes » miniers, de 1850 à nos jours, en disloquant impitoyablement le « Séjour paisible » des Mélanésiens et en falsifiant l'organisation des tribus, détruisaient du même coup le paradis austral, ce dernier rêve des hommes blancs.

J.S.
avril 1985.

CHAPITRE PREMIER

LA CROIX, LE DRAPEAU ET LE TAFIA

« Projet de colonisation pour la Nouvelle-Calédonie » : tel était le titre du rapport que le capitaine au long cours Maximilien Las Cazas déposait à Paris sur le bureau du ministre de la Marine et des Colonies au début de l'année 1855. En conclusion il était noté : « Il faut laisser grande ouverte la porte à l'immigration en répandant la nouvelle que la colonie regorge d'or! De la sorte nous traînerons vers notre jeune possession océanienne une partie du courant d'hommes qui a déversé tant de richesses sur les territoires anglais d'outre-mer. Quelques-uns de ceux-ci risquent de se faire dévorer? La belle affaire! On ne colonise pas avec des enfants de chœur! »

C'était déjà définir ceux que cette Grande Terre isolée dans le sud-ouest de l'océan Pacifique allait attirer et les relations tourmentées qui découleraient d'un tel appel à l'avidité. Prospecteurs, déserteurs de baleiniers, pêcheurs de trépang *, trafiquants du santal, matelots en rupture de ban, escrocs, marchands, colons et missionnaires seront de trempe exceptionnelle : tous, des bâtisseurs et des soldats. Il fallait arracher quelque chose à cette île : des terres, de l'or ou des âmes! À son encontre, le nouvel arrivant levait le goupillon ou le mousquet. Une population mal définie l'habitait, venue de migrations très anciennes. Papous, Australasiens ou Polynésiens, ces peuplades primitives, parlant des langues et des dialectes différents, contractaient des alliances ou s'acharnaient

* Les astérisques renvoient au glossaire, p. 354.

à se faire la guerre. Avec son casse-tête et sa sagaie en doigtier, le « naturel » avait fini par s'appeler « Canaca » et un nom planait assez mystérieusement sur l'île : « Ohao »...

Plus d'une année s'était écoulée depuis que le contre-amiral Febvrier-Despointes, le 24 septembre 1853, avait planté, au nom de l'empereur, le drapeau français. La prise de possession avait été expéditive et la levée des couleurs s'était déroulée au nord de l'île, à Balade, sur le fief de Philippo Bouénone, grand chef de la tribu de Pouma. Déjà le père de Philippo avait reçu un jeune évêque français de la Société de Marie, Mgr Douarre, flanqué d'un quarteron de missionnaires auvergnats, lorsque la gabare *Le Bucéphale*, aux ordres du commandant de La Ferrière, avait mouillé dans sa rade le 20 décembre 1845. La proximité de Sydney et de la Nouvelle-Zélande donnait à la Calédonie une importance stratégique dans l'immense combat des missionnaires maristes en Océanie. C'est tout naturellement que militaires et missionnaires choisissaient d'accoster sur cette côte Est, exposée à l'alizé, dans un site de cocotiers découvert par James Cook le 4 septembre 1774, car le havre était sécurisant. Une petite plaine envahie par la mangrove * et protégée par un récif frangeant invitait aux expéditions terrestres. C'était la promesse d'une brèche, ouverte à l'escalade des hommes blancs.

Il est vrai que la Nouvelle-Calédonie apparaissait à ces premiers navigateurs comme une véritable barrière. Bosses montagneuses échancrées de vallées profondes, éperons rocheux et fausses falaises, dangereux récifs et basaltes étranges, n'approchez pas, tout est trompeur. Aujourd'hui encore les jeunes pêcheurs de l'île de Lifou, au centre de l'archipel des Loyauté, la nomment *Mek,* la terre de nuit jetée contre l'éclat du couchant et qu'on ne peut voir qu'en mettant au-dessus des yeux la main en visière. Cette haute Chaîne que James Cook avait baptisée « New Caledonia », où les eucalyptus des savanes, niaoulis * endémiques, se bousculaient comme autant de « petits saules » fantaisistes, où nul animal sauvage ne semblait rôder, où grouillaient les tortues et que peuplaient à l'envi canards sauvages et tourterelles, allait réserver à la curiosité des nouveaux venus de redoutables surprises. À vrai dire Cook, à l'heure de sa découverte, avait été enchanté de son premier contact avec ces hommes à peau sombre, tassés dans de hautes cases en forme de ruches d'abeilles. Il leur avait distribué des médailles et laissé, en guise de présent, un couple de chiens, une truie et un verrat. Harangues, distribution de perles de couleur, on s'était senti bien. Il y avait de l'eau douce et de beaux taros * sur terrasses; dans de grosses marmites de terre on avait fait bouillir des crabes. « Il n'est guère au monde de peuple plus amical », avait-il dit et, désireux de fixer par la plume le portrait du Calédonien, il avait écrit : « Ils sont plutôt harmonieusement proportionnés. Le nez est épaté, les dents immaculées. Le lobe de l'oreille est souvent percé et ils y glissent un pendentif quelconque, tantôt coquillage, tantôt pièce de jade. Dans leur tignasse crépue, ils taillent fréquemment des sortes de toupets mais il en est aussi qui la conservent à l'état de nature et l'emmitouflent dans de curieux chapeaux cylindriques sans fond faits d'écorce végétale tannée. » Cannibales, ces pacifiques chasseurs de pigeons gras et ces mangeurs d'ignames *? Certainement pas. Enchanté de son passage, le capitaine faisait graver allègrement sur le tronc d'un cocotier de la plage l'inscription « *His Majesty Ship Resolution* » et, au lever du soleil, il levait l'ancre.

Soixante-neuf ans plus tard, les hommes de Mgr Douarre seront plus réticents. M. de La Ferrière, commandant du *Bucéphale,* note « l'infériorité physique de ces espèces de nègres par rapport aux belles populations polynésiennes ». Échangées les courtoises salutations de bienvenue, épuisé le stock de blouses blanches dont le pieux évêque avait voulu habiller les nudités, on déchante. Les huttes, à proximité de la cocoteraie, sont misérables. On étouffe. Les moustiques arrivent. Les naturels ont des agaceries inquiétantes et, « comme des orangs-outans », dit encore La Ferrière, ils arrachent à pleines dents la bourre des cocos. Pour comble de malheur, des bourrasques se déchaînent. Il pleut.

On célébrera toutefois une messe solennelle, le jour même de Noël, sous un banian *. Préalablement, on avait eu soin de recueillir sur un parchemin de maladroites signatures. C'était un véritable acte de reconnaissance de souveraineté. Les chefs s'inclinèrent, sauf un, le redoutable Tchapéa, roi de Bondé, qui avait menacé l'évêque avec deux cents guerriers armés de casse-tête et de lances. Maison en torchis avec couverture de paille, autel de pierre et jardinet, la mission malgré tout s'installe. L'environnement se révèle agréable. Les superbes champs de taros, irrigués par un système de canalisations, font l'admiration de tous et révèlent l'astuce des naturels. Monseigneur allait succomber sous le charme lorsqu'il découvrit avec horreur, chez Tchapéa, une case garnie d'ossements humains. C'était donc vrai : les tribus étaient anthropophages. Quelque temps après, un de ses compagnons, le P. Rougeyron, l'affirmait : « J'ai vu de mes yeux un morceau de chair humaine rôtie. C'était une main que l'on avait pris soin d'envelopper dans une feuille pour mieux en conserver le jus et le fumet. »

Le rapport de 1855 n'était donc pas truqué. Las Cazas savait ce qu'il disait lorsqu'il affirmait que la colonisation de cette île ne se ferait qu'au prix d'un risque affreux. Le plus insupportable : Paris restait sourd aux demandes d'assistance des missionnaires en danger! Mgr Douarre s'en plaindra amèrement. Louis-Philippe ne hochera qu'une tête négligente aux récits de l'évêque. Soucieux de ne pas mécontenter l'Angleterre en envoyant des soldats en Océanie, le monarque abandonnait les pères à leur triste sort. Pis, on les priait de bien vouloir baisser le drapeau tricolore pour arborer au faîte de leur mission un emblème de complète neutralité. C'était démoralisant. Les missions protestantes devenaient plus arrogantes que jamais et leur campagne contre le catholicisme nouvellement arrivé, en ces îles où elles avaient depuis longtemps envoyé leurs émissaires, s'intensifiait. Les tribus se mirent à traiter les pères de « sorciers en soutane » et, au moment même où un bateau de la Société française de l'Océanie, *L'Arche d'alliance,* allait apporter au trafic un dynamisme nouveau, un carnage se préparait. La mission était attaquée, les magasins brûlés, les pères assaillis et le frère Blaise massacré. Le lieu dit Pouébo, où s'étaient réfugiés les fugitifs, subissait le même sort. Le second établissement missionnaire était assiégé. Le frère Joseph Muraour, de la mission de Hienghène, écrira plus tard : « Décidément les gens ici ne veulent pas de nous. Ils désirent seulement nos pipes et notre tabac. »

« L'abandon forcé de cette mission de Nouvelle-Calédonie est un événement malheureux qu'il sera bien difficile de rattraper car le prestige des Blancs est maintenant détruit, et il ne sera plus guère possible de s'y fixer que sous la protection d'une force militaire importante. » C'est ce qu'écrivait le marquis du Bouzet qui, de justesse, avait sauvé les missionnaires au plus fort de l'attaque.

Nommé par Napoléon III gouverneur des Établissements français d'Océanie, du Bouzet avait mouillé en baie de Nouméa, le 18 janvier 1855, avec deux navires, *L'Aventure* et l'aviso *Duroc*. Et ce fut bien là la chance de Mgr Douarre. La révolution de 1848 avait renversé Louis-Philippe, et l'empereur au pouvoir, qui cherchait à assainir les villes de France de leurs bagnes, n'avait plus qu'un objectif : chercher des îles lointaines pour y établir des pénitenciers. Les fervents plaidoyers des maristes sont là dans des dossiers précis, ainsi que les comptes rendus des navigateurs. On les relit et, tout compte fait, il se révèle évident que l'île lointaine offre les meilleures conditions d'une « transportation » outre-mer. Mais cette fois M. du Bouzet ne plaisante pas. Il partira pour la Nouvelle-Calédonie avec un solide contingent de soldats. Port-de-France, déjà choisi par Tardy de Montravel, le commandant du vaisseau *Constantine*, pour être le lieu de la future capitale, sera d'abord un rigoureux fortin, et le commandant exige, pour la sécurité de l'île, la présence « à temps complet » de trois compagnies de marine et d'une artillerie.

La véritable « prise de possession » qui s'était déroulée le 24 septembre avait été secrète et expéditive. Le petit aviso vapeur *Le Phoque* était entré le 23 septembre dans la rade de Balade et, le lendemain, en présence d'un détachement d'hommes et d'une centaine de naturels, on avait hissé les couleurs, officiers et missionnaires signant le procès-verbal. Par contre, la reconnaissance de la suzeraineté française allait s'accomplir, ponctuellement, avec faste : coups de clairon, canonnades et tirs de mousqueterie, tandis que circulait entre toutes les mains le fameux *Code de Montravel* dont les dispositions n'étaient pas toujours tendres. L'acte était rédigé en dix-huit articles et on l'avait sous-titré : « Code de tranquillité publique ». Sur tous les points de la côte, il s'agissait de renouveler l'acte de possession et d'obtenir des chefs la reconnaissance de la souveraineté française. Leurs signatures, en forme de croix, faisaient d'eux des vassaux de l'Empire. Pour aider à la répression, on avait créé des « *tayos* *-gendarmes ». Le choix en était laissé au libre arbitre des autorités coutumières. Vêtus de leurs jupettes d'écorces et armés de sagaies vengeresses, ces policiers indigènes se livreront à des excès de zèle et à d'assez redoutables abus de pouvoir. Dans les villages, on se sentira vite devenir des frères ennemis. Les hommes des tribus étaient fiers de leurs haches magiques et, pour des champs d'ignames ou des femmes, on en venait vite aux mains ; mais cela se faisait dans le réseau complexe d'une ancienne tradition et au cœur de petites sociétés fortement hiérarchisées à caractère patriarcal ou matriarcal. Les Blancs brouillaient les cartes. On se mit à les envier, eux, leurs dorures et leur pacotille. On tentait de les imiter innocemment. Pièces de calicot et ceintures de cuir, nœuds de cravate et cotonnades à pois viendront d'une façon burlesque dénaturer leur ancestral maintien. Avec son turban ponctué de coquilles, son casse-tête bec d'oiseau, son aigrette de danse et ses pieds agiles, le guerrier avait de l'allure. Il se sentait bien dans sa peau. Il ne le sera plus désormais. Peu à peu revêtus du lourd appareil de la civilisation, certains étoufferont et violemment rejetteront le déguisement des Blancs. Envieux ou révoltés, ils seront souvent les deux à la fois. Tout devenait ambigu. Les clans ne reconnaissaient plus leurs membres et, entre la tentation de posséder les hameçons de fer et la honte des reniements, il y avait un effroyable vertige. On raconte l'histoire de cette jeune fille de tribu convoitée par un officier français, et qu'on vit le soir aller sur la plage à sa rencontre. Derrière ses pas un vieil homme la suivait, la main chargée de palmes de cocotiers : c'était le père qui effaçait sur le sable les traces de pas de son enfant, pour échapper à l'affront...

La conquête

Dans l'ignorance naïve et superbe de tels drames, les nouveaux conquérants passaient. Les voilà, en tenue de parade, au milieu des cases rondes, sous les araucarias * et les cocotiers, parmi des ancêtres enturbannés, des femmes aux longs colliers tressés de poils de roussettes *, des enfants nus. Rencontre de deux mondes en une image presque absurde, car ils ne manquent souvent ni d'humanité ni de souplesse, ces enseignes de vaisseau ou ces administrateurs marins, et leur courage est certain. Quant aux missionnaires, tel le P. Montrouzier, ils feront la preuve de leurs qualités d'analystes envers les hommes et les choses. Mais le siècle est à la conquête et, pendant des lustres, les Canaques, sous l'œil de leurs vainqueurs, resteront les « sauvages », « barbares » peu respectables. Tardy de Montravel reconnaîtra qu'ils sont « musculeux et robustes », mais « leur dissimulation et leurs ruses » seront ressenties avec crainte. Le contre-amiral Febvrier-Despointes écrira : « Ils sont toujours cruels quand ils sont les plus forts. » À quoi Tardy de Montravel ajoutera encore qu'« ils sont capables de nourrir une vengeance des années entières ». Il n'y aura guère que quelques bons pères pour exprimer des commentaires indulgents. Le frère Jean Taragnat, un des compagnons de Mgr Douarre, avait « un talent particulier pour se faire aimer des naturels et savoir ce qui se passait parmi eux ». Ces maristes rassemblaient autour d'eux leurs catéchumènes en des « réductions » communautaires animées de travaux divers. Mais ils étaient souvent découragés : « De religion, les Calédoniens n'en ont pas. Ils croient aux esprits [...] esprits supérieurs, génies tantôt bienfaisants, tantôt malfaisants », écrira le P. Lambert aux environs des années 1860. Envoyé dans les îles les plus septentrionales du pays, ce missionnaire avait réalisé des miracles, grâce à une fine observation des *Mœurs et superstitions des Néo-Calédoniens*, texte qui reste aujourd'hui encore un document essentiel. Les commandants de la colonie regarderont souvent avec satisfaction les travaux des pères; les points de mission étaient comme autant de « remparts pour les Européens ». Le P. Rougeyron l'expliquera avec quelque ironie : « Placés à la Conception, nous nous trouvions en effet comme l'avant-garde, le poste avancé. Nous étions les premiers exposés au danger si la guerre venait à éclater... » Le choc initial passé, on deviendra plus attentif. Déjà le chef de bataillon Antoine Ledos écrira en 1863 : « Le Calédonien est loin d'être féroce comme certaines relations l'ont défini. Il est intelligent et industrieux. Ses grands travaux d'irrigation sont là pour le prouver. Il est très perfectible : les quelques enfants transformés en apprentis montrent déjà tout ce que l'on peut attendre de ces hommes améliorés par une bonne direction. »

À l'époque où le gouverneur du Bouzet arrive sur la Grande Terre, la population indigène était évaluée à quarante mille individus environ, fort inégalement répartis en villages isolés par de grandes étendues désertiques. L'île, comme un long fuseau, s'étire dans la ceinture oblongue d'un beau récif-barrière, et ses deux côtes sont absolument dissemblables. Le gouverneur aussitôt les dotera d'une fonction précise. La côte Est, fortement peuplée, pourvue de petites vallées fertiles, sera destinée à l'agriculture. La côte Ouest, à grandes savanes, parcourue de nomades, est un paysage de Far West visiblement ouvert aux grandes pâtures, pensa le gouverneur. De toute façon, du Bouzet entendait bien ne pas déposséder les tribus en usant de la force mais, dès le 20 janvier, deux jours donc après son arrivée, il avait été formel, proclamant « l'appartenance de toutes les terres de la Nouvelle-Calédonie au gouvernement français »; et, quelques mois plus tard, par décret, il avait tenu à préciser que le seul mode d'aliénation des terres par l'État était l'adjudication aux enchères publiques et, à titre exceptionnel, les concessions gratuites. Dans le Sud, où déjà s'élève un ouvrage fortifié dont le plan a été érigé par Tardy de Montravel, M. le gouverneur du Bouzet n'a pas à s'inquiéter. Pour quelques pipes et des bâtons de tabac, le chef Kuindo a cédé son fief à la France. Il l'a fait solennellement sous le haut mât où flottait le drapeau impérial, tout nu, le sexe empaqueté dans son *bagayou* *. Mais ce pacte de paix était fragile. Quand arriveront les premiers colons et les maristes, Kuindo rugira de fureur! Présentement, la menace indigène écartée, le gouverneur va parfaire l'installation de Port-de-France commencée depuis un an. Ce n'est pas tâche facile : l'extrémité de la presqu'île est un vaste marais insalubre, l'eau manque. Les quelques puits urbains qu'on y dénombre fournissent une eau saumâtre et nauséabonde. De quelques gros banians et de palétuviers * dont les indigènes font des perches, les marins-ouvriers s'acharneront à tirer de bons piquets. La terre est inculte, et par-dessus tout cela sévissent des nuées d'intolérables moustiques! Du Bouzet aurait bien appareillé à la recherche d'une rade plus clémente pour y bâtir sa capitale si le port ne l'avait fasciné : belle rade en eau profonde verrouillée par une grande île grise, l'île Nou, parée de baies larges – anses parfaites pour les navires, surmontées de curieuses collines rondes –, tohu-bohu de croupes douces baignées d'air marin et que ne revêtaient présentement qu'une herbe sauvage et des niaoulis pâles...

Le gouverneur s'enchante. Il est venu avec une poignée d'hommes. Le travail commence. Le chef de bataillon Coffyn dresse le plan de la ville future. Le géomètre Le Bris en définit le périmètre. La terre n'est guère fertile et le matériau semble rare. Qu'à cela ne tienne : paillotes, baraques, toiles de tente, magasins d'entrepôt permettront déjà de dessiner la première esquisse des rues. Tandis que Bouquet de La Grye est chargé d'explorer le lagon, le sous-commissaire Bérard, qui a eu un véritable coup de foudre pour l'île depuis qu'il a fait, à bord de l'*Alcmène*, des travaux d'hydrographie, est chargé de l'intendance. Ce sont là les premiers bâtisseurs de Port-de-France. Ce ne sont pas les premiers hommes de la présence française. Du Bouzet s'en inquiète : quel colon, tant soit peu sérieux, aura à cœur de s'installer au bout de cette lagune déserte, en des lieux si incommodes? L'eau manque cruellement. Bientôt il faudra imaginer un système de corvées pour aller en chercher avec des seaux à la rivière Boulari, la plus proche de la garnison. Mais, surtout, il se révèle vite impossible d'établir avec l'intérieur des liaisons sérieuses. Le trafic s'accomplit dangereusement par mer, à cause des récifs. La côte n'est accessible qu'en de rares passes, là où l'eau douce, à l'embouchure d'un fleuve, ne permet plus au corail de se reproduire. Le contrôle immédiat de la brousse est donc pratiquement impossible. Or, le gouverneur le sait, l'île est assaillie de déserteurs, de trafiquants, d'insensés chercheurs d'or. Immigration sauvage qui ne manque ni de vaillance, ni de pittoresque, mais qui reste totalement incontrôlable. Pour un administrateur, c'est insupportable. De cette humanité de risque-tout, M. le gouverneur ne veut pas.

Les aventuriers

C'est ce Gost, dit Thaeniot, déserteur du trois-mâts américain *Margarita*, qui a pris les mœurs des indigènes du Nord et vit en sorcier blanc dans les tribus. Pour avoir voulu enlever la femme de son capitaine, il avait été mis aux fers et jeté en cale. Réussissant l'exploit de s'enfuir à la nage, il apparaissait maintenant auprès des grands chefs où il jouait abusivement de ses talents de prestidigitateur. Un autre vieux loup de mer, Émile Marin, se livrait à la pêche aux baleines, et on le voyait périodiquement vivre en nomade, là-bas, dans les grands marais de Balagham où les niaoulis poussent dans l'eau. Il n'était pas le seul. Basques, Américains ou vieux Anglais harponnaient des bancs de cachalots ou des baleines franches, dirigeant leurs bateaux trapus vers la plus dangereuse des passes, celle de la Sarcelle. Ils avaient à bord de grands chaudrons, parce qu'il leur arrivait souvent de découper le monstre en pleine mer, et c'était par bordées de cent hommes qu'ils descendaient à terre pour faire fondre l'huile sur les plages. Alors il s'installaient dans des gourbis, se nourrissant de vaches marines et d'œufs de tortues et formaient de petits îlots d'hommes blancs, grillés de soleil, entourés d'enfants métis à peau de Canaque et à yeux bleus. C'était insensé. L'un d'entre eux, le capitaine Lewis, trafiquait dans les îles avec ses bricks *Chaho* et *Elizabeth* et avait eu de solides bagarres avec le chef des Kunié, ce Vandegou que du Bouzet entendait protéger parce qu'il avait spontanément signé d'une croix, le 27 septembre 1853, l'acte de la prise de possession de l'île des Pins. Du Bouzet sait encore qu'il doit sans cesse tenir compte des foucades de l'Américain Fourrest. Cet homme a monté un commerce à Lifou et « encanaqué » sa fille en la promettant en mariage au chef de la tribu de Loessi. Ces aventuriers, qui établissent n'importe où leurs comptoirs ou leurs *prospects* *, libres, irrationnels, intrépides, souvent insolents, M. le gouverneur entend bien, comme les autres, les tenir en laisse. C'est un vieux roulier, ce marquis-gouverneur : à l'heure où il arpente les lieux de Port-de-France, il porte une belle cinquantaine. D'allure aristocratique et d'une remarquable courtoisie, il est d'une fermeté sans égale quand il s'agit d'apporter des précisions aux conditions d'attribution des terres. Il veut « cantonner les colons à la limite des fortins militaires » et entend bien annuler toutes les occupations antérieures à son arrivée. Or déjà des Chinois, pêcheurs de trépang, se sont audacieusement installés dans l'îlot Mouac, à l'extrémité septentrionale de l'île et, connaissant l'appétit que manifestent leurs mandarins envers la « bêche-de-mer » à vertus aphrodisiaques, ils veulent en faire commerce. Ils n'étaient pas toujours néfastes, ces aventuriers de la première heure! Ils avaient même rendu de fieffés services aux maristes et aux premiers soldats de l'occupation en leur servant d'intermédiaires et d'interprètes auprès des indigènes. Le santalier australien Hennessy, dont la fille avait, elle aussi, épousé un chef de l'île de Lifou, ne manquait ni de diplomatie ni d'envergure, et un vieil homme du nom de Brown, ancien *bushman* australien qui avait jadis, au large de Boat Pass, ramené des baleines à bosse, avait construit des goélettes et des pirogues en descendant sur son dos les arbres des montagnes pour en faire des mâts. Les missionnaires lui avaient demandé ses services. Nul mieux que lui ne connaissait la côte dont il avait si souvent contourné les « patates ». Ces hommes qui dormaient à la belle étoile, familiers des rumeurs des vallées, croisaient souvent les « porteurs de nouvelles » – messagers canaques qui allaient de tribu en tribu – ; le gouverneur entendait en faire ses alliés. Mais il avait affaire à des natures indisciplinées. Envers eux, il ne voulait pas faiblir.

Aujourd'hui encore les descendants de ces premiers aventuriers constituent, dans le nord de l'île, une population ombrageuse et fortement métissée. Récemment, on pouvait y rencontrer un vieil homme dont l'aïeul avait été dresseur de cheval du côté de Broken Hill, Jack Endwood. Ce cavalier robuste avait vécu au milieu des goélands et des lapins parmi les aborigènes couverts de peaux de kangourou. Il avait échoué à Oubatche sur la côte Est calédonienne et, en compagnie de deux autres aventuriers, Wright et Ford, il s'était improvisé marchand de « coraux, de coquillages et de crabes ». Ils avaient même tenté de remonter jusqu'à sa source le grand fleuve Diahot, qu'on disait être la rivière de l'Or et du Diable.

Le gouverneur du Bouzet sentira donc très vite la dangereuse situation de Port-de-France, totalement coupée d'une brousse clandestine qui lui échappera complètement. Il est très lucide sur les difficultés d'y établir un chef-lieu. L'avenir lui donnera raison. Un grave déséquilibre grandira entre une capitale hypertrophiée à l'extrémité de cette bande de terre, large d'à peine cinquante kilomètres, soulevée de chaînes montagneuses, et la « brousse », monde à part peuplé de métis portant le coupe-coupe et le vanneau à crevettes, gens à la fois peu subtils et rusés, vivant de troc et d'échanges d'armes. Ils véhiculaient des histoires de serpents de mer, de marins et de mangeurs d'hommes en distribuant du tafia aux tribus, et se sentaient aussi à l'aise à leur comptoir qu'à l'aviron.

De cette immigration sauvage, le gouverneur se méfiait. Aussi, par prudence, avait-il commencé par décréter la fermeture de Port-de-France. Un navire autrichien avait cependant réussi à déposer en secret à Balade six Français – visiblement de velléitaires chercheurs d'or. Certains venaient de Californie et, parce qu'ils avaient « trouvé ce pays horrible », ils avaient décidé de tenter l'aventure au pays des Canaques. Il n'était pas jusqu'au colon Pannetrat, apparemment sérieux, ami du comte Raousset-Boulbon au Mexique (dont, paraît-il, il portait toujours le fusil à l'épaule), qui ne se mît en tête d'improviser des cultures d'ananas. Il fallut bientôt se rendre à l'évidence. Tentés par l'or, ses compagnons allaient vite le quitter. Dans les montagnes de Canala, on les retrouverait assassinés...

Un vent de folie soufflait même sur les plus proches collaborateurs du gouverneur. Étouffé par les règlements de la garnison, et irrésistiblement appelé par la Grande Terre, l'un d'eux l'abandonnera. Étrange personnage que ce Louis-Théodore Bérard dont on voit encore, aux environs de Nouméa, la petite maison trapue. Prié de s'embarquer comme assistant du gouverneur, quel piètre officier d'administration ! Tout l'ennuie. Ses « missions » l'insupportent : il n'est heureux que sur les sentes forestières. Sa charge, il l'a prise en grippe et il prend avec elle tant de liberté que le gouverneur, excédé, écrit : « J'ai hâte de voir M. Bérard remplacé dans ses fonctions. Je n'ai jamais rencontré dans ma carrière une mobilité d'esprit comparable à la sienne. » C'est la rupture. Bérard revient à la vie civile. Il obtient une concession au pied de cette montagne prometteuse dite « mont d'Or » et, lui aussi, avec des associés, implante une station d'élevage. Il fait même le projet insensé de créer une usine à sucre et se délecte à l'idée d'exploiter un gisement de charbon découvert dans la baie de Morari. Bientôt il jubile : n'a-t-il pas trouvé, à quelques lieues de sa concession, un filon d'or? Déception cruelle : la trouvaille de Bérard n'est en fait qu'un banc de quartz et de mica. Tout finira tragiquement. Un beau jour sa maison, isolée, est attaquée, ses magasins brûlés, ses compagnons tués et lui-même horriblement massacré.

Décidément, rien n'est encourageant à Port-de-France. Il s'est présenté bien peu de colons disciplinés. On pourra miser sur ce Jean Fayard, un homme du pays de la Loire, dont on dit qu'il est « courageux et dur aux privations » et qui tente d'acheter des terres non loin de la rivière Dumbéa, au lieu dit Nakutakoin. Ce terrien tranche déjà sur la population de la garnison composée « de cabaretiers et de boutiquiers ». Mais ces plus sages pionniers, à l'ombre du fortin, sont eux-mêmes menacés. Et si une poignée de petits concessionnaires se sont installés dans une vallée, appelée « vallée des Colons », et, à l'instar de Fayard, n'ont d'autre ambition que de planter du maïs et des haricots, ce n'est pas là non plus sans danger. Eux aussi seront attaqués. Quatre d'entre eux périront. Les autres n'auront la vie sauve que grâce au « sieur Vergès », premier inscrit au registre civil sous le titre de « propriétaire français » qui avait alerté le poste de guet.

Enfin, à l'est de l'île, du Bouzet avait incessamment maille à partir avec l'indigène Bouarate, dit « le Basset » à cause de ses petites jambes. C'était le chef de Hienghène, mais il s'était bel et bien acoquiné avec une bande de santaliers anglais qui menaient une campagne d'hostilité envers les Français. Le capitaine Richards, du *Marian Watson*, qui avait inondé Bouarate de cercles de barriques et de haches de fer, avait obtenu grâce à lui toute l'exploitation du bois de santal dans cette région, et quand on sait la belle venue de ces arbustes en ces terres et leurs exceptionnelles dimensions, on laisse à deviner l'amertume du gouverneur. Surtout, Bouarate avait, sur son fief, établi un royaume où se pavanaient des Blancs, tels ce Djo, métis américain, ou ce Hollies, carrément installé dans la tribu. Terrible Bouarate! Si bien dressé par les Anglais qu'il mange maintenant avec une fourchette, joue de l'accordéon et du fusil et suce littéralement le lait de leurs antipathies. Il se proclame carrément sur la Grande Terre antifrançais et s'estime « représentant du parti anglo-saxon ». C'en est trop! Du Bouzet veut en finir. Profitant d'une escarmouche au cours de laquelle une pirogue montée par des catéchistes de Pouébo est attaquée par ce chef, du Bouzet s'embarque sur le *Styx*, l'enlève, et, sans tambour ni trompette, l'exile à Tahiti. Du même coup, les populations de Hienghène, furieuses, se déchaînent dangereusement. Ce n'est pas tout : le gouverneur a eu l'astuce, ou la maladresse, de créer une compagnie indigène pour – ce sont ses propres termes – « fournir des auxiliaires canaques aux forces de la répression ». Le grand chef du Sud, Kuindo, avait accepté, mais au risque d'être considéré comme un traître par les siens. Le 30 juillet 1857, le jour même où il se soumet et livre ses fils en garantie de la parole donnée, il est assassiné. Ses lieutenants Kandio et Jack reprennent la lutte. « Vous avez divisé nos frères et votre présence seule est un poison » : ainsi s'exprimera cent vingt ans plus tard un jeune chef indépendantiste à l'encontre des Français nationaux. Mais, à cette époque, il fallait bien se rendre à l'évidence : la violence était engagée et, pour un administrateur, se trouver pris entre les guérillas canaques, la coalition des chefs et ce bataillon hirsute de « têtes brûlées » que formaient des concessionnaires trop hardis, c'était insoluble! On entrevoyait mal comment on allait s'en sortir...

Monsieur Paddon

Le salut vint de l'île Nou.

Cette petite île, bosselée et grise, débordante de santal et d'eucalyptus, qui portait depuis peu le nom d'« îlot du Bouzet », avait pris une grande importance depuis la découverte, en 1847, du canal Woodin. Elle se trouvait à proximité d'une voie de navigation qui dispensait les marins de contourner le récif du Sud pour aller à Sydney.

Un homme l'habitait, créateur d'un établissement remarquable. Flottille, comptoirs, magasins de nacre, de santal et de coprah, plusieurs centaines d'indigènes et une soixantaine d'Européens y travaillaient. Ce capitaine s'appelait James Paddon. La Calédonie lui doit son histoire. Venu, en barcasse, au-devant de M. du Bouzet pour aider *L'Aventure* à entrer au port, cet Anglais finaud aura tout de suite l'intelligence de savoir « composer ». Au représentant administratif et militaire de la France, il tendra loyalement la main.

Le marché du santal était alors plus lucratif que le trafic de l'opium auquel s'était livré Paddon dans son aventureuse jeunesse. Car ce fut un petit Anglais rêveur, cet homme de l'île Nou qui avait contemplé, enfant, les vaisseaux de Nelson et ne se passionnait que pour la mer. Avec un brick, *Le Brigand*, il avait fait la navette entre les îles du Pacifique Sud et la Chine. A Nouméa, autour de 1960, on pouvait rendre visite à sa seule descendante, une vieille métisse à peau mate et à sourcils durs, qui vous montrait la collection de coffres et les nacres précieuses que le bourlingueur avait rapportés de ses périples, avec une montre extraordinaire, gros oignon d'or massif acheté à Hong Kong. Car c'est là que le capitaine Paddon avait découvert tout l'intérêt du santal. Le commerce du Pacifique, au début du XIXe siècle, obéissait à un cycle précis, curieusement triangulaire : avec des cercles de barriques, des clous ou des hameçons en fer distribués aux naturels des îles, on obtenait des coupes de bois de santal que l'on troquait alors facilement, auprès des commerçants chinois, contre du thé, que toute l'Australie réclamait. Officiers ou bagnards, exilés, chercheurs d'or ou marins ne pouvaient, à Port Jackson, la cité-enfant de Sydney, se passer de leur tasse de thé. C'était par tonnes qu'on en expédiait et c'était aussi par stères incalculables qu'il fallait arracher aux brousses du Pacifique Sud ce bois modeste, quasiment incolore dans les grands paysages côtiers, mais dont le cœur était de couleur douce et délicieusement parfumé. Les mandarins encore en raffolaient.

L'influence du capitaine Paddon dans le Pacifique devenait immense. Pas seulement à cause de son flair de commerçant mais aussi en raison de son heureux caractère. Il allait très vite s'allier à la tribu des Gamba qui possédaient l'île Nou et dont le chef était le fameux Kuindo. Bien que protestant anglais, Paddon avait su accueillir à bras ouverts les missionnaires catholiques chassés de Pouébo sur l'île des Nouvelles-Hébrides où il avait déjà précédemment tenu des comptoirs. Enfin, sans amertume ni complexe, il baissera le pavillon britannique à l'arrivée des Français et se proposera de créer une boucherie pour améliorer l'ordinaire de la garnison. Il deviendra peu à peu l'interlocuteur indispensable dans les litiges de l'administration. Dès son installation, il avait fourni des équipes de « charpentiers de marine » dont la valeur professionnelle était sans égal. On ne pourra plus jamais parler de Nouméa sans évoquer ces fabricants de bricks et de goélettes. Plus d'un siècle après, on retrouvera la première photo du plus grand d'entre eux, l'Allemand Peter Heister – qui ressemblait à Paddon comme un frère –, solide cultivateur rhénan chaussé de sabots, aussi apte, disait-on, aux épissures qu'aux semis.

À l'heure où le gouverneur fait le bilan des implantations européennes dans l'île, il n'en compte que deux susceptibles de « soulever des montagnes ». Celle de ce M. Didier-Numa Joubert qui songe à planter des cannes sur les bords de la rivière Dumbéa, et celle de ce capitaine-santalier, respecté de tous, qu'on appelle avec déférence « monsieur Paddon ». Leur importance s'évalue moins au nombre d'hectares qu'ils possèdent qu'à l'intensité de leur foi. Tous deux sont des passionnés et des réalistes. Avec un tel matériau, on construit.

C'est le capitaine de l'île Nou qui retient immédiatement l'attention du gouverneur. Celui-ci a tout de suite compris l'importance de l'îlot en face du fortin de Port-de-France. Il n'a pas oublié l'objectif premier de sa mission : installer un bagne. Quel lieu rêvé pour un pénitencier que cette bosse de terre isolée, gardée par deux côtes-sentinelles, en cap sur la mer, à une demi-heure à peine de navigation de la grande île. Une idée a germé dans la cervelle de l'administrateur. Faire un échange. Prendre l'île Nou et donner en compensation au santalier une vaste concession du côté du lieu dit Païta, non loin d'un rivage de cocotiers.

Demander à l'Anglais son territoire? M. du Bouzet a conscience de sa témérité. Les deux hommes ne se ressemblent pas. Paddon n'a pas quarante ans. Aucune photo ne subsiste de lui. Seul un témoignage oral recueilli de la bouche de M. Metzger, arrière-petit-fils d'un colon, nous permet de dire qu'il était « trapu et roux ». Tout laisse à supposer qu'il était de la race des pionniers de la Vieille Angleterre, à gilets à carreaux croisés et à souliers de bon cuir. Quant au marquis, lui, sur les marais de Port-de-France, il a gardé toute sa séduction. Ces deux hommes ont cependant en commun un redoutable esprit concret et une juvénile impatience, celle d'une solide mise en valeur de l'île. C'était cependant demander gros! Paddon avait fait de l'île Nou son royaume : toute une flottille avait là son port d'attache. C'est là que venait s'emmagasiner huile de coco, de baleine, trépang, huîtres à nacre et bois de santal. Pour les rouliers des mers, ses amis fatigués de leurs errances, le capitaine offrait un refuge. « L'air y est bon, c'est une vraie station climatique. » Dans ce village communautaire, le « patron » vivait presque en moine, dormant dans une alcôve de toile et son mobilier se composait de lits de peaux supportés par quatre piquets. Comme aide-gérant, il avait remplacé le très catholique Irlandais M. de Sommerville, qui l'avait suivi aux Hébrides, par un Allemand dégingandé qu'on appelait « le Grand Knoblauch ».

La bonne volonté que mettait le capitaine Paddon à aider la jeune administration française encourageait le gouverneur. Le service postal que le santalier venait de créer entre l'îlot et l'Australie était apprécié, et c'était bien pour la population de Port-de-France qu'il avait agrandi son parc à bétail, promesse d'un inépuisable ravitaillement. L'offre fut faite, et, curieusement, l'Anglais accepta. M. Paddon n'avait qu'un désir : être à l'origine d'une bonne immigration de travailleurs. Pour cela, il lui fallait des terres. L'affaire fut conclue. Pour 40 000 francs, il vendit son île au service des Domaines et reçut, sur les bords de la rivière dite Karikouié, une magnifique concession. Elle est située juste au pied de cette montagne qu'on appelle aujourd'hui le mont Mou mais qu'on nommait alors Buffalo, du nom du navire qui, pour la première fois, s'était avancé en baie de Saint-Vincent jusqu'à la forêt de bancouliers * et de hauts kaoris *. L'aventure des colons Paddon commençait.

Les colons Paddon

Ces hommes, le capitaine-santalier les avait rencontrés en Australie. Anciens chercheurs d'or déçus, ils avaient vécu durement à Ballarat ou à Bendigo quand l'épopée des *gold-seekers* se tachait de sang. Pour un bloc d'or pur qu'on avait trouvé à Sovereign Hill, une ruée s'était déchaînée. Rêves insensés! L'un d'eux, un ancien proscrit libertaire, un Français issu des barricades de 1848, Antoine Fauchery, avait écrit qu'« ils allaient vers des champs d'or et [qu']une Californie nouvelle allait naître avec des villages remplis de magnolias et de roses ». Il ajoutait : « On boirait désormais du vin du Rhin avec des petits cochons de lait farcis. » C'était un incorrigible romantique... La fièvre de l'or devint atroce. La vie, dans les cambuses des *diggers,* fut bientôt intolérable, ponctuée de drames, d'embuscades, de meurtres. Des pépites? On en trouvait, mais jamais pour une fortune, et les escrocs proliféraient! Dans les auberges de la mine, derrière lesquelles on pilait le maïs en fabriquant des cartouches et des balles, on se prenait à désespérer. Des affiches fleurissaient aux murs, mettant à prix la tête de chefs de bandes. Des voleurs de grand chemin arraisonnaient les convois, rançonnaient les prospecteurs. Dans le *bush,* on découvrait souvent des cadavres. Les chercheurs d'or étaient accablés.

Dans les bistroquets de Sydney ou de Melbourne, le capitaine Paddon les harangue. Il les incite à le suivre. L'Australie, Californie nouvelle? Allons donc! L'Eldorado tant désiré n'est pas dans ce décor de saloons et de malles-poste, mais dans l'île qu'il vient de découvrir. Pâturages et cultures peuvent y prospérer à bon compte. A-t-on même besoin d'avoir un sou en poche? Les taros, les noix de coco et les fruits du cycas *, avec les poissons du lagon, suffisent à l'alimentation. Et les saisons sont si douces qu'un toit de paille suffit. Alors, dans leurs charrettes toilées ou des diligences couleur safran, les chercheurs d'or s'engouffrent. Ils désertent la mine maudite et s'embarquent, par familles, sur les bateaux du santalier. Ils partent, tels qu'ils sont, le carré de toile d'Écosse noué au cou et, pour certains, les longs favoris, les *shaggy whiskers*, signes distinctifs des chercheurs d'or. Aujourd'hui encore, à travers les archives des Mines australiennes, on peut retrouver leurs noms. C'étaient pour la plupart des Allemands qui avaient fui leur pays à l'heure de l'Unité, refusant l'hégémonie de la Prusse. Ils s'appelaient Metzger, Lynch, Gaertner, Ohlen. Embarqués avec leurs tentes de gros coton sur le *Black Dog* ou le *Speck,* ils mettent le cap sur l'anse de Gadgi, non loin de Païta, où M. Paddon s'apprête à les rassembler.

Un vieil habitant de Nouméa, René Metzger, descendant direct de l'un de ces émigrés, racontera comment son aïeul était arrivé en ce lieu, à la nuit tombante, en compagnie d'Elena, sa femme, et du petit Frantz, son fils. Ils allaient s'endormir à la belle étoile, attendant l'aube pour construire leur paillote, lorsque la jeune femme, son enfant couché sur un lit de feuilles sèches, vit s'approcher les hommes de la tribu. Ils venaient de Nakutakoin, glissant dans la savane et balançant très haut au-dessus de leurs têtes des torches de niaoulis. Avec beaucoup de curiosité ils s'approchèrent pour contempler cet enfant pâle. Des « Blancs », ils ne connaissaient que les curés, les officiers et les trafiquants. De nourrisson, ils n'en avaient jamais vu.

Les nouveaux venus bâtiront vite leurs maisons avec des bardeaux en bois de niaouli et de la glaise fortement armée de touffes de vétiver *. Ils défrichent, défoncent le sol, et souvent, à l'instar des naturels, ils la travaillent avec des pieux de gaïac * durcis au feu. M. Paddon fera tout ce qu'il faut pour leur procurer des instruments aratoires et des graines nouvelles. Les haricots feront fortune. De nos jours encore on parle avec orgueil, là-bas, des « haricots Païta », à longues gousses et de belle venue. Les premiers agriculteurs en doteront abondamment leurs jardins. Les bords de la Karikouié s'humanisèrent si vite qu'un vrai village bientôt s'égailla au milieu de la végétation spontanée. Presque tous ces hommes étaient des Wurtembergeois, natifs des rives du Neckar. Sous leurs vérandas à sol de terre battue, souvent surmontées d'amusantes girouettes, ils se réunissaient le soir pour réciter des prières et chanter des cantiques en allemand. On appela ce premier centre de colonisation européenne : Paddonville.

M. Paddon y est aujourd'hui enterré. Un mausolée à sa mémoire s'élève dans des brousses redevenues incultes. Il avait choisi de reposer non loin de ses chers colons et à très peu de distance du petit hameau de Saint-Vincent où des établissements promettaient encore de s'étendre. Là s'était installé Jenny Song, son petit berger chinois, un adolescent ingénieux qu'il avait ramené d'Extrême-Orient au cours de ses périples et qui sera le grand-père de générations et de générations de Calédoniens. L'histoire d'une population originale commence, entre les chopes de bière et les « touques * de lait », les fusils et les barcasses, non loin des grands araucarias sombres où vivent, dans la secrète ordonnance d'allées et de contre-allées, les « primitifs ». On entend leurs appels de conques et le trépignement de leurs danses – danses collectives ponctuant les deuils et les fêtes.

Des deux côtés, on s'observe. La grande montagne est là. Les uns et les autres y enfoncent leurs épieux. Mais déjà les hommes de Paddon regardent vers les premiers mamelons de la Chaîne pour y faire vaquer librement le bétail, alors que les autres ont, sur ces mêmes tertres, pieusement établi le rituel de leurs champs d'ignames et les gradins de leurs tarodières *.

Aux approches de l'année 1860, des détachements de gendarmerie sont arrivés à Port-de-France, ce qui permet à la troupe d'opérer une véritable campagne militaire pour réduire les derniers nids des rebelles. Le Sud est pacifié, les tribus de Yaté, de Touaourou encerclées; quant à Hienghène où le turbulent Bouarate tient à nouveau son maquis, on a dépêché un peloton d'hommes qui, du même coup, dans la foulée, a exécuté trois aventuriers anglais, alliés du « Basset ». La peste est apparue dans le Nord, semant la panique dans les tribus. Les sorciers canaques ont accusé les Blancs d'être à l'origine de cette malédiction. On en est tellement persuadé que les naturels vont massacrer et manger un des leurs : un innocent facteur de la brousse. Ils pensaient que « l'esprit mauvais » était caché dans cette redoutable cassette, « la boîte à lettres ». Le malheureux jeune homme la transportait à pied, de Nouméa sur Canala. Car on avait créé là, depuis peu, un centre administratif au cœur de ces bonnes terres où les colons de M. Pannetrat, on s'en souvient, avaient tenté de planter tabac et cannes à sucre. Dès le 4 août 1859 avait fonctionné un courrier régulier entre Port-de-France et ce second point de colonisation appelé désormais Napoléonville.

M. du Bouzet est reparti. Dans l'île, le plus grand calme semble provisoirement régner. Avec son sémaphore, son école des sœurs et son altier fort Constantine, Port-de-France prend figure. Au long assoupissement des premiers temps a succédé une véritable fièvre. Tout le monde s'affaire. Marins-ouvriers, scieurs de long, charpentiers, puisatiers édifient la ville. Le P. Montrouzier, le compagnon de Mgr Douarre, se voit doté d'une chapelle à toit de paille, et, au long d'un sentier glaiseux, M. Paddon bâtira un hôtel. C'est Albion-Hôtel! On y paie sa bière en dollars ou en piastres. Avec le chant du clairon, aux piaffements des chevaux, dans le bruit grinçant des charrettes à ânes, une population s'anime où ne seront guère remarquées les dames. On les compte sur les doigts d'une main. Les odeurs? c'est navrant. L'évacuation des ordures se fait mal. Clapiers et poulaillers prolifèrent. Des îlots au rivage, des embarcations font la navette. Avec le corail de la mer on fabriquera de la chaux. A-t-on besoin de matériaux? À la pioche on attaquera la butte du port sur laquelle l'agent de colonisation, M. Conneau, chargé du trafic portuaire, a bâti sa maison. À quelques kilomètres de là, le pont des Français enjambe un ruisseau juste au pied de la colline dominée par le poste militaire. On y viendra taquiner les poissons de roche et laver son linge. Les Canaques, dans les trous d'eau, harponnent les mulets à la sagaie et cherchent les crabes endormis dans les arceaux des racines de palétuviers. On coupe à l'envi les feuilles rigides des pandanus * pour les monter sur des lattes de bois et en faire des abris légers. Sur l'île Nou déserte s'édifient les premiers bâtiments du bagne. On peut s'amuser. Le « théâtre des Armées » offre des « facéties ». Au « Cabaret des pieds humides », baraque campée sur pilotis, on peut jouer au bouchon et aux cartes. Il faut vivre. Alors on invente des machines à distiller l'eau de mer, et des gâteaux d'amidon. Si l'on baptise « cap Horn » la butée sur la mer où soufflent les mauvais vents de la saison fraîche, on parera de noms de victoires impériales, Sébastopol ou Magenta, les principales artères de la ville. Une feuille paraît : *Le Moniteur impérial*. On peut s'y abonner pour douze francs l'an. Entre les règlements sur les concessions des terres et les comptes rendus des séances des tribunaux, on devine les préoccupations quotidiennes : brûler les fossés à cause de l'herbe à piquants, gratter les gouttières infectées de guano, et faire des litières aux bestiaux. Les mouvements des navires alternent avec les rubriques de la plume aux lecteurs. Des articulets touchants s'échangent entre les colons isolés.

L'un d'eux s'extasie sur ses plants de quinquina, tandis qu'un autre demande des conseils pour « forcer » ses ananas. Quant aux bons pères de Saint-Louis, ils supplient les chasseurs de ne pas tuer les oiseaux de la mission. Dans les baies, on vend le poisson entre des paniers de cocos et de noix de bancoul. Des émouchets piaillent au-dessus des faux mimosas et, si l'on prête l'oreille, le soir, on entend la note monocorde du notou *, le gros pigeon des forêts.

Voilà la petite ville des antipodes telle qu'elle apparaît à l'approche des années 1860. Après la lourde nuit de la peur, elle regarde vers l'avenir, son canon résolument tourné au haut du fort Constantine en direction des premières frondaisons de la brousse. Les joutes politiques sont apparues, animées par deux républicains, proscrits du 2 Décembre : Jean-Baptiste Dézarnaud, l'avocat, et Eugène Porcheron qui sera le premier maire élu de Nouméa. Car, en mai 1859, on a doté la ville d'un conseil municipal et, dès janvier 1860, Port-de-France a accédé à l'autonomie administrative. La ville comptera, en 1865, huit cent quarante-trois habitants et aura reçu son premier gouverneur civil et militaire.

Et la brousse? Brusquement paralysée par les opérations militaires, elle reste coite. Tout entière livrée à la sorcellerie et à la ferveur de la vie clanique. Les naturels observent en secret les *Manehoui-houi*, comme ils appellent maintenant les nouveaux venus. Le bétail des premiers colons Paddon qui piétine leurs tarodières et détruit les billons d'ignames les désarçonne et fait lever de lourdes colères.

Le 1er octobre 1859, il avait été décidé que seraient mis « en réserves » les terrains reconnus nécessaires pour les besoins des indigènes, mais l'arrêté administratif qui s'ensuivra sera sans ambiguïté. Il autorisera « le droit de pâture sur les terrains vacants jouxtant les concessions ». C'était déjà préparer la guerre.

Parce qu'ils venaient peut-être des dieux, les naturels avaient fait à Cook et à ses compagnons un accueil amical. Avec l'implantation des soldats, des marchands et des missionnaires, on découvrait que les Blancs n'étaient pas des dieux, et déjà s'élevait le cri méfiant des clans : « Quelles alliances veulent-ils? »

CHAPITRE II

LES DÉCEPTIONS D'UN GOUVERNEUR

« Quelles alliances veulent-ils? » Le cri est jeté. M. le gouverneur Guillain, nommé par l'empereur gouverneur de la Nouvelle-Calédonie et de ses dépendances, n'a pas pu ne pas l'entendre lorsqu'il a débarqué à Port-de-France le 2 juin 1862. Affranchie de la tutelle des Établissements français d'Océanie, l'administration de la Grande Terre est désormais autonome et le nouvel amiral en sera, pleinement, le suprême magistrat. Dans le blason qu'il a fait adopter dès son arrivée et qu'il propose à tous comme ses armoiries figurent, face à face, une tête de « forçat » et une autre de « Canaque ». C'est très clair. En dessous, en lettres dorées, une devise : *Civiliser, Produire, Réhabiliter*. Voilà, sommairement réunis, les éléments clés de son action.

Le bagne? Rien ne presse. La décision de faire de la Nouvelle-Calédonie une colonie pénitentiaire n'a pas encore été adoptée. Elle ne deviendra officielle que le 2 septembre 1863. L'amiral Guillain a tout le temps de mettre au point les installations de l'île Nou, commencées déjà par ses prédécesseurs et dont il parfait les plans.

Quant à la colonisation, la face des choses va changer. Guillain est un saint-simonien convaincu. Il est à la ressemblance de son maître Napoléon III qui l'a amicalement envoyé sur cette île pour offrir un champ d'action idéal à ses projets libertaires. L'homme est ouvert aux systèmes corporatifs de production et à des associations spontanées; l'île s'y prête, où tout est encore à partager. Terminée, l'inopérante administration des premiers temps! Des « services » cohérents s'occuperont de la vie de chacun en un vaste ensemble de gestion harmonique. Cela tient de la religion.

Déjà les fonctionnaires composeront une véritable franc-maçonnerie et seront les tenants des nouvelles idéologies socialistes. Sans que soit niée leur efficacité, ils apparaîtront souvent désespérément irréalistes. On introduit des règlements partout. Désormais tout est organisé par les services de l'Immigration, de la Justice, ceux des Affaires indigènes, et de l'Ordonnancement du travail. Seul, les « Ponts et Chaussées », sous la houlette du capitaine Lesdos, connaîtront un dynamisme aussi éclatant qu'imprévu : les marais seront comblés, des carrières s'ouvriront, de nouvelles sentes perceront dans les mimosas, pistes et routes bientôt s'étoileront autour d'une capitale transformée.

Les « colons » seront aussi à l'instar des temps : écologiques et graves. Le plus remarqué d'entre eux sera l'ingénieur Adolphe Boutan qui, le 15 août, jour de la fête de l'empereur, débarque à Port-de-France, sur le quai Napoléon, des oiseaux, des plants de vignes et de jeunes palmiers. Il dépose aussi, dans le jardin du Gouvernement, un couple de cerfs « à pelage fauve moucheté de blanc » qui attirera au débarcadère, note *Le Moniteur*, « tous les regards ». On en reparlera sans fin, au cours de l'histoire calédonienne, de ces axis gracieux, car leur reproduction en pleine nature dotera l'île d'un gibier fameux.

Avec cela, les alentours de la capitale commencent à s'emplir d'un parfum subtil : le « vesou ». L'odeur de ce sucre en fusion provient du traitement des champs de cannes. On a promis une prime de 1 000 francs à chacun des trois premiers propriétaires qui produiraient du sucre. C'est comme une promesse de bonheur. La plaine de Koé, à quelques lieues de la ville, a déjà été ainsi transformée par un pionnier inventif, Didier-Numa Joubert. Mais les essais se révèlent timides, et ils sont encore en mer sur leurs goélettes et leurs trois-mâts, les futurs sucriers qui viendront dans l'île créer des plantations avec des cargaisons de créoles et de Malabars. Pour l'instant, M. le gouverneur Guillain reste en face du troisième protagoniste de l'histoire : le Canaque.

À vrai dire, le gouverneur est quelque peu décontenancé.

Héritiers de clans aux fonctions complexes dont la croyance en des mythes anciens explique toute l'histoire, les indigènes des tribus ne peuvent que déconcerter ces Européens de la première heure si confiants en leur mission civilisatrice. Les totems calédoniens, expliquera plus tard Maurice Leenhardt, dans *Gens de la Grande Terre*, sont d'humbles êtres ou choses – lézard, serpent de mer, roussette ou roseau –, mais leur rôle dans les cultures et les rites sont vitaux. Ils ont des pouvoirs et on les craint. « La sympathie entre l'homme et le totem est totale : ce qui touche à l'un atteint l'autre. » Or « le totem est diffus dans tout ce qui concerne l'homme, sa terre, son paysage, ses vivres, son être ». Le mythe totémique préside donc fortement à l'organisation des hommes de la Grande Terre : les autochtones évoluent dans un espace où les villages, les vivants et les morts ne forment qu'un grand tout, indifférencié, mais où chaque fragment est précisément reconnu.

Pour un administrateur, quel piège : « La vie agricole indigène s'organisant au sein de lignées dépositaires des terres de culture et tout le reste du pays constituant la part " indivise " de la communauté » (J.-P. Doumenge, *Atlas de la Nouvelle-Calédonie*), comment introduire en un tel espace, sacré, des colons à vocation de productivité? M. Guillain y a-t-il même songé? On peut se demander comment cet homme épris de considérations humanitaires n'a pas été plus attentif aux rumeurs des tribus et aux comportements que pouvait laisser supposer la forte structure de tout un peuple?

Mais peut-être après tout M. le gouverneur a-t-il été effectivement partagé entre ses sentiments de doctrinaire idéaliste et ses rigoureuses fonctions de gouverneur colonial? On peut le croire. Clovis Savoie, dans son *Histoire de la Nouvelle-Calédonie,* dira que la « rudesse apparente du chef de la colonie était atténuée d'une grande bonté ». On le verra toujours hésiter entre des mesures bienveillantes, même philanthropiques, et d'autres d'une exceptionnelle dureté. Il saura élargir la notion de « réserve » instituée par le gouverneur du Bouzet, mais s'il la précise avec intelligence, il l'assortira de dispositions autoritaires, voire humiliantes. Il y était dit (article 1) que le premier devoir d'un chef canaque était l'obéissance au délégué de la France. C'était mal comprendre la notion de « grand chef » et déjà lui porter atteinte. Le chef traditionnel était bien autre chose qu'un simple agent de liaison entre l'autorité coloniale et ses sujets. Pour avoir refusé de signer un tel arrêté, le chef Damé avait été déclaré déchu.

Le phalanstère de Yaté

M. Guillain allait tourner ailleurs ses regards et nourrir des espoirs insensés. N'était-il pas possible, sur cette grande terre vierge, d'organiser ces harmonieuses collectivités dont Fourier et Proudhon avaient été les instigateurs passionnés? Tout ce que l'Europe brassait de philosophies humanitaires trouverait-il ici le champ d'une réalisation concrète? Il est énergique, M. le gouverneur, et il a la décision rapide; l'agent d'administration Clovis Savoie le souligne dans ses notes. Alors, par arrêté du 8 janvier 1864, le gouverneur accorde trois cents hectares de terrain, à titre gratuit, à une vingtaine de nouveaux venus, dont la plupart ont été recrutés dans les milieux ruraux de la basse Bretagne. Ils s'appellent entre autres Le Gaë, Riou, Le Luherne, Bruneau, Aubert, les frères Ozoux. On leur donne des semences, des outils, des bestiaux et un petit bréviaire, *L'Association domestique agricole*; on les nomme « la phalange océanienne ».

Quelle aventure! C'était sur le plan des familistères de France que l'on avait conçu l'audacieux projet du phalanstère de Yaté. Mais, au-delà de ce redoutable plateau du Sud où ils devaient s'installer, nos phalanstériens ne trouvèrent encore que des baraques et des paillotes au creux d'une cuvette ouverte sur un admirable horizon, mais si arrosée par les pluies qu'elle se transformait vite en bourbier! On s'était cependant courageusement mis à vivre. M. Guillain avait fait aux sociétaires des avances de grand seigneur, et dans les statuts de la communauté était inscrite la constitution d'un fonds de roulement et de prévoyance. On partagea les journées en temps de travail et en temps de réflexion.

On engraissa les cochons de cocos frais, on planta du maïs. Aux nouveaux habitants de Yaté on offrit un régime de vie inédit allant des prescriptions diététiques à de nouvelles relations libres entre les sexes. C'était inaugurer la nouvelle société du bonheur libre, loin des fausses industries des hommes et de leur cortège de vices et de souffrances. Monastère? Palais sociétaire? Association domestique agricole? Où allions-nous? Il faut imaginer la haute terre rouge des latérites du Sud, la végétation pauvre, souvent brûlée de feux de brousse, au-delà de la grande plaine des Lacs grandiose et solitaire, pour comprendre ce que c'était que Yaté, avec ses *creeks* * mortels, ses sentiers difficiles, sa végétation de maquis et ses gorges impénétrables, accrochées au flanc des montagnes. Nulle liaison avec la Grande Terre. Les rivières en crue engloutissaient les hommes qui se risquaient sur leurs rives, et le lacis des sentes était tel qu'on s'y perdait dans un labyrinthe hérissé de fougères et de mousses dures. La seule jonction avec Port-de-France se faisait par bateaux, mais non sans peine car le mascaret à la pointe de Goro et les récifs rendaient dangereux l'accès de la côte. Les familles se groupèrent dans leurs gourbis et tentèrent de planter du café. Les indigènes de la tribu voisine venaient les voir et, comme les phalanstériens étaient des gens paisibles, ils leur donnèrent des poissons et des fruits en échange du bon pain que le boulanger Le Luherne avait entrepris de cuire dans un four à briques. Hélas! le temps eut vite raison de leurs efforts. On s'aperçut, lors du partage des recettes, que le rapprochement des classes, à l'intérieur du familistère, n'était pas aussi spontané qu'on voulait bien le dire! On se disputa vite. D'aigres ressentiments envenimèrent les cœurs. La pauvreté qui, M. le gouverneur l'avait dit, ne devait pas être leur lot, l'était bel et bien! On ne se libérait pas comme cela de l'argent! On se découragea. Le zèle tomba. Des maladies de peau se déclenchèrent. La rancœur s'insinua en chacun. Et le jour où un incendie se déclara dans les paillotes, la désolation devint générale. Le rêve de M. Guillain faisait naufrage. Les hommes s'enfuirent. Quelques-uns s'installèrent comme petits colons. D'autres, moins fortunés, moururent.

Les sucriers

Si le rêve du phalanstère fut de courte durée, par contre le grand espoir amorcé par la réussite de Didier-Numa Joubert sur les rives de la Dumbéa s'affirmait. Cet homme était venu de l'île Bourbon où sévissait une crise sévère dans le marché de la canne à sucre. Une maladie curieuse et véritablement épidémique avait dévasté les plantations, et tous les gens de là-bas étaient désespérés. *Le Moniteur impérial* fera beaucoup d'éloges de ce Joubert, colon sucrier « habile industriel et homme plein de confiance dans l'avenir de la colonie ». Il est arrivé avec une poignée de créoles et, en 1859, il a réuni déjà autour de lui quatre-vingt-dix-huit compagnons, en attendant une centaine de travailleurs dépêchés du Céleste-Empire. Quelles promesses! Avec une telle main-d'œuvre, le Bourbonnais possédera bientôt une usine avec trois chaudières. Il produit vingt-cinq barriques de vesou. Cette bonne nouvelle va déclencher une véritable ruée vers la Nouvelle-Calédonie. À partir de 1867, trois cent vingt-trois titres de propriété seront attribués à d'intrépides planteurs. C'est l'ère des paysans nobles et des marquis de la terre, aristocrates descendants des émigrés de l'île Bourbon pourchassés par la Révolution française. Un monsieur de Kervengen installera dans l'île calédonienne deux cent cinquante ouvriers d'origine indienne et son ami M. de Tourris gardera à ses côtés deux cent cinquante Malabars. Les deux hommes se fixeront à la Ouaménie, dite la « Rivière aux oiseaux », que domine le mont Ouitchambo, en forme de cône. Pic légendaire : on y racontait l'histoire d'un vieux crustacé, égaré au sommet dans un trou d'eau saumâtre, et qui avait été le géniteur ancien de tous les crabes calédoniens. C'est autour de ce haut lieu, à allure guerrière, que les sucreries vont proliférer. Bientôt on verra, comme de petits castillets, émerger des champs de cannes les originales tours de brique rouge des usines. La Calédonie verte monte en graine, comme une adolescente. Et il n'a pas vingt-cinq ans, ce jeune Evenor de Greslan, quand il décide d'aller lui aussi moissonner la canne aux antipodes. Riche et bien fait, ce jeune homme n'a qu'une passion : la nature. Son domaine de Nimba, il en fera un jardin botanique, paradis des paons, des pintades et des petites cailles. Il a des buffles et des poules sultanes et on le verra surveiller avec attention ses plants de litchis et ses manguiers dans un univers de jamrosats*, de manioc et de vétivers. Mais, comme la canne à sucre l'intéresse plus que tout, il inventorie toutes les variétés de cannes susceptibles de bien pousser sous le ciel calédonien.

Il n'est pas jusqu'aux pères maristes qui ne se piquent au jeu. Il en vaut certes la chandelle. Le P. Vigouroux, qui fut le charpentier de la mission de Saint-Louis aux portes de la ville, sera bientôt le factotum d'une usine pour laquelle il a ingénieusement rassemblé ses ouailles qu'il canalise en des activités diverses comme celles de créer des canaux et des moulins. Il s'exclamait joyeusement en 1862 : « Nous avons fait nos deux mille cinq cents premiers kilos de sucre! », ajoutant piteusement « l'argent en est même déjà dépensé! ».

Dès mars 1861, un autre habitant de la Réunion, Gustave Clain, avait apporté à Joubert ses précieuses connaissances techniques sur la bonne croissance des plants. Le fantaisiste Timothée Cheval, dans la grande plaine de la Tontouta où atterrissent aujourd'hui les DC-10 et les Boeing, bien qu'ayant de longues années tenu à Sydney, avec son frère Hippolyte, le fameux café Français, se mettra lui aussi, ce Normand, à la canne de l'île de Bourbon. Ingénieux Timothée, sur lequel on pourrait écrire des pages. Il était arrivé le 18 juillet 1862 à Port-de-France à bord de son navire *La Gazelle* avec des compagnons irlandais comme les O'Donoghue, les O'Connel et bien d'autres parmi lesquels on comptait même des descendants de Mac-Mahon. Il avait fourré tout son monde à bord en compagnie de treize chevaux, quatre-vingt-douze bœufs et quarante-six caisses d'instruments agricoles. Toute cette petite colonie s'était installée à Saint-Vincent, près de la rivière la Tamoa, et, en aubergiste rusé qu'il était, Timothée avait fini par persuader ses pionniers irlandais d'abandonner leurs haras et leurs sempiternelles plantations de pommes de terre pour se mettre au sucre.

Cette ardeur pour les champs de cannes durera bien une dizaine d'années. Vers la fin arrivèrent les deux frères Douyère, originaires d'une petite île proche de la Réunion, à bord d'un voilier, *Le Pactole*, et ils tentèrent des cultures sur la côte Est, non loin des tribus de Ponerihouen qui n'entretenaient pas de bonnes relations avec les populations voisines. On avait dû y installer dès 1860 un solide poste de gendarmerie. En fait ces deux frères, indissolublement unis, venaient surtout rejoindre ici leur sœur Mérance, héroïne d'une aventure peu banale. Car Mérance s'était inscrite pour un voyage de près de quatre mois sur le trois-mâts l'*Anna-Marie.* Ne voulait-elle pas surtout rejoindre le bel Evenor de Greslan, devenu quasiment le prince-planteur des antipodes? Mal lui en avait pris. Quelques jours après avoir quitté Saint-Denis, le feu avait éclaté à bord. Panique générale : métis, Indiens, créoles et familles européennes en partance, tout le monde s'affola. Il fallut le courage de l'un des passagers, Casimir Boyer, pour redresser une situation perdue : il prit son pistolet et le tint fermement braqué sur la tempe du timonier qui voulait rebrousser chemin, tandis qu'il donnait des ordres précis aux plus costauds des Malabares pour parer aux mesures d'urgence. La cargaison fut perdue, le bateau sauvé. Tous les passagers sains et saufs débarquèrent sur le quai de Nouméa au mois de septembre 1874.

Mais l'aspect le plus touchant de l'« épopée sucrière » relève peut-être de l'ordre de l'amour. Sur les bateaux, les planteurs et leurs familles voyageaient souvent en compagnie des soldats de l'Empire désignés pour faire, pendant sept ans, leur service en Nouvelle-Calédonie. Pendant la traversée, des idylles se nouaient. Il n'était pas rare qu'un voltigeur ou un artilleur tombent sous le charme de ces filles de colons, aristocrates enfants chaussées de bottines blanches et vêtues de dentelles. Leurs romances nous en seront contées par la fille même de Jean-Nicolas Streiff, soldat de l'infanterie de marine qui, personnellement, avait été fortement séduit par Augustine Kabbar, l'aînée de vingt enfants que leurs parents réunionnais avaient emmenés à bord dans leur exil en Nouvelle-Calédonie. De ces amours naîtront sur la Grande Terre des palanquées d'enfants métis, tous vigoureux et travailleurs. Il n'est que de rappeler l'histoire de ce Jolimont Kabbar qui vécut quatre-vingt-dix-huit ans sur la côte Est, dotant le pays de dix-huit garçons et filles, dont treize feront souche. Et à Nouméa même vit encore ce vieil homme qu'on appelle Freddy, dont la grand-mère malabare, corsetée de satin noir, était une femme peu commune. Elle avait des dictons terribles : « Z'affaires cabris, moutons mêle pas! » Ou encore : « Quoi ça y connaît pas, touche pas! » Et avec de telles sentences, elle avait élevé sa marmaille. On peut aujourd'hui encore savourer le vieux cliché où ses petits-enfants sont réunis, pauvres, proprets et pieds nus, autour d'une table de planches rudes éclairée d'une seule lampe à pétrole. Ces petits métis populaires représentent déjà l'amorce de ces Calédoniens de brousse, bien inconsidérément nommés de nos jours « les Caldoches » sans comprendre vraiment ce qu'ils furent : des peuples colorés tournés vers des vertus très simples. Au cours des temps le mélange se fera plus complexe, plus nuancé, plus riche, laissant à tous, en dénominateur commun, un attachement forcené à cette terre d'immigration où ils eurent à survivre durement.

Hélas! tout s'amplifia, et se gâta aussi, avec l'arrivée de M. John Higginson.

Monsieur Higginson

C'était un homme d'affaires d'une incroyable vivacité, assortie d'une assez remuante ambition. Il avait eu des débuts difficiles et on l'avait vu pousser des brouettes sur les chantiers de Port-de-France. Cet Irlandais, bâtardé d'Anglais, était d'une telle perspicacité que, bien vite, il découvrit ce qu'il y avait de plus avantageux à faire en ces lieux appelés à prendre de l'importance. Il fallait en rompre l'isolement. Comme il avait en poche une petite poignée de poussière d'or ramassée en Australie, il la mit à profit pour louer un steamer, le *Havilah,* destiné à faire une navette régulière entre l'île et l'Australie.

Les choses en sont là lorsqu'il flaire dans l'aventure des sucriers un filon pour son profit personnel. Pour Higginson, il s'agit de s'enrichir sans grand-peine : ce n'est pas un homme de terrain, c'est un spéculateur en chambre. Il convient aussi d'arriver au bon moment pour bénéficier des expériences d'autrui, et il compte bien éviter les tâtonnements des premiers propriétaires d'usines. Son projet est au point. Il a compris, dans la naissance de ce pays neuf, l'importance du jeu subtil des capitaux. Il sera donc l'éminence grise des banques et l'inspirateur des entreprises pionnières sans s'égratigner les mains dans le fourré des sensitives ou des lantanas * et sans jamais, surtout, partir en guerre avec tout un chacun.

Avec son amusant zézaiement, son franglais émaillé d'expressions empruntées au *bichelamar* * – ce sabir des navigateurs océaniens –, il séduit. L'œil vif, les moustaches relevées en pointes, mince et d'élégante tournure, il parle avec les mains et une irrésistible véhémence. Cette mimique ne s'accompagne d'aucun scrupule. Il se glisse dans tous les milieux. On imagine le rôle qu'il va jouer dans la vie économique de l'île calédonienne. Impétueux en diable, primesautier, il s'amuse de tout. Ni les déboires ni les échecs ne l'atteindront réellement. Comme une balle, on le verra rebondir et, des origines de la colonie jusqu'au début de notre siècle, il apparaîtra à la manière de ces personnages à ressorts qui font irruption hors de boîtes magiques à l'instant même où on les avait oubliés.

C'est à se demander d'ailleurs s'il est bien mort aujourd'hui, cet Higginson, lui qui avait demandé à cor et à cri la nationalité française et se campait partout dans le Pacifique en ardent défenseur de l'Hexagone! Il repose à Nouméa certes, mais somptueusement embaumé à l'ombre d'un petit mausolée baroque. On ne peut évoquer la ville aujourd'hui sans le revoir encore tel qu'il déambulait dans les rues « avec sa redingote serrée à la taille, sa badine et son chapeau gris, fumant d'une main gantée des cigares anglais ».

Avec l'aide d'un riche négociant néo-zélandais, M. Cruiskhand, dont il saura habilement détourner une part du capital, Higginson construira une importante usine à Bacouya, petite vallée fertile au large de Bourail où M. Guillain s'était rendu, à bord de *La Fine*, dans l'idée d'y créer des fermes pénitentiaires. Higginson voit grand : il veut pouvoir traiter entre 1 000 et 1 500 tonnes de sucre par saison et, comme il lui faut une abondante main-d'œuvre, il a le génie de penser aux forçats! Après tout, pourquoi pas? Car, depuis mai 1864, ils arrivent, les bagnards, et ils ne sont pas sans causer quelque souci à M. le gouverneur. Mais cela, ce n'est pas l'affaire de John Higginson qui entend signer avec le directeur même de la Pénitentiaire un avantageux contrat. Il rêve d'avoir des bras à bon marché en échange de promesses de coopération. Quand arrivera en 1868, le nouveau chef du pénitencier, un certain M. Charrière, tout ira au mieux. Ce garde-chiourme est fantasque et autoritaire. Il sera ravi : Bacouya allait fournir au bagne du sucre et du tafia; il y enverrait une cargaison de bagnards. Persuadé qu'il était ainsi à l'origine d'une opération remarquable, il était sûr d'obtenir de Paris un notable avancement. Marché conclu. Ce qui fut dit fut fait; on signa le pacte le 13 mars 1870.

On devine le danger d'une telle association qui mettra Charrière à la merci d'un potentat sans scrupules. Les affaires entre les deux hommes se gâtèrent, mais M. Higginson tenait si bien en main le directeur de la Pénitentiaire que tous les abus lui furent permis. On parlera beaucoup plus tard, de « contrats de chair humaine ». Ce fut un joli scandale!

Mais, à l'heure du sucre, tout cela n'est rien. Ce que voit M. Higginson, c'est que l'avenir des industries sucrières ne lui offre pas encore la percée que son ambition réclame. D'ailleurs l'épopée va brusquement se briser. Au moment même où elle semblait à son apogée, où l'on pouvait compter cinq entreprises installées sur le territoire, un cri d'enfant qui jouait dans les roseaux retentit un jour, sur l'heure de midi, dans un ciel parfaitement bleu : « Oh! le gros nuage! Il tombe sur nous! » C'était les sauterelles. Les Calédoniens affolés prennent leurs vieilles pétoires : le nuage est troué, il se disloque, il dérive et s'abat à terre dans un grand bruit d'élytres. Mais, de ce jour, l'invasion ne cesse pas. En vols sombres, les plus méchantes bestioles arriveront, les « piétonnes ». Elles dévorent tout et, en un rien de temps, rasent les plantations. On ne sait que faire : les enfumer? taper sur des casseroles? les chasser avec des branches de niaoulis ou de cassis? les « emboucaner » au tabac et inventer des pièges à glu? Les maudits insectes résistent à tout.

Ainsi déclinera peu à peu la belle histoire sucrière. M. Guillain et sa femme en seront navrés. Pour beaucoup de raisons : économiques certes, mais sociales aussi. Car ces exilés de Bourbon avaient doté la petite ville encore fruste, habitée de gens rustiques, pionniers mal dégrossis, d'une fine élite, quelque peu mondaine. Très vite l'épouse du gouverneur, qui était fort jolie et avait déjà été remarquée à Paris par l'impératrice Eugénie de Montijo, s'était à Port-de-France ennuyée à mourir. Elle s'était fort bien rendu compte que si la tristesse pesait en cette presqu'île dont les horizons pourtant étaient d'une grande beauté, c'était parce qu'il y manquait des femmes. Les célibataires y tournaient en rond. Officiers de la *Thisbé* sur leur navire en rade, colons-fermiers en pantalons de grosse toile et petits commerçants en savates ne parlaient guère que de mer, d'étalons pour leurs juments, ou de la qualité du rhum sorti des usines locales. Tout ce monde se promenait le long du jardin, non loin de la rue de Sébastopol, où un pont de bois enjambait un fouillis de plantes tropicales, avant d'aller, sous quelque paillote, boire le traditionnel pastis. La première dame de la colonie eut donc l'idée géniale d'intervenir auprès de son mari pour acheminer en cette triste agglomération un lot de ces orphelines qui, en France, étaient gardées dans des pensionnats religieux. La trouvaille fut jugée excellente. Au ministère de la Marine, on agit avec diligence et bientôt, par ce même voilier *Isis* qui avait débarqué sur le quai les perdrix de M. Boutan, chutèrent miraculeusement, le 22 septembre 1863, une vingtaine d'adolescentes munies d'un brevet de sagesse et d'un bon trousseau. Tout changea. Les rues s'enjolivèrent de jupons et d'ombrelles. Les jeunes hommes soignèrent leurs mises. Ils apparurent dès lors en costumes blancs et canotiers. On créa des ouvroirs et le « cercle civil » fut lancé. Un nouveau négociant, Henry Caphorn, se mit à photographier la ville et, pour la première fois, sur des clichés datant des années 1862-1869, on put contempler cette capitale en herbe avec ses marais et ses maisons de guingois, ses cocotiers malingres, ses premiers comptoirs et l'aire profonde d'une mer tranquille barrée par les steamers et les hauts voiliers.

Nouméa ville impériale

Mme Guillain peut alors organiser ses réceptions dans ce palais du Gouvernement qu'on allume le soir aux torchères et où s'égaillent de jeunes cerfs. On y rencontre Adolphe Boutan qui vient de fonder la Société des courses : on est passionné de chevaux ! On serre la main du vieux républicain Porcheron qui a marié sa fille au jeune colon Vergès et on parlera beaucoup de ce pêcheur remuant, Jean Castex qui vend son poisson à la criée et se bâtit, rue de Solférino, une des plus solides maisons de la ville. On chuchote que des fonctionnaires arrivent, dont ce noble Faget de Casteljau qui a servi dans les zouaves et vient d'être blessé à Sébastopol. Enfin Mme Guillain sera au comble de la joie le jour où, entourée d'un essaim des plus élégantes femmes de la colonie, elle aura l'honneur d'inaugurer le « phare » dont, il faut le dire, on rêve depuis la création de Port-de-France! On avait fait à ce sujet de nombreuses études. Cet appareil devait atteindre cinquante mètres de hauteur. On avait décidé de le planter sur l'îlot Amédée, atoll de sable blanc au large des anses méridionales de la Grande Terre. L'érection de ce monument historique avait mobilisé autant l'État que la petite cité tropicale. Songez qu'il pesait 387 953 kilos et qu'il était en fonte entièrement démontable. Arrivé par l'*Émile Pereire* en novembre 1864, il sera inauguré le 15 novembre 1865 avec un faste inimaginable et en présence de toute la colonie réunie. Chacun y trouvera son compte. Les marins d'abord, qui se sentiront désormais rassurés aux approches du port, le curé qui y découvrira un éloquent symbole (« ce phare, dira-t-il, rappelle le phare de la foi de Jésus-Christ »), les personnalités conviées qui verront dans cette cérémonie coïncidant avec l'anniversaire de Sa Majesté l'impératrice Eugénie un éclatant témoignage de loyalisme, et M. le gouverneur qui revivra les grandes heures de la découverte : ce phare s'élèvera « comme l'un de ces pins colonnaires aperçus sur la côte Est par le capitaine Cook ».

Quant à la gracieuse Mme Guillain qui, armée d'une symbolique truelle, avait posé la première pierre, elle le faisait ostensiblement « au nom de toutes les femmes que le dévouement avait conduites dans cette lointaine contrée ». Le clin d'œil à ses petites orphelines exilées était visible et l'épouse du gouverneur pouvait, sans trembler, allumer d'une main sûre ce phare Amédée qui, depuis ce jour, ne cesse de briller à l'orée de la grande île calédonienne.

Le dossier du phare clos, M. le gouverneur le referme avec satisfaction. Cela lui permet d'oublier un peu les amertumes qu'il garde et gardera encore longtemps à l'égard de son insensé projet de phalanstère. Mais, avec émotion, il en ouvrira un autre qui le concerne personnellement.

L'or et le géologue

Depuis 1863, un jeune explorateur, géologue chargé de mission par le ministère de la Marine et des Colonies, est en vadrouille dans la brousse. Il s'appelle Jules Garnier. Un croquis de l'époque nous le représente, le visage énergique, le cheveu romantique, la chemise à larges manches sous un bon gilet de chasseur. Il est accompagné de son inséparable chien et on aperçoit à ses côtés, dans l'ombre, le Canaque qui fut son guide dans ses explorations difficiles. Il veut en avoir le cœur net quant à l'existence de l'or en Calédonie et il a décidé de rejoindre les trois derniers chercheurs qui s'agrippent encore à la montagne pour y trouver des filons. Il n'en trouvera qu'un. « Un Breton, écrira-t-il, c'est tout dire. Dès l'aube il était debout et au travail, retournant la terre dans tous les sens. Quel sujet de réflexion, ajoute le jeune géologue, pour un philosophe que la vue de cet échappé de la vie civilisée, couvert de lambeaux d'étoffe sous un soleil brûlant, grattant la terre sans relâche! » On avait appris que ces trois hommes, campés à Pouébo non loin de l'ancienne mission des maristes, avaient réellement, dans les sables de la rivière, trouvé des paillettes d'or. Subjugué, M. Guillain n'avait pas connu le repos avant d'être allé lui-même sur les lieux se rendre compte des faits. Il avait voulu plonger dans l'eau la cuvette et le tamis et, oui, tout administrateur qu'il fût, il avait lui aussi, comme un vrai gold-seeker, ramassé des paillettes. Aussi ne quittait-il plus par la pensée ce jeune homme qui avait repris son itinéraire. Déjà, on le savait, il avait obtenu par lavages des parcelles d'or. Le métal se trouve disséminé dans des débris de quartz et revêt l'aspect de paillettes rugueuses. M. Guillain jubile. Il encourage Jules Garnier à forer un puits.

Mais le réaliste explorateur ne partage pas l'exaltation du gouverneur. Il s'étonne même que toute la colonie soit en émoi pour une trouvaille si minime. De l'or? Il y en a, certes, mais en veines fort imprécises, et s'il y a quelque espoir pour une recherche future, Jules Garnier n'hésite pas à glisser en marge de son rapport cette remarque ironique : « En France, dans nos montagnes, il est plus d'un cours d'eau qui en contient davantage. » M. Guillain est si ulcéré qu'il n'entendra plus qu'à peine les derniers termes du rapport minier. Jules Garnier y note que, dans ses recherches, il a remarqué par contre, çà et là, « une roche dont il ne peut avec exactitude définir la nature, roche accompagnée d'une matière ressemblant à du lichen durci... » Pouvait-on accorder à cette remarque l'importance qu'elle méritait? On s'acharnait alors dans ces hautes montagnes à trouver de l'or; elles recelaient en fait des tonnes de nickel...

Et puis – autre préoccupation pour M. le gouverneur – le rapport de Jules Garnier est assorti de maintes réflexions quant à l'observation de la vie indigène. La brousse est bien ce monde noir, incompréhensible et barbare, qui rend toute expédition dangereuse. Plus tard, le géologue consignera ses souvenirs en ces termes : « Je pénétrai sous ces arbres élevés aux branches desquelles on suspendait les cadavres enveloppés dans des nattes. Des ossements blanchis et fendillés jonchaient le sol. Quelques cadavres informes encore attachés entre ciel et terre s'agitaient sous l'influence de la brise dans leur enveloppe usée par le temps. » Et, plus loin, l'explorateur surprendra les naturels au cours de ces fameuses danses des *pilou-pilou* * dont les rumeurs parvenaient jusqu'aux oreilles des Européens et dont la violence était telle qu'on voyait au petit matin la poussière s'élever comme un nuage sur les lieux de leurs excitations. « Cela se passe au milieu de la nuit, sans autres lumières que quelques torches que promène çà et là le caprice de l'un d'eux. Hommes, femmes, enfants, forment une mêlée confuse. Surexcités par la grande abondance de nourriture qu'ils ont absorbée, il se produit chez eux une espèce d'ivresse. Ils ne cessent de hurler et de sauter en mesure, frappant l'une contre l'autre des écorces d'arbres recourbées. » Le géologue parlera encore de leurs *dangats* – masques épouvantables, « amas de cheveux humains qui forment sur leur tête une effroyable perruque pendant que des poils de barbe, longs et touffus, sont suspendus au menton ».

Impressionné par les images fortes de tels rapports, M. le gouverneur est ébranlé. Pourquoi s'embarrasser ici des idées de Rousseau et des convictions de ces naïfs philosophes qui prolifèrent depuis 1840? Allons donc! Dans la jungle, de telles affirmations ne tiennent pas debout. À l'égard des hordes barbares, ne faut-il pas d'abord lever le fusil?

En juin 1865, les équipages de la *Reine des îles* et ceux du cotre *Le Secret* ayant été massacrés à Gatope, au pied du premier poste militaire qui y avait été installé, des représailles s'ensuivirent. Elles furent sans pitié. D'autant que les marins avaient été non seulement tués, mais, comble de l'abomination, mangés. L'émotion chez les Européens fut telle qu'une opération militaire fut immédiatement engagée, qui nettoya totalement la région. Depuis cette tragédie, le récif avait été surnommé « le plateau du Massacre ».

En même temps, de la cendre des tribus incendiées naissait une étrange mémoire d'herbes mortes et d'hommes sans cultures. « Gatope! c'est si pauvre, disait hier encore un jeune Canaque natif du lieu. On n'y voit plus les mimosas et jamais plus on n'y fera pousser les ignames. » C'était à jamais la terre infertile, ravagée par le feu maudit. Les vieux n'y buvaient que du thé, accompagné de bananes sauvages, quand les couillloucs, ces petits oiseaux suceurs, voulaient bien en épargner la chair. Dans les esprits flottaient des réminiscences sans date, sans repère ni référence, mais qui, de génération en génération, composaient une longue « geste » en forme de palabres souvent entremêlées d'aigres ruminations. Jusqu'à nos jours, on la reconstituait aisément.

Il fallait bien alors le constater, le combat civilisateur de M. Guillain tournait à la boucherie. Mais ces opérations de « nettoyage », si elles pouvaient s'expliquer en raison d'une dramatique situation de choc, ne se justifièrent plus du tout quand des motifs assez mesquins commencèrent à s'insinuer dans la petite colonie naissante. Car entre les maristes et M. le gouverneur, il faut bien le dire, on ne s'aimait pas du tout.

Guillain est un franc-maçon. A Port-de-France, que l'on a décidé désormais d'appeler Nouméa, il y créera une loge : l'« Union calédonienne ». Il obtient le plus vif succès en lançant à Païta, à une trentaine de kilomètres de la capitale, une école laïque, ouverte à tous, et animée par un enseignant plein de talent. Les missions s'inquiètent : leurs ouailles se volatilisent, les catéchumènes se raréfient. Elles ne deviennent pas tendres envers ces nouveaux administrateurs. Et, dans les tribus, elles font une déplorable propagande antigouvernementale. Les « laïcs », de leur côté, redoublent de zèle et une autre école se monte bientôt à Napoléonville, au cœur de la Chaîne.

C'en est trop. À l'instar des missions protestantes installées surtout dans les îles et qui accompagnaient leur enseignement d'apprentissages techniques, les catholiques cherchent à accroître leur influence en transformant leurs domaines en ateliers, les dotant même de structures commerciales. Elles poussent hardiment leurs installations à Nakéty, non loin de Napoléonville, à Thio, sur la côte Est, et surtout à Bondé, tout là-haut, dans le Nord rebelle! Autour de M. Guillain, on s'indigne. De quel droit les curés accaparent-ils le monopole du commerce avec les indigènes, dont ils paient les produits, notera la Société d'études historiques de la Nouvelle-Calédonie, « avec du papier-monnaie qui ne peut être converti en marchandises que dans [leurs] magasins! ». La limite du supportable semble être dépassée et M. Guillain entend y mettre fin.

Mais ce qui est grave, c'est que les tribus vont se trouver partagées en profrançaises et antifrançaises, et, il faut l'avouer, les bons pères étaient souvent du côté de ces dernières. Les tracasseries anticléricales devenaient chaque jour plus vives et les réquisitions malencontreuses se multipliaient dans les tribus.

À Nouméa, quand on apprit que de nouvelles révoltes avaient éclaté à Pouébo, on accusa aussitôt les maristes, d'autant qu'ils avaient encouragé un grand chef, Hippolyte Bonou, à signer une pétition de protestation contre l'occupation de 300 hectares de ses terres par des colons.

Pauvre Hippolyte! C'est là que les événements commencèrent à devenir tristes. Car il n'y avait pas de chef plus loyal que lui. Il avait assisté à la prise de possession, reçu un drapeau tricolore des mains de Tardy de Montravel et, plein d'inventions, s'était mis à transformer sa tribu : les cocotiers y étant de belle venue, on s'était mis à extraire l'huile des noix et on s'adonnait à la pêche coutumière et à l'élevage pour en obtenir un produit régulier. Le P. Rougeyron avait écrit : « En peu de temps l'île entière eût été catholique et française... si ce chef admirable avait été seulement soutenu dans ses efforts! » Mais Bonou était mal vu du gouvernement parce qu'il était le protégé des pères et en particulier de deux missionnaires, Villard et Guitta, des contestataires qui portaient sur leur soutane le fusil en bretelle, toujours indignés contre les spoliations des terres. Les réquisitions d'hommes des tribus et les abusives répressions de l'administration anticléricale les mettaient hors d'eux-mêmes.

Quand le pauvre Hippolyte fut arrêté, bien innocent de toutes ces sournoises menées, et déporté, loin de son fief Pouébo, à l'île des Pins, les pères mesurèrent l'étendue de la catastrophe : les guerres tribales se réveillaient. Pour réduire leurs ennemis non chrétiens, les Pouébo partaient en guerre contre les tribus voisines et tout se compliquait. Fanatisme des uns. Outrancières réactions des tenants de M. Guillain. Quel gâchis ! Deux gendarmes tués. Des maisons pillées. Le colon Démené assassiné et l'épouse retrouvée plus tard dans la brousse blessée avec ses deux enfants. Triste bilan ! À Nouméa, l'instruction et le procès désignent dix coupables. Ils sont guillotinés le 18 mai 1868. La tribu est déclarée civilement responsable et dans *Le Moniteur* on lira : « Il n'y a plus nul doute possible, les ennemis de la colonisation, ce sont les missionnaires ! »

Si l'on ajoute à cela la résistance ouverte dans les îles par les pasteurs anglais, on aura quelque idée de l'imbroglio des difficultés dans lesquelles se trouvait plongée l'administration française. Les trois Loyauté étaient sous l'influence prépondérante de la *London Missionary Society* dont le missionnaire le plus actif s'appelait MacFarlane. Avec beaucoup de mal, le 20 juin 1864, Guillain avait hissé le drapeau français sur l'île de Maré, au lieu dit Tadine et, à Lifou, la plus grande des îles, il avait dû faire une démonstration de la puissance des Français qui avait fait sept morts et plusieurs blessés dans le camp des protestants. Les plaintes de MacFarlane avaient été très vives. Au Foreign Office, à Paris, on s'en était ému ! Guillain avait reçu un sévère avertissement. À l'heure de l'Entente cordiale, on jugeait durement son « excessive rigueur ».

Tout s'envenimait : ragots, fausses nouvelles, calomnies, attaques sournoises dans les brousses, colonnes de reconnaissance attaquées, postes militaires détruits. Quand on apprit tout à coup la sortie hirsute dans le Nord de toutes les tribus des Ouébias, les plus terribles des rebelles, ce fut la guerre totale. Une répression sans faille s'organisa. Un proscrit, le grand chef

Gondou, qui errait dans la Chaîne depuis dix ans, était piégé. On le tuera et, cette fois, c'en sera bien fini : la grande île s'en trouvera anéantie. Mais M. Guillain est fatigué. « Atteint de gastralgie avec dyspepsie flatulente », il est sévèrement malade et Mme Guillain ne va guère mieux : elle se consume de langueur.

Profondément blessé par ses échecs, M. Guillain reçoit de Paris une discrète mise en demeure : il doit partir.

On peut être sûr qu'avant de quitter l'île calédonienne, le gouverneur sera allé retrouver ce qu'il avait eu peut-être en ces lieux de plus cher : un ami, le Rhénan Heinrich Schmidt. Depuis 1866, il l'avait installé sur une réserve alors inutilisable de la marine, la pointe Mâ, cap avancé de la côte à quelques encablures de Port-de-France. Cet homme avait été laitier à Sydney où il avait épousé une jolie Irlandaise venue en Australie avec ses parents, compagnons de MacArthur, administrateur australien populaire parmi les planteurs.

Guillain aimait à s'attarder en ces hauts lieux d'une histoire coloniale qu'il aurait aimé poursuivre, plus tournée vers l'harmonieuse Nature que vers le sang qu'il avait dû verser. Sur 226 hectares de terrain, son ami avait planté des flamboyants et des gros cassis et, sur la presqu'île, des moutons et des chèvres s'égaillaient. La nuit, les petits cerfs y venaient téter aux mamelles des vaches dans la paille des étables. Le colon avait bâti, à quelques mètres d'une anse de sable blanc, une demeure pionnière – murs trapus en chaux de troca *, plafonds bas, portes à clous et, en haut, des armoires, grandes valises à soufflets...

En venant chez Heinrich lui faire ses adieux, M. Guillain a pu contempler une dernière fois l'îlot bossué que l'on pouvait entrevoir au-delà de la longue presqu'île de Ducos : Nou, la terre du bagne. Là s'était effectivement accompli ce qui avait été l'essentiel de sa mission.

Les « condamnés aux travaux forcés », il les avait accueillis au fur et à mesure de leurs arrivées, tout au long de son mandat. Il les avait curieusement pliés aux corvées, tout en les orientant vers un redressement moral. Ce nouvel « État », fortement structuré, d'une administration toute-puissante, on l'appelait « la Pénitentiaire ». Sa rigoureuse construction avait bel et bien été « son œuvre ».

CHAPITRE III

LE BAGNE

« Ouvriers de la transportation! » C'est en ces termes que commencera l'illustre harangue avec laquelle M. Guillain accueillera les premiers transportés. Ils sont 250 arrivés à la « Nouvelle », leur lieu d'expiation, après un voyage de près de quatre mois. D'autres convois suivront.

Le gouverneur a banni de son vocabulaire les mots de « forçats » ou de « bagnards ». Il est décidé à « oublier les funestes événements du passé » de ces hommes qui, il faut bien le dire, ne sont pas rassurants. Les premiers documents du pénitencier nous les présentent peu à leur avantage au terme d'une longue navigation durant laquelle on les avaient parqués en cages et nourris d'une soupe au bœuf et aux haricots servie dans des seaux à bétail. Plus tard, Paul Branda, qui sera l'un des rares journalistes à visiter les prisons, écrira : « On ne peut – par exemple – oublier ce colosse au front régulièrement étroit, au cou de taureau, aux mâchoires énormes. » Et, dans le *Mémorial calédonien*, on notera le portrait de ces hommes-bagnards : « maxillaires proéminents, lueurs inquiétantes au fond des yeux et cheveux implantés au ras des sourcils. »

Ce n'est pourtant pas encore la lie des maisons de réclusion de France que reçoit, ce 9 mai 1864, M. Guillain. On a trié les meilleurs. Aussi le gouverneur se laisse-t-il aller à un lyrisme plein d'espoir. Il leur parle paternellement et solennellement. « Je vous ai compris! semble-t-il dire. Envisagez l'avenir avec confiance. Il ne faut, pour vous l'assurer, que du cœur et l'intelligence de vos véritables intérêts. »

Conduits au dépôt de Montravel, à la lisière de la ville, on les habillera de frais : pantalon et veste blanche, le grand chapeau de paille sur la tête. Les passagers de l'*Iphigénie* savent maintenant ce qu'il leur reste à faire : se conduire régulièrement, obéir aux ordres et travailler quand il le faut. Quant à une évasion possible, rêve de tout un chacun, M. le gouverneur sera on ne peut plus net. Il dit à peu près : Si vous voulez vous enfuir, attention, vous serez mangés. Il y a ici des requins dans la mer et sur terre des anthropophages. Puis, avec grande suavité, il conclut que : « grâce à l'inépuisable mansuétude de Sa Majesté l'empereur, la durée de leur travail obligatoire pourrait être écourtée ».

Le pénitencier

Comme rien, ou à peu près rien, n'était prêt pour les accueillir sur l'île Nou, les transportés construisirent eux-mêmes leurs cantonnements : grandes chambrées à toits de zinc et à hautes charpentes, écuries, cuisines; mise en place d'une navette de bateaux à rames pour permettre un trafic régulier avec la Grande Terre. Le 1er octobre 1864, M. Guillain écrivait triomphalement à Paris : « À compter de ce jour tous les ouvriers de la transportation sont logés au pénitencier. » Le terme étant encore trop chargé d'infamie, on le remplacera souvent par l'expression « la jeune colonie pénale » : c'était plus dynamique et plus gentil. Et, avec le deuxième contingent arrivé en février 1865, l'île Nou prit tournure : « église en torchis chiqueté et couvert de chaume », forges, ateliers de charrons et de sabotiers, tailleurs et cordonniers! Ces criminels, après tout, n'étaient pas tous des incapables et les « chapeaux de paille » circulèrent activement entre la scierie mécanique et le jardin de M. le commandant supérieur où fleurissaient des gerberas * et des roses. Brouettes, arrosoirs et faucilles, bidons de lait et odeurs de pain, Guillain, si acharné à défendre les théories de la bonté originelle, pouvait un instant se réjouir. Tout laissait espérer cette « régénération » des hommes à laquelle il croyait tant. Avec ses mille rationnaires, son grand hôpital et la blanche carrière exploitée au cœur de l'île, ne s'acheminait-on pas vers une nouvelle forme de vie communautaire?

Il avait compté sans les fortes têtes. A son départ on dénombrait à l'île Nou 2 600 matricules. 2 600 hommes que l'on avait dû répartir en quatre classes : les bons sujets, les moins bons, les tout à fait douteux, et les cas désespérés. Car la vie quotidienne ne s'y déroulait pas aisément. A l'intérieur des hauts murs, dans les dortoirs de cinquante hamacs chacun, et même sous les banians et les figuiers, les rixes n'étaient pas rares. Les tentatives d'évasion se multiplièrent et, au cours des travaux à exécuter, les indisciplinés étaient légion.

On avait dû instituer un régime de répression allant de la suppression du tafia à la peine de mort en passant par la bastonnade ou la cellule.

Chez les incorrigibles, les « inco » comme on disait, on distinguait quatre catégories : les sans-chaînes, ceux « avec chaînes », d'autres affublés de doubles chaînes et les derniers – cas le plus atroce –, les « accouplés », hommes attachés par deux aux mains et aux pieds et qui en venaient à vivre monstrueusement comme un quadrupède sans nom à double visage, dans une perte vertigineuse d'eux-mêmes.

Surtout, était arrivé sur la *Sibylle,* avec le second convoi de transportés, le bourreau. Un dénommé Massé accompagné d'une guillotine, qu'il appelait son « bijou » et dont on disait (est-ce bien vrai ?) que c'était celle-là même qui avait coupé le cou à la pauvre reine Marie-Antoinette. Cet homme devint la terreur du pénitencier. Brutal, alcoolique, il se vantera, en 1882, d'avoir fait tomber une trentaine de têtes. Il organisait d'assez horribles scénarios de scènes capitales dont le bagnard Bournigal, habile en croquis, donnera des esquisses macabres. Cette brute de Massé qu'on appelait « monsieur de Nou », tant son pouvoir était grand, transformera l'îlot en un univers concentrationnaire. « Quand on ouvrit la grille, écrira encore Paul Branda, il me sembla pénétrer dans une cage à fauves. Tous se dressent, tête nue. La double chaîne allait de la ceinture à la cheville où elle se fixe par une grosse manille. La plupart étaient doués, dans un masque d'énergie brutale, d'une puissante musculature. »

Pour « les meilleurs » répartis dans les cases et qui empruntaient chaque jour le canot de service pour aller travailler, c'était plus gai. L'atmosphère de ces hangars était un peu celle d'une chambrée. On jouait aux cartes et on faisait de la musique. Bientôt un véritable orchestre se forma, et cette caste des musiciens créa un orphéon qui participa aux fêtes de la ville. Pour la première fois en 1871, ce qu'on appellera la « fanfare de la Transportation » fera une démonstration publique de ses talents. En fait, tous ces bagnards, condamnés pour de moindres faits, formeront des cohortes de « réquisitionnés » bons à prêter main-forte aux sucriers ou aux mineurs. Les mieux lotis furent les « assignés » – une trouvaille de M. Gaultier de La Richerie – qui formaient, par contrats de douze mois renouvelables, des travailleurs ou des domestiques très recherchés. Les « assignés ruraux » allaient dans les bois couper les kaoris ou les houps *. Les « assignés urbains » travaillaient en ville dans les familles. Ceux-ci étaient privilégiés : valets de chambre, cochers, bonnes à tout faire, jardiniers, ils s'activaient entre le miroton à faire cuire pour la patronne, les gosses à garder, le linge à repasser ou les chevaux à atteler au break du maître. À Nouméa on en raffolait : des noms restent aujourd'hui dans les mémoires. « C'est un bagnard qui m'a appris à lire ! » « Mon père avait un assigné qui savait tout faire. » « Et le buffet de la cuisine, qui donc l'avait fabriqué? un menuisier de la " Tentiaire "! » Ces garçons de famille, qui fournissaient à tous une main-d'œuvre à bon marché, remplissaient d'aise tout un chacun. Il y avait cependant des histoires tristes comme celle de ce vieux forçat qui avait choisi de vivre aux côtés d'un exploitant de mines avec une fidélité touchante. En vrai serviteur! Mais il traînait avec lui une telle nostalgie qu'un jour on l'avait retrouvé mort. A côté de lui, il avait préparé son cercueil avec des caisses à bois dérobées dans le hangar de son maître.

Très vite on se mit à décentraliser. Trois pénitenciers agricoles furent créés à Ourail, Canala et Bourail. Chaque centre avait une spécialité : là on cultivait tabac et quinquina, ailleurs on extrayait l'huile des noix de coco et des noix de bancoul. Ailleurs encore, à Bourail surtout, on fit des champs de cannes. Ce ne fut pas une grande réussite. Il fait trop beau en Calédonie. On aime y lézarder au soleil et la sécheresse, les feux de brousse ou les cyclones sont autant d'excellentes raisons pour se refuser à des entreprises fatigantes. Ces succursales de l'île Nou devinrent vite, selon l'expression du *Mémorial calédonien*, des cloaques « immondes où la paresse et le vice [étaient] institutionnalisés ».

On devine les grincements qui vont se produire et le clivage douloureux qui s'établira entre le noyau des colons libres et de franche venue et l'existence de ce bagne que l'on se montrait du doigt avec mépris. Car, mis à part, la manne des « garçons de famille », le pénitencier était une source de dépenses effroyables, un gâchis; on se racontait à son sujet un tel ramassis d'horreurs qu'à la seule vue d'un de ces hommes en livrée on tournait la tête. Il y eut bientôt deux mondes : la ville et « là-bas ». Ici, et « de l'autre côté ». C'était Nou, la rejetée. Pendant longtemps subsistera, dans la haute société de Nouméa, ce refus. Les descendants du bagne seront tenus en parias. On le verra plus tard : ce sera là une des causes de ce farouche caractère « caldoche » prompt à la riposte et chauvin en diable. Pour sortir de ce marais d'infamies, les fils ont montré une étonnante vitalité, leur désir d'avoir eux aussi une place au soleil les soulevait de courage. En plein soleil! Dans leurs brousses où leurs pères avaient durement trimé. Farouchement muets sur l'arrivée de leurs vieux (dont le casier judiciaire était souvent chargé de délits qui n'entraîneraient pas, de nos jours, de très lourdes peines), ils s'étaient acharnés à ne pas mourir. Sur les terres de Boghen, de Bourail ou de Pouembout, on les avait vus, inventifs et courageux, souvent drôles, avec des cœurs énormes de gentillesse et d'entraide. Galvanisés en quelque sorte par une histoire dont ils n'étaient pas responsables. Beaucoup ont créé des familles d'une honnêteté allant jusqu'au scrupule, et si vigilantes au bon renom des leurs qu'on a pu vivre des années en ce pays, toutes fenêtres et toutes portes ouvertes, dans un climat sans violence dont les visiteurs étrangers remarquaient et enviaient la bonhomie. Mais on comprend pourquoi la notion de « bagne » a pu à ce point sensibiliser cruellement les habitants et comment, pendant des lustres, elle pèsera sur les esprits à la manière d'une chape de plomb. La Pénitentiaire, avec les années, s'était considérablement altérée. Dès le départ de M. Guillain la gestion en devint très dure. Aux hommes à condamnations légères avaient succédé des condamnés de droit commun à peines lourdes, et les surveillants arrivèrent en grand nombre. La plupart venaient, pour une période de cinq ans, à titre d'agents de la police judiciaire, et si certains après tout étaient d'honnêtes gardiens attentifs à consigner des notes qui nous sont aujourd'hui précieuses, d'autres furent des gardes-chiourme assez ignobles, livrés à l'alcool; c'est souvent à l'issue d'une partie de poker que se jouaient les têtes des incorrigibles.

Le camp Brun

Les scènes les plus abominables se passèrent au « camp Brun », à une centaine de kilomètres de Nouméa, dans une petite cuvette de manguiers où l'on avait bâti des casemates sordides. De vrais mouroirs. On enchaînait deux à deux les rebelles sur des lits de ciment la nuit et, le jour, on les employait à casser des cailloux pour empierrer les futures routes de la colonie. Ils étaient souvent surveillés par des indigènes, car on avait créé, avec des hommes des tribus, un corps de « policiers-casse-tête ». Le *Mémorial calédonien* indique : « La moindre défaillance donne lieu à des scènes d'une incroyable sauvagerie de la part des surveillants canaques. » Ceux-ci étaient fortement encouragés par des consignes de férocité et recevaient des primes.

Pour sortir de ce camp, que n'imaginait-on? On se mutilait. Les uns envenimaient leurs plaies à l'aide d'épines glissées sous la peau, d'autres se crevaient les yeux. Deux hommes perdirent ainsi volontairement la vue. Ils s'appelaient Besson et Maigre. Aujourd'hui, à l'horizon, pointe un sommet : c'est le pic des Aveugles. Son nom est révélateur de drames insensés. Dans les années 1960, le Dr Loison, qui fut médecin de la C.P.S. *, aurait désiré faire resurgir des buissons de lantanas et des ronces qui les recouvraient les ruines du camp Brun. Elles gisaient encore à quelques mètres de la route territoriale qui s'en va vers le grand aérodrome de la Tontouta, constituant une halte lugubre, mais non dépourvue d'émouvantes tragédies. Un forçat, barde désespéré, y avait écrit, durant les longues nuits de saisons chaudes, des alexandrins déchirants :

Allez dire à Paris qu'ici on assassine!

C'était Julien le Poète qui hurlait au cœur des horreurs du

camp Brun. Il s'était redressé dans son sarrau de bagnard pour crier sa solitude :

Ah oui, je veux chanter dans ma sombre demeure
Comme le rossignol jusqu'à ma dernière heure
Dût-on sur l'échafaud me faire un jour mourir
Je veux chanter encore jusqu'au dernier soupir...

Mais l'initiative du Dr Loison, passionné par l'histoire calédonienne et par ce qu'elle recelait d'anecdotes inouïes, n'avait pas été encouragée.

Longtemps on s'appliquera à biffer l'Histoire. Tout ce qui rappelait le passé maudit devait être étouffé. On rasa pour de pseudo-raisons d'utilité publique des bâtiments originaux, on brûla des archives, on laissa les gros banians de la brousse écraser dans les multiples tenailles de leurs racines les cellules. Elles étaient couvertes de ces inscriptions grossières et tendres à la fois, appels tragiques que les détenus gravaient avec ce seul canif qu'ils étaient autorisés à porter en poche : un petit couteau à grosse lame courbe. À Nouméa on s'empressa de faire des parkings là où le vieux temps surgissait encore avec ces briques rouges et ces encorbellements naïfs édifiés par les travailleurs du bagne. Il ne reste plus dans cette petite ville exotique, devenue une assez banale sous-préfecture, que quelques rares édifices éloquents – une mairie charmante, l'immense « Théâtre de l'île », ancien bâtiment de la Pénitentiaire qui servit à l'île Nou de magasins à vivres, et quelques maisons de fonctionnaires de l'époque ornées de persiennes et de lampadaires, à l'arrière d'un petit jardin grillagé. Ces quelques pierres qui survivent, avec les quatre hauts palmiers royaux de la ville et quelques banians séculaires, suffisent cependant à nous rappeler que, si l'histoire calédonienne porte l'ombre terrible de la Pénitentiaire, celle-ci fut aussi une nuit baignée d'heures sensibles.

Des figures

De pittoresques figures lui donnèrent souvent une humaine chaleur. Ce sera celle de « l'homme qui avait voulu tuer le tzar » (*Mémorial calédonien*), un nommé Berezowsky, terroriste qui, le 6 juin 1867, au bois de Boulogne, avait tiré sur Alexandre II. Celui-ci, aux côtés de Napoléon III, visitait alors Paris dont l'Exposition universelle, installée au Champs-de-Mars, attirait les souverains.

Ce sera aussi la silhouette de cet autre anarchiste, Cyvoct, un disciple de Bakounine, à qui l'on donnera la fonction de gardien de phare à l'île Nou, ou celle du comte Oublotsky, faux marquis, faux comte, qui avait évolué dans un faux décor de princes russes et fabriqué de faux papiers. Il s'appelait vulgairement Gatin et on l'avait retrouvé derrière un judas grillagé à l'île Nou, dans un réduit blanchi à la chaux, écrivant, sur une table encombrée de livres, les premières pages d'un manuscrit amèrement intitulé *Le Roman d'un raté.*

Le centre pénitencier de Bourail aura sa part d'illustres proscrits. On y rencontrait ce fameux Pel, vrai Landru, qui fut aux antipodes un paisible réparateur de montres et qui chantait, au plus clair des nuits de la brousse, de tendres mélodies. On se souvient encore là-bas de Danval, soupçonné d'avoir empoisonné sa femme dans son officine de pharmacien et dont le dossier, bruyamment ouvert à Paris, attesta qu'il était innocent. Si le cas de Danval avait trouvé un heureux épilogue, par contre le mystère plane encore sur cet autre pharmacien, Feynarou, qui aurait empoisonné l'amant de sa femme au Pecq, dans la banlieue parisienne. Feynarou avait été envoyé « passeur de bac » sur la Néra et, en conduisant, les pieds nus sur le filin, la grande barge de bois qui franchissait le fleuve, il ricanait toujours quand on lui parlait de « son fait ». Mais il était expert dans l'art des « simples » et il faisait des décoctions de pervenches bleues, souveraines contre les dysenteries. Un soir, en ramenant le bac à son poteau d'attache, il glissa, tomba dans l'eau et se noya.

Enfin, désespérément tragique et drôle, errera, au-dessus de la ville de Nouméa, le fantôme de celui qui se faisait appeler Mary Cliquet, faussaire aux mœurs douteuses, notaire et auteur dramatique, escroc, pourtant gentil garçon, qui ne manquait ni de talent ni d'inspiration, et qui se suicidera un petit matin dans sa cellule. Il était resté de longues années avec les forçats durs et il avait dû, sous la double haie de Canaques armés de sagaies, travailler aux carrières. Quand il se disait « homme de lettres », on lui riait au nez.

Si, au début de notre siècle, un journaliste parisien, Jacques Dhur, entreprit une intéressante enquête sur les derniers forçats, bien avant lui, une Calédonienne, Pauline de Aranda-Fouché, qui vécut adolescente sur la côte Est, avait, d'une plume alerte, croqué les survivants des pénitenciers. Elle avait surtout connu le pharmacien Faton, installé à Koné, homme d'une étrange douceur dont la femme jouait du piano à ravir. Il avait été condamné pour avoir distribué de la poudre abortive à ses infortunées clientes. Il s'était installé dans la petite bourgade de la côte Ouest à l'heure où déambulait en savates le célèbre « Canard » qui allait inévitablement boire son coup de rhum chez la mère Cri-Cri, une « reléguée » elle aussi qu'on avait trouvée, nouveau-née, abandonnée sous le porche d'une église à Paris, et qui s'était mise à voler. Elle était devenue la « clocharde du Pacifique », brûlée de soleil et de crasse, jusqu'au jour où, un soir de janvier, on l'avait retrouvée morte, vêtue de satin bleu, belle comme une Sainte Vierge, les mains jointes, les ongles roses et la joue fraîche, sans que jamais personne n'ait pu élucider le mystère.

L'étrange de toute cette histoire bagnarde repose sur le fait que, bon gré mal gré, au rythme des différents gouverneurs qui se succéderont à la tête de l'île, la vie pénitentaire évoluera vers des philosophies fort éloignées de celle qui avait présidé aux intentions de son fondateur, M. Guillain.

En 1875, le rigide M. de Pritzbuer, affolé par les 6 000 bagnards qui s'éparpillaient alors dans la colonie, les dirigea vers de grandes entreprises d'utilité publique, et il avait en ce sens demandé à Paris un budget de ressources spéciales. En 1878, avec le gouverneur Olry, les transportés furent mis à la disposition des forces de l'ordre pour participer à des opérations militaires dirigées contre la grande révolte apparue aux alentours du village de La Foa, à un peu plus de cent kilomètres de Nouméa. Ce furent les « bagnards-soldats ». On ne les oubliera pas dans les tribus au point que, récemment encore, la plus grande injure que fit un chef à un Calédonien de brousse au cours d'une vive discussion fut bien de l'appeler « fils de bagnard »! Cela se passait aux alentours de la tribu du Ouitchambo où l'on gardait comme des reliques la trace des anciens fours domestiques calcinés, effondrés sous l'herbe à piquants depuis cette terrible guerre. Plus tard, pour les administrateurs de l'île, le problème ne fut pas tant celui des « détenus » menés, nous l'avons vu, avec dureté, mais bien plus celui des 2 600 libérés qui traînaient un peu partout sur le territoire, délinquants relativement graciés, passifs volontiers ivrognes, qui, en définitive, vivaient au grand soleil, entretenus par la Pénitentiaire, libres sur des chemins de mimosas sauvages, parmi les grands troupeaux en liberté, chipant chez les colons des volailles ou le linge, dormant dans les fossés dans ce pays qui sentait si bon les niaoulis et les frangipaniers. Un mot de l'un d'eux a fait fortune. Il nous est impossible d'en garantir la véracité, mais il circule avec les mille et une histoires de ces libérés, auréolés d'une tradition orale quelque peu humoristique. Sur la place des Cocotiers, un vieux forçat dont on voyait à la cheville la cicatrice de l'anneau de trois kilos qu'il avait dû porter pour maintenir sa chaîne, avait coutume de flâner et de faire sa sieste par terre, les doigts de pied en éventail. Il ne cessait de répéter, de la lumière dans ses chicots : « Diable! Si j'avais su que c'était ça, la Nouvelle-Calédonie, j'aurais fait mon coup avant! »

Pallu!

En 1882, avec l'arrivée de M. le gouverneur Pallu de La Barrière, ce fut la liesse générale. « Vive Pallu », « J'aime Pallu », « Pallu à vie », lisait-on en toutes lettres sur les torses des forçats bleuis de tatouages. Finie l'infâme livrée blafarde de l'île Nou; on habillait désormais tous les transportés de bleu Nattier. Mieux encore, on leur autorisait le port de la barbe. C'était une innovation : les boucs ou les poils follets au menton ayant été réservés jusqu'alors aux seuls colons libres. C'est avec le nouvel administrateur une telle révolution que dans toutes les églises de l'île on chante des messes d'action de grâces.

« On peut m'écrire », avait dit Pallu. On écrivit des lettres, dithyrambiques, longues bafouilles cocasses de remerciements et de plaintes. Les scribes de la Pénitentiaire ne chômèrent pas. « J'accorderai des audiences », avait ajouté le libéral gouverneur. On ne se fit pas prier. Tout un chacun se mit en tête d'être reçu au palais du Gouvernement. Et lorsque, dans un ultime accès de générosité, on reçut ce dernier message : « J'irai jusqu'à faciliter les changements de noms pour les hommes qui voudraient se faire oublier », ce fut du délire. Quelle aubaine! Des amours secrètes, soigneusement tenues cachées, osèrent s'inscrire au registre d'état civil, et de géniales signatures inventées de toutes pièces fleurirent. La vie s'ouvrait. Le ciel du Pacifique n'était plus une prison. On n'avait même plus envie maintenant de le quitter. Les hommes de l'île Nou étaient enchantés.

Beaucoup moins ravis furent les Nouméens et l'ensemble des colons libres qui voyaient dans cette « escalade de clémence » (l'expression est du *Mémorial calédonien*) un risque de contamination sociale. Il n'était pas question de mélanger si vite les torchons et les serviettes. À vrai dire, pour certains habitants de Nouméa, le bagne avait été une occasion de s'enrichir considérablement. Des maisons de commerce prospérèrent. Il y avait eu des combines à trouver et du négoce à faire. On avait noué avec l'administration pénitentiaire des contrats à bons rendements. Et il n'était pas tellement souhaitable de voir s'effondrer le fromage. Les mesures de générosité du nouveau gouverneur apparurent à beaucoup tout à fait intempestives.

À vrai dire, « Pallu », comme on l'appelait, s'était rendu compte, vingt ans après sa fondation, de l'échec total du bagne. Vie économique sous-développée. Bagnards guère améliorés. Fortune dépensée en vain et, surtout, entre l'administration et les transportés, un mur. Il fallait gagner la confiance de ces bannis. En bref, ouvrir le dialogue. Pourquoi pas après tout? Ces hommes méritaient des encouragements. On allait les placer, les rendre utiles et, reprenant à son compte les idées de M. Guillain, les acheminer vers des vies d'honnêtes citadins ou de laborieux paysans. On joua le jeu. Mais les filous eurent souvent raison des indulgences du gouverneur. Il n'est qu'à lire les amusants mémoires du bagnard Delfaut, récemment édités par la Société d'études historiques de la Nouvelle-Calédonie, pour s'en convaincre. D'anciens forçats obtinrent de scandaleuses promotions et les escrocs s'en donnèrent à cœur joie.

Pourtant M. le gouverneur sait imposer ses vues. S'il a bien l'intention de rompre avec un passé trop austère, il exige des condamnés leur coopération pour la construction des routes coloniales pratiquement inexistantes. Les rations de base augmentées, on se met à l'ouvrage et, le 1er février, on inaugurera joyeusement la route Païta-Bouloupari, tandis qu'on travaille sur les sentiers muletiers qui doivent rejoindre Houaïlou, sur la côte Est, et Pam dans le Nord.

Enfin, extrême urgence, « élargir le domaine pénitentiaire » pour y multiplier les concessions individuelles! Elles auront des surfaces assez larges pour que chacun s'y trouve bien... L'*Encyclopédie de la Nouvelle-Calédonie* notera qu'« un millier de concessions sont ouvertes aux libérés durant le proconsulat de Pallu de La Barrière ». Ils pourront s'y installer tranquillement en paysans coloniaux et, pour leur permettre de fonder des foyers, on leur enverra des femmes. Pour ceux qui avaient déjà leur famille, tout allait bien. Mais, pour les célibataires, on chercha, dans les prisons de Paris, les internées susceptibles de faire le grand voyage aux antipodes. À Bourail où ces futures fiancées arrivèrent, tout devint croustillant. Le « dépôt des femmes transportées » était gardé par les religieuses de Saint-Joseph-de-Cluny. Le pensionnat avait un beau dortoir blanchi à la chaux, une salle de lecture, un réfectoire et un parloir orné de plantes vertes. Dehors, entre les bouraos * piqués de chenilles et les cocos frais germés, s'élevait un petit kiosque hexagonal garni de croisillons comme on en voit dans les confessionnaux. C'est là que les futurs pouvaient s'observer. On « encageait » la dame, et le prétendant venait, à travers ces grilles en bois, en observer la tournure. Un commentateur, en 1885, ne fut pas tendre envers ces demoiselles. « Elles sont adipeuses, boutonneuses, édentées et couperosées. » Pourtant, ajoutait-il, « elles s'enlèvent comme des petits pains ». Quelques entrevues, et les demandes en mariage se faisaient vite sous l'œil des religieuses qui veillaient scrupuleusement à la démarche de fiançailles pures. Mais, pour dire toute la vérité et rien que la vérité, les connaissances s'étaient généralement déjà faites très crûment dans les fourrés. Au nez des bonnes sœurs, les pensionnaires escaladaient les murs pour retomber dans les brousses qui furent des nids d'amours sauvages sous les muettes constellations tropicales.

On a beaucoup médit de ces mises en ménage souvent

grotesques à qui l'on donnait deux ans pour construire leurs maisons à toit de chaume et planter leurs haricots. *La Revue pénitentiaire* de l'époque parle de scandaleux échecs. « Les plus paresseux, dit-elle, laissent en friche ou abandonnent leur concession tandis que les plus habiles simulent le travail. » Beaucoup, en effet, feront mine d'exploiter pendant deux ans leur terre, et, une fois devenus officiellement propriétaires, ils la revendront. Le jugement est sévère. Partial certainement. Des centres de concessionnaires se formèrent réellement : La Foa, Ourail, Pouembout, Ouégoa, d'autres encore – petits bourgs ruraux qui eurent leur originalité. Bourail fut la plus grosse agglomération agricole, groupant ses bicoques en bois dans un paysage de Far West. Un prêtre-forçat officiait dans son église taillée comme un jouet neuf. Aux barrières on attachait les « bourrins ». Il y avait des « stores » où l'on vendait de tout : la lampe tempête et le saucisson de cerf, les chouchouttes * du pays et le dernier cosmétique de la ville. On coupe l'herbe des fossés, on jette de la caillasse dans les nids-de-poule de la route et on finit par vivre en petits terriens voués aux bricolages et aux routines. Il n'y a pas dix ans, le fils d'un de ces concessionnaires racontait comment son père, venu de l'île Nou s'était installé sur une des propriétés offertes par ce bon M. Pallu ! On l'appelait « papa Henri » à cause de la marmaille qui le suivait partout. La vie de ses enfants n'avait pas été triste, partagée entre la cueillette des goyaves et la fabrication de cette bière douce qu'on inventait avec un peu de houblon, du maïs et de l'orge. La plupart de ces gosses étaient envoyés à la ferme-école de Nemeara ou à l'école agricole de la Fonwhary où on les avait habitués à vivre avec tout ce qu'offrait la bonne nature calédonienne : on savait faire cuire des cuissots de cerfs aux piments, coudre des paillasses de maïs et faire fleurir la vanille dans des troncs de bois de rose pour la féconder soigneusement d'un doigt attentif et sage. On avait fini par créer des familles où le sens des coutumes et celui du châtiment allaient de pair. Il fallait scier le bois, nettoyer le poulailler, dire bonjour au voisin, sinon le père de famille frappait l'enfant avec sa ceinture de gros cuir. On obéissait au « père » : c'était sacré. Le fils de « papa Henri » l'affirmait : « J'étais fils de banni, certes, mais un fils ! » À Ouégoa, un vieux métis qu'on appelait Théodore et qui avait à lui tout seul défriché la forêt d'Ougne connaissait bien tous les petits concessionnaires du coin, leurs coups de gueule, leur bon cœur brusque et leur fantaisie. Quand ils n'avaient pas envie de travailler, ils prenaient l'épervier ou la sagaie (on dit là-bas la sagaille) et puis ils allaient attraper les crabes. À Ouégoa, les cellules n'étaient pas loin, en bas de la gendarmerie, mais elles n'étaient plus que des vieux souvenirs. Quand des disputes éclataient, les gendarmes n'intervenaient plus guère. On réglait les différends entre soi avec ces branches d'aloès qui font de bonnes matraques. On se réconciliait vite dès qu'il s'agissait d'aller guetter dans les forêts les notous, beaux pigeons gras qui n'arrêtaient pas de pousser d'étranges notes lugubres dans les faux cerisiers ou les chênes tigrés des hauteurs. Quelquefois on se réunissait autour de ces vieux sculpteurs métis, ni Noirs, ni Blancs, bourrés d'histoires magiques, qui fabriquaient des tortues de terre avec des nœuds de gros arbres, incrustant, en guise d'yeux, des opercules de coquillages sur des têtes lisses de bois noir.

Non, M. Pallu de La Barrière n'avait pas eu tort de risquer sa carte. Un type de Calédonien naîtrait, qui tiendrait du cow-boy paysan, le lardoire souvent glissé à la ceinture, les pieds à l'écarté sur le *buffalo* *, le verbe toujours fleuri d'expressions venues des mines, des prisons, du bétail ou de la mer où ils allaient « crocher les tazars * » à leurs lignes de traîne.

Sur les écrans de la télévision, au plus fort des événements qui éclatèrent dès novembre 1984, révélant aux métropolitains une île qu'en fait ils ne connaissaient pas, on les verra sur leurs barricades élevées contre celles des indépendantistes des tribus, le chapeau cow-boy en tête, le juron facile, cavaliers experts aux cavalcades singulières et libres, ombrageux, susceptibles. Ils ont eu leur part d'injustices blessantes et leur humour en est devenu moqueur.

Depuis le discours du député Turquet, en 1887, sur la déportation pénale, jusqu'au rapport d'un certain Pitard, dont l'objet était l'étude de cinquante crânes de criminels venus de Calédonie, le fatras de ce qui avait été dit sur le bagne avait été si macabre et grossier qu'une pudeur farouche avait fini par clouer ces hommes au Caillou de leur exil sur lequel ils s'étaient accrochés comme des buissons de sensitives. Maintenant, il ne fallait plus leur parler de la France, de ses fonctionnaires et de ses idéologies stupides. Ils n'avaient qu'une patrie : cette terre de rigueur et d'isolement qui avait été le bagne et, de la plaine des Gaïacs jusqu'aux grandes solitudes de Ouaco, ils entendaient y galoper en paix.

Ils faisaient maintenant partie intégrante de l'histoire calédonienne dont ils avaient contribué à tisser l'héroïque épopée. Car, en contrepoint du bagne, il y avait eu les tentatives d'évasion, téméraires odyssées, incroyables aventures marines qui avaient commencé dès décembre 1864 quand, en l'espace de quarante-huit heures, deux groupes de forçats s'étaient évadés de l'île Nou, à la nage et sur une embarcation de fortune. C'était risible. Voyons! On se s'évade pas de l'île Nou! M. Guillain l'avait affirmé! Il avait même écrit à Paris : « Les faits sont là pour prouver qu'il est impossible de s'évader de la Nouvelle-Calédonie. D'un côté la police indigène, de l'autre les récifs et les requins ôtent toute chance à ceux qui persisteraient à vouloir échapper à leur châtiment. » Ils furent bientôt cependant cent cinquante à vouloir rallier les côtes australiennes distantes d'environ 1 200 milles marins. Le 19 février 1867, cinq hommes, après une marche nocturne le long des côtes, avaient chapardé une embarcation, le *Marceau* et, réussissant de justesse à éviter la chaloupe de surveillance de l'administration, s'étaient malheureusement perdus sur des hauts-fonds, à peu de distance de la Grande Passe. Certains atteignirent toutefois le continent voisin, et la plus belle histoire de ces aventuriers, qui circulait dans toutes les mémoires, nous a été contée par Paul Branda dans son livre *Colon, Canaque et bagnard*.

Quatre hommes, évadés des camps de brousse, avaient vécu sur les grandes îles du Nord, celles où les oiseaux sont si nombreux que le sol est recouvert d'une épaisse neige de guano. Là-bas ils s'étaient nourris de blancs de mouettes et d'œufs de tortue avant de fabriquer une barcasse creusée dans un tronc de vieux pin colonnaire. En guise de voile, ils avaient cousu avec de la ficelle en bourre de coco toutes les ailes de goélands qu'ils avaient pu capturer. Avec ces voiles improvisées, ils avaient mis le cap sur Sydney, économisant goutte après goutte une « baille » d'eau douce dont ils s'humectaient les lèvres chaque jour. À demi morts de faim, brûlés de sel, arrêtés par les autorités australiennes, on les avait réexpédiés ironiquement au bagne calédonien et ils y étaient morts. L'un d'eux seulement avait traîné longtemps du côté de Koumac, la musette sur le ventre et de vieilles sandales aux pieds. Il n'avait plus à dépouiller les albatros au sabre d'abattis, alors il s'était mis à chercher des huîtres nacrières. Il en faisait son commerce. La voile de son évasion était restée là-bas, en Australie, où on l'a vue longtemps dans les musées.

Ce fut la plus héroïque des évasions. La plus drolatique fut bien celle du comte de Mérac. Il se disait homme d'affaires et, comme il était charmant, doté d'une moustache noire et de cheveux soignés, on se le disputait dans les salons. N'avait-on pas écrit dans la presse locale : « Le comte est le meilleur valseur de la colonie! » Manque de chance, à la flamme d'un briquet qu'il avait demandé à un serviteur pour allumer son cigare, on le reconnaîtra. Il portait une estafilade sous de faux favoris. C'était le forçat Frollet.

Enfin l'un des derniers évadés du bagne était encore, en 1954, chez les Petites Sœurs des pauvres à Nouméa. Compagnon de trois compères qui s'appelaient Gâteau, Lespèce et la Renifle, ils avaient tenté un coup à Gadji, mais ils avaient tous trop bu pour aller bien loin. La barcasse avait vite chaviré. A quatre-vingt-dix ans passés, le vieux n'en parlait plus. Il se contentait de mâcher un mauvais tabac et de sculpter des coquillages, ces trocas nacrés que les bonnes sœurs écoulaient les jours de leurs kermesses.

Le bagne s'éteindra peu à peu. En 1924, M. Colardeau, qui est reporter à *L'Illustration*, note : « Depuis plus de trente ans on n'a plus envoyé de forçats en Nouvelle-Calédonie. Ceux qui restent sur l'île Nou sont tous des vieillards. Aussi le bagne meurt-il... »

En réalité il cessera d'exister le jour où un gouverneur décidera énergiquement de fermer ce robinet « d'eau sale pour ouvrir le robinet d'eau propre ». L'image était claire. L'allusion précise. On allait faire appel à la colonisation d'hommes libres.

Il vient, M. le gouverneur Feillet! Mais il nous faut encore attendre de longues années. Nous n'avons pas encore franchi le siècle. D'autres exilés arrivent, condamnés eux aussi à la déportation et aux cachots de l'île Nou. Ils sont rejetés de France pour délits d'opinion. Ce sont les « communards », fauteurs de troubles de la révolution parisienne de 1871. Le calvaire des « politiques » commencera au moment précis où va basculer la grande Chaîne canaque sous la ruée des chercheurs de mines – prospecteurs avides de filons fabuleux –, fièvre d'une extrême violence. Moment intense et grave pour ce pays noir dont on finira par oublier complètement qu'il est peuplé d'hommes et de tribus, reliés par leurs montagnes et par la chair sacrée de leurs ignames à l'Invisible...

CHAPITRE IV

AUTOUR DE LA DÉPORTATION POLITIQUE

Les Canaques sont-ils bien des hommes? La question, on se la posait à la mi-temps du siècle dernier. Elle nous semble aujourd'hui monstrueuse, mais le monde mystérieux des tribus était apparu aux santaliers, comme aux missionnaires ou aux matelots en reconnaissance des côtes, une société si primitive, si sauvage dans ses mœurs, si superstitieuse dans ses traditions qu'on avait formulé l'interrogation en toute bonne foi.

Le P. Lambert, dans son livre *Mœurs et superstitions des Néo-Calédoniens*, s'en indigne, certes, mais il laisse suffisamment planer le doute au fil de son récit, pour recourir lui-même à une patiente investigation scientifique auprès d'un certain M. de Quatrefages, spécialiste dans l'étude des types humains. Le bon père respire. Il est écrit : « On sait aujourd'hui à n'en pas douter que la peau du nègre a exactement la même composition que celle du Blanc. Chez tous les deux on retrouve les mêmes couches : le derme, le corps musqueux *(sic)* et l'épiderme [...] Les données de la science expérimentale sont là : tout le prouve du côté de la structure des organes, de la taille, de la tête même, le Noir du Pacifique fait bien partie de l'unité de l'espèce humaine. » La seule question qui resterait à débattre serait de se demander à quelle branche de l'humanité rattacher ce peuple.

On ne s'avancera cependant que très prudemment vers ces peuplades que tant de navigateurs s'accordent à dire si imprévisibles dans leurs réactions et si versatiles. Dans son étude, *Ils étaient venus chercher du santal*, Dorothy Shineberg énumérera les ruses insoupçonnées de ces hommes et les pièges qu'ils inventaient avec force mimiques et subterfuges. « L'extraordinaire intérêt que les Blancs portaient aux femmes indigènes, raconte-t-elle, a excité l'hostilité des Mélanésiens dans quelques occasions mais, dans d'autres cas, [ceux-ci] exploitaient joyeusement pour leurs propres desseins cet intérêt, soit comme source de revenus, soit pour attirer les matelots dans une embuscade. »

Le P. Lambert qui connaissait sur le bout des doigts les migrations venues sur les îles les plus septentrionales de la Grande Terre notera aussi, au sujet des Polynésiens arrivés aux temps très anciens : « Là, au lieu du bon accueil qu'ils espéraient, ces aventuriers tombaient dans un guet-apens et trouvaient la mort sous le casse-tête du sauvage. » Le bon père ne se fait aucune illusion sur la stratégie des cruautés. N'a-t-il pas écouté longuement le récit de Dindi, le fameux chef du Nord, qui avait surpris une embarcation chargée de cinq Français. Paré de ses amulettes de guerre, il était venu vers eux comme un chat, splendide et indifférent, simplement un peu curieux. Faisant mine de vouloir visiter l'embarcation, à peine avait-il posé sur le pont un pied flâneur que, brusquement, avec l'aisance et la rapidité d'un reptile, il avait bondi sur l'un des hommes blancs pour lui fendre la tête d'un seul coup de hache. Les quatre autres matelots avaient été ainsi massacrés et le père, traduisant jusqu'au bout ces atrocités, conclura : « Fiers de leur victoire, ils dépecèrent les infortunées victimes, dont les lambeaux sanglants furent mis au four, c'est-à-dire entre deux couches de pierres brûlantes recouvertes de braise chaude et de terre. »

Les observations des maristes

Ces premiers pères maristes seront extraordinaires dans l'opiniâtreté de leurs observations. Lancés dans l'aventure d'une évangélisation impossible, ils ne s'arrêtent pas là. Ils écoutent. Ils prennent des notes minutieuses. Il y a quelque chose à comprendre dans ces naturels en apparence si déroutants, pensent-ils. Au contact d'une réalité meurtrière, ils s'acharnent à découvrir des hommes et suivent à la trace cette souple et vivace intelligence du Néo-Calédonien si prête à fonctionner dans la vie quotidienne à l'égard de la Lune, des plantes, des astres, des coquilles, des récoltes ou des navigations. « L'esprit d'observation qui les caractérise, écrit le missionnaire, leur fait reconnaître les premières lois de l'Histoire naturelle. » Et le P. de Montrouzier, lui aussi, ce marcheur infatigable à travers les tribus, notera soigneusement comment ces Canaques voient les arbres, les poissons ou les oiseaux, s'appliquant, à partir d'eux, à découvrir toute la flore et le monde vivant du grand paysage calédonien. Bref, ces hommes en soutane sont des passionnés. Ils sentent que l'univers de la Grande Terre non seulement enserre le primitif mais l'englobe au point que les hommes ne se différencient pas de cette vie végétale, végétative et immense, qui préside à la formation même de la Grande Terre. C'est même une surprise troublante pour ces missionnaires de découvrir chez ces sauvages une quasi-mystique. Ne croient-ils pas après la mort à une survivance d'eux-mêmes? « Quand nous voyons ce Calédonien, observe le père, se pencher avec un air inspiré sur les crânes des ancêtres et formuler ses invocations, nous devons reconnaître que le sentiment religieux l'anime et l'ennoblit... »

Ces sauvages le sont-ils vraiment? Ils ont un sens moral certain, sont tout à fait conscients, à leur façon, du bien et du mal et, le remords, ne l'éprouvent-ils pas comme « un feu dans la poitrine »? Mais, plus que tout, ces catholiques s'étonnent de la croyance des insulaires en un Paradis, ce pays de Doïbat, d'une beauté et d'une fertilité au-dessus de toute expression, « pays qui s'étend et se dilate » au-dessous de la Grande Terre, où « les bons et les méchants se trouvent confondus sans distinction ». Et comment ces bons pères, tenants d'un Créateur qui est aussi un Juge, pouvaient-ils apprécier cette sorte d'effusion cosmique, car Doïbat « n'appelle pas les âmes à lui, elles *vont* à lui uniquement par l'attrait »? Les missionnaires seront cependant impressionnés par leurs découvertes et certains exprimeront à haute voix que les païens étaient certes plus près de Dieu que cette lie d'Européens souvent brutaux, santaliers impies, la plupart du temps ivres de rhum.

Un vieux sculpteur européen, Victor Weiss, qui fut un

ancien combattant de 1914, mais qui avait vécu enfant avec les tribus aux environs de Koumac, dans le nord de l'île, avait représenté, au cœur d'un bois de gaïac très dur, ce dieu du Paradis néo-calédonien. On pouvait le voir, gigantesque, collé comme un centaure à la croupe d'un rocher, le corps parcouru par les racines et radicelles d'arbres gigantesques qui prenaient vie en lui. C'était impressionnant. L'émotion religieuse n'y était point absente. La petite histoire racontera plus tard qu'un touriste américain en visite dans l'île, et fortement touché par cette œuvre, l'acheta à prix d'or. Le fait est qu'on ne l'y a jamais revue.

A l'aube de l'Histoire, ceux qui étaient attentifs reconnaissaient que le naturel vivait dans une symbiose étrange avec le Cosmos. Cela tenait du sacré. Il sera difficile d'en tenir compte, à proprement parler, dans la vie courante, mais il est certain que cette notion confuse et très forte de l'Alliance, imbrication charnelle de l'homme à son pays, sera à l'origine des pires malentendus. Les Européens à l'assaut de la Grande Terre seront considérés comme des violeurs. « Les montagnes, les forêts, les plaines, les presqu'îles, les caps, les baies, les ruisseaux, les torrents, les îlots, les détroits, les récifs, une roche qui domine les flots, les écueils qui sont à fleur d'eau, un banian sous lequel ils aiment à se réunir et à deviser, écrit encore le P. Lambert, tout a un nom particulier et une limite, et tous généralement connaissent ces noms et ces limites. » Et le bon père d'ajouter cette importante remarque : « De là ne pouvons-nous pas dire qu'ils cadastrent, en quelque sorte, le pays entier dans leur mémoire? »

Cette « mémoire » collective et sensiblement reconnue en chacun sera totalement incompréhensible à la logique européenne. Comment donc les « cadastres administratifs » qui commencent, en cette seconde moitié du XIXe siècle, à charcuter la grande île, pourront-ils cadrer avec cette émotivité d'un pays totalement ressenti en des termes ni mesurables ni chiffrables?

Le problème des terres

D'autant plus que les préoccupations coloniales vont aller bon train. À partir de 1867, les titres domaniaux se mettent à proliférer. Le service des Affaires indigènes esquissé dans les premiers temps de l'administration se désorganisera vite et sera bien incapable de dominer les événements, si bien que le partage des terres se fera dans le désordre et surtout dans l'absence parfaite de toute responsabilité.

Quand, en 1871, parurent les « permis d'occupation », ce fut la curée. L'*Encyclopédie de la Nouvelle-Calédonie* indiquera que ces mesures étaient « des autorisations d'occuper un terrain encore non délimité, assorties d'une promesse de bail ou de vente pour le jour où le terrain [serait] levé... » Leur succès fut considérable puisque, signale encore cet ouvrage, les superficies aliénées entre 1868 et 1872 passent brutalement de 30 000 à 105 000, 150 000 hectares.

Mais déjà avant cette date, le drame se jouait à l'île des Pins, située à l'extrémité d'une suite de récifs, dominée par le pic N'Ga, si convoitée déjà par les santaliers. Cette terre, au large, offrait un plateau solitaire de fougères et d'orchidées. La Chambre des députés de Paris avait donc proposé ce bel îlot du Sud, hérissé d'araucarias sévères, pour être le lieu d'internement des déportés politiques, les « communards ». M. le gouverneur de La Richerie aura mission de faire au plus tôt évacuer les tribus. Aux dires des missionnaires, ce fut déchirant. La fille du roi de l'île, Vandegou, qui s'était convertie au catholicisme et se faisait appeler Hortense, fit appel au gouverneur en de touchantes suppliques. C'était une violation du territoire et elle suppliait le représentant de la France d'épargner son pays. Les insulaires d'ailleurs refusaient de partir, préférant la mort à l'exil.

Il appartint à l'administrateur de prendre sur-le-champ une décision qui ne fut pas sans sagesse. Sincèrement embarrassé, M. de La Richerie fit un partage. La ravissante île des Pins aurait désormais deux territoires : l'un restait aux indigènes, ils s'y regroupèrent; et l'autre appartiendrait à la Pénitentiaire. Ce compromis parut satisfaire tout le monde. La côte orientale était désormais réservée aux Canaques, et la côte occidentale affectée aux déportés.

Les politiques

En quelques mois, les événements en France s'étaient précipités. Après le siège de Sedan, le peuple avait envahi la Chambre des députés et proclamé la République. On sait ce qui s'ensuivit. L'insurrection soulève la rue contre le gouvernement de M. Thiers. Celui-ci, retiré à Versailles, assiège Paris tenu en main par le Conseil général de la Commune. Quand, le 21 mai 1871, les versaillais, par la porte de Saint-Cloud, pénètrent dans la capitale, commence la « Semaine sanglante » : incendies, fusillades d'otages, combats de rues et représailles. Près de 40 000 prisonniers seront envoyés dans des grands ports sur des pontons flottants, première étape des exils. Dix-huit cours martiales prononceront plus de 10 000 condamnations, dont 5 000 précisément à la déportation en Nouvelle-Calédonie.

Celle-ci, dans son isolement du bout du monde, n'avait appris qu'avec retard la chute de l'Empire. Dans la colonie, le 15 août, fête de l'empereur, s'était déroulée comme à l'accoutumée avec déploiement d'encens et de prières. *Le Moniteur* s'obstinait naïvement à rester *impérial,* et les lettres des missionnaires, qui étaient pour la plupart d'éloquents plaidoyers en faveur de leur apostolat, étaient encore en route voguant vers les Tuileries à l'adresse de la très catholique Eugénie de Montijo, lorsque la dépêche devint officielle : l'Empire n'était plus. Des télégrammes bientôt annoncèrent au chef de la colonie que près de 5 000 hommes et femmes, condamnés politiques, allaient arriver.

Au printemps de 1872, la *Danaë* appareillait vers la grande île avec, à son bord, les 250 premiers « politiques ». Pénible navigation d'une durée de près de cent cinquante jours! L'un d'entre eux, malade du scorbut, était mort et on l'avait jeté par-dessus bord, cousu dans un gros sac de toile. Une vingtaine de convois se succéderont ainsi jusqu'au 25 octobre 1878. Ceux qui débarquaient étaient pour la plupart des artisans – tapissiers ou charpentiers, menuisiers ou graveurs; quelques-uns avaient encore leur tenue de travail ou un pantalon de velours, et parmi eux on remarquait des intellectuels aux yeux fervents. On leur avait donné une tenue réglementaire avec une vareuse de laine, mais ils renâclaient à la porter, refusant cet uniforme de bagnard. Tout semblait organisé pour les traiter en forçats : le voyage s'était déroulé dans des cages de fer fixées à l'entrepont. À cette accusation, on rétorquait, à Paris, que beaucoup de ces hommes s'étaient livrés à des actes incendiaires et qu'ils méritaient le régime des droits-communs.

Ce sera peut-être le grand malentendu de la déportation en Nouvelle-Calédonie : à des individus condamnés pour de seuls délits de pensée, on avait mêlé des coupables sans scrupules. À des artisans laborieux, des clochards immondes. À des écrivains, chantres convaincus de l'Internationale, des brutes ignares ramassées en vrac dans un Paris où la révolte était devenue confuse et brutale.

Les convois se succéderont avec une si parfaite régularité qu'après le départ du dernier bâtiment *Loire* on pourra dénombrer officiellement 4 166 personnes débarquées, dont vingt-trois femmes. 325, deux femmes comprises, étaient enfermées à l'île Nou; 888 se trouvaient sur la presqu'île de Ducos, et 2 943 se regroupaient à l'île des Pins. Ces chiffres, recueillis dans l'*Encyclopédie de la Nouvelle-Calédonie*, nous montrent que l'administration avait tenu quand même à opérer une discrimination approximative entre les exilés. À l'île des Pins on avait parqué les « condamnés à la déportation simple ». Dans les cellules de l'île Nou, allaient rejoindre les forçats ceux qui avaient été coupables de violences ou qu'on avait surpris en plein délit d'évasion, et les « condamnés à la déportation en enceinte fortifiée » se retrouvaient sur la longue presqu'île de Ducos, aux portes de la ville. Nulle muraille, nul ouvrage de défense, aucun barbelé n'encerclait cette paresseuse terre allongée à fleur d'eau sur un beau lagon tranquille. Pour les risques des évasions, on s'en remettait toujours aux requins particulièrement abondants dans ces eaux. Une redoute, quelques pièces d'artillerie et des miradors suffisaient, pensait-on, à prévenir toute tentative de fuite.

Dans leur ensemble, les exilés de la Commune n'eurent guère le regard attiré par la nature splendide qui pourtant les environnait, et leurs premières observations envers la petite ville de Nouméa manqueront complètement de tendresse.

Quand le journaliste Rochefort arrivera à Ducos, il parlera de cette terre « plus nue qu'un drap de billard ». Quant à Louise Michel, pasionaria de la révolution, qu'on appellera « la Vierge rouge », elle aura envers les citadins de désobligeantes remarques : « Les Nouméens ne formeront jamais à ses yeux qu'une grande réunion d'abrutis », lit-on dans le *Mémorial.* Dans son livre *Le Claquedent*, elle observe les hommes avec le même dégoût que les cancrelats. Par contre elle s'ouvrira généreusement à la nature dont elle décrit les douceurs et les violences. Un cyclone l'enchante. Elle se penche vers ses papayers* malades, note les variétés des oiseaux et des poissons, allant jusqu'à attirer dans sa case un serpent de mer qu'elle se met à conserver dans un gros trou d'eau. La « bonne Louise »! elle le sera surtout pour les indigènes auxquels elle est la seule à s'intéresser.

La plupart des déportés n'examinent qu'avec méfiance « ces spécimens des tribus » égarés à Nouméa. Ni le déporté Allemane, qui fut très tôt incorporé à la vie calédonienne puisqu'on le trouve dès 1873 employé au Gouvernement, ni le bouillant Ballière, écrivain et architecte, qui lui aussi, dès octobre de la même année, dresse des maisons dans l'île et se trouve ainsi mêlé à la vie quotidienne, ni l'un ni l'autre ne porteront aux naturels l'attention de Louise. Bien pis, sous la houlette du chapelier Amouroux, nombre de détenus politiques s'engageront pour former un « corps de déportés-bagnards » pour lutter contre le chef Ataï aux premiers jours de sa révolte en 1878.

Cette déportée matricule nº 1 arrivée sur le voilier *Virginie*, qui ne renie pas son passé, puisqu'elle a coutume de répéter à tous les horizons qu'elle n'est pas venue ici « pour avoir enfilé des perles », s'est prise d'amitié pour le Canaque Daoumi, préposé au service de la cantine principale de Ducos. Des récits de cet homme elle composera ses *Légendes et chants de geste canaques*. Elle apprend à tous *La Marseillaise* et *Le Temps des cerises* et pense créer une pièce jouée par les hommes des tribus. Quand la voix du chef Ataï appelle ses sujets à la révolte, ne devient-elle pas, elle aussi, le porte-parole de leur insoumission? Dans ses *Mémoires*, elle raconte comment « cette écharpe rouge de la Commune a été divisée, là-bas, en deux morceaux, une nuit où deux Canaques, avant d'aller rejoindre les leurs, insurgés contre les Blancs, avaient voulu [lui] dire adieu ». De ce geste serait né, après bien des lustres, la formation politique des Foulards rouges. Exaltée, elle était capable d'un tel coup d'éclat. Chimérique, elle pouvait, avec son lyrisme volcanique, s'ériger réellement en nouvelle Vierge rouge des populations noires. De sa compassion, on ne peut guère douter : sur le quai, à son départ de Nouméa en 1880, que voit-on? Huit chats miaulant, les chats qu'elle avait recueillis et un groupe d'indigènes en larmes. Parmi eux, ses élèves, puisque, devenue déportée simple au printemps de 1879, elle avait terminé son séjour comme institutrice à l'école communale de la ville. À l'heure où elle songeait le plus sérieusement du monde ouvrir à elle seule une école indigène en brousse, elle partait.

Des personnalités

Ces déportés, on les aime ou ils révoltent. En tout cas ils bougent. Ils écrivent, chantent, sculptent, font du théâtre, créent des journaux, secouent et souvent scandalisent la petite cité endormie des antipodes que, jusqu'ici, aucun levain de pensée n'avait réellement soulevée. À l'île des Pins, on a découpé leur territoire en cinq communes qui deviennent bientôt cinq villages avec des paillotes et un conseil municipal. Certains font venir leur famille et ont quelquefois la chance de trouver un emploi à Nouméa, tel ce Francis Jourde, ancien délégué aux Finances de la Commune, qui sera caissier dans une boucherie, ou cet Alfred Julia qui obtint une grâce dès février 1873 et écrira, sous le pseudonyme de Julius Praetor, une petite brochure allègre sur la vie aux antipodes. Pure imagination et fantasme d'un homme heureux qui avait vu une fiancée lui tomber tout de go dans les bras en même temps qu'il recevait la bonne nouvelle de sa remise de peine! Aujourd'hui, on le sait, tant par les clichés du photographe Hughan que par les lettres des détenus eux-mêmes ou le tragique document que constitue leur journal, l'*Album de l'île des Pins*, la vie quotidienne était sombre, qui se déroulait entre les établis, la cantine, le dispensaire et la prison.

Les déportés essaient d'animer des bibliothèques, des imprimeries, et même un théâtre en dépit des dures corvées d'aménagement de l'île et des routes auxquelles ils sont astreints. Munis de petits marteaux et de brouettes, ils empierrent les pistes sous le fouet des surveillants qui les houspillent. Il faut que les villages soient structurés, que les travaux d'adduction d'eau soient faits et qu'on bâtisse un wharf*. Avec des ciseaux à bois et des varlopes, on s'improvise charpentiers. D'aucuns étaient d'habiles artisans. Des menuisiers d'art. Plus tard, dans les bois tropicaux, ils fabriqueront des meubles superbes. Mais, pour l'instant, ils étaient condamnés aux travaux forcés et le cachot, avec ses murs badigeonnés au lait de chaux, se refermait sur les plus indisciplinés d'entre eux. On voit encore, à la lisière d'une plage éblouissante, les verrous aux grossières serrures qui pouvaient les retenir des semaines entières dans l'attente d'une grâce longue à venir. Jusqu'en janvier 1879 où l'on commença à leur accorder des indulgences, le désespoir les envahira souvent. La nostalgie de l'amnistie les hante même jusqu'au vertige. L'un d'eux, le sculpteur Charles Capellaro, représentera en un émouvant croquis le détenu à l'île des Pins à demi couché sous un gros banian, regardant, les yeux tristes, un horizon où se dessine, presque fantomatique, une femme au front lisse, en tenue de Justice, rêve du définitif pardon. Beaucoup n'en peuvent plus d'attendre. Ils se suicident ou deviennent fous. L'un d'eux, le Dr Rastoul, tentera une évasion avec une vingtaine de compagnons. On retrouvera à l'aube leur embarcation brisée sur les récifs de l'île Ouen.

Plus heureux sera le turbulent journaliste Rochefort, l'animateur du *Charivari,* du *Figaro* et de *La Lanterne*. De Ducos, sur un trois-mâts-barque anglais, le *P.C.E.,* commandé par le capitaine Law, il s'embarquera avec quatre autres détenus, dont son ami Achille Baillère qui, avec la complicité de gens de la ville, avait soigneusement préparé l'aventure. On réussira ainsi à atteindre Sydney, puis Melbourne et enfin l'Angleterre. Mais cette fuite spectaculaire marquera dans la vie nouméenne une date impitoyable : des fonctionnaires seront destitués, dont le second commissaire de police Auguste Mercier et, brutalement, la Pénitentiaire accuse un virage très dur : les consignes de sécurité se multiplient, la surveillance se resserre, l'étau de la discipline se renforce.

À l'île Nou, surtout, ceux qu'on avait mélangés avec la racaille et qui avaient à Toulon porté la livrée perroquet rouge-jaune-vert, arlequins risibles des pontons, verront leur nuit devenir presque définitive. C'est alors que s'éteindra de phtisie galopante, l'homme matricule 3736 : le jeune journaliste Gustave Maroteau. Il avait été jeté dans une des plus atroces cellules de l'île Nou pour avoir, à Paris, dans sa gazette *La Montagne*, lancé des appels au meurtre.

Trinquet le libérateur

Quant à Alexis Trinquet, dit « le Bouif », il se verra rejeté au bagne de l'île Nou et condamné à la double chaîne : il avait lui aussi cherché à s'évader en volant des outils et des planches. L'aventure de ce forçat politique mérite d'être retenue car bientôt, à son seul nom, Paris va se soulever. Bien que vivant aux antipodes, en cellule, il sera effrontément élu au conseil municipal du XXe arrondissement lors des élections de 1880. « Ce fut le 8 juin, à la salle Graffard, lit-on dans les mémoires du préfet de police Andrieux, que la candidature de Trinquet fut adoptée après la lecture d'un rapport présenté par le citoyen Pichon. Que l'élection du martyr calédonien soit ou non annulée, en votant pour lui, citoyens, vous ferez trembler sur son trône l'empereur qui siège au palais Bourbon. » Cet empereur, c'était Gambetta! Celui-ci eut peur en effet. Quelle audace avaient eue les électeurs du Père-Lachaise! Trinquet, le « galérien », devenait le symbole de tous les exilés politiques. Tiraillé entre les partis de la gauche et ceux de la droite, entre les tenants de l'amnistie et ceux qui entendaient bien ne plus jamais revoir en France les communards, l'homme politique, qui était alors président de la Chambre des députés, n'hésitera plus : lui aussi optera pour le retour de Trinquet. L'amnistie plénière pour tous les déportés politiques sera votée par 312 voix contre 136 le 18 juin 1880.

Vous devinez la joie en Nouvelle-Calédonie : dans les cellules, les villages et les camps de la Pénitentiaire, les chaînes tombaient. On allait revivre. Charles Lhuillier, le général en chef de la Garde nationale sous la Commune, le plus pittoresque de tous les hommes de Ducos, lui qui, durant toute sa captivité, avait voulu vivre nu, refusant tout net les chapeaux de paille et les costumes de toile grise, regagna Paris habillé de frais.

Quant au sensible Simon-Mayer qui avait été condamné à mort pour complicité d'assassinat des généraux Thomas et Lecomte aux premiers jours de la révolution, il sera là, gare Saint-Lazare, pour accueillir les premiers arrivants. Gracié un an auparavant, il était revenu en France par le *Picardie,* après un séjour éprouvant au bagne calédonien. Il racontera ses souvenirs dans ses *Étapes d'un forçat politique*. De la presqu'île maudite de Ducos où il avait vécu tout le temps de sa déportation, il n'avait retenu que l'odeur de vanille acide « des palétuviers en fleur », avait-il écrit, et cette odeur des soirs de détention avait été sa seule douceur.

Les déportés reprenaient leur place dans les rangs des partis révolutionnaires. Simon-Mayer se remettra au travail et Louise Michel haranguera les Parisiens. Dans ses *Souvenirs,* le 3 août 1880, le préfet de police Andrieux déplore cette agitation, alors qu'une centaine d'amnistiés ramenés par le *Tage* arrivaient gare Montparnasse. Accueillis par le comité Louis-Blanc, l'un des orateurs avait déclaré sans ambages : « L'amnistie ne nous a pas rendu les trente-cinq mille des nôtres assassinés qui dorment au coin des bornes, sous le froid linceul des pavés. » Et, plus loin, précisément à l'adresse des nouveaux venus de la Nouvelle-Calédonie : « Pendant huit années d'angoisses et de misères, ils ont eu le temps de se refaire des ongles, des dents, et de la haine... »

Cette hargne ne se retrouvera pas chez ceux qui, amnistiés, avaient cependant décidé de ne pas rentrer en France. Certes, ils garderont tous une tradition laïque et républicaine qui se perpétuera à travers les générations. Mais ils avaient choisi la Nouvelle-Calédonie pour s'y refaire une vie paisible. Ils devinrent d'excellents menuisiers et de bons avocats. On leur doit une petite élite calédonienne souvent originale, intelligente et laborieuse. Le ferblantier Dolbeau restera ferblantier et agrémentera la ville de frisures en tôle découpée, art dans lequel il était passé maître. L'intrépide Cormier, parti à dix-neuf ans de sa Mayenne natale, devint greffier. Il fit de son fils un architecte et, aujourd'hui, le petit-fils, Manuel, garde précieusement les notes manuscrites du grand-père.

La petite-fille de l'un des plus fiers déportés vivait encore à Nouméa il y a quelque vingt ans, stricte, les cheveux très blancs, laïque en diable. C'était Mlle Charbonneaux. Son grand-père maternel « Fusier » avait été mêlé à la sombre histoire des dominicains d'Arcueil, et c'était un prêtre qui l'avait dénoncé aux hommes de Thiers. Ce militant du socialisme était ami d'Alexandre Dumas et de Victor Hugo. Arrivé par le transport *La Garonne*, Fusier avait été envoyé à l'île des Pins où on lui avait permis bientôt de faire venir sa famille. Sa bonne conduite lui avait donné la possibilité de s'installer en ville comme petit commerçant. Un jeune déporté, Charbonneaux, tomba amoureux de sa fille, si bien que la vieille Nouméenne s'enorgueillissait d'être doublement une descendante des « politiques ». Mais elle n'avait jamais pu, de sa vie calédonienne, voir une soutane. Longtemps secrétaire de direction à Radio-Nouméa (dont elle avait présidé à la formation à l'heure où la station était un petit poste local « La Voix de la France dans le Pacifique »), elle avait ponctuellement tenu son rôle. Mais quand il arrivait à un curé d'apporter un communiqué ou quand il s'agissait de recevoir l'évêque pour une interview, inévitablement l'intransigeante demoiselle tendait une chaise à l'arrivant, en le gratifiant d'un : « Asseyez-vous, *monsieur*! » L'intonation de sa voix fortement appuyée par un regard très bleu, très froid, très net, en disait long!

La Commune et le capital

Ces Calédoniens issus de la déportation politique seront violemment hostiles aux premiers capitalistes de l'île, tel cet Higginson, devenu le roi de l'or et ce M. Bernheim que l'on rencontrera dans l'aventure minière, présidant aux destinées de la Société Le Nickel. Ils luttèrent sur place contre la Pénitentiaire qui les avait malmenés et tendront à défendre au mieux les non-politiques encore sous le fouet des gardes-chiourme. Hostiles à la colonisation pénale, ces hommes se feront les champions d'une Calédonie de peuplement à base de paysans et de petits commerçants. Francs-maçons pour la plupart, la « loge » connaîtra avec eux ses plus beaux jours : on la verra au maximum de son efficacité, aux dernières heures du siècle, animée par un dirigeant convaincu, Jean-François Lomont, grand maître de la loge anglaise. Les missions, toutes-puissantes alors, regarderont d'un mauvais œil s'étendre avec les années cette poignée d'hommes résolument athées, ferment d'une démocratie coloniale volontiers voltairienne et hédoniste. Ils seront très puissants dans les années 1880 jusqu'à susciter une presse combative. L'un d'eux, le secrétaire même de Rochefort, avait fondé une feuille virulente, *Le Progrès*, en lutte avec *Le Nouvelliste*, gazette animée par le monarchiste et catholique Laborde, qui fut aussi un des premiers ouvriers du journal *La France australe* dont il devint le gérant. Suivant en cela la politique menée en France par le célèbre M. Combes, des échanges de verbe et de plume, sommaires et violents, s'opérèrent vite entre deux bords longtemps appelés par la population calédonienne : les « corbeaux » et les « rouges », les cléricaux et les communards. Une extraordinaire génération grandissait sur le territoire, composée de laïques généreux, d'une honnêteté morale rigoureuse, d'un stoïcisme nourri d'ancienne culture. Des enseignants pour la plupart, à la conduite si irréprochable qu'une bonne sœur de Saint-Joseph-de-Cluny s'exclamait à leur sujet : « Vraiment! Ils sont si bien, ces messieurs! Il ne leur manque que la religion! » Dès juillet 1873, en effet, était arrivé comme assistant laïque du pasteur Rey, aumônier protestant de la déportation, le jeune Frédéric Surleau qui avait créé une école privée et fondé un journal, *L'Avenir de la Nouvelle-Calédonie*. Ses attaques contre l'administration locale déplurent au point qu'on le renvoya. Retrouvé à Sydney dans la peau d'un petit répétiteur français, il fut défendu avec véhémence à Nouméa par Jean-Baptiste Dézarnaulds, avocat défenseur des idées républicaines, une des personnalités les plus fortes du territoire depuis le gouvernement de M. Guillain. Devenu maire de la ville, Dézarnaulds s'intéressera au sort des écoles communales, et son premier geste sera de confier la direction du nouvel établissement laïque de Nouméa à ce jeune maçon qui était un pédagogue passionné. Cet instituteur-né avait vu se dérouler dans Paris les combats de la Commune. Il formera des générations de Calédoniens. « C'était un homme d'autorité, constatera le P. O'Reilly dans son *Répertoire bio-bibliographique de la Nouvelle-Calédonie*, dont la bonté profonde tempérait un regard facilement dur et sévère. On l'avait surnommé " le Caïman ". » Respectueux de toutes les opinions, il n'hésitait pas à se montrer dans les réunions publiques, avec ce sévère haut-de-forme qui le faisait encore appeler « l'Homme au chapeau gris ». De la même trempe sera Valérie Deligny, promue directrice de l'internat-orphelinat des jeunes filles, qu'on avait laïcisé aux premiers jours de la IIIe République. Avec beaucoup d'élégance, cette grande dame avait su naviguer à travers les embûches politiques et religieuses qu'on n'avait cessé de tendre sous ses pas.

Mais le plus original de tous et le plus combatif fut certainement le bâtonnier Bourdinat. Son aïeul avait fait le coup de feu sur les barricades du faubourg Saint-Antoine : aussi l'appelait-il avec fierté « l'ouvriériste ». Cet avocat avait une voix de tribun et ses plaidoiries, d'une impitoyable intelligence, étaient toujours mises au service des moins fortunés. Il estimait que les rigueurs d'une interprétation juridique excessive devaient toujours céder devant les considérations de l'équité. Carré, le torse boutonné dans un vieux gilet strict, on l'entendait crier : « *Summum jus, summa injuria!* » Il y a vingt ans à peine, vieillard superbe, vous auriez pu encore le rencontrer dans sa propriété de brousse qu'il avait appelée le Tonneau des Danaïdes. Il y avait englouti une fortune. Il nourrissait de crabes un petit héron roux qui déambulait entre de hauts sisals bleus et des yuccas, au-delà d'un épais fourré de buissons de lantanas multicolores. Il avait été longtemps conseiller municipal de Nouméa et, à ce titre, avait milité en faveur de l'érection d'une fontaine symbolique qui s'élève encore sur la place des Cocotiers, blanche cariatide sous les flamboyants. Le sein nu, le bonnet phrygien en tête, la jambe antique, cette égérie républicaine, avec ses faux airs de déesse Raison, était bien représentative de cette époque, mais sa représentation apparaissait vite touchante et locale si l'on voulait bien penser qu'une jeune Arabe qui gardait les chèvres dans la brousse lui avait servi de modèle.

Les Arabes

Car avec les déportés politiques, et dans les mêmes bateaux qu'eux, étaient arrivés des prisonniers kabyles. En 1871, en effet, le gouvernement de M. Thiers s'était heurté à de graves problèmes en Algérie. Une famine sérieuse décimait une population indigène que l'on avait privée de ses cultures vivrières tant le système colonial avait favorisé alors les exportations de minerai de fer et de vin. Après une longue guerre de sept mois, ces rebelles voyaient leur chef, le bachaga Mohammed el-Mokrani, tué d'une balle au front en plein combat. Désorganisés, vaincus, les armes à terre, on avait traité leurs chefs en prisonniers politiques. Leur sort rejoindrait celui des déportés de la Commune. Voilà pourquoi on les embarqua d'office sur les voiliers en partance pour la Nouvelle-Calédonie. Partagés entre Ducos et l'île des Pins où ils formèrent la cinquième commune, ils vécurent à la Pénitentiaire sous le même régime que les déportés. L'*Encyclopédie de la Nouvelle-Calédonie* note que plusieurs dizaines de chefs kabyles furent ainsi exilés. Parmi eux : le cheik Aziz, un certain Mokrani, et le célèbre caïd Ali, ou Kaci.

Le groupe arabo-berbère, extrêmement important aujourd'hui encore, bien que considérablement métissé, est un des plus anciens du territoire calédonien. Les plus vieux du village de Bourail se souviennent encore d'Abd el-Kader Bouanani, qui mettait sa chéchia pour aller à la fête du cimetière, les jours où, en l'honneur des morts, on tuait le bœuf et grignotait des dattes avec des jus de fruits et de la viande grillée. Le gouvernement lui avait donné un morceau de terre sur les bords de la Néra. Il s'était bâti là une bicoque en paille et en planches. C'était un fils de marabout. En fait, Abd el-Kader avait été envoyé au bagne parce qu'il avait tué un soldat qui lui avait volé une de ses femmes. Il s'était retrouvé avec tous ses compagnons d'exil sur ces terres qui vont de Nessadiou à Boghen, sur des pentes boisées de niaoulis ou dans des vallées à moustiques. Il avait donné au pays dix-huit enfants, des gosses aux prunelles noires et aux noms d'Orient : Fatima, Ali, Radouj, Ben Hannani, Yamina, et bien d'autres, tous essaimés dans les villages calédoniens de Farino, Nouville, Katiramona ou Bourail. Un diable d'homme, ce vieil Algérien, capable de vous chavirer deux gaillards en les prenant par les cheveux. On raconte qu'un jour sa femme, originaire du Constantinois, parce qu'elle lui cherchait noise, avait reçu à la tête un plein régime de bananes mûres. La vallée de Nessadiou avait été appelée d'ailleurs la « vallée du malheur » à cause des drames fréquents qui s'y jouaient. Des vieilles reléguées y charroyaient des cannes à sucre pour dissimuler des cadavres et des évadés y faisaient feu sur les sentiers pour protéger leur fuite. Mais la vie s'éclairait en ville quand Mokrani, en grande tenue blanche, organisait dans les rues ses brillantes fantasias ou quand, dans leurs roulottes, à l'aube, ces exilés vendaient leurs tasses de café chaud sur la place du Marché à Nouméa. Le couscous? On le remplaçait facilement avec de bons plats de ragoût de cerf aux piments, et les lanières de viande étaient supplantées par les poissons du lagon.

Là où ils passaient, ces musulmans laissaient traîner tant de noyaux de dattes qu'en Calédonie on repère aussitôt leurs habitations. Partout où il y a des palmiers, il y a eu des fils de Mustapha, de Taïeb ou de Mohammed et, avec les années, ils n'ont cessé de donner au territoire des générations de sportifs et de soldats. Ils se revendiquent hautement « Caldoches » aujourd'hui, ces fils de Mahomet, pour la plupart largement métissés. Car mis à part la haute société nouméenne qui se refusait à tout mélange avec les ethnies de couleur, en brousse ces vagues d'émigrés fraternisèrent vite entre elles. Jean-Pierre Aïfa, qui fut éleveur à Bourail et qu'on vit en 1977 devenir maire de sa ville, descendait d'aïeuls kabyles et d'une grand-mère réunionnaise.

Les Alsaciens-Lorrains

Une troisième vague d'émigrants arrivera enfin dans l'île en ces mêmes années qui suivirent la guerre de 1870. Elle s'inscrivait, celle-là, dans le mouvement de la colonisation libre que l'organisation de la Pénitentiaire avait dangereusement ralentie. Après la défaite de Sedan, refusant à tout prix de devenir Allemands, une poignée d'Alsaciens-Lorrains avaient opté pour la nationalité française et tenté l'aventure coloniale. C'est ainsi que débarqua un beau jour du transport mixte de l'État, la *Loire,* un vigoureux tonnelier du Bas-Rhin, Jean Eschenbrenner, qui ne savait pas un mot de français. Le gouvernement entreprit de l'installer avec ses trois enfants sur un lot de terrains du côté de Moindou, non loin de la turbulente tribu de Moméa. L'Alsacien fascina les indigènes par sa force étonnante. Capable de soulever à lui seul un char à bœufs, il avait une stupéfiante façon de débrousser * la forêt à la machette. Un certain Dillenseger, arrivé sur la *Virginie* en 1873, s'installera du côté de la rivière Dumbéa et entreprit d'exploiter, avec une énergie remarquable, les terres qu'on lui avait concédées. Ces Alsaciens surprirent et étonnèrent quelque peu par l'opiniâtreté avec laquelle ils s'acharnaient à garder leurs traditions. Parlant entre eux leur patois, ils se regroupaient le dimanche pour chanter des chants provinciaux et faisaient cuire au vin les petits coqs nerveux de la brousse. Ils sympathisèrent vite avec les familles d'anciens soldats de l'Empire démobilisés, souvent originaires de l'Est de la France, tel ce Ulm, dit Joseph, né à Wolfgantzen, qui avait servi dans la marine de guerre et avait été le premier colon à récolter du café. Les fleurs de sa récolte avaient été exposées jadis à la mairie de Port-de-France. Et puis il y avait eu Nardin, héros des guerres de l'Empire, qui portait une brochette de décorations et qu'on verra à la fin de sa vie en tablier de jardinier soigner les roses de la Ville. Ces anciens combattants de 70 et ces Alsaciens-Lorrains patriotes rangeaient leurs vaches dans de belles étables et se livraient à de savantes expériences d'horticulture. Ils se fabriquaient des cigares dans de gros épis de maïs et faisaient des confitures de papayes confites et d'angélique effilée. Avec leurs hautes jambes de labour, ils vivaient sous les fleurs de bouraos, comme des rouliers. Leur viande salée en barriques, la provision de bière au cellier, les petits fromages de chèvre égouttés, ils trouvaient encore le moyen de planter des violettes sur les talus ou d'envoyer des échantillons de résine de kaori à la pharmacie du gouvernement. Le plus remuant de tous était peut-être ce Jean-Nicolas Streiff, qui, son temps de service accompli, préféra rester dans l'île plutôt que de rejoindre sa

Lorraine annexée. Il devint rapidement colon-éleveur sur les bords de la Houaïlou et sentira très vite l'énorme richesse qu'allait offrir aux Blancs la terre des Canaques : le nickel! Car, en même temps que s'organisait cette vie européenne teintée de bagne et de liberté – odeurs mêlées des cachots et des champs – se profilait déjà l'appel d'un « rush » terrible. La grande Chaîne allait connaître sous le pic des prospecteurs un ébranlement dont elle ne se remettrait pas. Les tribus, déjà repoussées, en ressentiront un choc sans précédent.

La brousse terre ouverte

Petit à petit, avec l'installation des nouveaux venus non loin des champs d'ignames et des villages, les guerres tribales s'étaient un peu assoupies. Dans le Nord, à Hienghène, le fameux Bouarate, assagi au point de se faire baptiser sous le nom de Filippo, vieillissait non loin de Kalégone, dans un lieu sacré hérissé de rochers dans lesquels ses restes reposent aujourd'hui. Sur la côte Est, la séculaire rivalité qui opposait les gens de la tribu de Touho à ceux de la tribu des Poyes s'était bel et bien éteinte et si, en 1862, une révolte des Canaques avait détruit la mission, dans les années qui suivirent, toute la région, depuis le beau récif de Mongalia jusqu'aux anciennes sépultures de la tribu de Tiouandé, était paisible. Quant au Sud, tout au long de la superbe baie de Prony, dont les forêts étaient toujours exploitées par près de deux cents condamnés, l'air y est si bon, l'eau des sources si vivifiante que les naturels et les travailleurs avaient fini par vivre en bonne entente. Aux côtés des concessions européennes, le genre de vie des indigènes n'avait guère changé : « Sur leurs pirogues taillées dans des troncs d'arbres et munies d'un balancier, les gens de la côte sillonnaient les eaux poissonneuses du lagon », retrace Jean Le Borgne dans sa *Géographie de la Nouvelle-Calédonie et des îles Loyauté.* Ces pirogues avaient fait, dès son arrivée aux îles Bélep, l'admiration du P. Lambert qui les dépeint ainsi : « Les pirogues du Nord portent deux voilures triangulaires confectionnées avec des nattes de pandanus. Les mâts mobiles destinés à les soutenir sont deux robustes perches fourchues à la partie supérieure [...].

Que de fois n'avons-nous pas été dans la nécessité, souligne encore le père, de monter sur ces arbres creux pour aller de Bélep à Pouébo, trajet d'environ trente lieues! » Et le missionnaire, impressionné, d'observer : « L'obscurité, le clapotis de la mer, le mouvement de la pirogue, le léger bruit du sillage, tout cela jette dans l'âme une sorte de mélancolie qui ne nuit en rien au sommeil. » La manière qu'avaient les insulaires d'agencer les pièces de bois, de hisser les cordages, de pagayer et de travailler les voilures pour affronter les vagues était remarquable. Leur fierté sans égale : « Nos insulaires sur une pirogue neuve sont comme le cavalier sur un beau cheval, ils veulent être vus! »

On peut réfléchir aujourd'hui sur le peu de cas qu'ont fait les Canaques ces dernières années des avances répétées du gouvernement français pour leur venir en aide dans le domaine des pêches en leur offrant, par l'intermédiaire du F.A.D.I.L. – organisme d'assistance – des petits bateaux rutilants de peinture fraîche et superbement gréés. Visiblement ils ne voulaient pas les conduire et ils les ont laissés pourrir allègrement sur les grandes plages du Nord! On a crié au scandale, à la provocation, à la légendaire paresse des indigènes! C'était plus significatif sans doute. Le P. Lambert avait commencé son chapitre relatif à la navigation dans les îles sur cette remarque : « S'agit-il de navigation, l'indigène sent son impuissance pour conduire et surtout pour construire et tenir en bon état une barque européenne. » Par contre, il n'avait pas son pareil, selon le coutumier religieux *, pour arrondir, creuser, étançonner les pièces de son embarcation, équarrir les planches, les ligaturer de lianes et les recouvrir d'écorce de niaouli après en avoir sculpté les supports. On pouvait voir, dans ce refus des jeunes pêcheurs de nos temps modernes, le rejet d'une civilisation dont les gestes de travail, orientés vers la seule productivité, ne s'accompagnaient d'aucun rituel ni d'aucune fête. Ils avaient perdu la joie des anciens lorsque ceux-ci, sur le pont de pirogues créées de leurs mains en un cérémonial quasi religieux, entassaient leurs marmites et leurs manteaux de paille pour affronter la pleine mer. Car ils allaient, leurs « vieux », jusqu'aux récifs surveiller le *koua*, un gros poisson pour la capture duquel on fabriquait des filets de quarante à cinquante mètres de long. Le koua, c'était la promesse d'une pêche convaincante. Après avoir invoqué les dieux, on n'hésitait pas à se jeter tous à l'eau. Avec grands cris, on forçait la belle pièce à se réfugier dans les mailles des nasses, tandis que, là-bas, à terre, les femmes éteignaient un à un leurs foyers et se regroupaient à l'orée des tribus pour exécuter une danse très lente qui suppliaient les dieux de ne laisser personne bredouille. Elles célébraient en même temps les arbres fleuris, les ignames en maturité, les bancouliers pâles, se réjouissant de la nature toujours en fête à l'arrivée du miraculeux poisson.

« Les gens de l'intérieur, rapporte Jean Le Borgne, n'avaient pour pêcher que les eaux du creek. » Les jeunes garçons d'aujourd'hui sont encore munis de fines sagaies pour capturer dans les ruisseaux les crevettes qu'ils éblouissent à la torche et peuvent même cueillir à la main sur le buffalo des rives. « Les insulaires de la grande Chaîne consommaient eux aussi des produits de la mer car les pêcheurs de la côte échangeaient avec eux des poissons fumés, des coquillages, des langoustes et des crabes contre des taros et des ignames. Ces marchés se tenaient toujours au même endroit, c'étaient des *pirés* *. »

Le lieu d'un de ces traditionnels échanges est bien visible encore, ponctué d'araucarias, en deçà de la grande vallée de la Négropo. On voit, sur le décor majestueux des montagnes, se profiler, comme les hauts montants d'un portail, deux gigantesques pins colonnaires, vertes sentinelles postées de chaque côté du col. Là, les puissantes tribus de Couli et de Sarraméa faisaient leur troc avec les gens de la montagne. Il faut dire que la région était alors dominée par un très vieux clan d'une autorité sans égale. On voit aujourd'hui la case d'un chef, au bout de l'allée traditionnelle. Car « l'allée est au village calédonien ce que la place centrale, ou l'aire de repos, ou ailleurs encore le cercle de danse, est à la communauté, un espace non bâti qui accueille les réunions des membres du groupe pour tel rituel, telle festivité ou plus simplement pour les loisirs et quelquefois les travaux de la vie quotidienne ». J.-P. Faivre, J.-P. Poirier et R. Routhier écrivaient ces lignes il y a une trentaine d'années : « La grande case est la case des hommes, la case du *pilou* ou plus généralement la case du chef. Elle était une réalisation collective et comme le chef-d'œuvre des techniciens du clan. »

Car c'est surtout de la Terre qu'elles tenaient, ces grandes familles claniques disséminées en des vallées de champs d'ignames toujours assortis de pierres magiques, ou sur des coteaux secs subtilement travaillés en terrasses pour y aménager des étonnantes tarodières. Aux portes de Nouméa, au lieu dit le col des Pirogues, on voit les vestiges de ces collines sculptées en étages destinées à la culture de ce tubercule indispensable aux tribus : le taro. Pour son irrigation, les naturels avaient instinctivement inventé un ingénieux système. Dans *Mœurs et superstitions des Néo-Calédoniens*, le P. Lambert explique : « Un ruisseau prend-il sa source sur un plateau élevé couvert d'une couche de terre arable? l'indigène sait l'utiliser [...] À l'endroit où le ruisseau commence à descendre, il arrête son cours au moyen d'un barrage de pierres cimentées d'argile et le détourne horizontalement dans un canal creusé jusqu'à l'extrémité latérale de sa plantation; là il établit un saut de moulin, pour faire arriver la source dans un second canal de même longueur, pratiqué parallèlement au premier à une distance convenable et il continue ainsi jusqu'au pied de la montagne. Elle se trouve alors sillonnée d'un ruban de canaux et les plantations s'y développent en amphithéâtre. »

À la tribu de Saint-Laurent, à une vingtaine de kilomètres de Nouméa, vit encore une dernière paysanne des tarodières. C'est Yvonne Païta. On peut lui rendre visite sous la grande case décapitée de son toit de paille. Une vieille, de la couleur des roussettes. La cigarette aux dents. Un œil de malice. Personne ne comprendra jamais l'énorme signification du taro canaque si on ne sait pas l'écouter. Elle en connaît toutes les espèces et toutes les vertus. « C'est comme cela sur les tarodières, s'exclamait-elle récemment, les hommes labourent, les femmes cassent la terre. C'est large d'un mètre la terrasse. C'est la première qui renverse l'eau vers la seconde, puis vers la troisième, en zigzag. Et c'était beau la tarodière toute fleurie, bien travaillée au pic de gaïac. Les familles de la tribu se la partageaient par échelons. » La vieille femme donnera à son petit-fils une tige de taro à sucer « parce que ça les rend forts, les petits ». Et puis elle vous dira : « En 1932, ça a tout changé! Tout d'un coup. Les hommes ont couru après l'argent et la boisson.

La tarodière? Pour avoir le fruit de son travail, fallait compter dix-huit mois! C'était plus possible avec le mode de vie des gens d'aujourd'hui. Alors on a tout laissé... » On avait abandonné les « manipulations des pierres » destinées à assurer la prospérité des plantations ou les invocations aux ancêtres. En revanche pour la culture de l'igname, le Néo-Calédonien ne négligeait rien, ni dans la tenue des billons, ni dans les offrandes qu'on pouvait en faire à partir même du mois de février, alors que le tubercule était encore loin de sa maturité.

Pierres pour l'igname et la banane, pierres de la folie et pierres pour mourir, faiseurs de vent et de tonnerre, deuilleurs et sorciers aux masques étranges, fétiches, amulettes diverses, et haches de parade, les jours – de la naissance à la mort – étaient prétexte à des cérémonies précises qui stupéfiaient et effrayaient les premiers Européens. Ils y voyaient l'expression parfaite de la primitivité des Canaques. Jean-Marie Tjibaou, dans le livre *Kanaké,* n'hésite pas à affirmer que les gens des tribus cachaient leurs rites « à la fois aux Européens qui ne pouvaient les considérer que comme des pratiques sauvages et aux missionnaires qui les avaient interdits comme idolâtres et qu'ils ne pouvaient contredire de peur de ne plus être défendus par eux contre les tracasseries de l'administration coloniale ». Il faudra, beaucoup plus tard, l'arrivée de l'ethnologue Maurice Leenhardt pour révéler au monde la densité et la signification d'une coutume mélanésienne *a priori* contrariée et rejetée. Seuls restent aujourd'hui comme signes d'une esthétique canaque et curieux témoins de l'histoire européenne les bambous gravés, « bâtons de voyage » burinés à la pointe de quartz représentant des silhouettes significatives, et de vieux récits, désignés en langue pati sous le vocable de *vrikin,* mot fort mal traduit par notre terme « légende », sorte de palabre située à la frontière de la coutume.

C'est ainsi qu'aux environs de 1875, dans la région de Banghou au-delà de laquelle on découvre l'immense plaine de la Tontouta, naissait un récit qui ne laisse pas d'étonner : celui d'un mystérieux géant appelé Virego qui parcourait la région, enjambant monts et vallées. Des vieux vous diront encore : « Des gens de la tribu l'ont vu. On a entendu les branches craquer, les pierres rouler. Il a mis son pied là... » Et là il laisse sur son passage un ruisseau de terres rouges... et là encore, en pleines roches calcaires, à l'endroit même où il pose à nouveau son pied immense, un nouveau talus de terres rouges s'effrite. Partout où passe Virego, l'homme colossal, dont le front touche les étoiles, partout naît la terre rouge, ces latérites si particulières à la grande île dont la teinte pourpre troue les plus hautes forêts. Parti du Sud, ébranlant la grande Chaîne, dans un fracas d'arbres cassés et de roches éboulées, le géant étiré dans la haute procession des nuages fait crouler sous lui des montagnes de terres cramoisies.

C'est un vieux sage, Louis M'Boya, appelé par respect Ti-Tometi, qui était porteur de cette étrange histoire. C'était sa grand-mère qui la lui avait racontée, dans la case, le soir au coin du feu. « Virego, disait-il, le géant aux jambes rouges. Quand il marchait dans les roches pourries, cet homme-là, enjambant les terres noires, à chaque pas, il laissait de la terre couleur du plateau... » Car c'est le grand plateau minier de Thio qu'aimait particulièrement arpenter Virego, au flanc de ces monts où les prospecteurs, pioches en main et bottés de glaise eux aussi, s'affaireront à créer une véritable cité. Car ils savent, eux, que des fortunes se cachent dans ces terres écarlates! L'histoire de Virego, le géant de Banghou, naissait dans l'imagination des vieux Canaques parallèlement à la découverte du nickel. L'oreille tendue à l'histoire des Blancs, l'élargissant à leurs dimensions d'hommes de la Grande Terre, ces gens traduisaient l'énorme avalanche du « rush minier ». La commotion sera si forte que la vie tribale ne s'en remettra peut-être jamais.

Car si, jusqu'ici, ce fameux « caillou vert », qui avait laissé quelque peu perplexe le jeune géologue Jules Garnier au temps de M. le gouverneur Guillain, n'avait donné lieu qu'à « de silencieux combats d'experts » (l'expression est tirée du *Mémorial calédonien*), par contre, au début de 1873, un climat de fièvre minière s'empara à tel point des esprits que les Européens faillirent en perdre la raison.

CHAPITRE V

LE RUSH MINIER

Le choc fut d'autant plus brutal qu'il était quelque peu inattendu.

La vie quotidienne en Nouvelle-Calédonie avait été, d'une façon pittoresque, évoquée par le géologue Jules Garnier au cours du voyage qu'il avait entrepris dans la grande Chaîne au temps de M. Guillain. La nature y avait été admirée avec « les lignes de faîte horizontales des montagnes, les croupes douces des collines et les deltas des grandes rivières aboutissant à la mer après de longs circuits ». Devant la beauté de ce paysage, le jeune homme n'avait eu que de bien tristes réflexions : « On a peine à croire, en contemplant ces charmantes oasis, que l'homme qui a été appelé à en faire son domaine n'y trouve d'autre jouissance que la guerre, la guerre acharnée et constante contre ses voisins et ne rêve d'autres triomphes que de festins de cannibales. »

Le géologue s'était cependant avancé courageusement au plus épais des forêts, remplissant sa musette de cailloux et ses bouteilles d'eau de source. Il s'était amusé de l'oiseau-cagou *, monté sur de longues pattes rougeâtres, qui ne pouvait ni s'envoler ni chanter, mais sautillait sur place en aboyant comme un petit chien; il avait contemplé avec intérêt cette grosse chauve-souris à tête de renard aux grandes ailes membraneuses qu'on appelait la roussette et dont les petits se tenaient fortement collés au ventre de leur mère. N'hésitant pas à prendre contact avec les colons isolés et avec les Canaques des tribus, il s'était attristé de voir que l'hostilité des uns envers les autres ne reposait bien souvent que sur un vilain malentendu : « Les Kanaks, dit-il, qui ne saisissent pas toutes les subtilités de notre organisation sociale et qui ne voient que la surface, se sont imaginé que les Français étaient divisés en deux camps : les militaires et les missionnaires. Pour eux on ne peut être que l'un ou l'autre » et, plutôt que de leur offrir le terrain de cette division, l'auteur risque un conseil : « Je crois humain et utile pour l'avenir de la colonisation de s'occuper un peu de ces sauvages, puisqu'ils le méritent, et de chercher par quel moyen on pourra éviter leur disparition imminente. Ils n'ont pas ordinairement deux genres de mort; durant la saison des pluies, en février, mars ou avril, ordinairement on les voit subitement atteints d'une grosse bronchite; ils se ceignent alors les reins d'une liane fortement serrée, se retirent dans leurs misérables cases, au milieu des moustiques et de la fumée, et attendent : l'appétit disparaît presque complètement, leur corps devient peu à peu d'une maigreur effrayante, leur peau pâlit et se teinte d'une couleur blafarde [...] l'estomac cesse ses fonctions et, deux ou trois jours après, la mort survient... »

Du côté des Européens, le voyageur avait partout reçu l'accueil le plus cordial. Il avait été traité comme un frère dans les maisons couvertes « de peaux de niaouli » par des colons de brousse tout occupés à leurs semis. Belles vaches et basses-cours y prospéraient. On se nourrissait de lait, de bœuf salé et de biscuit, et les enfants y étaient splendides, « beaux enfants frais et roses, dont le nombre s'accroît régulièrement tous les ans ». Il avait assisté à un *muster*, c'est-à-dire à une chasse aux bœufs sauvages qui « déjà peuplaient par milliers les prairies de ce territoire », et avait fait connaissance avec ce premier type de gaucho, le *stockman*, cavalier européen, armé d'un fouet à longue lanière qui « poursuivait à fond de train les troupeaux de chevaux ou de bœufs, fuyant à corps perdu à travers les collines aux pentes abruptes ». Le soir, il s'était assis à table devant un « robuste repas » composé de porc frais et de thé et, après le souper, on avait joué de l'accordéon et chanté en chœur en buvant le grog traditionnel et en bourrant de tabac de grosses pipes d'écume.

Le géologue avait alors sorti ses trouvailles – roches d'anthracite, grès, quartz et basalte volcanique. Tout cela laissait indifférents ces terriens plus prompts à parler du bétail que des pierres calédoniennes et, à la vue de ces étranges minerais joliment veinés de vert que Jules Garnier avait ramassés un peu partout au cours de son périple, ils n'avaient soufflé mot.

La ruée

Tout changea brusquement lorsque, dans les derniers mois de l'année 1867, estime Édouard Bridon dans l'*Histoire abrégée mais très véridique des mines en Nouvelle-Calédonie*, « un colon, du nom de Coste, apporta un caillou d'aspect et de couleur étranges. Il l'avait trouvé par hasard, au mont d'Or, montagne que l'on aperçoit de Nouméa dont elle n'est séparée que par la baie de Boulari ».

La découverte de l'habitant du mont d'Or provoqua un émoi général. Lorsqu'on apprit que ce caillou était bel et bien du nickel et que, envoyé à l'analyse, il avait donné un rendement de 14 à 15 %, alors un « vent de folie souffla aussitôt sur la ville et le mot magique " million " n'y circula plus qu'au pluriel ». Il faut savoir que l'industrie mondiale commençait à s'intéresser sérieusement à ce minerai dont les cours avaient monté puisqu'un kilo de nickel trouvait alors preneur aux alentours de quarante francs... « Chacun se mit à rêver de cascades vertigineuses couleur d'émeraude : chacun voulut avoir sa mine ou sa part de mine! » (Édouard Bridon, *op. cit.*)

Une photo exhumée d'albums familiaux nous a restitué aujourd'hui le portrait du fils de cet heureux découvreur. La moustache à la gauloise, le regard du paysan probe, Benjamin Coste était le dernier de dix-huit enfants et il était en compagnie de son père lorsque celui-ci heurta du pied le merveilleux caillou. Dans les derniers jours de sa vie, il ne parlait plus qu'avec amertume de l'inespérée trouvaille. Les Coste n'étaient pas riches. La grand-mère, que l'on peut voir elle aussi sur les anciens clichés, avec sa coiffe provençale et un bavolet de dentelle amidonnée, n'avait légué à sa marmaille qu'une bonne santé et de pieux principes. Installée sur une petite concession, la famille vivait chichement sur quelques arpents de terrain voués à la petite culture. Le filon trouvé, comment en assurer l'exploitation? En dépit de ses requêtes réitérées pour trouver de l'argent, réclamer des emprunts, le pauvre colon ne fut assisté par personne et il fut bientôt acculé à la nécessité de vendre sa trouvaille. Si bien que ni Benjamin ni son père ne récolteront le fruit de leur découverte. Cent dix ans après, croyez-le, la déception reste amère chez les descendants calédoniens des deux colons du mont d'Or.

Dans l'ombre, un homme veillait au grain : c'était John Higginson. Bien décider à jeter ses capitaux dans l'aventure, il s'empressera de coiffer l'affaire. « M. Higginson appuyait de son nom et soutenait de son argent la première découverte. Il était devenu le principal intéressé de la mine du mont d'Or. Il en avait pris la direction, et, de ses dires mêmes, il résultait que les minerais expédiés avaient été payés un prix énorme. » (Édouard Bridon, *op. cit.*)

Le coup de main d'Higginson galvanisa les esprits. « Les affaires courantes furent négligées. Les opérations les plus sûres et les mieux réglées cédèrent le pas aux entreprises minières les plus extravagantes. Tout le monde en était. On ne voyait dans les rues, mais principalement dans les bars qui ne désemplissaient pas, que des gens tirant de leur poche un échantillon du précieux minerai. Plus il était vert, plus il était riche. L'épicier lui-même, le placide épicier, ne tenait plus en place derrière son comptoir, et c'est avec dédain qu'il additionnait chaque soir sa recette du jour. Qu'était-elle à côté de l'averse d'or que lui préparaient les prospecteurs qu'il avait commandités? » (Édouard Bridon, *op. cit.*)

Le prospecteur

C'est alors qu'on verra naître un curieux type d'homme, marcheur infatigable, musette en bandoulière et piolet au poing, capable de rester des semaines dans la brousse en se nourrissant de merles et de baies sauvages : le prospecteur. C'est sur la côte Est que les expéditions commencèrent. Le minerai se présentait différemment selon les endroits où on le rencontrait, soit entre de grands blocs de péridotite couverts d'un enduit rocheux vert ou de couleur chocolat, soit en poudre ocre, tellement abondante que les mineurs crurent bon de la jeter simplement au remblai. Tant qu'il y aura, au cours des années, un rêve d'exploitation minière, on verra surgir ce quasi-héros calédonien, homme de maquis, souvent doué d'un flair subtil, apte à deviner les filons. L'un d'eux, en 1955, M. Surget, rappellera au micro de Radio-Nouméa ses péripéties de recherches et celles, surtout, de ceux qui l'avaient précédé sur des sentes non tracées, nomades grillés de soleil à l'assaut des plus puissants contreforts de la montagne.

Ces premiers pionniers du nickel connurent presque tous le sort des malheureux Coste. L'intrépide Joseph Vergoz, qui tenait boutique dans la rue de l'Alma, alléché par les propos qui circulaient, voulut tenter sa chance mais il se heurta lui aussi au trop coûteux problème de l'exploitation. La même déception sera réservée à Auguste Poulet, installé colon à l'embouchure de la Tipindjé. Ces soldats de la mine, partis candidement à la course au trésor, en éclaireurs brusques et courageux, furent une poignée de braves, mais leur aventure sera sans lendemain. Grâce à eux cependant, cette vertigineuse attaque des plus hautes forêts de la Chaîne restera une épopée : les contacts fréquents de ces hommes avec les tribus pour recruter des porteurs ou des guides, l'intelligence qu'il était impératif de posséder pour amorcer les vrais *prospects*, donneront à l'aventure minière un visage humain qu'elle perdra très vite dans l'acharnement des passions à poursuivre de fabuleuses fortunes.

Il faut regarder les premières images au collodion, signées des noms de Robin et de Hughan, représentant les premières installations de ces mineurs pour comprendre la détermination des prospecteurs. Ils vont au-delà des fermes pénitentiaires hérissées de postes de surveillance, dans une brousse où les centres européens n'étaient guère reliés que par la mer, établir des campements fragiles – cases précaires dont ils bouchaient les ouvertures avec de vieux sacs. Ils amorcent même des circuits de mines en fabriquant des rails en bois sur lesquels circuleront des petits wagonnets vers les différents niveaux de la montagne. Ils s'y essaieront à de premières opérations de triage. Exploitation sauvage certes, mais d'hommes libres assez peu soucieux des réglementations que l'administration, qui tente de les surveiller, met obligatoirement sous leurs pas. Des francs-tireurs en liberté, lancés en des ascensions risquées, têtus et instinctifs, prélevant des échantillons précieux et baptisant leurs « bosses » comme on appellera plus tard les mines, de noms désinvoltes : « Les Barbouilleurs », « Bel Air », « Fantoche » ou « Pin-pin ». C'est vrai que ces premiers soldats de la mine seront pour la plupart des artilleurs ou des fantassins démobilisés, qui, l'Empire mort, s'étaient juré de ne plus revoir la France. Louis Tranchand, le militaire qui avait ouvert une charcuterie en ville, se lancera dans l'aventure dès le début, et le soldat Kindel, qui avait été blessé à Sébastopol, ne manquera pas de s'y intéresser, mais il était déjà trop vieux pour se lancer aussi hardiment que les autres à courir la montagne. Leurs opérations d'avant-garde seront vite dépassées par les spéculations qui se nouaient derrière leur dos. On les épiait, surveillait les sacs bourrés de cailloux qu'ils descendaient quelquefois au village, pour, au plus vite, voler leur filon. Même Jean-Nicolas Streiff, ancien soldat d'infanterie de marine et mineur patenté qui non seulement, en 1873, avait découvert des gisements de nickel, mais qui encore s'intéressait aux premières mines de cuivre de l'île, finira par retourner à sa pastorale propriété de Houaïlou – chef-d'œuvre d'exploitation agricole sur laquelle mûrissaient les mangues et les litchis.

Les capitaux

Dès l'année 1875, la vie minière va dangereusement se concentrer entre les mains de quelques capitalistes qui hisseront les couleurs. Les deux grands de ces opérations financières seront MM. Higginson et Hanckar. L'économie de l'île s'en trouvera considérablement stimulée, mais les retombées psychologiques n'en seront pas toujours bienfaisantes. Pendant près d'un demi-siècle, on assistera à la montée en flèche d'une nouvelle société calédonienne, surtout nouméenne, et aussi à la colère sanglante des indigènes inévitablement malmenés par la violence d'un tel « rush ».

Très ami avec un membre du cabinet du gouvernement

australien qui deviendra par la suite Premier ministre, Mr. William Morgan, M. Higginson avait su associer ce puissant personnage aussi bien aux intérêts du commerce local qu'à ceux de son exploitation minière. La tactique était simple : désintéresser les découvreurs de mines, qu'elles soient d'or, de nickel ou de cuivre, pour prendre la barre des opérations. La vie économique du pays entier tombera donc très vite entre les mains de ces spéculateurs, tellement puissants que les tentatives individuelles ne pouvaient que rester précaires. Quand l'on songe que l'association Higginson-Morgan durera jusqu'à la mort de ce dernier en 1883, on comprendra que toute la richesse de l'île dans les années à venir ait été répartie entre quelques trusts, commandités par ce petit homme perspicace, si prompt dans tous les secteurs d'activités qu'on avait coutume de répéter dans le Pacifique Sud entier : « Vous faut-il un cigare, dix Canaques, cent têtes de bétail, mille tonnes de minerai ou un brick, voulez-vous une île ou ce qui s'y trouve ? Adressez-vous à John Higginson ! »

Quand, en 1877, le baron Alphonse de Rothschild, qui suit de Paris tout ce qui se passe sur la terre du nickel, envoie à M. Higginson un second, un animateur d'entreprises, ce sera le plein succès. Louis Pelatan est un garçon d'une trentaine d'années qui va se consacrer à l'exploitation des mines calédoniennes et s'acharnera à y rallier les capitaux étrangers. Mais auparavant, celui qui est déjà le « roi de l'or » – puisque la mine des bords du Diahot, la « Fern Hill », roule au mieux, équipée d'un tramway et de machines sophistiquées – le dictateur Higginson voit brusquement, pour la conquête du nickel, se profiler un concurrent.

Il s'appelle M. Hanckar. C'est un Hollandais et il est arrivé négligemment en Nouvelle-Calédonie où il a observé la situation. Puis il s'est empressé d'aller chercher en Australie de bons mineurs professionnels qui sont arrivés en « rangs serrés », dit le *Mémorial calédonien.* Sous leur impulsion la mine « Boa-Kaine », récemment découverte dans la région de Kouaoua et jusqu'ici mal exploitée, le sera rationnellement et avec une rapidité foudroyante. « Grâce à une sage administration, cette mine fournit de gros bénéfices et Hanckar devint rapidement millionnaire. » On apprenait que lui aussi, à l'exemple de

M. Higginson, avait associé à son entreprise une maison très importante de Melbourne, la maison Wallace, avec laquelle il avait passé contrat pour l'extraction et la vente du minerai.

Les rois du nickel

M. Hanckar est un joueur. Il a jeté son capital dans l'avenir de la mine et sa mise paraît bonne. La Boa-Kaine est une montagne de nickel. Le compte en banque de l'industriel prospère. Ce sera sa première exploitation. Il ne tarde pas, sur sa lancée, à mettre en valeur une des régions les plus riches de l'île : celle de Thio dont la « bosse », après des années de rendement, deviendra le fameux « plateau de Thio ».

Est-ce le magnat hollandais que l'on surprend, visitant ses installations, au pied d'une voie ferrée en abrupt, où des wagons, prudemment retenus par des câbles, descendent les sacs de jute remplis de minerai ? On peut le croire, à voir cet homme, sur un cliché d'époque, à la porte de bureaux marqués à son nom. Probablement le photographe a-t-il voulu le saisir sur le vif, en pleine activité, droit, corpulent, la chemise bien blanche sous la veste de drap sombre, le casque colonial posé au-dessus d'un visage rude, embroussaillé de barbe noire. Il est déjà plus que millionnaire. Il va pouvoir acheter tout le groupe des mines aux alentours : « Moulinet », « Sans-culotte » et « Santa Maria », découvertes par d'obscurs prospecteurs déjà rendus à la vie civile.

« Cet homme est considéré, note le P. O'Reilly, comme la plus grosse fortune de la colonie », et le capitaine de frégate Henri Rivière, qui le rencontrera à Nouméa lorsqu'il y arrivera à bord de *La Vire*, le tient pour « le type de ces colons aventureux dont les fortunes se font et se défont mais qui restent alors sur la brèche pour reconstruire l'édifice qui tombe ». Pour l'heure, le nickel l'enrichit énormément ! Dans la région de Canala, entre la Boa-Kaine et Thio, on le voit avec les plus beaux *sulkies* et des chevaux de race. Il veut plaire, dépense beaucoup et sa maison n'est autre qu'une villa de Saint-Cloud qu'il a démontée et transportée en pleine brousse. C'est magnifique : elle est située au-dessus de la mer, en retrait d'une terrasse à balustres de style. Henri Rivière, qui aura la chance d'être invité à l'une des soirées du grand millionnaire, découvrira « les merveilleux jardins qui s'étendent au-dessous de la maison. Les appartements meublés avec un luxe élégant, la table somptueusement servie ». Quant aux serviteurs, ce sont des Canaques, mais le maître des lieux les a affublés, comme des Indiens, d'« une tunique blanche, serrée à la taille par une cordelière, [d']anneaux aux oreilles, [de] cercles d'or aux poignets et aux chevilles ».

De vie plus simple et de tournure plus vive sera M. Higginson. Henri Rivière le montrera comme « un petit homme d'une pétulance extrême avec du vif-argent dans les veines. D'un esprit prompt, d'une intelligence rapide, il excelle aux entreprises commerciales et aux découvertes de l'industrie ». Homme du monde, spirituel et primesautier, John Higginson est la vedette des réceptions mondaines. Dans son roman *Noire est la couleur*, Agnès Chabrier regarde son entrée au bal du gouverneur dans les années 1880 :

« Soudain, il y eut un silence. Les couples cessèrent de danser et se séparèrent. De bouche en bouche un nom courut que les femmes répétaient derrière leur éventail : " Higginson! Voilà Higginson. "

« En le voyant vif et très soigné de sa personne et, malgré sa petite taille, élégant dans son habit de soirée, le gardénia à la boutonnière, je le reconnus. Pour entrer dans les salons du gouverneur, il donnait le bras à une jolie femme. »

Et plus loin la narratrice explique :

« M. Higginson est le principal colon de la Nouvelle-Calédonie, et le personnage le plus important du pays. C'est un modèle de persévérance, de patience et de probité, le type si rare du lanceur d'affaires de bon aloi. Comme tant d'autres il vint à la Nouvelle-Calédonie disposé à braver toutes les épreuves qui sont le prix de la fortune. »

Une telle louange envers « le petit homme gris », comme on l'appelait quelquefois, ne se retrouvait pas dans la presse de l'époque qui flairait dans l'adjudicateur entreprenant et l'homme d'affaires avisé un banquier quelque peu suspect. La presse issue de la déportation politique se déchaîna contre la maison Higginson qui visiblement s'était emparée des principales exploitations de la colonie. Parce qu'il était très impétueux et quelquefois peu scrupuleux, le premier roi du nickel avait tant de procès sur les bras qu'on finissait par douter de son honnêteté. On disait qu'il était bavard, tout en dehors, effronté et avide; des articulets véhéments le traitèrent de « rapace ». Le fait est qu'il était assez retors, habile à disposer des événements et des gens selons ses intérêts immédiats et avec un opportunisme déroutant. Cependant il était aimé dans la colonie. Parce qu'il avait, dès 1870, créé un service bimensuel avec l'Australie, parce qu'il adorait les chevaux et entretenait une écurie royale, parce que, très épris des femmes, il savait aussi exhiber avec fierté sa toute jeune épouse, une douce Irlandaise qui répondait au nom de Bridgett Green, parce qu'il réussissait en tout – combatif et débonnaire, diplomate ou impertinent, il plaisait! Il s'était taillé sa gloire dans cette région du Nord où, après six ans d'activité, il avait produit plus de deux cent douze kilos d'or! Après avoir poursuivi, avec l'aide de l'administration, quelques bateaux pirates australiens qui étaient ancrés dans la baie de Pam et qui cherchaient à exploiter secrètement des gisements de cuivre, il avait là aussi étendu son empire en devenant officiellement directeur de la mine de Balade. Il s'ouvrait ainsi un avenir sans précédent. Surtout, cet affairiste, dont le parler était pour le moins étrange puisqu'il ne s'exprimait guère que dans le jargon des équipages de bateaux, avait opté rapidement pour la nationalité française. Il l'avait obtenue en 1876 et, toute sa vie, il défendra les intérêts de l'Hexagone dans le Pacifique Sud. Il s'inquiétera dès qu'il verra les Anglais annexer les îles Fidji, et plus tard il luttera de toutes ses forces pour assurer à la France la possession des Nouvelles-Hébrides. « Sa manœuvre la plus hardie, jugera le P. O'Reilly, est la fondation de la Compagnie calédonienne des Nouvelles-Hébrides destinée, en 1882, à assurer la prépondérance de la France dans l'archipel où s'installaient alors colons anglais et missionnaires presbytériens. » Et le père n'hésitera pas à reconnaître qu'en ce sens « Higginson mérite la reconnaissance de la France et de la Calédonie ».

Avant les années 1880 déjà, sa notoriété est telle qu'il est vraiment le « prince de la ville ». Il y circule à son aise, toujours pétulant, la moustache lisse et retroussée, la badine aux doigts, le sourire aux lèvres. Contrairement à son rival Hanckar, qui restera assez éloigné de la vie citadine, John Higginson participera à toutes les activités du chef-lieu, et on le verra plus tard, bien que protestant, se faire l'ami des missions catholiques et contribuer avec largesse à la construction de la cathédrale de Nouméa. Sur les huit enfants qu'il donnera généreusement à sa jeune femme, l'une de ses sept filles, Eugénie, restera à Nouméa après avoir épousé l'avocat de Verteuil. Il arrivait souvent à cette Calédonienne d'évoquer ce père que Pierre Benoit avait appelé l'apôtre des Hébrides et que les gouverneurs saluaient toujours très bas.

Vers la Société Le Nickel

Pendant quelque temps le magnat et le potentat prirent leurs distances. Ils restèrent sur leurs gardes : ils s'observaient. M. Hanckar installait à Thio des campements de travailleurs dans des cahutes en écorce de niaouli équipées de tablettes en bois sur lesquelles s'éparpillaient les rudiments d'une batterie de cuisine improvisée – écuelles et bols en zinc. Il avait fait venir des chariots à bœufs pour transporter les sacs de minerai et déjà, à l'embouchure de la rivière, les terres stériles polluaient la baie. De son côté Higginson, tout en exploitant sur la côte Est sa mine « Bel Air », faisait une percée gigantesque du côté du cuivre du Nord, le long de ce grand fleuve Diahot qui, sur une centaine de kilomètres, traverse des terrains d'une richesse inouïe, tant en zinc qu'en plomb argentifère ou en cuivre. Une compétition au sommet s'engageait entre « les deux H. ». Ce sera l'expression du *Mémorial calédonien.* La grande Chaîne, du Sud au Nord, se mit à littéralement saigner de terres rouges – balafres ouvertes au flanc des montagnes et sur les gradins des exploitations, à ciel ouvert. Des théories d'hommes s'échinèrent à descendre, par sacs, le minerai jusqu'à des attelages de chevaux, de mulets ou de bœufs qui, dans une poussière inimaginable, traînaient de lourdes charrettes.

Mais ces deux souverains de la Mine étaient trop intelligents l'un et l'autre pour ne pas comprendre que le problème à résoudre était celui de réussir sur place des expériences de fusion. Un Alsacien, du nom de Herrenschmidt, avait tenté localement d'obtenir des mattes de métal, et il avait réussi à expédier un bloc de minerai d'un assez bel aspect à l'Exposition universelle de Philadelphie en 1876. Mais déjà un industriel arrivé en Calédonie par le bateau *Loire* en juillet 1873, M. Le Mescam, avait étudié de si près la question que les deux puissants producteurs jugèrent l'heure venue de conjuguer leurs efforts pour créer la première usine de nickel.

Profitant des recherches déjà faites à ce sujet par l'ingénieur géologue Jules Garnier et forts de leurs nouveaux capitaux, les hommes du Nickel et l'équipe de M. Le Mescam jetèrent les premiers jalons d'une usine sur une presqu'île dite la pointe Chaleix, parallèlement à cette autre avancée de terre appelée pointe de l'Artillerie, dont la vocation était éminemment militaire.

L'usine de fusion sera ouverte solennellement le 10 décembre 1877. Le gouverneur, M. de Pritzbuer, s'en réjouit. Son rapport au directeur des Colonies l'atteste. La joie de l'inauguration cependant ne sera pas également partagée. MM. Hanckar et Higginson avaient certes réalisé leur cher projet, mais le temps des affaires n'étaient plus au beau fixe.

L'Europe, encombrée de stocks, ne vendait plus le minerai calédonien. Une crise déjà s'amorçait. La Banque coloniale, dont le siège était à Paris, mais qui avait à Nouméa une succursale dirigée par André Marchand, faisait brutalement faillite. De spéculations en spéculations, on en était arrivé à une situation intenable. Tous les paiements furent suspendus. La grande folie minière allait prendre fin et la colonie tout entière se trouva en péril. L'administrateur colonial, M. Moriceau, écrira : « On avait acheté fort cher des lots de ville en prévision d'un accroissement inévitable de la population, on avait luxueusement approvisionné les magasins, on avait dépensé sans compter car on se croyait sûr du lendemain et l'on s'est trouvé, à la chute de l'établissement de crédit qui soutenait tout cet échafaudage de spéculations, en face d'échéances dont on n'avait pas la contre-valeur... » Très visiblement André Marchand, comme les autres, avait perdu la tête. Une sorte de folie empoisonnait les esprits. Les exemples de Higginson et de Hanckar s'étaient révélés par trop contagieux. Le Trésor avait à peine eu le temps d'encaisser le prix des déclarations minières et d'en délivrer un reçu. L'inflation avait été si galopante qu'elle avait très vite dépassé les capacités de M. Marchand lui-même qui, banquier de belle allure et de bonnes relations politiques, s'était laissé imprudemment entraîné à des entreprises impossibles.

MM. Hanckar et Higginson apprennent la nouvelle par dépêche télégraphique, le 7 janvier 1878. Comprenant la situation d'urgence dans laquelle ils se trouvent, plus que jamais ils unissent leurs efforts. La première dépression économique du territoire va peu à peu s'atténuer aux alentours de 1881, mais les deux géants du nickel n'attendront pas cette date pour prendre leurs dispositions. Le 18 mai 1880, les deux hommes associent leurs sociétés – la Société Higginson et la Société Hanckar et Compagnie – en une Société française anonyme pour le traitement des minerais de nickel, cobalt et cuivre.

Ils convainquirent le baron de Rothschild de la nécessité de se joindre à eux. La force de la plus grande banque mondiale leur étant assurée, une solide puissance économique tiendrait désormais tout le pouvoir économique de l'île : la Société Le Nickel était née.

La leçon des crises

Le scénario de cette première crise calédonienne dira assez bien, dès le début de son histoire, ce que sera la fragilité du territoire voué à de telles poussées minières. Des fièvres aussi brutales ne pourront se produire qu'au détriment d'une agriculture qui restera toujours de ce fait la parente pauvre de l'économie. Sur le plan humain, ces redoutables aventures affaibliront une paysannerie déjà placée dans des conditions difficiles d'exploitation. Le pays en perdra de la force. Sa stabilité n'en sera plus garantie. Les colons de la terre n'y survivront pas. On ne pouvait pourtant que louer leur sérieux en ce début de la colonisation. Le professeur Jean Guiart, que l'on ne peut guère soupçonner d'indulgence envers les colons européens, reconnaît, dans le livre, *Nouvelle-Calédonie, Nouvelles-Hébrides*, écrit en collaboration avec Hubert Deschamps sous le patronage de l'Union française, que « quelques-uns portaient le témoignage d'une réelle réussite », mais les incessants bouleversements économiques et politiques qui s'enchaîneront empêcheront la réalisation d'une « démocratie de ruraux », qui aurait pu épargner au pays les graves soubresauts qu'il connaîtra.

Car c'est une population véritablement rongée par les folles espérances du gain que l'on trouve dans l'île en ces premiers jours de la crise. Dessèchement des esprits. Aridité des relations. Il suffit d'ouvrir le journal local pour s'en convaincre. *Le Moniteur* est réduit à quelques feuillets publicitaires quadrillés par des avis de recherches minières et les arrêtés du gouverneur. Les colons de M. Guillain, jadis si heureux de prendre la plume pour écrire des articles bucoliques sur leurs plantations de tabac ou leurs élevages de vers à soie, se sont tus. A Nouméa, de la charcuterie Calimbre au Cosmopolitan Hôtel, on se sent pris dans un réseau d'affaires financières hâtivement conclues ou de recettes commerciales brusquement inventées. Le trafic, seul, mobilise les esprits, et la petite ville coloniale étouffe entre les canonnières à vapeur et les goélettes à voiles, supplantées dans le port par les premiers minéraliers.

Ce désintérêt brutal du pays envers les ressources agricoles entraînera les propriétaires d'exploitations à prendre de nouvelles mesures dont certaines auront de graves conséquences.

Pour tenir bon, le colon a besoin de main-d'œuvre, et comme le Canaque, dit-il, répugne à tout travail régulier, il fait venir des Néo-Hébridais, bons travailleurs, et dévoués à leur maître – le *masta,* comme ils l'appellent. Pour les champs de cannes à sucre, on a imaginé d'introduire dans l'île des coolies indiens. Beaucoup d'entre eux y installèrent leur famille. On les trouvera sur des petites concessions aux environs de La Foa, à telle enseigne qu'il n'est pas rare aujourd'hui de rencontrer dans la population « caldoche » quelques-uns de ces descendants d'émigrés de Pondichéry. Fortement attachés eux aussi à un sol où leurs anciens ont vécu, ils forment une très petite ethnie, certes, mais réelle et catégoriquement calédonienne.

La seconde décision des colons pour sauver leur vie pastorale ne sera pas sans rebondissement. On les verra surtout sur la côte Ouest, domaine de la grande savane, abandonner peu à peu l'agriculture traditionnelle pour se lancer dans l'élevage extensif. Le sucrier Routier de Grandval, sur son ranch de la côte Ouest, élèvera son cheptel à 150 têtes de bétail. Camille Hoff, jusqu'alors passionné de cultures vivrières, portera sa propriété du côté de la Dumbéa à plus de 2 500 hectares pour y faire paître ses bêtes. Le soldat Soulard, qui a épousé une jeune Irlandaise, Anne-Jane Timmins, s'intéressera quelque peu aux chevaux, comme le compatriote de sa femme, O'Donnoghue, qui avait créé un véritable haras dans la vaste plaine de la Tontouta. Jean Vergès a eu l'idée de relier entre eux ces propriétaires isolés en assurant un service régulier à l'aide d'une petite diligence, la *Patache,* dont il a fait venir les pièces de Melbourne. Mais le paysan de Nouméa a aussi créé une laiterie et s'occupe activement de sa « prairie » aux alentours de Bouloupari. Dans le Sud encore, l'énergique Fayard, depuis janvier 1868, a agrandi ses terres de trente hectares. Et Vincent Foussard, qui a débarqué de la *Sibylle* en 1858 et s'est installé quelque temps hôtelier à Païta, se fixera désormais à Ouatom, plaine typique où les pistes descendent vers la mer dans un paysage de Far West soulevé de petites collines boisées, à quelques kilomètres d'un cours d'eau ombragé que l'on appelait la Ouaménie, c'est-à-dire la « Rivière aux oiseaux ». Lui aussi rêve d'y faire une station d'élevage aussi belle que celle qu'avait réalisée déjà ce colon de M. Paddon, Charles Gaertner, son voisin. Sur la côte Est, c'est Claude Petitjean, arrivé avec les communards, qui s'était installé sur une propriété de 1 050 hectares. On estimait, un peu avant 1878, qu'il était le plus grand colon de la côte. Il possédera, à la montée du nouveau siècle, 5 000 hectares de terres ou de forêts et 1 200 têtes de bétail. Il n'était pas jusqu'à certains commerçants de la ville qui ne finissent par allier l'art des affaires à la passion des champs, tel ce jeune Adolphe Unger qui tenait boutique à Nouméa et possédait une propriété à Koné, ou cet avocat Lalande-Desjardins qui tâta de la vie de cavalier broussard avant de se faire inscrire au barreau de Nouméa.

Cet engouement pour l'élevage tombe mal : en février 1876 se déclenche un redoutable cyclone qui sera suivi d'une si grande sécheresse que le gouverneur, en 1877, accorde un droit de pacage aux colons éleveurs sur des terres non utilisées par l'administration mais sur lesquelles les gens des tribus pratiquaient des cultures. Ce fut un désastre. Les troupeaux des colons, lâchés en pleine nature, piétinèrent les champs de taros et les talus d'ignames. Assoiffées, attirées par l'ombre des forêts et les quelques pousses d'herbe fraîche qui restaient en bordure des rivières, les bêtes escaladaient les pentes ou s'enfonçaient en forêt, surprenant les indigènes au cœur de leur vie coutumière. Effrayés par ce qu'ils appelaient « ces rats des Blancs », quadrupèdes qu'ils n'avaient jamais vus, les gens des tribus connurent l'affolement et la misère. Le calendrier sacré de leurs récoltes était violé. Le pasteur Leenhardt révélera plus tard, dans *Gens de la Grande Terre*, combien le Canaque était un horticulteur soigneux : « L'ensemencement du champ requiert toute l'attention des cultivateurs. D'abord au milieu et vers le bord masculin, les belles espèces, les ignames nobles, qui relèvent de l'homme, les ignames à la chair rouge, où le Canaque voit un effet de sang. Sur le bord féminin l'igname commune. » Le moment venu, « l'igname peut germer [..] et sa pousse percer le sol et s'allonger. Moment heureux et solennel. Il importe que le Maître des ignames, non plus le prêtre, mais le Maître suprême, le totem lézard, daigne venir promener sur le sillon son influence bénéfique. En certaines régions, on débrousse sur le flanc de la montagne une large avenue, afin qu'il puisse descendre à son aise ».

L'invasion du bétail remet tout en cause : la religion des indigènes, leur joie, leur technique. Car c'est la tribu tout entière qui participe à la croissance de la plante. On va au cœur de la forêt ramasser les tuteurs sur lesquels on fixera la tige de l'igname, on élève des perches, on ne regarde plus les femmes pendant un certain temps bien déterminé et « l'homme du groupe, continue Maurice Leenhardt, qui possède la pierre du soleil mène une vie sévère. Il demeure dans une petite case, près de l'autel, il ne brûle que des bois durs et secs, riches de braise, afin que la terre soit brûlante. À l'une des perches de l'outil, il a suspendu le bouquet symbolique du tabou de la jambe sèche, ce qui signifie qu'il ne doit être mouillé, ni même tremper ses pieds dans une flaque d'eau. Le feu ne doit jamais s'éteindre. L'homme s'enfume. Il se nourrit d'ignames rouges seulement ou de crustacés qui rougissent à la cuisson : phénomène qui attire le soleil. Il ne boit pas. Il ne rit pas, il reste seul, il sèche et se dessèche, pour que le temps reste au beau fixe ».

Jean-Marie Tjibaou rappellera, dans le livre *Kanaké*, la « valeur culturelle de l'igname ». « L'igname est portée avec la même délicatesse qu'un enfant. Sa culture mobilise – aujourd'hui encore – les gens de la tribu pendant une majeure partie de l'année. Elle est entourée d'un rituel précis et de soins particuliers. En effet, la cérémonie d'ouverture de la culture de l'igname se situe au début de la période la plus fraîche de Nouvelle-Calédonie, vers la fin de juillet. L'officiant est l'homme du rite chargé de veiller sur la culture et d'intercéder auprès des ancêtres pour qu'elle soit féconde. »

À la veille de 1878, deux populations, qui n'avaient fait que se heurter ponctuellement en divers points de l'île et au gré de ces guerres tribales confuses qui préexistaient à l'arrivée des colonisateurs, se trouvaient maintenant face à face...

La ruée du bétail doublait la ruée des mineurs lancés dans les forêts emplies des crânes des anciens. Les bêtes comme les hommes détruisaient « les arbres à pulpe fraîche » et les cordylines *, hauts peupliers sacrés des tribus, ou encore les lianes, symboles de vie! Aux yeux des indigènes, notera encore Tjibaou, « les plus infimes végétaux peuvent présenter des figures qui leur confèrent une dignité définie ». La brutale poussée des Blancs sera ressentie comme un immense sacrilège.

La peur envahira les esprits. Les gens des tribus terrifiés par ce chaos sans nom auquel était livrée la Grande Terre vivaient l'événement comme un cataclysme. Atteint au cœur de sa vie intime, dans son village même, déchiré dans l'organisation de sa société, déjà partagé entre la vie des Blancs qu'il s'était mis quelquefois à servir sur les bateaux, dans les *stations* * ou dans les bureaux de l'administration, l'homme de la tribu perdait son paysage familier, son langage propre. Le subtil équilibre qui réunissait dans son espace les forces visibles et celles de l'invisible était rompu.

Le monstre de Pondlaï

Dans le Nord où les mines de M. Higginson avait fait éclater la montagne, à deux pas des tribus où les premiers indigènes avaient vu descendre de leurs navires ces Européens aux voiles blanches qu'ils avaient pris pour des dieux, d'étranges rumeurs circulaient. C'étaient des récits fantastiques, des mythes nés dans des régions vierges où les activités européennes et la vie tribale se côtoyaient soudainement. Des messagers, échotiers ambulants, sortes de « rapporteurs de nouvelles » qui circulaient de porte en porte, les véhiculaient de village en village. On se les transmettait le soir, sur l'herbe, en croquant des sauterelles, ou autour du feu, près des anciens, attardés à côté des marmites, qui fumaient leurs pipes sur des lèvres brûlées. Palabres dramatiques que la collectivité avait en fait sécrétées, légendes que les gens imaginaient à force de rester l'oreille tendue à la rumeur des colonisateurs et l'œil perçant, cherchant à scruter, à travers les hautes herbes des savanes, le terrible remue-ménage des nouveaux venus.

C'est ainsi que naquit, sur les bords du Diahot, la curieuse légende du monstre de Pondlaï, récit qui se transmettra de génération en génération, dans cette région du Nord où les grands chefs portaient le nom de Téama, arborant des insignes à l'effigie des oiseaux de proie. On y racontait l'histoire d'un monstre vivant dans les marais, qu'on avait entendu gémir à l'aube, jetant aux horizons un lugubre cri de corne marine. Bête fabuleuse issue des boues, elle pataugeait dans la glaise en jetant autour d'elle des étincelles vertes. Les Ouébias, répétait-on, ces hommes des dernières tribus de la Grande Terre, avaient vu briller dans le ciel des lueurs d'une étrange phosphorescence.

Pondlaï est un lieu-dit, non loin de grands marais de palétuviers, d'où l'on distingue l'île de Pam devant le grand delta du fleuve. C'est là qu'arrivaient par goélette M. Higginson et ses affairistes. Tout un matériel d'usine était déjà monté par voiliers, et, en mai 1874, on y avait installé un camp de travail forcé composé de soixante-quinze Arabes. Tout le long de la vallée les mines s'échelonnent, de la « Colline aux Fougères » aux filons du « Vieux Châtel », en passant par le « Puits des Soldats » et celui des « Filles perdues ». Au début on avait broyé l'or au marteau sur une bonne plaque de tôle, mais on disait maintenant que M. Higginson avait fait monter une machine gigantesque, un monstre à quinze pilons, capable de broyer sept tonnes de quartz!

On imagine ce que cet appareillage minier, ce grand fleuve détourné, ces barrages et ces machines étonnantes pouvaient susciter de craintes dans les tribus. Le monstre de Pondlaï, qui hurle dans le bourbier, est la réplique exacerbée de la machine qui avale des blocs de terre et des pierres dures pour ensuite les digérer. Un petit bateau à vapeur l'avait amenée ici en remontant le chenal du Diahot. L'énorme broyeur était devenu la bête mystérieuse qu'on entendait hurler à l'aube et qui faisait frissonner ces primitifs, si vite tournés vers l'épouvante.

Cette légende, que l'on peut encore recueillir dans le grand Nord calédonien, illustre naïvement, mais très fortement, la dramatique situation.

À cette époque, dans la capitale française, on s'est déjà partagé la Nouvelle-Calédonie. Le monde de la haute finance est en ébullition. Pour aider M. Higginson et la banque Marchand, se sont réunis un certain M. Chabrier et un baron, le baron Digeon, secondé par un riche industriel, l'Italien Montefiori. Ces hommes, penchés sur la carte de l'île, ont mis le doigt sur la région névralgique des mines et se sont adjugé des terres. Après tout, pourquoi pas? N'avait-on pas déjà, par décret impérial du 17 janvier 1867, accordé au chambellan de l'impératrice Eugénie, M. le marquis de Trazégnies d'Ittre, cinq cents hectares de terres au centre de la grande île? La concession délimitée porte aujourd'hui encore son nom, et le marquis n'y est jamais venu. Mais l'habitude était prise. Sur ces terres du bout du monde on se taillait des domaines. Et tandis qu'on s'affairait ainsi à supputer tous les trésors que cette colonie lointaine pouvait receler pour en partager les profits, se terraient dans des tribus où la panique grandissait des indigènes dont les dents se mettaient dangereusement à grincer.

Le champ de la bataille

À Nouméa, un nouveau gouverneur arrive. C'est le capitaine de vaisseau Jean Olry. Il sait que la situation est des plus tendues. Les litiges entre colons, gens des tribus et administration se multiplient. Les propriétaires sont relativement peu nombreux. On en compte à peine cinq cents, mais ils occupent les bonnes terres dans les petites vallées alluviales, tout en se réservant le droit d'habiter le bord de mer pour communiquer par bateau avec Nouméa. Les plus importantes stations s'étendent sur la côte Ouest : celle de M. Schiele, un colon d'origine allemande, qui a bâti un pavillon de style tyrolien à côté de Païta, celle de M. Brun, au col de la Pirogue, celle de M. Dézarnaulds du côté de la Ouaménie et, plus haut, sur Poya, le domaine de M. Houdaille. Mais, en dehors de ces centres privilégiés, il y a la brousse, cette broussaille de niaoulis ou de goyaviers dans les vallées ou les plaines. Par goût de l'individualisme et de l'aventure, des défricheurs solitaires y ont rassemblé leur famille dans des maisons en torchis. On vit à l'air libre, souvent réunis sous la véranda couverte d'une liane, à côté d'un paddock plein de chevaux. Tamis à maïs, potagers, barrières improvisées ne sont souvent qu'à très peu de distance de ces bouquets de cocotiers où apparaissent les paillotes des Canaques. Les véhicules des hommes blancs, ces *buggies* hauts sur roues et bien faits pour les pistes de l'intérieur, frôlent quotidiennement des hommes à grosses lèvres, aux cheveux coupés en boule, qui taillent des sagaies, fabriquent haches et casse-tête, polissent leurs pierres de fronde, ou, le ventre serré d'une grosse corde, se mettent à se frotter le corps d'un mélange de suie et d'huile de bancoul pour se préparer à la danse.

La Pénitentiaire est partout. Du Nord au Sud, de l'Est à l'Ouest, elle a établi ses fermes et ses camps. Poulpe littéralement collé à 110 000 hectares de sol, elle enserre l'île et l'étouffe. À cause d'elle, les réserves ont été incessamment modifiées. Elles apparaîtront bientôt aux insulaires comme d'insupportables cantonnements. Enfin, les récentes mesures prises pour recruter des travailleurs dans les tribus afin d'aider à l'équipement routier du territoire mécontenteront fortement les grands chefs, placés de ce fait dans une situation équivoque envers leurs sujets.

Quant aux missionnaires, leur prestige s'était considérablement amoindri. Dès que les catéchumènes prirent conscience que le baptême ne les délivrait point de la mort, que le pain planté en terre ne se reproduisait pas comme l'igname, que les pères troublaient leur ordre en leur demandant de modifier leurs plantations et de ne plus manger de la chair humaine, le doute s'était insinué en eux. Le Dieu des Blancs n'avait pas la puissance qu'on voulait leur faire accroire et le pouvoir des églises était compromis. Enfin, si l'on veut bien suivre l'opinion du général de Trentinian, qui plus tard analysera les causes d'une révolte qu'on sent venir à grands pas, il est certain que l'administration, « au lieu de connaître tout ce qui se passait, s'occupait des Canaques seulement pour frapper un peu à tort et à travers les tribus, afin d'obtenir des corvéables... » Au approches de 1878, le climat d'insoumission et de révolte contre le colonisateur s'aggrave à tel point que l'*Encyclopédie de la Nouvelle-Calédonie* traduit, en une ligne lapidaire, le point de rupture où l'on en était arrivé : « Il ne manquait qu'une étincelle pour provoquer le brasier. »

L'étincelle apparaît : plusieurs chefs de la région de Bouloupari-La Foa, à la suite d'un fait divers, sont arrêtés. Il s'agit d'un meurtre. Un Européen, qui vivait en concubinage avec une indigène de la tribu de Niaret, a été trouvé assassiné. De tels cas n'étaient pas rares. Du côté de Houaïlou, on dénombrait plusieurs colons qui vivaient en ménage avec des femmes canaques enlevées à leur tribu. De ces alliances naissaient des métis souvent débrouillards et aptes à s'exprimer aussi bien en français que dans la langue de leur clan. Mais cette injure à la coutume était mal ressentie par les chefs. Arrêté, Poindi, chef de la tribu de Niaret, refusera de livrer les noms des coupables.

Le 23 juin 1878, au matin, le poste militaire de La Foa est attaqué. Quatre gendarmes sont tués tandis qu'un commando de tayos, guerriers canaques, massacre trente-neuf colons. La révolte est générale. Elle a un leader, un homme de la tribu d'Uaraï, le redoutable Ataï...

CHAPITRE VI

LA GRANDE RÉVOLTE D'ATAÏ

Sous un grand banian aujourd'hui disparu, au bord de la rivière de la Fonwhary, Ataï avait parlé : « Écoutez tous. Le Blanc est la ruine de notre peuple. Katia, la fille de notre village, est entre les mains d'un des leurs. Il faut la sauver. Il faut venger l'honneur du village outragé, bafoué. Toutes nos terres sont entre leurs mains. Leurs bêtes à cornes piétinent les tombes de nos ancêtres. Pouvons-nous supporter plus longtemps de tels outrages? Non! Si les malheur[eux] tombent sur nos villages, nos familles, nos enfants, ce sont les dieux qui se vengent! Notre lâcheté fera fondre sur nos têtes le courroux de nos ancêtres. Rassurez-vous, nous ne sommes pas seuls à gémir, à pleurer. Tout le pays nous suivra si nous marchons de l'avant... »

L'insurrection commençait. Le 25 juin 1878, à midi, sur le bateau *La Vire*, le commandant Rivière, avec un détachement d'hommes, appareille pour Teremba, débarcadère militaire situé à quelques kilomètres de La Foa, au cœur même de la révolte. Ce qu'il voit d'abord, c'est le long défilé des chariots chargés de blessés et les hommes du pénitencier agricole qui apparaissent avec des armes improvisées – faux, pioches, sabres d'abattis ou couteaux disposés comme des piques au bout de bâtons de gaïac. Le constat est horrible : « La plupart des colons sont évanouis, les autres gémissent ou délirent. Les blessures, presque toutes au crâne ou la nuque, sont de profondes entailles de coups de hache ou de casse-tête en forme de bec d'oiseau. »

La stupéfaction est générale. « Tous ces gens-là ont été frappés par-derrière au moment où ils ne s'y attendaient pas, par des Canaques qu'ils connaissaient. » Les malheureux avaient été torturés, c'était visible. Le lieutenant-colonel Gally-Passebosc arrive bientôt avec une compagnie de « marsouins », une centaine d'hommes et sept gendarmes.

Le soulèvement

Le soulèvement prenait une vilaine tournure : les rebelles avaient attaqué Bouloupari, tué trente hommes, et on craignait qu'ils n'atteignent Nouméa où des dispositions de défense étaient prises. La répression s'engagea immédiatement, d'autant plus dure que les atrocités découvertes étaient intolérables. Les soldats de la répression brûlent cases et cocoteraies, tandis que les Français sur leurs propriétés succombent sous le jet des sagaies. Leurs maisons sont incendiées par les révoltés. Froid, décidé, un officier tente sa chance. C'est le lieutenant Servan. Il a trente ans. Il a décidé de rallier les « sauvages » selon l'expression de l'époque. Il s'affronte à deux d'entre eux, le grand chef Gélima et Nondo, le chef de guerre qui, le cheveu rouge et le visage ridé, est le plus rusé de tous. Le commandant Rivière relatera cette entrevue où Servan, devant plus de quatre cents Canaques en tenue de guerre, proposera des alliances.

On ne sait aujourd'hui ce qu'il faut retenir de ces récits visiblement écrits par des militaires souvent cocardiers ou de la douloureuse cascade d'événements qui, pendant plus de sept mois, va ensanglanter l'île. Le 12 juin, douze suspects en possession de fusils sont exécutés. Les indigènes ne cessent de harceler les colons et jettent leurs torches de feu sur l'usine à sucre de la Ouaménie. Un corps de cavaliers-*stockmen* montés sur les plus beaux étalons de l'écurie de l'ingénieur Boutan forme un commando de volontaires prêts à soutenir l'armée. On poursuit des opérations de nettoyage dans la région de La Foa, jusqu'au jour où le 3 juillet, dans la matinée, le lieutenant-colonel Gally-Passebosc, à la crête de cette région appelée les « Montagnes rouges », tombe, mortellement blessé. A la mi-août, ce sont de nouvelles tribus, les Farino et les Moindou, qui se soulèvent. Elles attaquent un colon, le mangent et en massacrent six autres. Il faut en finir. Une grande opération de ratissage se met en branle. Ataï, trahi par Nondo, est surpris. Il est accompagné de son *takata**, un sorcier difforme, de son fils et de quatre guerriers. À la main, il brandit un sabre de gendarmerie provenant du pillage de La Foa, mais il ne peut en faire plus : une sagaie lui traverse le bras. On se rue sur lui, à la hache. Il meurt sous les coups des indigènes de Canala que Servan, depuis son entrevue avec les deux chefs de la région, avait en main. Sept têtes roulent au sol : ce sont celles d'Ataï, de son fils, de son takata et de ses quatre guerriers. Comme une traînée de poudre, l'insurrection gagne le Nord où deux cents natifs des tribus de Gouaro, Néra et Nessadiou attaquent une ferme pénitentiaire.

La mort d'Ataï va brusquement donner à la bataille un nouveau visage. La sédition devient plus confuse. De nombreuses tribus se rallieront aux forces françaises et quand, après l'attaque sur la côte Ouest du colon Houdaille, les indigènes de la région réussiront à saisir des armes, c'est bien contre leurs frères d'abord qu'ils voudront s'en servir. La rébellion prend des couleurs de guerre civile et les insulaires se massacrent entre eux. Les guerres tribales renaissent. Un temps, Ataï avait su réunir les siens dans l'unité d'un même combat contre le Blanc colonisateur. Lui disparu, les vieilles querelles claniques retrouvent leur venin. Du Nord au Sud, de l'Est à l'Ouest, au sein de toutes ces petites peuplades qui différaient d'une vallée à l'autre autant par le langage que par leurs coutumes renaissent des rivalités anciennes. Le seul gage de leur union était donc ce « parler français » qu'on véhiculait de tribu en tribu, difficilement, mais suffisamment pour enfin se comprendre. C'était, en 1878, encore trop peu pour créer, à l'encontre du Blanc, de son bœuf et de son arrogance, un véritable front de résistance. Avec les années, la langue du colonisateur, diffusée dans les moindres recoins de la côte et de la Chaîne, servira par contre radicalement à la prise de conscience d'un peuple canaque.

Mme Roselène Dousset-Leenhardt constituera, dans son livre *Terre natale, terre d'exil*, un dossier des plus complets et des plus sérieux sur cette bouleversante année 1878. Cela restera son mérite d'avoir « essayé de déceler pourquoi les promesses d'entente et de compréhension mutuelles du début ne se sont pas confirmées par la suite ». Ces lignes, tirées de son précédent ouvrage *Colonialisme et contradictions*, posent la question tragique de cette résistance « qui s'est produite successivement au fur et à mesure que la pénétration des Blancs s'est étendue... » On se demande en effet encore aujourd'hui pourquoi, à des rapports souvent amicaux, succèdent des rejets d'une telle violence! Une coexistence n'est-elle pas possible?

Le rapport du général de Trentinian

Et pourtant une voix, dès 1878, s'était fait entendre, courageuse et lucide, qui avait parlé sans ambages. L'eût-on écoutée qu'on en aurait retiré de salutaires avertissements. C'était celle du général de Trentinian, alors chargé d'enquêter sur les causes réelles de l'insoumission et qui avait réuni autour de lui, des colons, des éleveurs, des officiers d'infanterie, des négociants et même le provicaire apostolique, le R.P. Fraysse. Tout avait été passé en revue, jusqu'au recrutement abusif de la main-d'œuvre, à l'invasion du bétail, aux ventes de terres à tort et à travers et au manque évident de prestige des Européens. Ce document que Bernard Brou, dans son *Histoire de la Nouvelle-Calédonie*, expose en larges extraits est révélateur : « La haine s'accroissait de jour en jour : le Noir permet assez facilement l'occupation première par les Européens, mais lorsqu'il voit des empiétements par trop injustes, il cherche à se débarrasser du conquérant par la surprise et la ruse. Il dissimule si bien ses passions qu'en présence des assassinats commis sur une station les Blancs de la station voisine avaient peine à y ajouter foi et croyaient échapper aux meurtres commis à côté d'eux... »

Après la révolte

Cette équivoque sera d'ailleurs une des conséquences les plus funestes de l'insurrection. La méfiance est apparue chez l'Européen. Surpris, il se tiendra sur ses gardes. La peur est née, qui incitera à jamais le colon à garder le fusil chez lui en cas d'attaque. Il n'aura souvent que des paroles de défiance à l'égard du Noir. Ceux qui étaient venus l'attaquer, il les avait vus sur sa propriété, au travail du stock, sous les cafés, à l'épicerie du village ou à l'église. Une telle dissimulation ne sera pas pardonnée. Dans les événements qui éclateront dès la fin de 1984, on retrouvera, chez les colons aux maisons pillées ou incendiées, la même amertume : « Celui-ci, je le connaissais... Il avait travaillé chez moi... Je l'avais vu la veille au magasin... », raconteront-ils, outrés, en désignant des coupables. « Ils disent tous oui, et ils n'en font qu'à leur tête » sera l'éternel reproche adressé à des hommes pour qui la ruse était souvent la seule défense et l'acquiescement immédiat l'occasion de fuir des situations déplaisantes. On verra se former chez beaucoup de Calédoniens blancs, une conviction primaire du « Canaque » non civilisable, amusant souvent par son folklore et ses drôleries, mais bien incapable de représenter une culture ou même un peuple. Si le métropolitain, nouveau venu, cherche presque avec trop de zèle à se préoccuper de lui, le Calédonien blanc ne l'adoptera pas : les récits des réfugiés de 1878, les tortures qu'ils avaient subies et la grande peur qui avait secoué la ville ne s'effaçaient pas. Les familles gardaient la marque du traumatisme subi. Le mot « Canaque » n'y sera guère employé dans leur vie quotidienne que dans des anecdotes d'ivrognerie, de travail mal fait ou de fainéantise. Quant au grand-père européen qui jadis avait fauté en tribu, réservant à sa postérité à peau claire l'apparition inattendue de petits métis, on cachera son fait comme une tare. « S'encanaquer », c'était définitivement se perdre, tomber au rang des irrécupérables ou des polissons.

La mémoire des tribus

Sur leurs réserves où s'étaient rassemblées des tribus désorganisées, allait survivre une impitoyable mémoire. En 1978, cent ans exactement après la révolte de 1878, un journaliste, soucieux de ressentir l'exacte sensibilité des insulaires envers un événement si capital de leur histoire, se rendra dans la tribu de Ouitchambo où il avait été assez extraordinairement invité. Le pic de Ouitchambo est ce volcan, à égale distance des deux côtes, qui porte le nom d'un clan. Sa situation avait été stratégique dans les combats, puisqu'il était tourné autant du côté des tribus de Gélima, allié de la France, que vers celle d'Ataï, son ennemi. S'érigeant entre Canala et l'estuaire de la rivière la Foa, cette taupinière grise et conique se dressait au cœur même de la révolte.

C'était le 5 novembre 1978. Tous les homme s'étaient rassemblés dans la case commune. Agrippés aux poteaux de bois ou accoudés aux rebords des fenêtres, les plus jeunes écoutaient. Qu'y avait-il réellement à écouter? Au début il ne se passa rien. Le silence était lourd. Ces indigènes, végétatifs et lents, ressemblaient aux dessins des chambranles de leurs cases, géométriques visages sculptés à la pierre dure, et chevelure de laine. Dans la sécurité de leur clan ils avaient vécu jadis, descendants des Pahoa, peuple mordant que l'on avait décrit « avec des jarrets ronds, des reins cambrés, la peau rouge ». Leurs chefs redoutables dormaient dans des huttes encombrées de nids de guêpes et voyageaient avec des paniers magiques.

Leurs voix peu à peu s'élevèrent, monosyllabiques, entrecoupées de pauses. Oui, c'était bien pour arracher Katia des mains d'un Blanc imposteur que les Pahoa s'étaient révoltés. Leurs grands chefs capturés, les gens de la tribu avaient aussitôt trempé leurs sagaies dans des marmites d'eau chaude, épointé leurs haches et durci au feu leurs casse-tête. Ils étaient allés massacrer les gendarmes de Bouloupari. Au retour de l'expédition guerrière, un cri s'était élevé : « Et maintenant, partez vite. Ils viennent couper les cocotiers. Ils piétineront vos foyers et renverseront les marmites. » Et pour prouver au journaliste la vérité de ces dires, un des leurs se leva et conduisit le reporter à quelques mètres de là où, sous d'épais buissons de sensitives, on pouvait voir encore la terre battue d'anciennes cases, l'emplacement des fours, parmi des débris de poteries, de silex et de coquilles brisées, ornements des flèches faîtières. Le sauve-qui-peut avait été si général que certains avaient très vite rejoint une grotte appelée encore du nom de Nottorou. Ils y avaient vécu des semaines, échappant ainsi au ratissage de la troupe, et vivant de chenilles et de petits taros arrachés aux marais. L'un des fugitifs, qui n'avait pu à temps atteindre le refuge et qu'on appelait Napoinke, ce qui veut dire « Gueule tordue », avait reçu une balle dans les tibias et n'avait réussi à rejoindre ses compagnons qu'en « courant encore, mais sur ses deux mains ». Un autre n'avait pas eu cette chance. Il avait dû sauter dans les roseaux où déjà claquaient des balles. L'eau était devenue rouge. Inanimé, il s'était mis à flotter entre les joncs. C'est un habitant de Bouloupari, adolescent d'origine anglaise, qui servait de traducteur et accompagnait le lieutenant français dans ses opérations, qui avait vu le malheureux. Il l'avait ramené sur la berge. Ce jeune Anglais s'installera plus tard à une dizaine de kilomètres du marais tragique. Dans la mémoire des Mélanésiens, il restera « le père Bull ». C'était son nom. Il mourra en 1933, laissant dix enfants dont ce jeune Albert qui sera, en 1978, le plus vieil habitant du centre de Bouloupari.

Après ce récit un autre conteur se leva, mais il se mit à parler en langue tribale. Son discours était incompréhensible. C'est alors qu'un des plus jeunes de la tribu expliqua que cet homme était le petit-fils d'un des trois chefs qui avaient été fusillés par les soldats à Canala. Leurs sujets, quelques jours plus tard, avaient été passés par les armes à Borindi. Leur plus grand malheur à tous avait été de voir leurs cocotiers tomber au sol par milliers. Ces arbres étaient leur richesse. Par les noix, les palmes, et la farine qu'on en tirait, ils étaient leur force de vie.

Le bilan

La répression avait donc été très rude. À la mesure des atrocités commises, du raffinement de certaines cruautés et de la sournoiserie des premières attaques. Encore aujourd'hui, il est difficile d'avancer des chiffres exacts. L'*Encyclopédie de la Nouvelle-Calédonie* essaie d'établir un bilan. Pour les insurgés, on avance le nombre de 1 000 morts et, dans le camp européen, on fait état de 200 disparus. 200 stations avaient été complètement détruites. La révolte s'était terminée avec la reddition de 110 guerriers et de six tribus. En 1880, le calme était complet dans toute l'île.

Les Français réagirent immédiatement par des mesures spectaculaires. On divisa la Nouvelle-Calédonie en cinq arrondissements, on recensa la population, on nomma des officiers d'infanterie de marine représentants de l'administration dans les chefs-lieux, on organisa les premières élections municipales. Si un redoutable esprit défensif, doublé d'une énergie accrue, se manifestait chez les colons et les gens de Nouméa, par contre la dispersion des clans annihilera les grandes familles tribales. On imagina de les déplacer. Des tribus du Nord durent émigrer dans le Sud, d'autres originaires de l'Ouest furent dirigées sur Yaté, et mille deux cents personnes exilées à l'île des Pins et aux Bélep. Obligés de s'installer sur d'autres terres que leurs terres natales, en des lieux où on ne les acceptait pas toujours bien, ces déracinés dans leur île allaient connaître un drame profond : le schéma des clans se trouvait brouillé, l'individu perdait pied : « La société, composée de groupes fraternels symétriques, forme un tout profond. Il n'y a pas seulement le lien noué par les échanges de femmes; mais une homogénéité affective complète résulte encore de cette pensée, toute mythique : que les descendants de la fraternité correspondante sont la projection de votre propre vitalité. Le Canaque, dans la vie, embrasse d'un seul regard ces deux aspects de la société à laquelle il ressortit. Il ne peut les dissocier. » Celui qui écrira ces lignes, M. le pasteur Maurice Leenhardt, n'était pas encore arrivé sur ce territoire qu'il ne connaîtra que vingt-huit ans plus tard, et il se penchera avec d'autant plus de passion sur le peuple canaque méconnu qu'il en ressentira alors la détresse. Cette application à disloquer les structures sociales des naturels était en effet la plus rigoureuse et la plus définitive mesure de protection que l'administration pouvait inventer. Avec le recul des années, on peut la juger abominable, et on comprend aujourd'hui qu'elle ne faisait que jeter des cendres sur des braises vivaces.

Une observation humaine, attentive, de l'excellent et très lucide rapport du général de Trentinian aurait à cette époque pu rapprocher les antagonistes. Il était temps encore. Mais il gênait. On fera en sorte de très vite l'oublier. Les tribus furent tenues à distance, dans un volontaire abandon. On s'appliqua à ne plus les voir. Pour elles commençaient des années difficiles. Afin de se protéger des mesures administratives, les Canaques de Ouitchambo avaient cherché d'emblée à se réfugier dans le seul endroit où ils pouvaient aller : le lieu dit Ya, qui était une réserve. Mais ils devaient assurer le service du courrier pour les colons de la région et ramasser leur café. On les taxa bientôt d'un impôt de capitation*. Un beau jour ils apprirent qu'un de leurs villages, Néguné, était passé corps et biens au service d'un propriétaire du coin qui avait acheté comptant les terres, et du même coup les habitants. Ce marchandage leur était apparu comme une injure et, s'ils s'étaient résignés à vivre à côté des Blancs, c'était vraiment sans les comprendre ni les aimer.

Ataï le héros

Les Français ne semblaient donc pas avoir su tirer les vraies leçons de la révolte. Décidés à adopter une attitude d'indifférence et d'oubli, ils furent bien incapables pendant des années de discerner ce qui allait se passer au fond de ces mémoires encore primitives. Ataï, l'enfant de Komale, le chef de guerre de la tribu d'Uaraï, toujours présent en eux, allait prendre les dimensions d'un héros. À l'heure actuelle, les slogans des partis de l'Indépendance le revendiquent comme leur chef suprême et Eloi Machoro, le stratège de l'encerclement de Thio aux derniers mois de 1984, qui sera tué le 12 janvier 1985, affirmait continuer le combat du grand meneur de 1878.

Sur ce « Vercingétorix noir », comme on s'était amusé à l'appeler, les avis seront partagés. Pour beaucoup, il restera le Canaque cruel et rusé dont les pulsions de lutte étaient irrépressibles. Nu, nerveux, l'oreille oblique et la barbiche en pointe, il était d'une agilité extrême et arborait fièrement sur ses cheveux crépus un petit turban rejeté sur un front court sous lequel brillait un regard aigu. On l'avait vu cependant s'affubler à l'européenne avec un pantalon de soudard, des épaulettes dorées et un képi de fantassin, et tout le monde avait ri lorsqu'on avait appris qu'un temps Ataï, le plus sérieusement du monde, s'était épris d'une femme de colon que l'Histoire s'est entêtée à retenir sous le nom de Mme X... C'était, en dépit d'une cinquantaine avancée, une femme jolie et pieuse qui offrait volontiers à cet homme de la tribu une tasse de café lorsqu'il venait sous sa véranda, les bras chargés de légumes et de fruits. L'anecdote, en fait, était touchante et sincère, puisque Ataï n'avait pas hésité à demander en mariage la belle Française. Mais il avait été ouvertement éconduit. Vexé, il s'était mal remis de sa défaite. Sans faire de cette déception amoureuse, comme d'aucuns le souhaiteraient, la cause essentielle de la rébellion, on avouera qu'il y a chez le Canaque un élément d'extrême susceptibilité qui peut le conduire à de brusques changements d'attitude. De même quand Giscard d'Estaing, au cours de son septennat (1974-1981), refusera, peut-être à cause d'un calendrier chargé, d'accorder audience à un des leaders mélanésiens les plus influents de la vie politique locale, Yann Céléné, le chef de l'État français ne se rendit pas compte de l'immense bévue qu'il commettait. Tout laisse à croire que le brusque changement de bord d'un meneur d'hommes, alors conciliant et ouvert à la présence de la France en Nouvelle-Calédonie, fut le résultat du profond dépit qu'il avait ressenti devant cette fin de non-recevoir. Souvent ombrageux, fiers, timides, quelquefois mal à l'aise, dissimulant des hontes brutales, ces insulaires, souvent sensibles et rétifs, sont capables d'un humour inattendu, de réponses promptes et incisives. C'est ainsi que Ataï, protestant contre les empiétements du bétail sur ses plantations, répliqua au gouverneur qui lui conseillait de faire des clôtures : « Lorsque les taros iront manger les bœufs, je construirais des barrières ! [1] » Et, à la veille de 1878, au nez d'un administrateur, il avait vidé deux sacs dont l'un était rempli de terre et l'autre de cailloux en disant : « Voilà ce que nous avions, toi, voilà ce que tu nous laisses. »

Car c'est bien en cela que résidait la vraie colère d'Ataï. A la Fonwhary, on lui avait pris des terres pour créer une ferme assortie d'ateliers de vannerie et de menuiserie. Deux cents condamnés et une quarantaine de concessionnaires y vivaient. Ce centre pénitencier se révéla un énorme mensonge. On n'y faisait rien. Le directeur, fonctionnaire gâté, dans une luxueuse résidence, s'occupait davantage de collectionner des bois précieux et de ramasser les sculptures indigènes de la région que de faire pousser des plants de quinquina. Or, sur ces terres-là, Ataï avait vécu, comme tout un chacun, attentif à débroussailler, à

1. D'après la citation dans *Terre natale, Terre d'exil.*

faire des lacets pour capturer des oiseaux, à détacher les grosses roussettes accrochées aux figuiers et à les faire cuire sur des pierres rouges, bien ficelées dans des feuilles de bananiers mêlées à des morceaux d'ignames. Avec ses mimiques expressives, il avait si bien galvanisé les siens pour partir à la reconquête de ses biens que sa renommée avait fait tache d'huile. Mort, il parlait encore au pays. Sa tête coupée avait été ramenée à La Foa au bout d'une baïonnette. Un médecin de la marine l'avait scellée dans une boîte de fer-blanc. Nageant dans de l'eau phéniquée, on l'avait ainsi envoyée à Paris à une Société d'anthropologie! Dès le lendemain de la guerre, Ataï devenait martyr et héros de la cause canaque.

Pendant de longues années, obligés de se taire, les gens des tribus ne prononceront guère son nom. Comme les Blancs ils s'essaieront à vivre, à enfourcher des chevaux, à travailler sur les stations, à devenir soldats, plantons, à cultiver un peu de café, à manger du pain et du sucre, à boire du thé épaissi de lait condensé. D'abord réticents quand on leur offrait du gin : « L'adaptation se fit et un flot d'alcool submergea la race canaque. L'excitation entraînait les danses nocturnes et folles. La brise froide de l'aube tombait des montagnes sur les corps ivres et transpirants, et semait les pneumonies. Ils continuaient leurs traditions mais ne se rendaient pas compte qu'elles étaient vidées de leur contenu et qu'eux-mêmes se laissaient aller à douter de l'efficience de leurs dieux. J'ai vu des autels où les ignames offertes n'étaient plus qu'une enveloppe de paille vide et bombée pour donner le change aux dieux » (*Gens de la Grande Terre,* Maurice Leenhardt).

Vers un nouveau colonialisme

Par contre, aux alentours de 1880, l'esprit d'initiative des Européens va s'affirmer. Des aventures individuelles se manifesteront d'autant plus aisément que la mode est à l'expansion coloniale. L'élevage? On le veut à tout prix extensif, comme en Australie. Sur les mines, un jeune industriel juif, Lucien Bernheim, se met à « gratter » du terrain pour découvrir à Népoui un remarquable gisement. Toutes les routes sont ouvertes, tous les espoirs permis. Au centre de la ville, les bazars se mettent à proliférer : chapeliers, embaumeurs, animateurs de bastringues... On vend de tout : des chapeaux claques comme de la soie artificielle. Les Français avaient découvert qu'ils possédaient un empire colonial et s'empressaient d'y introduire le négoce. Tandis qu'au café du Globe on expose un pédalier de bicyclette, l'ex-baron d'Empire Digeon, qui s'est taillé un ranch colossal du côté de Ouaco, ouvre un magasin de nouveautés. Le siècle est nerveux. Nouméa change de visage. Hier vouée aux mandariniers et aux champs de luzerne, la ville se transforme en petite cité commerçante. Les fonctionnaires s'y installent dans des maisons de prestige avec belvédères et balcons fermés de persiennes. Tilburys, fardiers et victorias circulent entre des boutiques bien achalandées. Un des plus anciens colons de la ville, Victor Bataille, fonde l'Hôtel de Sébastopol où l'on se réunit volontiers pour lire les journaux ou jouer au billard. Une pâtisserie, la maison Pauty, fournit des pralines excellentes et André Ballande, le fils d'Armand qui avait été à l'origine d'un transport régulier entre la métropole et la Calédonie, arrive! Il entend bien participer au développement minier et industriel de l'île. Aussitôt débarqué, il entrevoit la grande œuvre commerciale qu'il lui faut entreprendre.

En brousse, c'est l'escalade des grands domaines. Charles Devambez, qui vient de passer deux ans dans une station d'élevage en Australie, arrive en Calédonie en 1879 avec de grands projets. Il bâtit, au pied du fameux Ouitchambo, une gentilhommière coloniale où l'on peut se réunir le soir à la lueur des lampes à huile, autour d'une table en acajou sur douze chaises cannées à dossier droit. Des chambres sont prévues. Elles seront roses et bleues, en bordure d'un grand salon en bois d'acacia. Hautes colonnes, péristyles, papiers à ramages et balustrade de fer forgé, la maison du maître va surplomber 10 000 hectares de terre d'un seul tenant. On y lâchera des bêtes en liberté au-delà des champs de fourrage et un jardin sera planté de pommes cannelle * et de maritambous. Homme actif, plein d'idées, solide gaillard, il se lancera plus tard dans la plantation de grandes caféeries *, mais pour l'instant il s'intéresse au commerce d'importation avec l'Australie. Il approvisionne toute l'île en rhum et en farine, et organise avec deux bateaux, le *Nouméa* et le *Calédonien*, le service du « Tour de côtes » qui desservira avec bonheur les colons de la brousse et s'inscrira le plus familièrement du monde dans leur vie quotidienne. Non content d'établir une seigneurie en campagne, il en bâtit une autre au cœur de la ville : c'est le Château-Madrid! Car on est entré en Nouvelle-Calédonie dans l'ère des châtelains! Barbiches lisses, lorgnons ajustés, téléphone Ericsson sur le bureau, une nouvelle aristocratie de planteurs est née. Ces hommes ne croient ni à Dieu, ni au Diable, mais à l'Argent. Ils fondent des maisons commerciales et envoient du café grillé aux grandes Expositions internationales. On déguste de la liqueur de banane en discutant politique et l'on risque sa chance aux élections locales. À travers la magnificence d'un pays étoilé de tulipiers, on passe dans des coupés de grand luxe tirés par des chevaux de race.

À Muéo, sur la côte Ouest, entre Poya et Pouembout, M. Escande a bâti, lui, une forteresse. Mâchicoulis et créneaux, bibliothèques en palissandre et boiseries de faux café. Pour prévenir toute nouvelle attaque des tribus, on a prévu sur le toit, aménagé en terrasse, des bailles qu'on pourra remplir d'huile bouillante et renverser sur d'éventuels attaquants. L'encadrement des fenêtres a été taillé dans des blocs de corail. Alexandre Escande est pieux. Contrairement à ses confrères, il respecte Dieu et fait bâtir une chapelle. Humaniste, il lit Virgile dans le texte. Musicien, il écrit des partitions. Il joue au billard, possède les plus riches écuries et une armée de gauchos, stockmen appliqués à soigner son bétail – le baigner, le castrer, l'adoucir. Le cheval est devenu roi. Les Brun, les Dézarnaulds font venir des pur-sang d'Australie, et chez Boutan, à la Dumbéa, ce ne sont que rassemblements de bêtes et de gens. À Muéo, les étalons sont les plus cotés de la colonie. On peut les voir dans la savane, leurs belles crinières dans les alizés, capables d'atteindre le col de Nékourou pour descendre vers les petits vallons du bord de mer couverts de graminées roses.

Quant à Sylvestre Leconte à Koné, c'est une autre affaire! Ce capitaine au long cours est arrivé depuis 1871, sur un voilier dont il avait rempli les cales de cassettes d'or. Une fortune! Installé au centre d'une grande station d'élevage, il finira par l'étendre sur d'immenses caféeries. C'est un colon autoritaire qui fait marcher sa main-d'œuvre, pointilleux dans ses comptes, voire maniaque, et de caractère dur. Il dominait une grande partie des terres du village dont les concessions se concentraient magiquement entre ses mains. Impérieux et très extraverti, il avait épousé une jeune femme sourde et muette. Les mauvaises langues affirmaient qu'il l'avait fait exprès pour être sûr d'avoir la paix dans son ménage. Vers la fin de sa vie, on l'appellera volontiers « le père Leconte », mais ce n'était pas avec tendresse. Il avait été, envers tous, intraitable.

À l'Ouest encore, un ranch d'une tout autre allure s'était constitué sous l'impulsion d'un aristocrate-sucrier, le comte Routier de Grandval. Cette propriété avait connu de grands dommages lors de l'insurrection : onze maisons d'habitation brûlées, cent cinquante têtes de bétail massacrées! Le comte lui-même n'avait eu la vie sauve que grâce à l'intervention courageuse d'une femme de tribu qui avait favorisé sa fuite. De cette indigène, il avait eu un enfant, un petit garçon de dix-huit mois qu'il avait emporté serré contre lui au galop de son cheval. Impétueux, jeune, imaginatif, mondain, le comte était retourné à Paris, bien décidé à plaider la cause des planteurs dans les milieux gouvernementaux. Il avait été entendu certes, mais il avait rencontré parmi tout ce beau monde une jolie veuve originaire du Pérou. Déterminé à la ramener avec lui dans sa propriété de Poya, il voulut jouer, tenter sa chance pour gagner l'argent nécessaire au retour. En quelques heures il se ruina. À l'aube, dans sa chambre d'hôtel, on le retrouva mort. Il s'était tué. Les terres de Poya ne furent pas perdues. L'intrépide Péruvienne y partit seule. Elle en fera une merveille : café, blé, cheptel – une réussite! Admirablement belle, elle soulèvera tant de dévotion sur son passage qu'un bagnard amoureux lui dédiera des vers enflammés :

Pour avoir tout donné, votre or et votre cœur,
Vous resterez bénie, madame...

Entre ses boys, ses chevaux et ses gens, elle écrivait des contes et tentera un prospect du côté des îles du Nord pour y trouver de l'or...

Telle était cette aventure terrienne des grands colons de la fin d'un siècle. Financiers, grands seigneurs, combatifs, entreprenants, quelquefois sans-gêne, ils vivront comme des enfants romantiques ou des rapaces avisés sur une terre ouverte à leurs fantaisies. S'apercevaient-ils, ces conquérants nouveaux, que le pays où ils caracolaient si aisément était aussi, comme l'écrira à cette époque l'un d'eux, le poète Chabaneix, une « île aux montagnes tristes » ? Sur la Grande Terre, la population mélanésienne s'effondre. Épidémies, alcoolisme, désespoir, les causes sont multiples. L'*Encyclopédie de la Nouvelle-Calédonie* dénonce le mal : « À la suite de la révolte de 1878, on assiste à une sorte de refus de procréer de la part de la population mélanésienne. La très nette disproportion entre les populations masculine et féminine de la Grande Terre conduira même certains auteurs à présenter la thèse de l'infanticide des filles. »

Depuis la révolte, l'attitude des responsables vis-à-vis des indigènes s'était radicalisée. En juillet 1878, le journal *La Nouvelle-Calédonie* encourage le colon à revenir sur ses terres, mais pour cela il n'hésite pas à écrire : « Si l'on veut qu'il retourne avec confiance sur sa station, il faut que ceux qui ont osé l'attaquer aujourd'hui n'existent plus. » Il est certain qu'en Australie, en Tasmanie et même aux Fidji, des administrateurs anglais – peu enclins aux scrupules à l'égard des vies humaines – avaient donné l'exemple de battues ou de razzias menées jusqu'aux confins du désert. Les aborigènes avaient été poursuivis par des patrouilles déterminées à détruire toute trace d'autochtones.

Le jeune homme riche et le mangeur d'homme

C'est à cette époque de panache colonial et de grande misère indigène que naissait une légende assez révélatrice. La contait un sage des tribus, le vieux Wahap, qui habitait depuis longtemps non loin de Koumac où il avait coutume de pêcher dans l'estuaire. Il la tenait de son père qu'on appelait « le Faiseur de Tonnerre » parce qu'il avait la fonction de solliciter les orages. Le totem de la famille était « le grand requin à un œil », qui ne se déplaçait jamais sans être accompagné d'un feu follet bougeant sur l'eau. Quand le gros requin apparaissait, le grand-père, assis tout nu au-dessus de sa marmite chaude, demandait des calmes ou interpellait les tempêtes.

Wahap pouvait tenir son auditoire en haleine pendant des heures. Il disait qu'un jour un anthropophage était allé voir les Européens dans les bars du village où les travailleurs des mines jouaient leurs payes sur le zinc. Il avait rencontré le jeune homme riche. C'était un adolescent aux doigts pleins d'or. Les billets de banque débordaient de ses poches et d'autres étaient piqués à son feutre de cow-boy. Ses dents, ses ongles, son front, ses mains étaient blancs comme le halo de la lune. Et sur ses fesses éclatait un portefeuille bourré. Tirant son colt et plissant un œil ourlé de blond, le juvénile stockman avait si bien visé le goulot d'une bouteille de whisky que l'alcool s'était répandu sur le sol, alourdi de paillettes : c'était un fleuve d'or!

Le mangeur d'homme avait décidé de ne plus quitter le cavalier. Celui-ci, qui avait joué toute la nuit, avait fini par perdre ses richesses. Son fume-cigarette, son fouet à lanières, la selle de son coursier et ses éperons de vermeil, il s'en était servi de mises après avoir jeté par poignées les piécettes qu'il possédait et distribué ses billets. Sur ce, il s'était endormi.

Réveillé par le soleil levant, le jeune homme riche, qui ne l'était plus, s'en était allé du côté de la forêt, attiré par des rires et des cris éclaboussés de frais. C'étaient des enfants qui se baignaient dans la rivière et, parmi eux, une fillette, sortant de l'eau, lui avait donné un caillou, veiné de blanc, qu'il avait lancé si fortement devant lui qu'un chemin s'était ouvert sur ses pas, le conduisant en droite ligne vers une paillote dressée sous un cocotier rouge. C'était la demeure du mangeur d'homme qui le suivait toujours à la trace...

Dès lors, sous la coupe du vieux Canaque rusé et lent, le jeune homme blanc allait subir un long martyre. Le vieux lui donnait pour travailler des binettes rouillées ou des pioches cassées. Il fallait qu'en trois jours le garçon ait débroussaillé le champ, planté du manioc et des bananiers et qu'il fasse au plus tôt mûrir le tout. Le vieux jouait avec sa proie pour la fatiguer, la décourager et mieux la manger. Il la provoquait. Le travail n'avance pas, l'ouvrier pleure, égare sa serpette dans l'herbe à piquants et son sabre d'abattis dans un buisson de lantanas. N'avait-il pas encore imaginé, ce vieux roublard, de lui faire escalader, jusqu'à la cime, un pin colonnaire dont il avait coupé les branches, et n'avait-il pas poussé la cruauté jusqu'à offrir au jeune Français sa plus jolie fille pour attendre l'heure de la fatigue des noces et mener à bien son projet? L'histoire se déroule sans fin. Sans fin on trouve des petites recettes de torture, des manigances, des pièges inattendus, des chausse-trappes invisibles que le vieux mangeur d'homme invente avec un luxe inouï de détails et une redoutable perfidie. L'histoire finit bien parce que, grâce à Dieu, la fille de la tribu aura pitié du jeune cavalier et, enlacés à la monture du cheval Tonnerre, coursier à plusieurs têtes, ils réussiront tous deux à échapper à la tyrannie de l'anthropophage. Mais la subtile tentation du vieil homme, son désir de croquer le Blanc et le harcèlement d'une course patiente et tenace, joints à l'observation soigneuse des faits et gestes de l'Européen montrent assez comment l'homme des tribus épiait le va-et-vient du colonisateur et inventait avec malice et mordant d'interminables tourments.

Les relégués

À vrai dire, ce ne sont ni les ruminations des tribus, ni leurs misères, ni leurs querelles qui préoccupent des administrateurs de l'époque, mais bien la Pénitentiaire envers laquelle ils adopteront des attitudes pour le moins déroutantes. Tantôt on prendra à l'encontre des condamnés des mesures disciplinaires tout à fait rigoureuses, tantôt ce sera un laisser-aller général.

À l'exemple de M. Higginson, les grandes sociétés réclament des forçats. Pour construire une route dans le Nord, la Société Franco-Australienne se voit attribuer 200 à 500 bagnards, et deux mille forçats s'échinent sur le plateau de Thio à travailler pour la Société Le Nickel. Main-d'œuvre à vraiment bon marché, on ne s'en privera pas. Mois après mois, des bateaux continuent leur trafic et déposent sur le quai de nouveaux arrivants. Aux grands droits-communs, aux politiques, ont succédé les petits récidivistes. Condamnés à des peines légères, ils n'en sont pas moins encombrants car ils sèment partout la pagaille. Les journaux sont pleins du récit de leurs actes délictueux; on les appelle les « relégués ». Hommes ou femmes, ils sont arrivés nombreux à partir de 1887. Devant leur rendement à peu près nul, on a renoncé aux fameuses « fermes-écoles » pour lesquelles on avait nourri tant d'espoir. On a mis les relégués à l'île des Pins où ils ont pris la place des déportés, mais la plupart ont la permission d'errer en toute liberté dans la colonie. Ils vivent de rapines, soit regroupés dans des cambuses, soit en parfaits nomades, dormant dans les fossés, dévalisant les poulaillers et fournissant de la camelote aux condamnés qui travaillent sur les mines.

Nouméa est en leur pouvoir, condamnée, à cause d'eux, à n'être qu'une petite ville sale remplie d'ivrognes où l'on n'ose pas, le soir, se promener à la lueur des becs de gaz, aux approches de quartiers bourrés de bars inquiétants. Tripots, fourrés de brousse où dorment les gueux sous de vieilles tôles, beuglants sombres, arnaqueurs et jeux d'argent, longtemps les rues de la baie de la Moselle et le quartier du Port garderont cet aspect loqueteux, ces caniveaux gras et ces foyers d'apaches prompts à sortir le surin. Plus tard, près de tinettes anarchiques, on y trouvera des fumeries d'opium et des épiceries chinoises où l'on vendra de tout – cocos verts et gingembre confit, patates douces, et paréos éclatants. Grouillait une population d'émigrés et de condamnés burlesques titubant dans des masures. Des clochards en pyjama exhibaient des tatouages lascifs, et des Arabes s'asseyaient à croupetons sur la terre battue, enveloppés de poussière et de soleil, dans les plis de leur gandoura.

Les relégués donnent le ton! Les citadins qui habitent le long des grandes artères ou dans les quartiers aérés de l'anse Vata ou du Mont-Vénus souffrent de cette promiscuité. Si, gros commerçants, fonctionnaires et petits bourgeois se rassemblent le soir autour du petit kiosque à musique pour écouter la fanfare de la Transportation jouer des valses de Strauss et des mazurkas de Chopin, s'il y a le faste des courses et des expositions de toutes sortes dans de grands hangars en ville, il reste que la vie quotidienne en compagnie de cette canaille est intolérable. Ni les superbes étalages des derniers produits de l'horticulture, ni les trouvailles de la photographie moderne ni les passionnants concours de pêche n'arrivent à distraire les Nouméens de leur obsession : en brousse comme en ville, cette faune de rescapés du bagne va d'agissements obscènes en larcins, d'attaques à l'arme blanche en beuveries. Pour comble, des femmes sans vergogne, des « traînées », pour échapper aux recherches de la police, donnent leurs rendez-vous dans les fiacres qui stationnent sur la place et que des cochers complices emmènent en promenade complaisante, à l'abri de tout regard, dans une nature propice.

C'en est trop! Ces fuyards et ces proxénètes, avorteurs, mendiants, oisifs, ce sont des relégués dont la France fatiguée s'est bel et bien débarrassée en les envoyant « à la Nouvelle », expression vraiment trop facile et trop odieuse. Les présidents des tribunaux correctionnels, dans toutes les provinces, ne leur avaient rien caché : « Vous n'en avez peut-être pas assez fait pour être privé intégralement de votre autonomie de mouvement, mais trop pour être laissé en liberté sur le sol métropolitain. Partez donc à la Nouvelle-Calédonie et restez-y! »

Y rester, quelle infamie! Autant la jeune colonie profitera au mieux et à bon marché de ces condamnés aux peines lourdes, qui travailleront sans relâche aux corvées de la ville pour construire de bons trottoirs, bâtir des ponts, des routes et même édifier une cathédrale, autant cette armée de récidivistes vicieux les indisposera au plus haut point! Vols, faux, usage de faux, coups, blessures, échauffourées, les journaux quotidiens ne tarissent pas sur leurs méfaits. Dans un pays si beau, au bord de ces atolls purs, avec ces horizons bleus rougis de flamboyants, ces rivages de cocotiers troués de pins colonnaires, à l'ombre de ces banians bruissant de bengalis, la horde de ces indécrottables aux yeux culottés d'ombres, réunis dans une même cavale et nichés dans des odeurs de gamelles sous de magnifiques gaïacs saupoudrés de fleurs d'or, ce n'est ni acceptable ni tolérable!

« Il faut donc fermer ce robinet d'eau sale. » C'est ce que déclarera, le gouverneur Feillet en débarquant à Nouméa le 10 juin 1894. Ce jeune administrateur civil, qui vient après une longue suite de gouverneurs militaires, répond à une immense attente. Il a prononcé la parole désormais historique, qui permettra à la Nouvelle-Calédonie d'entrer dans une ère nouvelle de vie coloniale. À partir de 1898, plus un condamné ne mettra le pied sur le territoire. Les transportés durs des cellules de l'île Nou seront déplacés sur l'île du Diable, près de la côte de la Guyane, les autres condamnés ou relégués seront libérés, ou tout simplement vieilliront sur place. On ne comptera plus, en 1931, que quelques centaines de petits vieux rassemblés entre les murs d'un pénitencier devenu hospice. En 1924 déjà, le reporter Fernand Colardeau les surprenait sous des flamboyants qui avaient grandi, près de leurs cellules en ruine : « Une paix troublante se dégage des geôles vides. Une âcre odeur de murs blanchis à la chaux et de vieillards mal tenus flotte autour des cases. Devant ces vieux corps courbés sous le poids des ans, devant ces rides profondes et ces cheveux blancs, le cœur se serre, une grande pitié vous prend. »

À la Vallée-du-Tir, dernier faubourg populaire de Nouméa, mourra dans les années 1930 un irréductible : Chabaud le Forçat, une véritable armoire à glace, qui portait un voilier tatoué sur la poitrine et trois poils dessinés au fusain au creux de la main. Il avait coutume de dire en bombant le torse : « Z'amis ! J'suis le plus grand client de l'île Nou. » Son cadavre passera en civière sur une voiture à deux roues. On le jettera à la fosse commune et les gens de Nouméa concluront : « Voilà ! Le dernier bagnard est mort ! »

Dès son arrivée, Paul Feillet mobilise le petit « Tour de côtes » pour faire la découverte de l'île. Il s'enthousiasme sur la beauté des paysages et s'attriste de leurs solitudes. Appuyé à la rambarde du bateau, il jette un cri déchirant : « Mais où sont les hommes ? »

Entre les rares stations des colons isolés, il ne voit que des étendues de terres où poussent à l'envi des touffes de vétiver, des mimosas sauvages, des goyaviers ou des ricins. La côte Est, dominée par la montagne, cache de belles rivières qui tombent presque immédiatement dans la mer. La côte Ouest présente une douce savane au pied de chaînons côtiers. Nous sommes en saison froide et le thermomètre oscille entre 15 et 10 degrés. Les saisons chaudes n'y seront pas excessives et, de septembre à décembre, c'est la saison sèche avec la montée d'un alizé du sud-est qui donne au pays un caractère quasi paradisiaque. Quelle terre ! N'est-elle pas appelée à être un champ rêvé pour cette large politique de colonisation libre que le jeune gouverneur entend bien mener tambour battant ?

Sitôt de retour dans la capitale du Sud, Feillet demande que soit établi au plus vite un inventaire des terres arables.

Engler, le chef du Service topographique, sera très net. Il répond au gouverneur : « Nous pouvons compter sur 50 000 hectares, 47 000 pour être précis... » Et celui-ci aussitôt, exécutant un tour de force dans le domaine de la propagande, lance dans toute la presse provinciale de la France un document où est affirmé : « La Calédonie offre une quasi-certitude de succès définitif à ceux qui veulent venir sur son territoire. » Il prévient avec prudence : « L'administration ne saurait conseiller l'émigration à une personne qui n'aurait pour tout capital que sa bonne volonté et ses deux bras. La somme de 5 000 francs est considérée par le gouverneur local de la Nouvelle-Calédonie comme un minimum indispensable... » Suivent des conditions de voyage et d'accueil ainsi précisées : « Ceux qui ont apporté la preuve de leur bonne santé et de leur absence d'antécédents judiciaires sont invités à se mettre en rapport avec la compagnie des Messageries maritimes pour y retirer un bon de passage gratuit en quatrième classe (troisième classe pour les femmes et les enfants). À leur arrivée à Nouméa, il leur sera accordé une audience privée par le gouverneur lui-même, et de précieux conseils seront dispensés quant au lieu de leur installation définitive... »

L'appel sera entendu. En 1895, 120 émigrants débarqueront. L'année suivante 140, 150 en 1897, et le même nombre en 1898 : terriens venus de Picardie comme les Letocart, du Berry comme les Bonnard, de Catalogne comme les Bergès, de l'Île-de-France comme Adrien Féré ou Maurice Janisel, et du Limousin comme les frères Soury-Lavergne. Les uns, comme ces derniers, petits hobereaux de province, avaient un bon capital et comptaient dans leur famille des magistrats et des députés; d'autres, très appauvris par la crise agricole qui avait sévi en France, n'avaient réuni qu'à grand-peine quelques économies pour tenter une nouvelle fois leur chance. Ils arrivaient avec du courage et des plans de semailles, des espoirs et beaucoup de candeur. Ils seront à jamais les « colons Feillet » : des hommes des champs, inventifs, honnêtes, observateurs et perdus. Transportés tout à coup sur une planète inconnue, ils avaient tout à réinventer. Ils le feront. Et très bien. Mais ce Feillet impétueux, était-il à la hauteur de leurs espérances?

Ainsi, dix années après la révolte d'Ataï, une petite paysannerie provinciale s'installait dans les centres de Sarraméa, Dogny, Voh, Négropo et dans les vallées de la côte Est, dessinant déjà le projet d'une véritable « France australe » du bout du monde. Le jeune gouverneur allait-il comprendre la chance qu'il tenait enfin de pouvoir installer aux antipodes des ruraux solides, aux activités mesurées, qui avaient quelque chance de vivre en symbiose avec les tribus sur des propriétés modestes? Mais Paul Feillet était une sorte de préfet personnel, un proconsul autoritaire, rongé de passions partisanes, qui ne saura pas répondre à la belle aventure qu'il avait lancée dans l'île calédonienne! Anticlérical et voltairien, préoccupé surtout de battre les missions sur leur terrain, fantasque dans ses décrets, brutal dans ses jugements, celui qui avait lancé la grande colonisation agricole sur le territoire verra bientôt les nouveaux émigrés se partager en « feilletistes » et « anti-Feillet ». Après son départ, ils resteront sur leur concession, et la physionomie humaine de l'île en sera considérablement modifiée!

CHAPITRE VII

LES COLONS DE M. FEILLET

Après son périple autour de l'île, M. le gouverneur Feillet avait donc deviné en ce pays, comme dans un arbre dont il venait de toucher l'écorce, qu'une sève vivifiante devait en animer le cœur! L'image avait été trouvée par l'un de ses plus fervents admirateurs, l'écrivain Jean Carol, lors des enquêtes que ce véritable reporter s'était appliqué à réaliser sous le « règne » de son illustre ami. D'emblée, ces paysans français nouvellement arrivés auraient préféré choisir plaines ou vallées fluviales pour y établir leurs traditionnels petits champs de seigle, de blé ou de maïs. Mais M. Carol, à l'instar du gouverneur, pensait que c'étaient là des préjugés de mauvais ton. Qu'à terre exotique pourvue de chaînons montagneux, il fallait une agriculture nouvelle : « Il se trouve qu'en Calédonie les terrains les plus élevés sont très souvent les plus fertiles : d'abord parce que l'irrigation naturelle des sources se distribue également un peu partout; ensuite parce que la forêt verte, la forêt riche en humus, que sa propre dépouille alimente sans cesse, commence à trois cents mètres d'altitude... » Voilà pourquoi le gouverneur Feillet envoya quelques-uns de ces émigrés s'installer à l'intérieur de la Chaîne, au col d'Amieu.

Les colons du col d'Amieu

Aujourd'hui encore, on voit fort bien les traces des habitations de ces hommes sur des hauteurs qui dominent avec magnificence les vallées de la Négropo et du Couli, face à des tarodières alors établies au flanc de cette grande montagne tabulaire dite « de la Table-Unio », et on se demande vraiment comment des provinciaux habitués à une agriculture entre prés et bocages ont pu survivre dans ces hauts lieux magnifiques et parfaitement désolés.

Ils étaient une dizaine dont le Catalan Bergès, un couple de Normands, un original médecin converti à la terre, le Dr Blondeau, et un certain Brunet, qui ne survivra pas à l'épreuve, deviendra fou et se pendra un beau jour au toit de sa case, un an après son installation. Il avait été saisi de ce qu'on appelait alors cette « neurasthénie coloniale » qu'on attribuait à ce diable de soleil capable d'entretenir en ébullition les cervelles fragiles. On avait pourtant bien recommandé aux nouveaux paysans exotiques le port de ce casque en moelle de sureau plus utile à leurs travaux que leurs sabots, et prodigué des conseils d'hygiène morale pour éliminer les aigreurs ou les inquiétudes qui risquaient de se développer dans leurs cœurs d'immigrants. La première chose à faire, pour ne pas sombrer dans le désespoir, avait été pour eux de « se relier au monde des vivants » : empierrer des chemins, défricher, trouer d'espaces clairs la forêt de fougères arborescentes, ornée d'orchidées superbes et de ces fleurs de daturas, lourdes corolles suspendues aux sources. Sous ces banians gigantesques et ces grands cerisiers bleus à la courbe des corniches couvertes d'humus et de rocaille, escarpements tropicaux juchés à plus de quatre cents mètres au-dessus de la mer, que faire? Sinon ce qui constituait encore un des rêves de M. Feillet : planter du café! C'était la « marotte » du nouveau gouverneur qui « voyait des plants de café partout » notamment la nuit dans ses rêves. Jean Carol répétera après lui que « le café en Nouvelle-Calédonie doit réussir à merveille sur les coteaux boisés, lorsque le sol n'y est pas argileux et imperméable ». On avait la conviction que l'île pouvait offrir non pas 50 000 mais 150 000 hectares de terres à café. C'était parier gros! Cette folie des caféières, confiées à des terriens français inexpérimentés, sera bien une des causes du demi-échec de la colonisation Feillet, car les « cerises » que les nouveaux venus commencèrent à jeter naïvement à la poignée comme des graines ne germèrent jamais et les planteurs connurent un lamentable échec. Les solitaires du col d'Amieu traversèrent dans les premiers mois de leur aventure des moments d'extrême difficulté.

En 1960, très âgé, mais sec, nerveux, lucide, on pouvait encore croiser le plus déterminé d'entre eux, le Catalan Bergès. Avec son nez busqué, ses yeux perçants, sa voix qui roulait au fond de la gorge des cailloux comme un torrent de montagne, son béret d'ancien combattant de 1914, le vieil homme, si vous l'aviez abordé, vous aurait raconté son épopée aux premières lueurs de ce siècle. Circonspect, patient, après de longs tâtonnements et des expériences diverses, il avait finalement compris que le caféier est un arbuste sensible, qu'il faut le protéger autant du vent que du grand soleil, et que c'est une culture de longue durée qui ne rapporte pas sensiblement avant la troisième année écoulée. Il fallait donc attendre, et pendant cette longue espérance comment vivre?

C'est alors que les hommes du col d'Amieu vont faire la preuve d'inventions admirables.

Bergès, remarquant la belle venue de ces orchidées que sont les lianes de la vanille – vigoureuses au pied des grands arbres –, plantera près d'un demi-hectare de forêt en fleurs. Il apprendra à les féconder lui-même d'un doigt précautionneux pour obtenir de belles gousses qu'il fera sécher en grappe avant de les revendre dans les centres. Le Dr Blondeau s'intéressera aux champignons et particulièrement à ces « oreilles de Canaque », larges fongosités qu'on récoltait sur les bois pourris et qu'on exportait bien car les Chinois les consommaient avec plaisir; l'écologique médecin s'appliquera à soigner un petit jardin empli de jasmin et de framboisiers sauvages et, pour distraire sa femme qui s'ennuyait dans cette solitude, il entreprendra de faire venir un piano qu'on transportera à dos d'homme. Avec le bois de quelques *kohus* * que l'on était allé couper sur des coraux émergés et l'aubier du faux gaïac à grain bien serré, on perfectionnera les maisons, en les agrémentant de vérandas et de petits kiosques. Quand les quelques « bois noirs » acclimatés eurent suffisamment poussé au-dessus des plants de café, ceux-ci commencèrent à prospérer solidement : ces acacias ont des feuilles sensibles qui se ferment au soleil couchant, ce qui permet aux caféiers bien abrités du soleil pendant le jour de respirer avantageusement la nuit et de profiter au mieux de la fraîcheur de l'air. Une telle ténacité sera récompensée. Les caféeries du col d'Amieu connurent un tel succès que le gouverneur lui-même leur rendra visite et, avec son compagnon Carol, se pâmera d'admiration : « L'un de ces colons, non le moins méritant, s'est construit un chalet norvégien à la pointe d'un mamelon devant un décor admirable. Le médecin est justement fier de son jardin fruitier et de son potager. Un autre, qui fut conducteur de travaux à Panama, vante ses fromages dont, en effet, nous nous régalons. La zone du col d'Amieu n'a connu que l'accord parfait de nobles émulations. L'on y a vécu fraternels, solidaires, chacun mettant au service du voisin ses talents spéciaux. Le planteur-médecin soigna les malades, le planteur-agent voyer dirigea les travaux de la route. Tout sert en pays neuf dans cette période de début où chaque colon est obligé d'être un peu Robinson, et il est rare qu'on n'ait pas à tirer parti des professions qu'on exerçait avant de venir. » (Jean Carol, *La Calédonie agricole.*)

Parmi ces paysans s'engouffraient donc aussi des immigrants aux professions diverses qui s'improvisaient cultivateurs et planteurs. L'enthousiasme de M. Carol ne doit pas nous leurrer. Ce fut l'une des failles qui bientôt apparurent dans le système Feillet. Tous ces colons n'étaient pas recrutés dans les meilleures couches de la population rurale française. Les émigrés formèrent, sur les dernières années, un groupe si hétérogène qu'on crut bon de les couler tous dans un moule précis, associant leur venue sur le territoire de prospectus, de livrets, d'opuscules dans lesquels on leur prodiguait des conseils éclairés qui leur permettraient de ressembler au type parfait du vrai paysan des antipodes. À Paris une institution patriotique, le comité Dupleix, à Nouméa l'Union agricole calédonienne, avaient entrepris une propagande de recrutement qui découragerait les « amateurs » en mettant l'accent sur les qualités sanitaires, morales, techniques que devaient remplir les candidats à l'agriculture sur l'île du bout du monde! Les 5 000 francs exigés au départ étaient une garantie de retour au cas où ils se révéleraient incapables de tenir leurs promesses. D'aucuns s'en moquèrent, comme ce concessionnaire peu sérieux qui avait employé son capital pour construire un rocher artificiel avec jet d'eau et jardin de rocaille devant sa maison; cet homme s'était bel et bien ruiné et on ne manquait pas de le citer en exemple comme la brebis égarée d'une bergerie que M. le gouverneur voulait garder docile à ses projets et à ses convictions.

Les colons de Sarraméa

Ses préférés d'ailleurs étaient bien les fermiers de Farino et de Sarraméa qui, dans de vertes vallées au climat tempéré, avaient fait merveille. Le gouverneur chaque semaine allait les voir, les haranguait, se faisait exposer les étonnants produits de leurs jardins : artichauts et choux pommés, tomates et primeurs, jusqu'à des petits melons parfumés que ces magiciens arrivaient à faire pousser sous les niaoulis pourtant réputés néfastes à toute plantation.

Sur la rive droite de la rivière s'était établi M. Michel-Villaz qui, au jour le jour, tiendra le journal de ses occupations et de ses découvertes, document précieux aujourd'hui, d'autant plus intéressant que la préface en est écrite de la main de M. Feillet lui-même : « Je me rappelle avoir visité sa concession le jour de Noël 1895, commente le gouverneur. Quand je l'ai vu en tenue de travail sur son terrain déjà défriché, heureux de vivre dans l'indépendance de la vie de brousse, déjà attaché à son sol, fier de la beauté de son village, sensible aux charmes de cette nature souverainement belle, je fus rassuré sur son sort. La caféerie est plantée, et dans quelques années elle sera en plein rapport. Ses lettres et son journal ont convaincu son frère qui va le rejoindre avec plusieurs amis et parents. »

Levé à cinq heures du matin, travaillant dix heures par jour, le nouveau colon achète au village du sucre, du vin, du sel et du pétrole. Pour la viande, il se contente du produit de la chasse. En échange d'un bâton de tabac à chiquer, il fait tuer de temps en temps un cochon sauvage par un indigène qui vient « lui donner la main » en compagnie de sa femme, sa « popiney, très gentille négresse » (*sic*) qui s'occupe à ramasser du fumier pour se faire une réserve de terreau. Il a construit sa maison tout seul avec le bois des arbres de la forêt débités en madriers et il fait sa bière avec 50 litres d'eau dans laquelle il fait bouillir 10 kilos de maïs germé, 500 grammes de houblon, 5 kilos de cassonade et un litre de rhum. Le 19 mai 1896 il décide de faire venir près de lui son travailleur indigène avec sa femme et leurs deux enfants, « un garçon nommé Bantha et une petite fille appelée Pataï. Les enfants sont nus comme des vers et ils n'ont pas l'air de s'en apercevoir », note-t-il, ajoutant avec ironie : « Ce qui prouve que les vêtements n'ont été inventés que pour faire vivre les tailleurs. » Est-il malade? Il va trouver le médecin du bagne au village de La Foa, mais prudemment il n'osera pas lui confier sa mâchoire pour l'extraction d'une vilaine dent qu'il soigne avec une feuille de chou et l'argile rouge du pays. Le lendemain, la fluxion s'étant compliquée de surdité, il se met à fumer bouffarde sur bouffarde et s'en trouve si bien qu'il entreprend de débroussailler un coin de terrain pour y planter du tabac. Il se plaint des rats dans ses caféiers et des émouchets qui, avec les corbeaux, cherchent à se nourrir aux dépens de son poulailler. La luminosité des nuits l'empêche souvent de dormir; alors il va marcher au clair de lune « qui n'a rien de commun avec celui de France. On y voit comme en plein jour et on pourrait sans fatigue y lire son journal ». Il s'improvise boulanger, fait ses comptes, il observe son Canaque « très intelligent et qui sait très bien discuter ses intérêts ». Il l'a attiré vers lui par la gourmandise en lui offrant chaque jour 200 grammes de viande, du riz, du pain et du thé très fort. Il écrit à son frère en France : « Je te prie de m'envoyer en colis postal quelques coupons de cotonnades imprimées, des rubans et de la bimbeloterie, pipes, peignes, glaces, etc. Tout cela le plus doré possible : avec ces objets de peu de valeur je peux me faire faire beaucoup de travail... » Il se réjouit de la chaise longue qu'il a eu la bonne idée d'acheter à Marseille avant son départ. Il y fait de bonnes siestes et, après nous avoir décrit ses tenues de travail, « pantalon de treillis bleu serré à la cheville avec une ceinture bleue, (pas rouge à cause des taureaux) », et ses menus, généralement épicés de gros piments de son jardin, il conclut : « Je me porte bien. »

Les Bonnard

La même euphorie régnera sur la rive gauche de la Sarraméa, mais sur un domaine familial où s'égaillera une dizaine d'enfants, les fils et filles de Jules Bonnard, un brave homme plein de compétence et d'autorité. Il faudra arriver à notre époque insensée pour voir le spectacle d'une de ces vieilles maisons Bonnard en flammes sur une propriété qui avait été un modèle de sagesse, d'invention, de bonne gestion et de vie rurale d'une humanité certaine. Le « père Bonnard » avait eu les meilleurs rapports avec la tribu et s'était lié d'amitié avec une des familles mélanésiennes les plus connues de la région, les Némembreux, dont l'un des grands-pères restait récemment encore l'ami le plus proche du fils cadet de Jules, vieux cavalier-poète, grand enfant de liberté dans une forêt dont il connaissait toutes les sentes, et que tout le monde appelait « tonton Julien ». Sans aigreur, sans violence, gardant fidèlement la maison de son vieux père, la toile de sac sur le dos et le casse-croûte dans le bissac, il prenait le canasson le matin pour aller vérifier des barrières, décrocher les cerfs qui se cramponnaient aux barbelés, ou sortir ses vaches quand elles s'embourbaient dans les marais. Avec son frère Electa, il avait bricolé des alambics pour faire, comme bien d'autres, de l'essence avec les feuilles des niaoulis. On obtenait une bonne huile parfumée, souveraine contre les mauvaises grippes. Comme leur père, qui avait ingénieusement inventé une scierie mue par un système de roue hydraulique qui tournait au-dessus du ruisseau, les enfants avaient gardé cette astuce des habitants de la brousse obligés de savoir bricoler et d'utiliser les ressources du pays pour survivre. Bien loin de ronger des os d'ennui, ces gens, dans leur solitude, avaient su se créer une vie patriarcale : flan mitonné au four à pain chaque dimanche, infusions d'herbe à puces et cafetières sur des braises bien rouges où on faisait griller quelques-unes de ces grandes chauves-souris – roussettes qui avaient des chairs parfumées de jeunes lapins.

À la réflexion, la colère des « Caldoches » s'expliquera toujours par le souvenir de ces hommes dont on feindra souvent d'ignorer l'œuvre. Sans doute leur existence fut-elle courte. Si les fils quelquefois égaleront leurs pères sur des concessions de plus en plus difficiles à tenir, les petits-fils par contre, attirés par les mines ou l'appât d'un gain plus facile, déserteront les champs. Ces petits planteurs aux familles nombreuses, dont les enfants s'employaient à la cueillette du café, disparaîtront ainsi que leurs femmes étonnantes qui se douchaient à la dure sous de petites tôles improvisées – travailleuses infatigables s'occupant des chèvres et sellant les chevaux, faucillant les fossés, montant en amazone sur des juments douces et tuant les cochons sauvages au sabre d'abattis.

Autant le journaliste Paul Brenda s'extasiera, au début du siècle, sur la réussite de Jules Bonnard, affirmant que cet homme aimait sa terre déjà comme s'il y était né, autant Jean Carol félicitera les colons du col d'Amieu, voyant en eux une élite coloniale, autant l'enthousiasme sera communicatif, autant on criait sur les toits que la Nouvelle-Calédonie n'était plus une colonie perdue, que les caféiers y poussaient, que les arbres fruitiers y abondaient – oranges, citrons, mangues, goyaves, barbadines et jusqu'à ce petit ananas rouge qui se plaisait si bien dans le sol et donnait une liqueur exquise –, autant la déception sera grande quand la colonisation Feillet, mal dirigée, sournoisement envahie de propagande politique, mal aimée en fait par celui qui l'avait inventée, sombrera dans un malaise indéfini : déconvenues et fatigue générale! La colonisation agricole « n'avait rien de commun avec les affaires ». M. le gouverneur Feillet, pour avoir voulu la mener rondement, ne l'avait pas comprise.

Échecs et succès

Peut-être aurait-il dû tenir compte des expériences qui avaient de très peu précédé son règne. Il en aurait tiré leçon. Son projet de « petits domaines familiaux » avait déjà été tenté avant sa venue. En 1883, sur mille hectares de terres préparés par l'État et donnés à une société de colonisation, s'étaient installés quinze familles toutes originaires de la Dordogne. En dotant chacune d'elles de deux génisses, d'outils et de vivres, on croyait naïvement qu'elles réussiraient à s'implanter sur le territoire. Entre des parcelles de forêts, ces colons de la Ouaménie, comme on les appelait, s'échinèrent à produire du maïs et ce sarrasin dont ils tiraient quatre bonnes récoltes par an. Tout allait bien. Mais quand on pria ces Périgourdins de « faire du café », le trouble s'empara d'eux. Mal préparés à cette tâche, ils échouèrent, se découragèrent et finirent par vivoter misérablement dans leurs cahutes. À côté de maigres jardins qu'ils arrosaient à l'aide de barriques juchées sur de vieilles brouettes, ils s'aigrirent, se disputèrent et quelques-uns se mirent à arpenter les chemins des mines, en vagabonds.

En 1892, à Voh, sur la côte Ouest, on avait aussi divisé d'excellentes terres en une trentaine de propriétés. Des colons librement venus de la métropole avaient débarqué du voilier l'*Ottway* et s'étaient résolument mis au travail. Affolés par les moustiques, effrayés par des cyclones, leurs premiers champs dévastés, ils n'avaient tenu bon que grâce au dynamisme d'un des leurs, un planteur chevronné, Marius Jocteur, qui les avait rassemblés. Les encourageant à ne pas abandonner le village, il les avait exhortés à tenter d'établir des caféeries. Ils avaient réussi, non sans mal! Leur acharnement avait été tel qu'on voyait jusqu'au bord de mer, sur des terres sableuses, s'étendre leurs champs. Mais les premières déceptions ne s'effaçaient pas de leurs mémoires et certains d'entre eux restaient pessimistes. On la leur baillait belle avec l'idée d'une colonie de peuplement où l'on abandonnait si vite les planteurs en des rivages déserts ou des vallées profondes, sans les suivre, les encourager, les indemniser et les conseiller à bon escient!

Quelques surhommes réussirent cependant, doués d'une énergie et d'une santé peu communes. Ce sera le cas de Maurice Janisel. Individualiste en diable, arrivé tout seul en Calédonie après avoir visité à Paris une exposition coloniale où l'on vantait les îles du Pacifique Sud, ce jeune homme de Seine-et-Oise s'arrêtera, sans un sou en poche, au cœur des cocoteraies de Pouébo, non loin de la mission où flottait le souvenir de Mgr Douarre. À la mi-temps de notre siècle, on pouvait le retrouver au même endroit au centre d'une rizière qui s'étendait sur près de cent hectares. Ses champs de luzerne donnaient bien six coupes par an et ses grandes caféières mûrissaient en bordure de gros arbres à caoutchouc dont il avait tenté avec succès la culture. Excellent mécanicien, transformant sa ferme en usine, il la dotera vite d'une usine hydroélectrique qui fournira bientôt du courant à toute la région. On le voyait à la charrue comme au triage du café, mettant la main à la pâte en compagnie d'ouvriers qu'il avait abondamment recrutés dans les parages. Sa maison – quelle drôle d'idée! – ressemblait plus à une gare de province qu'à une ferme coloniale, grande bâtisse de crépi clair avec des petites arcades où s'entassaient les sacs de café, et des rails sur lesquels circulaient des wagonnets transportant le riz. L'homme était original et solide, chronométrant son temps, levé aux aurores, achetant son saindoux en touques et fabriquant ses salaisons. Il pouvait vous conduire à l'ombre de ses granges pour regarder, à la saison fraîche, les hirondelles qui s'y cachaient le long des poutres, ou, à la pointe d'une terre mangée de pommes-lianes * où l'on pêchait des croque-fishes, ces crevettes armées d'un dard. Rigoureux envers lui-même comme envers les autres, il ne plaisantait pas au travail et, dans cette île de hauts conifères et de cailloux, sa propriété était un défi. Il n'avait pas, comme tant d'autres, déroulé des kilomètres de filins sur des milliers d'hectares de prairies; il avait rationnellement organisé son domaine, et ça sentait bon chez lui l'orange et le coprah à deux pas de la mer où barbotaient des petites « plates * », ou de vieux bachots au-dessus desquels passaient, en jets d'argent, les poissons volants...

Une immense nostalgie à l'égard de ces pionniers qu'étaient leurs pères explique aujourd'hui l'amertume de leurs descendants, réduits à élever des barrages pour défendre des centres de colonisation où ils ont pour la plupart vécu... Ces croupes sévères, grâce à leurs « vieux », étaient devenues des collines fertiles. Ces vallées désertes s'étaient peuplées, par leurs soins, de manguiers, et de litchis croulant de fruits. La tristesse de la végétation primitive, ils l'avaient éclairée de flamboyants et d'orangers, de hauts tulipiers et de jaracundas * clairs, de cytises, et de ces dartriers * d'or qui côtoient à la saison fraîche les poinsettias * éclatants. Cette Calédonie était franchement belle et c'était bien grâce à eux, plus qu'aux tribus, enlisées dans des coutumes archaïques, étranglées de superstitions, vivant à l'ombre de tabous redoutables! L'écrivain Jean

Mariotti, qui sera longtemps, à Paris, président de la Société des gens de lettres, vantera avec tendresse ce coin de Farino où il était né – enfant grandi parmi les bouviers, aux côtés d'un vieux père corse qui repiquait des plants de vigne et se tenait toujours entre jardin et foyer, patriarcal et austère.

Un ancêtre de l'Europe, M. Godin, venu bien avant les colons de Voh, avait eu une façon de leur parler de ce pays qui ne laissait percer aucun doute : cette terre était à eux, où ils auraient à verser tant de larmes! Et il n'est pas besoin d'interroger longtemps quelques-uns des descendants de la grande famille Weiss, du nord de l'île, pour entendre l'anecdote de ces trois grand-mères, alors jeunes filles, chantant des hymnes de leur Alsace natale au lendemain des cyclones qui avaient dévasté leurs premiers biens! Un profond esprit provincial s'enracinera sur cette terre d'exil. Plus que jamais aujourd'hui il est difficile de l'en arracher. Cette île n'avait pas été facile pour ces Calédoniens, mais elle était devenue leur berceau. Une province était née, peuplée de paysans butés et sensibles. Il faudrait désormais en tenir compte.

Ils eurent des fortunes diverses, ces disciples de M. Feillet. Ceux qui avaient eu au départ la chance de posséder un bon capital réussirent aisément. D'autres végétèrent. Fort peu repartirent. Mme Robert, qu'on pouvait voir dans sa grande vieillesse il y a une vingtaine d'années encore à l'orée de Nouméa, dans ce faubourg appelé Auteuil, aimait relater ses premières installations dans le Nord. Cette jeune Parisienne, qui avait été marchande de quatre-saisons aux Halles de Paris, s'était violemment attachée à la brousse. Jusqu'en 1937 elle était restée à Hienghène, non loin de ce promontoire que le fameux Bouarate avait donné pour trente haches neuves. De distingués Irlandais s'y étaient établis aux alentours de 1850, les O'Connor. Elle avait donc vécu entre cette famille de grands rouquins montés sur des calèches à hautes roues, et des cannibales qui s'engouffraient à tout instant dans sa maison simplement pour se regarder dans les miroirs, soulever les objets brillants et tâter les étoffes. Elle savait que longtemps les naturels avaient gardé l'habitude de faire cuire la chair humaine avec les ignames de saison et elle connaissait leur expression « Je vais manger ton igname! » toujours porteuse de menaces. Mais elle avait en définitive lié dans le quotidien des rapports pacifiques avec eux. Ils venaient souvent à la petite ferme apporter des régimes de bananes. Car c'était une vraie fermette, que cette femme de colon Feillet avait su entretenir là-haut! On y coucherait longtemps dans les hamacs suspendus à des gaulettes de mimosa, mais on avait un bon poulailler et des champs d'ambrevade *, de la toile de Jouy tendue aux fenêtres, une planche de persil au jardin et de beaux fraisiers.

Les Français de la France lointaine sauront-ils jamais l'espèce de miracle qui s'opérait aux antipodes avec cette poignée de braves gens qui étoilaient une île perdue de cultures aux intentions spontanées, tendres et naïves, fleuries de lauriers-roses et de dahlias à l'approche des hautes bambounnières *. Tous n'eurent pas la candeur des Robert ou celle de Bergès, l'audacieux colon du col d'Amieu, que l'on retrouvera, vieillard, perché dans une chambrette au plus haut de ces « tours de Saint-Quentin », buildings ingrats des portes de la ville, traditionnellement offerts aux sans-logis, aux exilés, aux colons malchanceux! A l'inverse, avec les années, d'aucuns constitueront d'avantageux domaines qu'ils sauront revendre en temps voulu. Il n'y a pas cinq ans, un secrétaire d'État aux D.O.M.-T.O.M, M. Dijoud, soucieux d'une nouvelle répartition des terres, les leur achètera à prix d'or! Spéculation sur des sols obtenus au départ par simple expropriation, ce fut, à cette époque – beaucoup en seront témoins –, l'objet d'une indignation violente dans les tribus et une des causes de leur révolte en 1984...

D'autres colons Feillet, très tôt, avaient abandonné une aventure coloniale qu'ils avaient vite jugée amère. Ce sera le cas des deux frères Le Goupils, deux Normands, Joseph et Isidore, qui avaient voulu donner le meilleur d'eux-mêmes à Nassirah et s'étaient heurtés à l'administration autocratique du gouverneur Feillet. Leur propriété était située au lieu dit Warnery, à deux pas de ce « ranch » où fut abattu l'adolescent Yves Tual, malheureuse victime des derniers événements de l'île. La propriété des Le Goupils était célèbre au début du siècle pour l'originalité de sa gestion et sa redoutable indépendance envers le pouvoir. Isidore, qui était un ancien professeur agrégé, aura vite, avec le chef de la colonie, des rapports si tendus et des ennuis personnels si vifs qu'il quittera la Calédonie prématurément. Il exprimera ses mésaventures dans un livre mordant, *Comment on cesse d'être colon*, narration à la fois ironique et désabusée, flèche décochée au front du proconsul Feillet dont l'orgueilleuse personnalité avait fini par mettre le feu à la Calédonie tout entière.

Le gouverneur Feillet

Homme d'exception ou tyran à courte vue? La question reste encore posée. De belle allure, de mise très soignée, la moustache souvent frisée au fer, la barbiche en pointe et le cheveu très court, M. le gouverneur est de belle prestance. Surpris chez son ami Devambez, en conversation animée dans la belle demeure du Ouitchambo, il séduit. Il a débarqué à Nouméa, on l'a dit, le 10 juin 1894, avec toute sa famille : sa mère, son épouse et ses deux enfants, Jacques et Jacqueline. C'est plutôt sympathique. Il se targue de posséder des qualités d'artiste peintre et plante volontiers son chevalet dans la propriété de son ami dont les caféiers ont un vert plus profond encore sous les premières fleurs des érythrines * claires. Il se passionne pour l'ingénieux traitement des récoltes de café que Devambez fait exécuter dans une cave perfectionnée : séchage, triage, décortiquage, ensachement; des tonnes de grains prêts à la consommation sont conduites à la côte dans de grandes charrettes à bœufs et expédiées directement en France. Quel succès! À Canala, les plus actifs amis du gouverneur ont déjà réalisé de confortables installations. Sur des tiroirs tirés à l'aide de glissières, dès les premiers feux du soleil, on exposait une récolte que l'on avait su, de cette façon, protéger de la fraîcheur des nuits. Pour le broyage, le propriétaire Jouve a imaginé déjà de grosses meules arrosées de courants d'eau qui assuraient un bon lavage du produit. Quant à Devambez, il a fixé aux murs de son souterrain des crochets où l'on attache des sacs prêts à être livrés, tamponnés d'une étiquette d'or. Car le « pur calédonien », ce bon arabica sélectionné, est le meilleur du monde! Recherché par les gourmets, il a obtenu le grand prix à l'Exposition universelle qui s'est tenue à Paris en 1900, et il mobilise alors toute la colonie, depuis les colons-commerçants jusqu'aux petits planteurs de la brousse qui le ramassent dans de grandes touques et l'étalent au soleil avec des râteaux sans dents. Un seul problème, la main-d'œuvre! Les indigènes préférant travailler eux-mêmes sur leurs petites caféeries, on saura les en dissuader : « Une des intentions du gouverneur est de créer un impôt de capitation qui finira par contraindre l'indigène à un travail rémunéré dont les colons seront indirectement les bénéficiaires! » (P. O'Reilly.)

Les vilenies d'un régime

Le problème des tribus n'est vraiment, on le verra, que secondaire! M. le gouverneur a plutôt du fil à retordre avec les missions catholiques qui l'ont très mal accueilli. On ne l'aime pas chez les maristes. Anticlérical convaincu, M. Feillet ne s'est même pas fait représenter aux grandes fêtes du centenaire de leur présence, organisées dans leurs centres d'implantation. M. Feillet, visiblement, favorise les protestants, plus proches de ses idées laïques. Les pasteurs, hommes concrets, groupant les indigènes autour des établis et bons pédagogues, seront préférés aux curés idéologiques et catéchisants. Si les premiers prolifèrent tout à coup, surtout dans la région de Houaïlou, les seconds seront contraints, en 1903, à abandonner un de leurs établissements : celui de Canala.

Mais c'est en ville surtout que la lutte deviendra détestable. Cléricaux et anticléricaux s'injurient dans la presse. Horribles feuilles diffamatoires et sectaires. Des deux côtés on se déchire. Au nom de la religion on est pro ou anti-Feillet. Le café lui-même fait les frais de ce fanatisme. Si son cours mollit, on accuse le gouverneur d'être un « satrape » ou un « imposteur ». Si un cyclone dévaste l'île, si le bétail souffre du charbon, et si les naufrages se multiplient, c'est à cause de Feillet, le « porte-guigne ». Les bons pères lèvent les yeux au ciel. « *Libera nos Domine!* », prie *La France australe*, journal pourtant modéré. Le gouverneur, qui ne supporte pas la contradiction, réagit par des mesures administratives odieuses : révocations, déplacements, décrets abusifs, amendes, pénalisations. Des radicaux s'indignent. Ils s'appellent Puech, Simon, Loupias : ils signent des protestations véhémentes. *La Bataille*, fondée par le communard Achille Ballière, se déchaîne contre les puissances d'argent, et *La Vérité*, avec Dézarnaulds, s'acharne à tel point contre les « feilletistes » qu'il est condamné pour diffamation. Rien n'est beau dans cette presse, ni les outrances, ni les chantages, ni l'acharnement à « couler » le capitaine, ni les flatteries de ses courtisans.

On peut se demander si cette presse polémiste, à très petits intérêts locaux, née à une époque particulièrement intransigeante, ne marquera pas à jamais dans son ensemble la presse calédonienne... Volontiers hargneuse, mal préparée aux idées générales, celle-ci se contentera souvent de régler des problèmes personnels au mépris d'une juste appréciation de l'événement. Mis à part quelques courageux directeurs de presse, elle connaîtra souvent des publicistes minables, des petits échotiers sans grandeur, avides de ragots. En 1878, l'illustre Locamus avait donné le ton en des articles orduriers. Avec *L'Anticlérical* de Mourot, on restera dans les justes limites du supportable et, si *L'Indépendant* de Jules Bernier s'emportait, c'était visiblement pour s'opposer au *Nouvelliste*, catholique et monarchiste, de M. Laborde. Mais, en sous-main, des petites feuilles éphémères s'acharnaient à déchiqueter les uns et les autres et, sous le faux panache de « redresseurs de torts », allaient, au cœur des vies privées, piéger des délits. Avec *La Voix du cagou*, dans les années 1960, on assistera à la floraison de telles gazettes! Plus que d'égratignures, ils seront coupables de blessures graves. Un administrateur de classe exceptionnelle, réputé pour son allant et sa franchise, sera par l'une d'elles acculé au suicide. Le souvenir de Roger Maylié est encore vivace dans les mémoires... M. Feillet, qui avait attisé les zizanies, est en un certain sens responsable de cette malodorante écriture. Le charivari outrancier déchaîné sous son règne n'était pas près de s'éteindre.

Persécuteur de Mgr Fraysse, « une des plus attachantes figures de l'époque », comme le qualifie le *Mémorial*, le gouverneur autoritaire sera aussi le pourfendeur de la Société Le Nickel qui refuse tout net d'entrer dans ses plans. Pour contrer la puissante compagnie minière, M. Feillet va encourager au maximum les prospections de son ami Lucien Bernheim qui, nous confie encore le *Mémorial*, « va profiter de l'aubaine pour se faire construire des voies privées destinées à desservir ses mines de la baie du Sud, ceci avec les deniers publics... »

Le mineur Bernheim

M. Bernheim est un Juif alsacien, qui diffère en tout point des affairistes du début du siècle. Enclin aux humanités littéraires, cultivé, indépendant, soucieux des relations publiques, on le verra volontiers aux soirées de M. Devambez, sur le flanc du Ouitchambo, où l'on discutait si agréablement de l'avenir et de la prospérité de la colonie. Lucien Bernheim demande fermement à son ami Feillet de ne pas se perdre sur les chemins de la colonisation agricole à l'heure où la mine semble se réveiller : de la vallée N'Go jusqu'au plateau de Thio, en passant par les grandes mines de l'International Copper, les prospections recommencent. Il fallait plus que jamais tenir l'équilibre difficile entre la « bosse » et le « pré ». Bien sûr les colons de M. Gilliès, cet entrepreneur terrien tout dévoué à la cause pastorale, réussissaient à merveille : ils s'appelaient Allégret, Matthieu, Philippon, mais, à côté d'eux, d'autres hommes s'acharnaient à ouvrir des sentiers de mines : c'étaient Joseph Vergoz, le jeune Berlioz et Léon Kollen, propriétaires miniers qui prévoyaient, à la montée du nouveau siècle, l'essor infaillible de nouveaux gisements. Il restait à M. le gouverneur de savoir équilibrer ces deux poussées sinon ennemies, du moins dangereusement rivales.

Bernard Brou, dans son *Histoire de la Nouvelle-Calédonie des origines à nos jours,* analysera très judicieusement le panorama économique de l'île avec ses pics de prospérité et ses dépressions, marasmes plus ou moins longs inévitablement suivis d'étonnants regains d'activité. Son étude est d'autant plus intéressante qu'elle implique, pour l'observateur attentif, ce climat politique et social d'une colonie toujours instable liée à des fièvres minières et à des retombées imprévues quelquefois suivies de troubles graves. En 1890, Le Nickel était à son apogée lorsque se présenta sur le marché mondial un concurrent sérieux : le Canada. Effondrement brutal aggravé d'une crise du cuivre dans le nord de la colonie : « Tout le monde souffrait. On se rappelait comme dans un rêve le temps où le vin de Champagne à 20 francs la bouteille coulait à flots sur les comptoirs des bars » (J. Carol). Et puis la situation avait tout aussi rapidement changé. Un nouvel avenir s'ouvrait. À Thio, on projetait même de créer une usine hydroélectrique sur le modèle d'exploitation lancé par M. Higginson quelques années auparavant à Tao, dans une région de cascades. C'était alors non loin des impressionnantes roches – cathédrales de basalte en pleine mer – dénommées « tours de Notre-Dame », auxquelles le roi de l'or avait demandé impérieusement de « ne plus se contenter d'être belles mais de savoir être utiles ». Mais, à l'époque de M. Feillet, Tao ne fonctionnait plus. Une mission d'ingénieurs anglais s'empressait sur la mine « Pilou » d'où l'on espérait tirer une moyenne mensuelle de 5 à 6 000 tonnes de cuivre. Quant à l'or, des espoirs renaissaient autour de la mine « Ophir » qui offrait un quartz très caractérisé se prolongeant d'un seul bloc, sans cassure, sans faille, sur un mamelon nommé « Galarino »! En 1960, vous auriez pu voir couler entre les doigts d'une très vieille femme la poussière d'or de ce puits étrange : Galarino! Mme Kresser connaissait l'histoire de cette mine située non loin de la poussée géante du mont Panié. Elle s'en proclamait l'unique propriétaire et vieillissait au milieu des pierres et des flacons chargés de paillettes dorées, avec l'âpreté des gens qui ont frôlé des fortunes!

M. Bernheim, lui, était le seigneur d'une terre de nickel située à Népoui sur la côte Ouest, minerai si riche et si original qu'on lui donnera un nom : la népouite. Un coup de pioche heureux, et en quelques années la montagne « aux sommets roses » se transforme : « Les treuils grincent. Trois grands voiliers et deux petits steamers sont en rade entourés de chalands chargés de sacs bruns. Des appels en anglais s'échangent entre les matelots et les Canaques. Sur le wharf un train Decauville * attend. Sa jolie petite machine toute neuve souffle et s'époumone, orgueilleuse d'avoir à remorquer, ce jour-là, outre ses wagons à minerai, des wagons pour voyageurs, des wagons avec des banquettes et des rideaux! » Relation enthousiaste de Jean Carol qui admire Bernheim : « Les 5 000 francs de ce mineur se sont développés comme le lantana sur la terre calédonienne et, du petit grattage si modestement commencé, est sortie une exploitation magnifique! » Va-et-vient de bennes chargées de minerai dans le ciel, câbles qu'on raccommode par épissures, traverses de chemin de fer en bois de gaïac, sentiers muletiers, vallées débroussées *, voilà la riche exploitation du petit mineur juif en 1895. L'émulation est instantanée. Au Kopeto, au Koniambo, massifs de la Chaîne aux alentours de Koné, au mont Mou, à la baie de Saint-Vincent, au Taom, au Katepai, il y a des fortunes à faire... Argent à « La Mérétrice », paillettes de platine dans la rivière de Bondé et à Nakéty, gisement d'antimoine, les convoitises à nouveau s'allument. L'île est un immense massif de minerais. La Société Le Nickel prend un essor sans précédent : riche, puissante, liée au monde par des chaînes de fabrication du nickel-métal, ses mattes affinées au Havre, elle prend sur M. Bernheim et le gouverneur Feillet une distante hauteur. Aux « colons-paysans » du gouverneur, elle a répondu par ses « colons-mineurs ». Elle leur donne cinq hectares de terres, une case et des outils. Le journal *Le Bulletin du commerce* en est ravi : « Le nouvel essor de nos mines risque de nous attirer à brève échéance près de 800 familles. La Société Le Nickel mérite des éloges! »

La S.L.N.

C'est, en fait, un État dans l'État, cette jeune S.L.N. qui étend sur l'île son empire! M. Feillet la déteste. Elle fait d'ailleurs tout pour cela : elle a ses centres, ses mines, ses bateaux, ses hommes et en dispose sans recourir aux autorisations du gouvernement local. Avec la diversité des travaux qu'elle entreprend, c'est non seulement aux mineurs qu'elle s'adresse mais aux mécaniciens, fondeurs, ajusteurs, maçons... Les ouvriers qui travaillent à l'abattage et sur ses mines à ciel ouvert, elle va les répartir en ouvriers « moyens », « bons » et « très bons » lorsqu'ils auront fait preuve de leur efficacité. Pour eux, elle crée ses propres *stores* * où l'on paiera moins cher qu'ailleurs le pain, le vin et le riz. Subtile stratégie économique! Elle finira par établir sur ses employés un véritable pouvoir moral. Qui ne verra dans cette situation le germe d'une menaçante indépendance que la puissance Société ne cessera d'affirmer à l'égard des représentants officiels de la France en Nouvelle-Calédonie? Connaissant son pouvoir sur la bonne marche de l'île : « Quand Le Nickel va, tout va! », le P.-D.G. de la compagnie deviendra la seconde personnalité du territoire et ses décisions seront souvent redoutées. On se souvient de l'interview impressionnante accordée, fin 1983, à la télévision locale par le directeur d'une société qui, tout à coup, battait de l'aile! C'était l'austérité. Des mesures étaient prises pour enrayer une crise qui s'amorçait gravement. Tout ralentissait : l'extraction, le roulage, le commerce. On allait licencier des ouvriers et les Mélanésiens retourneraient aux tribus... Les conséquences ne se feront pas attendre : chômage, troubles sociaux, fièvres politiques et, dès novembre 1984, la brousse en feu...

Dès les premiers jours de 1900, la grande cité de Doniambo avait été la sentinelle tragique de l'histoire. Aux portes de la ville, ses fumées, pourvoyeuses d'espoirs, prédisant les drames, crachant jour et nuit au rythme des coulées de grandes lueurs incandescentes, diront assez bien les heurs et les malheurs de la Calédonie. Les hautes cheminées, enrobées de suie, parlaient de fastes éclatants; dépouillées, sur une presqu'île muette, elles signalaient pour tous la misère. M. Feillet l'avait sans doute ressenti, lui qui voyait échapper à sa tutelle cette invitée capricieuse et intraitable. Mais sa violence verbale, ses engouements n'étaient pas faits pour arranger les choses. Les brusques passions d'un tel administrateur puéril ne pouvaient que déplaire à ces froids techniciens d'une industrie qui fêtait, à la fin du siècle, son vingtième anniversaire. Forts de l'argent des Rothschild, ils créaient à Thio le modèle vivant d'une cité minière – commerces, écoles, magasins – fonctionnant en circuit clos. Tournant le dos à la capitale, Thio était une insulte à l'administration de M. Feillet. Pour les observateurs, c'est clair : la S.L.N. fait la pluie et le beau temps, et le représentant de la France en écume de rage. Conditionné désormais par la présence de cette grande usine au cœur de son fief, il est paralysé. Son départ est proche. Mais ses amis n'hésiteront plus à dénoncer comme mortels pour le pouvoir politique des gouvernements les « tentacules de la pieuvre Rothschild » désormais collés à ce cap avancé du Pacifique Sud, l'île calédonienne.

Les émigrés asiatiques

Tout n'est pas dit cependant en cette île imprévisible! À l'aube du siècle montent tant de sèves nouvelles! Un extraordinaire miracle est encore à naître et il va apparaître avec ces premiers *coolies* qu'on va obligatoirement rechercher dans la grande réserve de l'Asie. Sur la Grande Terre et dans les îles proches, le recrutement de travailleurs s'avérait trop difficile.

À partir des années 1880, on avait bien tenté sur les Nouvelles-Hébrides une campagne d'immigration et des navires avaient appareillé pour ramasser les hommes. Mais tout n'avait pas été clair dans ces razzias où l'on attirait les gens dans les cales des bateaux souvent traîtreusement. Leur faisant miroiter des trésors, on refermait sur eux les trappes des pontons, et à leur corps défendant, on les forçait à l'exil. Un vieux charpentier de marine, habitant du faubourg Blanchot, M. Chantreux, affirmait hier encore qu'il avait vu ces bateaux recruteurs spécialement équipés pour de telles opérations. On allait jusqu'à les recouvrir de petite grenaille pour faire tomber d'éventuels fuyards et être sûrs ainsi de les retenir à bord. Mais tout avait changé : « En février 1884, la Société Le Nickel reçoit l'autorisation d'employer 600 auxiliaires chinois [...] À partir de 1893, la Société se tourne vers l'immigration japonaise : 500 habitants de Nagasaki viennent travailler sur les mines de Thio à la suite de la suppression des contrats de chair humaine avec la Pénitentiaire » (*Encyclopédie de la Nouvelle-Calédonie*). Annamites et Tonkinois seront aussi recrutés pour aider les planteurs sur les propriétés pastorales et les premiers Javanais arriveront en 1896 pour la cueillette du café. Un peuple insolite grandira sur l'île – travailleurs d'Extrême-Orient, petits cultivateurs de Java, Tonkinoises et Balinaises vont essaimer partout des enfants bistre. On verra vite en ville, corps menus drapés de soie noire, les *Naïks* et les *Congaïs*, femmes fragiles souriant de toutes leurs dents laquées, aux côtés de servantes indonésiennes, les *Bayous* *, serrées dans des bustiers de satin.

La vie de ces émigrés sera extrêmement dure au tout début de leur exil. Conduits à l'usine, ou sur les hautes mines du Nord, ils poussaient sur rail des wagonnets brûlants qui leur calcinaient les paumes, et portaient à dos les sacs de minerai, autant dans le crachin des hauts fourneaux que sur les sentiers des ravines. S'ils s'endormaient aux corvées, les monte-charge implacables les entraînaient à la mort. On leur distribuait leur ration de riz dans de vieux bidons de pétrole et on les appelait par un numéro inscrit sur la carte de travail qu'ils portaient dans le dos. Sur les gradins de la mine ils travaillaient à la pelle, au pic, sous le nerf de bœuf de certains surveillants et avec la peur au ventre. Les crimes n'étaient pas rares. Des libérés du bagne hantaient encore la brousse, et souvent on voyait dans les fossés des hommes inanimés, la carotide tranchée. Aux branches des niaoulis oscillaient dans le vent des cadavres. Un gros métis dangereux, une dague à sa ceinture, parce qu'il voulait lui voler l'argent de sa paye, avait ainsi attaqué un travailleur japonais qui allait aux jeux. Car on jouait dans les cambuses de la mine, le soir – cartes ou dés. Les nuits finissaient quelquefois dans les rixes et la bagarre. Certains désertaient, se cachaient dans les fourrés de chêne-gomme *, maigres, bronzés, les pieds nus, la chemise déchirée. Ils étaient venus pour cinq ans, munis d'une camisole de toile kaki et leurs femmes d'un pantalon de serge noire sous un long chemisier bis, mais, sur ces terres de latérite poussant leurs falaises jusqu'aux îles étourdies de goélands, c'était trop dur! Des masses de pierres détachées de la montagne pouvaient à chaque instant vous broyer... Pays des travaux forcés et des règlements de compte, pays écrasant de chaleur, on y souffrait de mycoses. Pays où l'on distribuait les rations de riz à la pelle, le soir, on y tombait, pour dormir, sur de vieux sacs de jute mis au rebut.

À Nouméa, le petit-fils d'un de ces premiers coolies de Haiphong, M. N'Guyen, inscrira le témoignage de son vieux père dans un récit qui s'efforce de restituer l'enfer des mines. Il nous montre surtout l'énorme somme de patience que ces Asiatiques ont su déployer pour s'en échapper. Émergeant de cette longue peine, on les verra proprets, actifs, industrieux, une bande d'enfants dans leurs jambes, vivant à leur manière dans des cahutes en bois ou en tôles, créant partout des petits magasins océaniens bourrés d'éventails et de manioc, de pièces de satin et de lampes tempête. Ils constitueront une ethnie sans rancune, bien adaptée à la vie sociale et merveilleusement apte au commerce.

Goc, le Chinois

L'histoire du « père Goc » est assez caractéristique de ce peuplement vietnamien qui marquera à jamais l'histoire calédonienne. Il était arrivé sous le matricule 1072, mais son vrai nom était Chy Van N'Goc, ce qui signifie « monsieur Rubis ». Il avait été envoyé avec sa femme sur les mines de nickel où il réparait les câbles téléphériques parce qu'on s'était aperçu très vite que c'était un bon ouvrier. Inventif, bricoleur, régulier au travail comme une horloge de précision, tout va bien sur la mine dite « 205 » jusqu'au jour où sa petite fille, prise d'un mal mystérieux dans l'éloignement et la solitude des lieux, meurt brutalement. On laisse partir Chu Van à pied, l'enfant sur ses épaules. Il descend le sentier vers la vallée, traverse des creeks, longe le grand massif du Koligoh, arrive au village, et, sans une larme, couche la petite morte au pied d'une croix missionnaire. Il repart, le visage impassible, pour la mine. C'est alors qu'il se met à méditer sur l'herbe calédonienne – herbes à gendarmes ou herbes à balai. Il la coupe en bottes, la fait tremper dans l'eau, l'assouplit et passe ses nuits à fabriquer des petites nattes étonnantes qui font l'admiration de tous. On lui passe commande. On se les arrache dans les centres. C'est tout à fait illégal : le coolie a une condition de serf. Le travailleur est arrêté, conduit au cachot! En cellule, réfléchissant à la vie et ses revers, voilà qu'il se met à fabriquer des brosses à laver avec les racines de chiendent qui poussent aux abords de la prison. On l'avait relégué avec un seau d'eau saumâtre par jour, on le retrouve avec un stock de marchandise qu'il écoule auprès des gardiens, des amis des gardiens, et dans le village tout entier. On le libère, c'est la joie. La première chose qu'il voit en mettant le pied au bord de la mer, ce sont ces bancs de picots – poissons si abondants sur les côtes. L'idée germe aussitôt dans sa cervelle. Il se rappelle sa vieille maman à Dao-Khé, son hameau natal, qui fabriquait son *nuoc-mam* avec des poissons d'étang qu'elle lavait à l'eau douce. Il pense sagement qu'il serait bon de traiter le poisson calédonien de la même manière sans le déranger de son élément naturel, et il se met à le traiter à l'eau de mer. Il obtient une saumure parfaite et un nuoc-mam si riche que le

Dr d'Ouégoa s'empresse d'envoyer un échantillon à son confrère de l'hôpital de Nouméa. La fortune du Chinois est assurée. Le nuoc-mam calédonien est né. Le matricule 1072, avec ses cinq filles et ses cinq garçons, sera à la tête d'une des plus grosses entreprises commerciales de la ville...

Les Javanais

Quant aux Indonésiens, ils s'appelaient Soeparmin, Lassiman ou Ouadjip, et leurs femmes, souvent drapées dans de beaux batiks, les avaient accompagnés surtout pour la cueillette du café. On avait avec eux conclu aussi des contrats de cinq ans et la plupart venaient de Djakarta et des rizières de Sumatra. On les avait enrôlés juste à l'époque où les plants acclimatés semblaient devoir constituer pour l'île un remarquable produit d'exportation. Les Canaques n'avaient pas été d'un bon secours pour la récolte des « cerises ». Ils étaient souvent trop brusques. La qualité d'un bon café tient au soin qu'on apporte à le recueillir. Petits, méticuleux, patients, les Javanais avaient donc fait merveille. Une photo, exhumée des armoires de famille, nous montrera les premiers ouvriers arrivés pour les caféières Leconte à Koné : moutonnement indistinct, silhouettes mal fagotées, individus disparates portant des chapeaux de feutre ou de paille, sous la houlette du propriétaire colonial en casque et en pantalon blanc.

Pour eux aussi les premières années avaient été très difficiles, d'autant que le gouvernement de Batavia avait glissé, parmi les exilés, des irréductibles récemment sortis de prison et qui s'étaient livrés à leur arrivée à des meurtres. Pour eux, on sera obligé d'élever la guillotine du bagne. Leur décapitation en pleine ville avait été longue à s'effacer des mémoires et on avait redouté ces vieux Indonésiens qui, comme les Arabes, faisaient leur coup à l'arme blanche dans le silence des plantations ou dans les tripots de la ville. Mais, tous les trimestres, deux navires *Le Tasman* et *Le Lemen*, faisaient la rotation Nouméa-Batavia, amenant les travailleurs, en rapatriant d'autres, si bien que ceux qui voulaient rester le faisaient de plein gré, et un triage s'était opéré au mieux des intérêts de chacun.

On retrouvera, plus d'un siècle après son arrivée, une femme plus que centenaire. Son contrat de travail signé par l'administration de M. Feillet l'attestait : elle était venue à vingt ans pour cueillir le café dans la région de Méaré, non loin de La Foa, et ne s'était jamais résignée à repartir. Cachée derrière ses plants de manioc, elle avait vécu sans plus trop savoir comment, le visage buriné, ses pieds curieusement difformes, griffus et racornis, les orteils en pinces de crabe, à force d'avoir grimpé dans les caféières des montagnes. Celles-ci, abandonnées, s'étaient mises à croître comme des champs de peupliers et la vieille Javanaise, qui n'allait guère au village, faisait son pain comme une vraie broussarde avec la farine des fruits de cycas qui poussaient dans la rivière. Ses pâtés, elle les confectionnait avec la viande des chats sauvages qu'elle tirait au fusil, de la fenêtre de sa maison. Elle n'avait jamais su parler français et se tenait terrée au fond de son jardin avec des réflexes de bête apeurée, fuyant, le sarong sur la tête, à l'approche de tout visiteur.

Touchante encore avait été l'histoire de Mme Darjana qui, à onze ans, avait catégoriquement refusé le fiancé que son père lui avait choisi et avait quitté les rizières natales pour fuir aussi loin qu'il lui avait été possible de le faire. Au bord de la mer, elle avait vu les grands bateaux chinois venant de Bangkok et de Singapour. Elle avait rencontré là un cultivateur de manioc si pauvre qu'il voulait s'exiler. La main dans la sienne, elle le suivit. Retrouvée à l'île Nou avec les travailleurs du Nickel, elle est aujourd'hui l'aïeule d'une des familles les plus authentiques de l'île et la maman d'un des médecins les plus estimés de la ville.

Ethnie discrète, retranchée derrière des bouquets de bananiers dans des masures fleurant bon le *bami* * et la citronnelle, enfants briqués, toujours habillés le dimanche en tenue de fête, vieux jardiniers ou petits mécaniciens ponctuels, les Javanais feront souche au point de former une population attachante. Se tenant toujours en dehors de toute politique, à l'écart des compétitions économiques, ils vivront en maraîchers consciencieux ou en employés fidèles dans les entreprises de la ville. Les vieux seront souvent employés à des travaux de voirie. On les appelait les « kakanes * » : pittoresques, parlant un charabia des plus drôles, passionnés de combats de coqs et de jeux, ils n'avaient de cesse qu'ils ne se constituent des économies. L'un d'eux portait toujours sur sa tête le chapeau de son père, réquisitionné pour aller ramasser du guano dans les îles du Nord. Le vieux y avait caché les premiers louis qu'il avait gagnés. Le fils allait faire de même : emboîtant les chapeaux les uns dans les autres et les cousant à gros points avec une bonne ficelle, il avait fini par porter une coiffure des plus cocasses qui renfermait une véritable fortune.

On se disputait les Javanaises pour le service des particuliers : soigneuses, toujours expertes en cuisine, attentives aux marmots. Quel Calédonien ne se rappelle aujourd'hui avoir grandi à l'ombre de ces femmes tranquilles qui sentaient le savon et la cannelle et éclairaient avec fierté leurs chignons de pièces d'or? En brousse, elles avaient souvent besogné durement. On les envoyait couper du bois à la lisière des forêts. Pour être tranquilles, elles attachaient leurs enfants aux arbres, les tenant en laisse comme de petits chiens. L'habitude leur était venue de se demander entre elles : « Que choisis-tu? Le tronc d'un niaouli ou un bois de gaïac? » A cause de cela, les petits immigrés, des années durant, jusqu'à nos jours, garderont le surnom de « petit niaouli » ou de « petit gaïac »!

Les téléspectateurs, en 1985, s'étonneront de voir sur leurs écrans, noyée de tricolore, cette foule de « Caldoches », comme on les a appelés, rassemblée sur la place des Cocotiers, hurlant contre l'indépendance. Dans ces trente mille visages poncés de brun, ces jeunes filles vietnamiennes aux franges lisses, ces minces adolescents de Djakarta, yeux eurasiens, tempes minces, pommettes aiguës, pièces de batiks mêlées aux paréos, on pouvait suivre, comme dans un grand livre ouvert, les traces des immigrations de M. le gouverneur Feillet.

Les « Caldoches » à l'aube du siècle

La société calédonienne, déjà aux premières lueurs du siècle, n'était donc pas composée des seuls descendants germaniques, des colons de M. Paddon, des solides Alsaciens, exilés de la dernière guerre, et des enfants de bagnards.

Une population exotique allait au fil des années se mêler à

eux, si bien que l'on pourra parler d'une population typiquement locale. Certes elle restera délibérément tournée vers la France, sa culture, sa civilisation, son mode de vie et sa langue. Les sujets les plus brillants des écoles seront souvent recrutés dans leurs ethnies, et leur façon de vivre, surtout chez les Vietnamiens, se modèlera d'après les raffinements de la civilisation européenne. Tournant le dos aux tribus canaques, ces immigrés exotiques ne se mélangeront guère qu'aux Européens. Si en brousse on rencontrait des exemples d'unions avec des Mélanésiens, ces exemples demeuraient des cas rares, des accidents ou des fatalités. Certains journaux de la presse française avaient donc grand tort de parler d'une société blanche; en fait, elle n'existait déjà plus. Pas un Calédonien qui ne compte aujourd'hui des métis chez les siens. Mais les auteurs de ces articles avaient raison s'ils voulaient dire par là que la société canaque resterait pendant longtemps isolée de ce grand brassage social.

Les immigrés de M. le gouverneur Feillet, pourtant issus d'une histoire coloniale fort dure, n'en garderont aucun complexe. Au contraire, ils revendiquent aujourd'hui pleinement leur droit de vivre sur une terre qui est sans conteste, pensent-ils, la leur... Grâce à eux s'était élaboré un bonheur quotidien et, aux jours de marché, avec leurs paniers à balanciers chargés de haricots chinois, ou leurs étalages de beignets chauds, on leur est redevable de cette douceur océanienne et de cette amitié sans chiqué dont on ne peut, des années après, se souvenir sans larmes.

Les derniers feux d'un règne

C'était sans conteste la réussite de M. Feillet! Un vieux colon, François-Abel Bouscarel, qui avait vécu en sage près du village de Païta et s'était éteint quelques mois avant l'arrivée du nouveau gouverneur, avait laissé transparaître dans la presse catholique son espoir de voir un jour les centres animés par la présence de nouveaux travailleurs aptes à en développer les potentialités. Président de la commission municipale, il avait été la première voix favorable à une immigration souvent combattue. Vaille que vaille, sous sa férule de jonc à pommeau d'argent, M. l'administrateur Feillet avait donc bien ensemencé le pays. Plus que ses plants d'arabica, réussiront à grainer ses immigrants de la première heure! On ne peut lui enlever ce mérite...

La brousse à la fin de son règne en sera transformée. On verra à Koné un de ses colons, le cultivateur Reuillat, partir sur son bicycle d'époque vendre des légumes frais aux côtés des marchandes asiatiques et des hommes des tribus, les épaules chargées de régimes de bananes. Les frères Hardy, au bord de la Poya, jetaient des semences près de la propriété Newland, ratissée par une poignée de bons Javanais. A cette époque, dans la plaine des Gaïacs, campaient encore des évadés arabes, mais le centre ne s'en préoccupait pas, non plus que de la rébellion : les gendarmes avaient emmené les chefs des tribus sur le *Saint-Antoine*, le bateau du « Tour de côtes ». On allait donc, en compagnie de ce petit peuple d'engagés de couleur, se livrer aux jardins : aubergines et tomates de brousse, papayes et pommes canaques *, artichauts et pastèques, quelle abondance! Langoustes au récif, crabes dans les palétuviers et grisettes sur les plages : la vie broussarde commençait avec ses joies de campagne et la grande liberté de ses cavalcades. Les indigènes venaient aux épiceries acheter des pièces de *manou* * qu'ils enroulaient autour de leurs reins et crochaient encore leurs pipes dans leurs oreilles. Ils s'asseyaient au bord des routes, se cherchant les poux dans leurs tignasses, et certains se faisaient photographier avec cette sorte de manteau de paille qui était aussi leur manteau de pluie, une jupette de fibres, une gourde à l'épaule, la cigarette aux lèvres et un nœud de cravate au cou. Triste imagerie! On enverrait en France, aux amis et à la famille, ces spécimens rares d'une humanité dérisoire dont on se plaisait à souligner le pittoresque surfait.

La nouvelle population calédonienne qui s'enracinait se rendait-elle compte de quel prix elle devrait payer son existence ici, et quelles inconséquences avait commises un gouverneur qui, pour mieux la gâter, avait gravement compromis les rapports qu'elle aurait à entretenir avec les tribus? Paysans calmes, aux gestes pastoraux, ces nouveaux colons de la France provinciale et ces émigrés asiatiques auraient pu, dans le quotidien, côtoyer sans violence la vie mélanésienne. Mais celle-ci avait été, avec une impardonnable désinvolture, repoussée sur des terres exiguës et en des conditions qui allaient remettre incessamment en cause la notion même de réserves. Avait-on le temps, en ce début de siècle, de se préoccuper de ces hommes enturbannés, le bagayou entre les cuisses, qui se réfugiaient dans la fumée de cases couvertes de feuilles de cocotiers, décimés souvent par la lèpre ou de mystérieuses maladies de langueur, et qui semblaient vraiment résignés à mourir?

Que voulez-vous? M. le proconsul Feillet est tellement énervé dans cette infernale bataille que lui livrent des citadins exaspérés! Marqué par des tragédies et des rivalités sournoises, son règne n'aura été qu'une suite de convulsions, et ses amis même l'abandonnent peu à peu. À partir de 1901 on s'acharnera à le démolir. Les missions, la S.L.N., les bourgeois de la ville, les administrateurs qu'il a destitués, lui rappelleront jusqu'au bout qu'il est un infâme dictateur, qu'il soutient les Juifs et qu'il a été – crime abominable – le gouverneur du fléau qui s'est abattu sur Nouméa dans les toutes dernières années du siècle : la peste!

La peste et l'affaire Dreyfus

Qu'il ait soutenu les Juifs, aucun doute, et son ami Bernheim en premier lieu dont il favorisera grandement la fortune. L'affaire Dreyfus qui s'intensifiait en France ne sera pas sans avoir de vives résonances à Nouméa. Le procès lancé contre ce capitaine israélite, accusé de haute trahison, allumera des brasiers aux antipodes. M. Feillet est un dreyfusard bruyant. Il le proclame. N'est-il pas question même que Paris envoie à la presqu'île de Ducos le prétendu espion? Les bourgeois conservateurs de la ville s'en indignent et, de 1897 à 1899, le torchon brûle entre les anticléricaux feilletistes, les dreyfusards, et les cléricaux anti-Feillet, adversaires acharnés du sémite. Pour lui on se battra en duel. Aux alentours de la cathédrale, les rencontres avaient lieu avec la solennité et le rituel des grandes joutes de l'époque : chapeaux claques et fleurets, gants de suède jetés dans des matins clairs, à la fraîcheur du lagon tranquille, sous le parasol éclatant des flamboyants.

Quant à la peste, elle s'était un beau jour insidieusement abattue sur la ville. Des sacs en toile de jute, régulièrement déchargés sur les quais par les bateaux en provenance des Indes, avaient été à l'origine du mal. Les rats avaient fait le reste. En novembre 1899 d'inexplicables décès à l'hôpital-léproserie de la baie de l'Orphelinat semaient la terreur. Le 19 décembre, le Dr Le Scour, premier médecin civil à Nouméa, diagnostique le mal. Encore localisée aux quartiers du Port, l'épidémie se propage en ville et, le 30 décembre, on compte vingt-huit décès. On avait donc passé un bien triste Noël à Nouméa! Les bougies plantées traditionnellement sur le pudding familial, à la façon des colons Paddon, n'ont pas été allumées. Une grande opération sanitaire a nettoyé les lieux douteux, incendié les vieilles masures, rasé les brousses infestées de vermines. Les quartiers sont quadrillés de tôles, les rats brûlés et on désigne des quarantaines – îlots en mer où l'on parque les voyageurs. Toutes les étables sont noyées d'eau bouillante et les hangars de chaux vive. Des tombereaux roulent le soir vers des fosses de plus de deux mètres de profondeur que l'on recouvre ensuite de silex et de craie. On boit de l'eau phéniquée, on traque les puces et les cafards, on passe tous les chevaux au soufre. Avec des sulfateuses, des équipes de sauvetage arrosent d'antiseptique les passants qui s'aventurent vers les zones dangereuses et, si l'on se hasarde à lire le journal, c'est lorsqu'il apparaît dûment tamponné d'une notice : désinfecté!

« Partout en ville on n'entend plus parler que de bacilles, ganglions, suppurations, vaccinations... Les mines sont graves, les traits tirés et les bulletins d'information destinés à éduquer le public dévoilent des horizons terrifiants » (*Mémorial calédonien*). Le gouverneur en personne descend en ville et surveille les opérations de défense. Le Scour est admirable; c'est le type du bon médecin de famille adoré des Nouméens : aujourd'hui, il monte sur la brèche. Au Lazaret, une Calédonienne, Isabelle Lechanteur, déploie un dévouement sans bornes pour les pestiférés qu'on a entassés dans des charrettes. Elle va, jour et nuit, les soigner, nettoyant leurs bubons avec de la glycérine, secourant les fiévreux et les agités... On a demandé du sérum. Il ne vient pas. On compte les morts! Le directeur de la maison Ballande, l'ancien déporté Charbonneaux, est atteint. On a les plus mauvaises nouvelles du maire de la ville, M. Loupias. À bord du *Saint-Antoine*, « la peste aussi s'est déclarée et le capitaine a donné l'ordre de jeter deux cadavres à la mer avant d'entrer au port ».

« M. Feillet ne se contentait donc pas d'être une peste de gouverneur, il était le gouverneur de la peste! » titre la presse locale. On en profite pour lui lancer des coups bas. La hargne est d'autant plus grande qu'après une accalmie la peur a repris. La maladie, qui a déjà fait quatre-vingts morts, semble gagner en brousse. La famine est tombée sur Nouméa. Les exportations sont suspendues. La tension est à son maximum. Le bouc émissaire, « Feillet le Pesteux », « Feillet le Bubonique », poursuivi par la vindicte de ses ennemis politiques, chancelle : le voilà malade. Les médecins le disent condamné. Il n'a pas la peste. Mais la haine, la délation, les calomnies ont eu raison de lui : « Dans le courant du mois de septembre 1902 il reçoit de Gaston Doumergue, alors ministre des Colonies, l'ordre de prendre le courrier maritime quittant Nouméa le 18 octobre pour venir s'expliquer à Paris » (*Mémorial calédonien*). Triste départ d'un homme seul. On ira jusqu'à dire qu'il s'était caché dans un panier à charbon pour monter dans le bateau sans être vu. Que penser de ceux qui, en Australie, auront « la cruauté de faire déposer dans sa cabine... une couronne mortuaire » (*Mémorial calédonien*)?

« Tout le monde était avec vous, monsieur Feillet, lorsque vous êtes venu vous installer ici. Il y avait du bon dans vos idées. Il convenait seulement d'en faire disparaître les exagérations et de les adapter aux besoins réels de la colonie. Vous avez refusé d'entendre les notables locaux et le résultat est là, désastreux. En fait de culture, c'est seulement la haine et la discorde, que vous êtes parvenu à faire pousser dans ce pays » : c'est ce qu'exprimera amèrement, au départ du gouverneur, un des maires révoqués, M. Paul Guiraud de Lévizac.

Paroles à retenir par tout administrateur désigné dès lors à servir dans l'île calédonienne. L'opinion de ce petit pays sera absolument intraitable à l'égard du fonctionnaire doté d'une originalité trop aiguë ou d'un plan d'action trop autoritaire. La cité a désormais ses élus : ils ont pris leurs distances avec le gouvernement central. Dès qu'un chef de service métropolitain apparaîtra sur le territoire, s'il a quelque velléité de pouvoir personnel (ses vues fussent-elles sages et justes), des colons – déjà autonomistes – le malmèneront furieusement ! Le tollé sera général contre tout arrivant ayant des initiatives hardies, dérangeantes, volontaires. Un simple métropolitain, affublé du sobriquet de zozo *, rencontrera, sitôt le pied sur l'île, la méfiance. A 20 000 kilomètres de l'Hexagone, l'île affirmera, quelquefois rudement, envers la mère patrie sa différence. Ne gouverne pas qui veut ce peuple de plein-vent. La petite cité n'aime pas les capitaines isolés, les administratifs spécieux, ou les hommes de cabinet hautains. Contre eux les Nouméens peuvent lancer des paroles brutales, des injures diverses et se déchaîner en des actes qui apparaîtront, aux grandes lumières de l'Histoire, particulièrement outrageants. Mais ces enfants, nés des paddocks et des mines, ont la violence des peuples neufs. En 1900 de M. le gouverneur Feillet, en 1940 de l'autoritaire amiral d'Argenlieu, en 1985 du solitaire Edgard Pisani, la Calédonie dite « des Caldoches » refusera absolument les diktats.

CHAPITRE VIII

LA GRANDE MISÈRE DES TRIBUS

Le règne de « Feillet Ier », comme on s'était plu à appeler le malheureux gouverneur, était donc terminé. L'épidémie de la peste s'était déplacée. Loin d'être éteinte, elle touchait sévèrement les tribus du Nord. L'approvisionnement en vaccin se révélait toujours précaire et, tant par leur éloignement que par leur obstination à recourir aux sorciers, les pestiférés étaient si mal soignés qu'en 1903 les missionnaires de Bondé comptèrent cent vingt morts dans leur région.

La ville, toujours cloisonnée par ses barrières en tôle, reprenait toutefois de l'activité. Sur la place Courbet, à l'orée du jardin Sauvan, les habitants de la cité s'étaient remis à leurs occupations : la chapellerie de Mme Lerrant, rue de Rivoli, retrouvait ses clientes, et un service de malles-poste par automobiles fonctionnait depuis le 1er juillet 1901 de Nouméa à Moindou. *Chez Rordoff*, boulevard Cassini, on pouvait acheter d'excellentes pastilles de lichen et des bicycles. *La France australe* titre avec enthousiasme : « La bicyclette, un des plus grands événements humains. » Machine parfaite, elle fait fureur ! Obéissante, sensible, rapide elle est la joie des premiers sportifs, qui se réunissent en un Véloce Club calédonien, et des commerçants qui répandent sur le marché une nouvelle pince pour pantalon à l'intention de « MM. les cyclistes ». Les voitures à cheval se croisent sur des rues poussiéreuses et les accidents ne sont pas rares. Roues échappées de leur fusée d'essieu, bêtes épouvantées, cochers blessés, c'est le menu grain des faits divers, quand ce n'est pas le spectaculaire accident d'un bœuf furieux brisant les harnais d'un *sulky* en se précipitant sur les passagers! Inaugurée depuis 1890, la cathédrale est une adolescente ingrate montée en graine à côté de l'hôtel de ville qui n'est autre que l'ancienne banque de M. Marchand. La première école municipale fonctionne à côté du port où stationnent le *Cagou,* vapeur du capitaine-armateur M. Christy, et le quatre-mâts *Emilie Siegfried.* Les drames de la mer ne sont pas rares sur ces côtes hérissées de pâtés de corail et souvent battues de mauvais vents. À peine s'était-on attristé de la disparition du *Fiado,* tragique naufrage de la fin du dernier siècle, que, un beau matin d'août 1900, c'était l'échouage du navire *Ville de La Ciotat* qu'un reporter relève en quelques lignes : « Ce matin, au moment où le paquebot *Ville de La Ciotat* ayant à son bord le pilote Novella s'apprêtait à entrer en rade par la petite passe, le navire, ayant rasé de trop près l'île aux Lapins, est allé s'échouer sur un fond de corail. Heureusement, on a sauvé la malle composée de vingt-huit sacs de dépêches. »

Si l'on pleure les disparus, les victimes de la peste et les décès des plus grands, comme celui du maire, ce Jean-Baptiste Dézarnaulds dont l'éloquence dans les débats judiciaires était sans égale et qui s'était éteint le 1er septembre 1900, on n'en vit pas moins au rythme de la Belle Époque. Les bals, où brillent d'élégantes Calédoniennes vêtues de soie pékinée et de satin crevette, alternent avec les régates, les fêtes nautiques ou les spectacles de l'Éden-concert dont la pantomime militaire *La Dernière Cartouche* déclenche le fou rire des spectateurs. Quant aux jeux, ils ont lieu traditionnellement sur la place des Cocotiers : courses aux cochons, aux canards et ascension burlesque du mât de cocagne au faîte duquel on a pendu des nougats et des saucissons de cerf dans un déluge de drapeaux tricolores.

Confettis et drapeaux russes, guirlandes de roses thé et chapeaux d'organdi, on vit aussi à l'écoute du monde. La guerre des Boers, comme les premiers signes de l'Entente cordiale ou les étonnants progrès de la « téléphonie » sont abondamment commentés. C'est la vogue des Expositions. On a envoyé à celles de Paris des échantillons des meilleurs produits calédoniens : le café Jouve, de renommée mondiale, les plus jolis cailloux de M. Bernier, et les confitures de coco germé de frère Antonio. À

Nouméa, sur place, on ne cesse de se livrer à des étalages de toutes sortes dans de grands hangars de trente mètres de long : cuirs, bottes d'asperges, macaronis et gâteaux de miel, sirop d'orgeat et de citron, anisette et quinquina, beaux étalons de race et couples de vaches bretonnes. Là ou pas là, on ne peut manquer d'évoquer ce gouverneur honni qui, bon gré mal gré, avait bien été à l'origine de cette Calédonie agricole que les visiteurs, à l'aube de ce siècle, ne pouvaient s'empêcher d'admirer!

Car ils sont bien présents, tous ces colons Feillet descendus à la ville pour montrer leurs moutons ou leurs citrouilles, leurs beurres de moelle et leur gruau, leur thé de citronnelle et leur pâte de goyave, appelée niaouline, qu'on peut déguster sur place avec un doigt de curaçao. Si l'on veut bien les retrouver aux côtés des colons de M. Paddon et des Alsaciens-Lorrains, des paysans du village de Moindou, mêlés aux citadins et aux officiels, dans des rues où se côtoient Annamites et Réunionnais, indigènes en manou et Arabes en gandoura, on se rendra compte en quel creuset de vie provinciale et quotidienne allait se former la population calédonienne. Les plaisirs et les jeux, « la bricole » et le coup de pêche au récif, les matchs et les défilés, les revues militaires et les séances houleuses du conseil général deviendront un pain commun. Le petit train Nouméa-Bourail que le gouverneur Feillet avait inauguré un an auparavant, le 17 août 1901, était le lien pittoresque entre cultivateurs de la côte et Nouméens. Son tableau de marche à partir du 1er janvier 1905 mentionnera cinq stations pour un parcours d'une vingtaine de kilomètres. Le billet coûtait 0,50F en première classe, 0,40F en seconde et 0,25F en troisième. La réglementation, certes, était ségrégationniste. Le dimanche et les jours fériés, les indigènes océaniens et asiatiques ainsi que les autres engagés étaient tenus de prendre place dans un wagon spécial de troisième classe accroché à tous les trains mis en marche (article 3 du règlement). Mais l'évidente joie des voyages, avec une locomotive essoufflée dépassant fièrement les charrettes à ridelles et transportant en pique-nique des vacanciers à parapluies noirs et des voyageuses en casaquin, ne s'éteindra que dans les années 30, lorsque l'automobile fera son apparition sur des routes encore rudimentaires.

Tout cependant n'était pas rose en cette fin d'année 1902. M. Feillet a laissé des dettes, et ce début du siècle s'annonce mal pour la IIIe République. L'Exposition universelle de 1900 s'est soldée par un déficit énorme, les grèves n'ont jamais été si nombreuses et les abus de pouvoir ne manquent pas. En Calédonie, une série de mauvaises saisons a rembruni les esprits. Des averses de grêlons, dont certains tombaient gros comme des œufs de pigeon, ont littéralement haché l'herbe à para *, cassé les branches des manguiers et effrayé les troupeaux. On est morose. Mais les vieux colons de la première heure sont là, et les vétérans des armées de terre et de mer des campagnes de 1870 qui ne se laissent pas abattre. On fêtera plus que jamais, dans les liesses militaires, la « grande fête patriotique à laquelle tous les habitants de ce pays aspirent » (*La France australe*) : le cinquantenaire de la prise de possession. Un demi-siècle de présence française sur le territoire devait être célébré à coups de canon et de tombolas, de pétards et de fontaines de flammes, de chandelles romaines et de lancers de montgolfières, de courses vélocipédiques et de concours horticoles, de salves d'artillerie et de solennelles réceptions. Fachoda est oublié. Une délégation du gouvernement australien, représentant Sa Majesté le roi d'Angleterre Edouard VII, débarque en grand uniforme et, d'un seul souffle, les Nouméens crient : « Vive le roi ! » Cavalcades, chars de parade... Il fait un temps superbe ! On attaque *La Madelon*, Mokrani se livre à une fantasia étourdissante, les Indiens exécutent des danses, les Annamites portent des lampions, les cyclistes à tricots rayés arrivent au milieu des chars, et des délégations de Canaques entament de frénétiques pilous à côté d'un fortin en carton-pâte évoquant Port-de-France au temps des artilleurs de l'Empire.

Discours, bris de bouteilles de champagne. Sous les drapeaux on s'en va, au-delà des palétuviers de la Rivière-Salée, à l'orée du tunnel de Tonghoué, fêter sur la voie ferrée le 24 septembre ! Entre les tricycles à pétrole, des assauts de fleuret, et les avisos pavoisés, on s'en donne à cœur joie. Épuisés par tant de réjouissances, les fêtards s'en iront aux lendemains d'une vibrante commémoration s'exercer au tir à la carabine ou au pistolet sur les collines de Robinson, aux portes de la ville, où on peut leur servir, par câble, un cuissot de cerf et de la bière de coco.

Longtemps on parlera des marmots primés au fameux « concours de bébés » qui, maintenant plus qu'octogénaires, conservent encore la gloire du prix historique; longtemps les plus vieux sportifs se rappelleront l'inauguration de la pyramide de bronze élevée à Balade, sur les lieux mêmes de la prise de possession. On y avait porté, en un marathon célèbre, de village en village, de tribu en tribu, une torche symbolique... Longtemps la communauté calédonienne, naïvement adonnée à ses fêtes, à son commerce, à sa vie propre, refermée sur elle-même, isolée du monde, ne s'intéressera guère qu'à elle-même, à sa croissance, à sa vitalité, aux signes maladroits de sa culture et à ses intérêts propres. On ne peut lui en vouloir. C'était une société toute neuve, issue de temps durs, étonnée elle-même de se retrouver au bord de plages splendides dans une île de lumière. Pouvait-elle être attentive, alors qu'elle faisait tant de bruit, au lourd silence qui pesait sur des tribus commotionnées par la répression récente, et plus encore par de nouvelles mesures administratives? Entassés en désordre dans des villages où ils se reconnaissaient mal, les Mélanésiens n'étaient plus que l'ombre d'eux-mêmes.

Un certain 24 septembre

Le 24 Septembre, jour de fête nationale pour la Nouvelle-Calédonie, restera, dans l'esprit des indigènes, la fête des Blancs. Peut-on voir, comme cause principale de l'impopularité que cette date connaîtra au fur et à mesure des années, ce climat d'insouciance dans laquelle elle était née? Le « cinquantenaire » avait revêtu une forme d'insolence : ici, des vainqueurs bruyants, là, un peuple défait. Plus que le geste d'un amiral d'Empire plantant en 1853 son drapeau sur une île inconnue, vingt-cinq ans après la révolte d'Ataï, « 1903 » éveillait de nouvelles amertumes. Les colonisateurs dansaient sur leurs terres conquises. Parades militaires au front de mer de l'anse Vata, accolades et congratulations, administrateurs décorés, salut aux couleurs, ce n'était plus la banale image d'Épinal de l'heure de la possession mais celle de la conquête des Français qui s'établissaient de plus en plus au mépris de la Coutume et des Traditions. Les Européens ne sentiront que tardivement l'hiatus qui, chaque année, se creusait et la désaffection des indigènes à l'égard de fêtes où ils ne venaient plus danser, plus parader, plus rire, et auxquelles pourtant leurs vieux s'étaient risqués à participer. Ils allaient même, pour les fêtes du 14 Juillet, jusqu'à envelopper leur sexe, ce jour-là, d'un haillon tricolore : c'était le bagayou d'amitié. Quand ils se baladaient dans les rues pour recevoir quelque obole, les vœux de bonne année, qu'on transmettait en chantant dans les maisons, garderont jusqu'aux années 30 une tradition. Mais la fête du 24 septembre sera plus sévèrement jugée. Elle finira par être haïe. On ne pouvait oublier qu'on ne la fêtait, en somme, qu'à sens unique, qu'elle n'était pas une réjouissance communautaire, que les pilous n'y étaient jamais spontanés, mais commandés par des officiels, et qu'on la célébrait d'autant plus joyeusement en ville que les années étaient néfastes aux tribus. Le malaise finit par grandir au point que le gouvernement mit une sourdine aux réjouissances. Un peu après les années 50, on demanda à la speakerine du poste de la radio locale de bien vouloir annoncer les communiqués de la célébration en parlant du « rattachement de la Nouvelle-Calédonie à la France », ce qui était déjà d'un meilleur effet. L'expression brutale de la prise de possession était supprimée. Quelques années plus tard, les leaders des partis mélanésiens s'empareront de la date historique pour la transformer en jour de deuil kanak et rallumer de cuisants souvenirs.

Les tribus

Le gouverneur Feillet n'y avait pas été de main morte. Pour récupérer des sols en faveur de ses colons, il avait tenté toutes les politiques. La première était celle de la « renonciation volontaire ». La démographie des tribus étant en chute vertigineuse, on proposait aux gens d'abandonner leurs terres pour se regrouper. Avec quelque perfidie, l'administration joua habilement sur des rivalités de chefs ou sur de vieilles histoires de vengeances entre villages ou familles. C'est ainsi qu'en 1895 la vallée de la Négropo lui fut cédée par le grand chef Kaké qui se vengea ainsi de l'affront fait à ses fils par les héritiers de Nondo : ceux-ci avaient gardé des femmes qui, selon la coutume, devaient revenir à la tribu Kaké. Quant aux belles plaines de la Boa-Kaine, un mari les abandonna bel et bien à la suite d'une dispute conjugale. Cédant aux instances de l'administration, il livra les terres de sa femme infidèle... On avait ainsi récupéré près de 115 hectares de bonne terre dans la réserve près de Canala, et quatre cinquièmes de la vallée de Ponerihouen.

Les populations, victimes de ces arrangements, avaient donc dû partir. Le colon Adrien Millet, qui épousera, selon la coutume indigène, la sœur d'un chef de tribu, sera le témoin de tristes scènes : « Tous les malheureux quittaient avec une peine profonde les lieux où ils étaient nés, où ils avaient toujours vécu et dont ils ne pouvaient rien emporter. » Le spectateur d'un tel exode est un adolescent de dix-sept ans, mais son père, Paul, avait été instituteur dans la région en 1890, dans une des écoles couvertes de chaume tout entourées de niaoulis. Ils connaissaient l'un et l'autre ces gens et savaient ce qu'ils quittaient : leurs foyers, leurs sépultures, leurs pierres sacrées. Le P. Lambert et les missionnaires assisteront, impuissants, à la peine des exilés : « Loin d'être nomades, les Calédoniens sont, aussi bien que nos paysans de France, attachés au sol qu'ils ont cultivé, au pays qui les a vus naître. Le Provençal aime ses oliviers, le Bordelais sa vigne, l'Auvergnat ses montagnes, le Breton ses genêts et son clocher à jour, le Calédonien aime d'un amour aussi vif l'héritage de ses ancêtres, sa terre à ignames, ses cocotiers, ses arbres à pain, le ruisselet qui arrose sa tarodière et aussi le superbe banian, le bancoulier touffu qu'il a plantés à côté de ses cases à l'ombre desquelles il prend ses repas, répare ses filets et ses voiles de pirogue, le rivage, sur lequel il a pris ses premiers ébats. »

À partir de 1896, un mariste dans le grand Nord s'indigne : depuis une dizaine d'années il a été envoyé à Wagap, chargé de diriger un asile fondé par des trappistes pour la réhabilitation d'une poignée de vieux forçats; mais ce n'est pas la fermeture de la maison depuis la suppression du bagne qui lui est pénible, c'est de voir l'administration réduire ses réserves, spolier les natifs de leurs terres sans aucun dédommagement. Des troubles éclatent. Assez graves pour qu'à Nouméa on s'en inquiète. À la mi-août on voit le P. Berne débarquer sur le quai de Nouméa. L'enquête a duré trois ans, et l'on a accusé les missions catholiques d'être à l'origine du soulèvement!

Ce n'est pas tout. M. Feillet divise le territoire canaque en 50 districts sur lesquels s'installent 333 tribus « officielles ». Il pousse même l'impudence jusqu'à nommer lui-même des chefs. Grave erreur : ces hommes de paille, chefs dérisoires relevant de l'autorité du gendarme, destinés à distribuer des punitions à leurs sujets, n'auront jamais aucun crédit et leur nomination restera une injure faite à la tradition. « Le chef est le grand frère de la fraternité clanique, celui qui marche en avant. Il est la racine, la source, l'ossature, la chaîne des crêtes. Il a droit aux présences coutumières, aux prémices agricoles. La relation n'est pas d'esclave à maître, ni de serf vis-à-vis de son seigneur. C'est une relation " d'ordre " entre les membres d'un même groupe qui savent qu'il est l'axe de la société, de même nature qu'entre les membres d'une famille » (J.-M. Tjibaou, *Kanaké*). Voilà donc celui que le gouverneur entendait remplacer et sur lequel il voulait exercer son pouvoir! Ce projet de superposer à la hiérarchie clanique un ordre administratif aura de telles conséquences qu'on verra longtemps les réels grands chefs s'embaucher comme dockers sur les quais ou comme matelots sur des bateaux. Ayant perdu officiellement leur chefferie, ils n'en étaient pas moins reconnus en secret par leurs sujets et considérés comme tels; mais ils se tenaient cachés. Une mesure aussi radicale pouvait être de nature à bouleverser considérablement les relations entre familles, entre les frères, les oncles, les femmes, altérant gravement des comportements séculaires. « Le chef est considéré comme le " verbe " du clan, l'incarnation même de la parole. En langue on dit parfois " panier de paroles ". Lorsqu'il n'y a plus de chef, le désordre qui en résulte est exprimé par l'expression " il n'y a plus de parole " » (J.-M.Tjibaou, *Kanaké*).

À la fin de son règne, l'autoritarisme de M. le gouverneur Feillet ne connut plus de bornes. On en arriva aux spoliations pures et simples, si bien que les réserves, précédemment établies par M. Guillain en des termes et des limites susceptibles de préserver plutôt que détruire le peuple mélanésien, devinrent des opérations de cantonnement. À Gomen, à Thio, à Païta, sur les rives de la Houaïlou, les réserves furent considérablement amputées. L'*Encyclopédie de la Nouvelle-Calédonie* parle de 9 500 hectares enlevés aux tribus des rives du fleuves Amoa. Plus de cinq cents seront arrachés aux villages de Tieti, Ouano sur la côte Ouest et Wagap dans le Nord, tandis que, à Gondé, on allait troquer la vallée alluviale et fertile de la rivière contre plus de 1 200 hectares de sols arides en montagne. On rassemblera six tribus à la pointe du cap Bayes sur seulement 2 000 hectares et, en 1899, les manipulations seront telles qu'on en arrivera, sur la côte Est, près de Touho, à créer des petites parcelles de littoral enlevant à ces turbulents guerriers du bord de mer toute possibilité de bouger. On leur avait bien proposé en échange cinq kilomètres de sables et de rochers à Kongouma, mais ce lieu était situé de l'autre côté de la rivière et pour s'y rendre, il fallait traverser la tribu des Poyes, leurs ennemis de toujours, ce qui entretenait dans la région une désagréable tension.

Les premières années de ce siècle auront été des plus néfastes pour la cœxistence de deux peuples appelés, par les grands mouvements de l'histoire, à se côtoyer. J.-P. Doumenge, dans l'*Atlas de la Nouvelle-Calédonie*, en fait l'analyse : « En changeant de siècle, on aborde le moment capital du cantonnement des populations mélanésiennes de la Grande Terre. Au cours de la seule année 1900, on enregistre la création de 83 réserves intéressant 97 tribus et couvrant une superficie de 50 141 hectares... 1900 sanctionne la fin de la " tolérance " administrative d'une présence mélanésienne sur de vastes espaces servant de " réserve " de terre à la " colonisation rurale ". » Ainsi l'espace concédé aux indigènes qui, jusqu'ici, avait assuré leur survie, s'amenuisait considérablement. On pourrait, sur des pages, poursuivre le remodelage tatillon des terrains mélanésiens, leurs découpages arbitraires, leurs réductions. Jeu de patience absurde d'une administration aveugle et sourde aux instincts profonds d'un peuple qui avait fait montre souvent d'une hospitalité sincère : « Quand des visiteurs amis arrivent au village, le chef ou l'homme influent donne ses ordres avec tact; personne n'a rien vu ni entendu, et, un moment après, on voit apparaître une suite d'individus portant ignames, taros, bananes, cannes à sucre et poisson si la pêche a été abondante. Tout cela est offert avec une bonne parole. »

Des témoignages

Cette affirmation du P. Lambert sera confirmée plus tard par un vieux Calédonien, « le père Babin », qui voyait appareiller, souvent en direction du sud de la Grande Terre, les chefs de l'île de Lifou. Boula, le plus grand de tous, était un personnage. Il voyageait toujours avec sa natte, et ses femmes le servaient en se courbant jusqu'à terre. Lorsqu'il arrivait à Yaté, il se rendait chez le Français et demandait courtoisement à Mme Babin de bien vouloir quitter son tablier. Il mettait aussitôt au travail ses propres servantes pour le ménage et la préparation du repas. Grand seigneur musclé, à dents d'ivoire, avec un balancier de plomb dans les reins, il régnait dans l'île, en d'immenses cocoteraies. Le même témoignage sera proclamé, à la mi-temps de notre siècle, par les membres du Syndicat d'initiative de Nouméa, lorsqu'ils seront reçus par le grand chef Naisseline dans l'île de Maré. A l'endroit de la chefferie, au lieu dit Netché, entouré du plus grand respect par ses sujets, le grand chef du district de Guahma accueillera les citadins avec une délicatesse inoubliable. Hospitalité sans détour, *bougna* * traditionnel, écailles de tortues offertes aux hôtes, en cette demeure où les chefs de famille venaient toujours offrir les prémices des récoltes. On ne pouvait qu'être sensible à une réception coutumière d'une telle allure. Aujourd'hui, Nidoish, son fils, descendant de la dynastie des Naisseline, est un des leaders incontestés de l'Indépendance. Conseiller territorial, il est à la tête d'un parti, le L.K.S. Enfant de 68, étudiant à Paris à l'heure de la révolte, c'est un meneur d'hommes soucieux d'établir un pont entre le monde moderne et les éléments essentiels de son passé de Mélanésien. Son île, comme les deux autres de l'archipel des Loyauté, Ouvéa et Lifou, n'avait pas connu le déchirement des réserves, mais elle avait été, à l'heure de M. Feillet, soumise aussi à des tracasseries sans fin. La plus célèbre avait été l'interdit mis par l'administration sur tous les arbres à latex, arbres à caoutchouc d'un bon rapport pour les insulaires.

L'impôt de capitation et les prestations

À toutes ces décisions, s'ajoutera à partir de 1895 un impôt de capitation de 10 F par tête et par an pour chaque indigène de la Grande Terre ou des îles. Si l'on réalise que le salaire journalier d'un Mélanésien était à cette époque de 1 F par jour, on voit que le décret n'était pas sans incidence sur la vie des tribus. Mais plus qu'une atteinte financière, cette taxe ne pouvait être qu'incomprise et difficilement tolérée par des gens qui n'avaient en aucune manière le sens de l'argent et n'en comprenaient pas du tout le maniement. À la lumière de l'histoire fiscale de la Nouvelle-Calédonie, longtemps protégée de l'impôt, on peut sourire. L'*Encyclopédie de la Nouvelle-Calédonie* en souligne d'ailleurs l'ironie : « À partir de cette date, l'autochtone est la seule personne physique du territoire à être assujettie à un impôt direct sur un revenu qu'il n'a généralement pas! » En fait, c'était bien là une manœuvre pour contraindre le Canaque à un travail pour lequel il ne se sentait guère disposé : « Faute d'argent, le Mélanésien est bien obligé de s'employer comme ouvrier agricole ou sur les mines, d'autant plus que, pour favoriser la rentrée de cet impôt, les chefs étaient intéressés à sa perception par une ristourne de 10 % des encaissements. »

On voit donc le malaise qui pouvait s'établir en ces fatidiques années dites de la Belle Époque entre une société européenne littéralement éblouie par les feux du siècle et cette population noire déboussolée. Partagés entre le désir d'imiter les Blancs et celui de leur résister, on verra parfois les indigènes au travail du bétail, bons stockmen, mousses sur les bateaux ou plantons dans les administrations, mais leur adaptation n'était qu'illusoire. En ville, déséquilibrés et rongés de nostalgie, ils devenaient des épaves, ivres le plus souvent. En brousse, on les voyait courir sur les chemins de la Grande Terre pour accomplir les fameuses « prestations » : travaux obligatoires qu'ils devaient fournir aux colons avec le transport de leur courrier, à pied, en tous les points de la colonie.

Lazare, Léopold, le vieux Louis... et les autres

Un de ces derniers messagers de M. le gouverneur Feillet s'est éteint il y a une dizaine d'années à côté de la mission de Touaourou dont il était un fervent catéchumène. Pendant des années, Lazare avait dû porter sur son dos le sac postal à travers le plateau du Sud où repose un grand lac d'argent ourlé de palétuviers morts. Il partait donc du bord de mer, à côté de l'estuaire de la Yaté, pour redescendre sur la baie de Prony, empruntant, sur plus de 50 kilomètres, des sentes en lacets serrés qui glissaient les jours de pluie. Souvent, sur ces chemins à fleur d'eau, quand il entendait à ses oreilles battre le grand tambour du ciel, il jetait son cri de guerre : « A... OU... OU... » et se mettait à chanter. Comme il était très pieux et que les pères lui avaient appris messe, vêpres, psaumes et cantiques, qu'il connaissait par cœur, il adaptait sa liturgie à sa marche. Allait-il lentement, écrasé de fatigue? Il murmurait le *Tantum ergo* sur un rythme pesant. Un *Ave maris stella* endiablé montait au contraire à ses lèvres quand il devait précipiter sa cadence. Il parlait, sans complexe ni amertume, de ces longues courses qui avaient fini par lui abîmer les pieds. Quand vous lui rendiez visite, il ne manquait pas de vous les montrer étonnamment pourvus d'une épaisse semelle de corne, avec la cicatrice d'une blessure qu'il s'était faite, sur un caillou aigu, à la taille d'une mine. Il ne fallait pas s'arrêter car les rivières dans cette région étaient meurtrières. Elles avaient des crues subites et devenaient infranchissables. L'une d'elles, la Madeleine, était appelée « la Mangeuse d'hommes ». Un jour il avait dû abandonner au courant ses plis et ses colis postaux. La force des eaux l'avait englué dans un fourré d'algues et il s'était tiré à grand-peine de cette fâcheuse situation. Il n'en avait pas fait une montagne! Les papiers à la dérive, il était revenu tranquillement à sa case fumer son poisson... On pouvait indéfiniment écouter ce vieux Canaque qui collectionnait des cartes postales et avait peint en tricolore les montants de sa véranda. Il se tenait généralement assis dans un vieux fauteuil en osier usé, ses lourdes jambes posées sur une caisse, la photo du pape à ses côtés et des chapelets de buis ou de perles dans ses mains. De la colonisation française, il parlait sans animosité, mais il s'agitait quand on évoquait la Coutume. Depuis que les Européens s'en étaient mêlés, tout avait changé et les clans n'avaient plus leur signification. Il y voyait un mauvais présage pour l'avenir, mais il était sans colère, soumis à l'événement, heureux d'être un vieux. Il racontait inlassablement l'histoire du requin blanc qu'on voyait apparaître périodiquement dans l'estuaire pour remonter le cours de la rivière, et lorsque, aux premiers jours du siècle, la comète de Haley était montée au ciel calédonien, il avait surpris le squale glissant entre les rives et avait pensé que tout cela annonçait des années difficiles.

En cette première moitié du XXe siècle une société très ancienne allait à la dérive. Mais des sages assistaient au naufrage, témoins qu'on aurait dû peut-être plus attentivement écouter. Si Lazare était le vieil homme des prestations, doux contemplatif en retrait dans sa case au bord de mer, Léopold Djiet, plus jeune et plus combatif, sera l'ardent défenseur des vertus coutumières. Il vit encore, dans la région de Bourail, à côté d'une petite caféerie qu'il entretient avec soin. Si vous abordez le problème des terres, son front se durcit. Il sait ce dont il parle. Il était tout petit lorsque ses parents ont été chassés de leur village, Boregaho, dont on aperçoit les vestiges, du seuil de sa maison : quelques sapins en hauteur dans la grisaille des niaoulis. Obligés de travailler pour des colons au ramassage du café, ces pauvres gens ont vécu, ici ou là, entre les tribus d'Azareu et de Pothé, inconsolables d'avoir quitté leur hameau, même si celui-ci ne se situait qu'à quelques lieues de leur errance. De son enfance, Léopold avait retenu ces longues veillées sous les cases où les gens des tribus apportaient les dernières nouvelles et où les plus vieux prenaient la parole. Les échos qui arrivaient de l'activité des Blancs dans la région, les décisions du gouverneur, le mouvement des gendarmes étaient commentés en longues palabres, si bien que le chef Djiet connaissait mieux que personne l'histoire des terres, leurs vrais propriétaires et le bouleversement qu'elles avaient connu. Mêlé à la vie politique du siècle, il était le garant d'une coutume qu'il entendait défendre. Il y a à peine deux ans, il disait à un jeune Mélanésien, secrétaire de la mairie de Bourail, Hyacinthe Teuet : « La Calédonie, aujourd'hui, c'est l'allumette posée sur l'Océan... » Avait-il prévu qu'elle s'enflammerait si vite?

Une noble figure encore de la vieille Mélanésie était bien Louis M'Boya, qu'on appelait par respect Té-Tometi. Lui aussi avait été réquisitionné pour accomplir les prestations du côté de Tonghouin. Il vieillissait à la tribu de Saint-Laurent, en bordure de la route territoriale menant droit à l'aérodrome de la Tontouta. Il racontait l'histoire des montagnes qui dominent cette région. C'était le récit de la bataille séculaire que livraient sans fin le mont Mou et le pic de Karikaté, ennemis jurés qui s'envoyaient la nuit des jets de sagaies (le vieil homme disait toujours « sagayes »). Les armes de guerre n'en finissaient pas, une fois fichées en terre, de repousser en forêts de palétuviers de montagnes, ou en petits bois de bancouliers. Le vieux Louis se rappelait le jour où, tout enfant, il avait vu pour la première fois un Blanc. C'était, disait-il, un cavalier rouge auréolé de cheveux blancs. James O'Donnoghue, son voisin, le cavalier irlandais qui habitait la Tontouta, avait dû à cette époque surprendre le petit garçon... Quand, devenu très âgé, Louis M'Boya sentit qu'il allait mourir, il s'enfuit de son village et partit en montagne, en pleine forêt. Il s'allongea sur un lit de planches dans une petite cambuse couverte d'herbes sèches et attendit... Il ne voulait l'assistance de personne.

Les Noirs étaient-ils un peuple?

Beaucoup d'observateurs, par la suite, seront sensibles à ce peuple déroutant qui était apparu si grossièrement primitif, cruel, vindicatif, et qui pourtant était si touchant, si délicat, dans ses relations avec ses chefs ou les membres de sa famille. Aujourd'hui comme hier, si un indigène a reçu quelque offense d'un étranger, toute la tribu prend fait et cause pour lui. Au départ de l'un de ses membres, hier engagé dans des guerres, aujourd'hui employé chez les Blancs, les vieilles de la tribu ne manquent pas d'essuyer leurs larmes en disant : « Tu vois, mes yeux pleurent pour toi... » Les jeunes n'hésitent pas à braver la mort, à défier l'adversaire et, avant toute compétition, viennent demander la bénédiction des anciens. Au temps de leurs luttes tribales ils la réclamaient à l'encontre de leurs ennemis.

Récemment encore, de jeunes sportifs revêtus du maillot aux couleurs de leurs clubs sont venus, avant le match, s'incliner devant leurs « vieux ».

Même au temps de M. Feillet où l'on avait délibérément fermé les yeux sur toute trace d'humanité que pouvait receler ce peuple, un rédacteur de *L'Union agricole* s'étonnera d'une telle complexité : « Ils ont surpris et massacré des familles chez lesquelles ils recevaient l'hospitalité, où ils venaient tous les jours chercher à manger, et leurs villages étaient entourés de pieux surmontés, en guise de trophées, des crânes de ceux qu'ils avaient tués. Leur colère a quelque chose de terrible mais c'est une race remarquablement fière, jalouse de son indépendance et de ses coutumes. Elle a défendu pied à pied son territoire contre nous et elle a un vif sentiment de la déchéance dont elle est frappée depuis la conquête. » L'auteur de ces lignes est anonyme. Elles ont été écrites pour l'Exposition universelle de 1900 et publiées la même année sous le patronage de la librairie Paul Ollendorf, au 50 de la Chaussée-d'Antin...

Mais parce qu'ils étaient superstitieux et vivaient dans la crainte d'Êtres invisibles et méchants dont ils peuplaient les rivières, les forêts, les pierres et la mer, parce qu'ils étaient bien incapables de dire leur âge et se servaient, d'une vallée à l'autre, de langues et de dialectes incompréhensibles, parce qu'ils confondaient volontiers le pied et la main et s'appelaient souvent entre eux en usant de noms d'animaux ou de fruits, la population européenne ne jettera sur les indigènes qu'un soupçonneux regard. Les Français de la fin du XIXe siècle, bourgeois souvent enrichis par l'essor de la grande industrie, avaient une certaine mentalité de nouveaux riches et un curieux sentiment d'autosatisfaction à l'égard de leur propre civilisation. Les poteries, les étranges *tapas* – étoffes végétales en écorce de faux poivrier –, les grossières sculptures des *talés* * à l'entrée des cases, et les rudimentaires petites flûtes de roseaux qui accompagnaient souvent les ancêtres conduits par le rossignol des forêts, vers les pierres sacrées, tout cela était enfantin et grossier! Ces gens étaient fort inférieurs, pensaient-ils, et la coexistence avec eux, s'il y en avait une, ne pouvait exister que dans un ordre bien établi.

Dans les années de M. Feillet, aucun Européen ne se risqua

à être attentif à leur extraordinaire sentiment de l'espace, à la poésie de leurs expressions pour parler de la fuite des jours toujours ponctuée de « grosses lunes » ou de « petites lunes », de récoltes d'ignames ou de vols d'oiseaux migrateurs. La signification des noms de lieux était toujours magnifiquement associée au paysage, ou à des notions de paix, de repos, d'aubes ou de nuits profondes. Même leur façon de parler des plantes, des feuilles, des arbres était pittoresque. Les cheveux poussaient comme des herbes sur la tête et les arbres vivaient revêtus de chairs. Les colons à la longue finiront souvent par adopter leurs expressions, et ne parlez pas aujourd'hui à un Calédonien blanc de l'écorce du niaouli – il ne comprendrait pas –, mais bien des « peaux » de ce petit eucalyptus de savane qui se desquame incessamment au gré des saisons.

Renonçaient-ils à l'anthropophagie? C'était là une question que se posaient avec terreur les fonctionnaires de M. Feillet. *L'Union agricole* y répond avec prudence : « Il semble bien que les Néo-Calédoniens se nourrissent encore de chenilles et de ces vers trouvés dans les troncs morts des bancouliers, et qu'ils croquent des pierres comme des friandises », mais les festins de chair humaine qu'on appelait *Kai-kai*, du nom du grand chef Aliki-Kaï qui régnait à Canala à l'époque de la prise de possession, ne semblaient plus avoir lieu. On en aurait encore signalé cependant quelques cas après la guerre de 1914, à la suite de derniers combats entre tribus.

Il sera longtemps indécent de parler de cette ancestrale coutume. Les indigènes eux-mêmes, en 1900, « exprimaient une répulsion qui ressemblait un peu à de la honte ». Ils cachaient d'ailleurs avec une grande timidité tout ce qui avait trait à leurs croyances ou à leur vie. Aux alentours de 1970, un leader politique, Gabriel Païta, cinq fois réélu à l'Assemblée territoriale pour la deuxième circonscription de la côte Ouest, en parlera ouvertement au micro de Radio-Nouméa, abordant pour la première fois le sujet publiquement avec la plus grande simplicité. Il se trouvait que l'histoire du cannibalisme était en fait très complexe. Pour les uns, elle revêtait un caractère presque religieux; pour d'autres, elle était tout simplement une nécessité imposée par la faim. En tout cas, elle résultait certainement de la profonde relation que les premiers Mélanésiens nouaient avec la terre. Issu, comme l'igname dont on consommait la chair, de l'humus nourricier, l'homme participait si étroitement de la vie animale et végétale qu'il n'y avait, en fait, aucun caractère sacrilège à le manger. Au contraire, c'était s'incorporer ses vertus et souvent sa force.

Aux descriptions terrifiantes répandues par les premiers explorateurs se mêlaient de vieilles histoires, souvent cocasses, qui hantaient les chaumières : comme celle de cette vieille femme qui, disait-on, marchait encore parmi nous, et que vous pouviez voir le soir à la lueur de votre lampe électrique ou dans l'auréole des « Coleman » pendues sous les tôles. Ce mystérieux fantôme allait, venait, s'attardait ici ou là, femme carnassière et douce tenant d'une main son bâton de gaïac et de l'autre un panier rempli de morceaux de viande. Viande humaine probablement, dont on n'osait s'approcher ! C'était la « vieille porte-panier » et, à défaut du cabas en jonc des premiers âges, elle pouvait bien coincer à sa hanche les pochons en plastique du dernier self-service ou un carton de whisky abandonné. Car elle était sans âge et, avec son bout de manou dans ses cheveux blancs, elle n'avait pas cessé d'apparaître aux quatre coins de l'île à travers les siècles.

Elles étaient toujours pittoresques, ces légendes canaques emplies de diables, de cailloux-boucan *, de remèdes mystérieux ou de ce « caillou-Zébrides * » qui permettait de se rendre invisible ; mais pendant très longtemps les Européens s'en moquèrent si bien que les vieux avaient fini par les cacher avec soin. C'était bien dommage. Jusqu'à ces dernières années, au service même de l'O.R.T.F., on avait fait disparaître le témoignage d'un ancêtre de la tribu des Paimboas qui se souvenait avoir mangé de l'homme. Il était petit garçon lorsque son père, un guerrier, au retour d'une lutte que les gens du Nord s'étaient livrée, lui avait tendu au bout d'un pieu un morceau de cervelle arraché à l'ennemi qu'il avait estimé le plus courageux au combat. Visiblement l'homme avait voulu que son fils présente en toutes circonstances le même héroïsme. Dans les bureaux de la respectable Maison de la Radiodiffusion, on n'avait pas jugé cela convenable. On avait truqué l'enregistrement et mis, en lieu et place de l'authentique témoignage, un flash de musique douce...

Habitués à se dissimuler, à contraindre leur nature, à ne plus exploser dans leurs danses, leurs cris, leurs rires à eux et leurs larmes à eux, ils s'étaient dangereusement repliés sur eux-mêmes. Les bons pères jadis les avaient exorcisés, les gendarmes les talonnaient, les premiers enseignants laïques ne voyaient dans leurs histoires que des contes à dormir debout et les administrateurs les chassaient des terres où ils pouvaient encore puiser pour exprimer leurs pulsions profondes. Ils perdaient le sens de leur race, leur histoire, leurs contrastes, leurs tatouages, leurs mimes et leur sorcellerie. Ils ne portèrent plus leurs jarretières et leurs colliers de poils de roussettes, ils ne dansèrent plus, ne chantèrent plus comme avant, se couvrirent d'herpès, de gale et de lèpre. « Le Dr Bourgarel dit avoir trouvé des traces de tuberculose chez tous les Néo-Calédoniens dont il a fait l'autopsie. A Nouméa, sur trente et un décès d'indigènes, il y a dix-neuf cas de phtisie. » Cela est relaté dans le bulletin même de M. Feillet qui compte encore, chez les hommes des tribus, de nombreux cas d'éléphantiasis et de syphilis. Le journal reconnaît que les indigènes sont abandonnés à leur sorciers qui « guérissent les blessures avec des toiles d'araignée ou une sorte d'amadou provenant d'un champignon. Ils se débarrassent des maux de tête au moyen d'un lien serré autour du front et d'un bon coup de poing appliqué sur le nez du malade, de manière à provoquer une hémorragie ». Il faudra attendre l'arrivée du gouverneur Picanon pour que soit créé, à la fin de l'année 1912, un réel service médical dit de Colonisation et d'Assistance indigène. « Onze médecins y seront affectés, dix pour la Grande Terre et un pour les Loyauté. C'est peu mais c'est un début qui marque un changement important » (*Encyclopédie de la Nouvelle-Calédonie*).

Le recensement de 1911 avait révélé l'effondrement de la population mélanésienne tombée à 28 835 personnes contre 42 519 en 1887. C'est au creux le plus profond de cette grande misère des tribus qu'arrivera, à la fin de novembre 1902, par le navire *Le Polynésien,* M. le pasteur Maurice Leenhardt.

Le pasteur Leenhardt

Il a vingt-quatre ans. Un missionnaire l'attend sur le quai. Philadephe Delord, depuis 1898 en fonction à Maré, a été chargé, à la demande de la Société des missions évangéliques de Paris, d'aller visiter les communautés protestantes de la Grande Terre. Ces protestants, dès le début de leur action en Nouvelle-Calédonie, ont eu une approche des indigènes tout à fait différente de celle des maristes. Moins préoccupés que ceux-ci de « catéchiser », ils créent çà et là des sortes de grandes familles chrétiennes animées par des *natas* *, prêtres indigènes. Bureaux, écoles, ateliers d'artisanat ou de couture : on y apprend à lire et à vivre à travers la Bible sans dogmatisme, et la connaissance de Dieu ou des choses y est toujours empirique. Le nouvel arrivé aura donc à exercer son apostolat à Donéva, le « vrai pays »; c'est une petite clairière en brousse, non loin d'un rocher noir dans cette vallée de la Houaïlou bordée de bambous pèlerins et de filaos que les gens du bord de mer avaient remontée jadis jusqu'à sa source pour aller sur Kradji battre les gens de Poya... Très vite le nouveau missionnaire sera frappé par le détresse des tribus et, avec sa femme, il ne cessera de prodiguer dans la région des conseils d'hygiène et d'organiser des campagnes de tempérance pour lutter contre l'alcoolisme. Mais ce qui tous deux les impressionnera avant tout, c'est la secrète détermination d'un peuple désespéré qui ne songe plus qu'à mourir. Jean-Marie Tjibaou ne sera pas sans rappeler, avec une amère ironie, l'accueil réservé à M. Leenhardt par un notable de la ville : « Que venez-vous faire? Dans dix ans, il n'y aura plus de Canaques. » Les Canaques, le missionnaire les voit tels qu'ils sont. Dans *Colonialisme et contradictions* de Roselène Dousset-Leenhardt : une lettre datée du 2 juin 1903. Le pasteur écrivait à son père : « On nous a montré un peuple s'élançant dans les bras d'un bon Jésus, mais je ne trouve guère que le fier Canaque de l'Insurrection qui, vaincu, préfère ne pas avoir d'enfants que de les voir exploités par les Blancs. »

Dès lors la vie du nouvel apôtre sera tout entière adonnée à ce peuple qu'il observe, écoute, cherche à comprendre; qu'il défend contre les empiétements de l'administration ou ses injustices, pour lequel il travaillera en humaniste et en savant, se consacrant à l'étude de cette société totalement inconnue dans le monde.

Il y est aidé par ses natas : Erijisi Boesoou qui possède tous les secrets de la vie mélanésienne et les transcrit sur des carnets ornés de dessins; Wabéalo, le charpentier tranquille; Tooua Moneosee qui écrira plus tard le Nouveau Testament en houaïlou ou Tijit Tein, chef de Coula, qui sera pour le pasteur un solide informateur de la vie tribale. Grâce à eux Maurice Leenhardt s'initie aux langues, aux expressions de la vie courante, à ces formes de pensée si particulières aux Mélanésiens. À une remarque du missionnaire, l'un d'eux n'a-t-il pas déjà répondu : « " L'esprit? Bah! Vous ne nous avez pas apporté l'esprit! Nous procédions selon l'esprit. Ce que vous nous avez apporté, c'est le corps. " Pour eux, en effet le corps humain n'était pas distinct du monde extérieur. Il était fait de cette substance qui verdoie dans le jade, forme les frondaisons, gonfle de sève tout ce qui vit, éclate dans les rejetons et dans les jeunesses toujours renouvelées. Et parce qu'il est tout rempli de cette vibration du monde, le corps n'était pas distingué de l'esprit » (P. O'Reilly).

Une élite

Si l'on veut bien penser au petit Elia Manarhe, arrivé à dix ans à Donéva, enfant intelligent et attentif dont le nom signifiait « Murmure d'eau courante » et qui, tel un ruisseau d'eau claire, passera ses jours à l'ombre du grand pasteur, ou à ce jeune Apou, d'une famille de chef, qui sera son élève le plus religieux, il n'y a pas lieu de s'étonner aujourd'hui : une élite mélanésienne était en route. Les maristes comme les pasteurs des Sociétés évangéliques avaient su rassembler autour d'eux les plus sensibles et les plus intelligents d'entre les hommes des tribus. Les orientant très tôt vers les études et les grandes images de la Bible, leur parlant dans leur langage, traduisant pour eux le catéchisme et les Évangiles, ils se retrouvaient près d'eux aussi dans leurs aspirations et leurs peines. D'aucuns, aujourd'hui, dans la presse métropolitaine ou locale, s'en scandalisent : c'est vrai que les grands leaders des mouvements indépendantistes sont pour la plupart d'anciens séminaristes, des fils de natas ou des défroqués. Guidés vers des recherches linguistiques, théologiques ou sociales, attirés par le sacerdoce ou les actions de groupe, scouts ou animateurs de « patro », rompus aux prônes, maniant souvent une belle langue ardente et imagée, parlant français mieux que certains Nouméens, ces jeunes Mélanésiens surprendront. Leurs pères et eux-mêmes avaient trouvé refuge à l'ombre des croix missionnaires. Ils avaient reçu l'humaine chaleur qu'ils espéraient et une spiritualité dont ils avaient soif. Aucune institution laïque, aucune entreprise de commerce, aucune administration, si bienveillantes fussent-elles, n'avaient réussi à leur donner le goût de la réussite ou des affaires ou le simple orgueil d'eux-mêmes. Pères et évangélistes leur apportaient ce surnaturel auquel s'harmonisait leur nature.

Du P. Goujon, missionnaire dès la prise de possession, au P.Luneau, fondateur en 1930 de la mission de Canala, de MacFarlane lançant dans les îles les premiers *teachers* religieux jusqu'à Maurice Leenhardt et au turbulent Raymond Charlemagne, créateur de l'Institut Calvin à Nouméa après 1958, tous batailleront pour la promotion mélanésienne et la sauvegarde d'une culture en perdition. Les missions leur avaient donné un terreau pour renaître : grâce à cela, les indigènes reprendraient vie...

Aujourd'hui les leaders du F.N.L.K.S. ne se réclament plus de la Croix. Sur les tréteaux de *Mélanésia 2000*, la grande fête culturelle de la Mélanésie moderne, le Prêtre apparaît comme un épouvantail à côté de ces deux mannequins que sont le Colon et le Marchand. Ils cherchent visiblement d'autres mystiques, celle de la révolte, de la guerre ou de Che Guevara. Peut-être est-ce le signe évident de leur précarité, de leurs nouvelles incertitudes, et du statut d'une adolescence qu'ils n'ont pas encore dépassée...

Des disciples

Leur colère ne peut être dirigée contre Maurice Leenhardt. Bien au contraire, l'« ethnologue des Canaques » s'est montré soucieux de les sauver en rendant compte scientifiquement et humainement de leur existence devant le monde. Par ses livres, ses écrits, ses patientes recherches, il s'est révélé un ethnologue original et un humaniste chaleureux. C'était un savant, mais surtout un témoin, mettant hardiment l'accent sur la somme énorme d'affectivité qui présidait aux gestes du Mélanésien, à sa façon de sentir et d'exister. L'ethnologie à son époque débutait. Les recherches des anthropologues tâtonnaient vers de nouvelles disciplines. D'emblée il fut reconnu par le plus grand, Lucien Lévy-Bruhl, et travailla désormais avec eux jusqu'au jour où, en 1938, il fut officiellement envoyé en mission scientifique en Nouvelle-Calédonie par le ministère de l'Éducation nationale.

Aimé des gens des tribus, passionnément admiré par ceux qui avaient eu la chance de le connaître, de l'écouter, de l'aider, reconnu par les plus grands écrivains de l'époque, dont André Gide qui tenait en sa bibliothèque un exemplaire dédicacé des *Gens de la Grande Terre*, Maurice Leenhardt sera boudé des Calédoniens. Son influence sur les tribus apparaissait suspecte. Il dérangeait. Toujours présent dès qu'un litige s'élevait, il brouillait les cartes. On lui chercha des ennuis, on l'accabla de calomnies et son nom d'Alsacien attisa aux jours de la guerre mondiale des aigreurs. On le traita d'espion. Les « corbeaux » se déchaînèrent. Le pasteur se défendit de son mieux, mais la calomnie, durant des années, fera son chemin. Longtemps il en restera ce « quelque chose » dont parlait Voltaire, et encore aujourd'hui, pour une certaine classe de la Nouvelle-Calédonie, le nom de Leenhardt sent le soufre.

À vrai dire, ce ne sera peut-être pas tant le maître qui soulèvera des colères que les disciples. Ils furent nombreux à s'inspirer de Maurice Leenhardt, et des plus divers! Son œuvre était passionnante et constituait une étonnante base de travail. Évoquant l'ensemble du village, le *maciri* *, ce « séjour paisible », Maurice Leenhardt montrait la pérennité de la vie mélanésienne et l'importance actuelle de ses mythes : les usages de la vie courante, la technique et la piété agricoles, les danses et les pirés – ce mouvement d'échanges de vivres entre les gens de la côte et ceux de la montagne –, l'esthétique même, procédaient d'une structure sociale très cohérente où la lignée des maternels, possesseurs de la vie, s'enroulait à cette lignée des paternels, que n'intéressaient en fait ni la vie, ni la famille, mais que préoccupait uniquement « l'organisation sociale propice au déploiement permanent de l'énergie des hommes ». Les schémas des groupes claniques s'éclairaient. Les relations souvent mystérieuses entre les dieux, les totems et les hommes se situaient dans un monde fascinant où le moi, le pauvre moi de l'individu était bien peu de chose. Quelles perspectives ouvertes à des Occidentaux et quels chemins proposait à de jeunes sociologues ou de nouveaux philosophes cette primitive façon de saisir l'« homme total », hors des compartimentages de nos sociétés évoluées!

À la limite, la tentation était grande d'exalter ces nouvelles découvertes au détriment de la civilisation européenne. Voir dans ces colonisateurs, issus de l'échec de la culture blanche en cette île, les grands ratés du siècle, quelle aubaine! En démagogues appliqués, encombrés d'un jargon qui échappait à tous, ces nouveaux politico-sociologues s'engouffreront dans des recherches vétilleuses avec le pointillisme aigu d'esprits plus soucieux de se plaire à eux-mêmes que de rechercher les souveraines leçons de l'Histoire. Si le Pr Jean Guiart reste un éminent spécialiste des questions océaniennes, il ne sera pas sans faire montre d'un évident parti pris envers la société européenne et l'histoire de la présence française sur l'île. Il n'y a jamais eu de « conquête coloniale » en Nouvelle-Calédonie comme il aurait tendance à le faire accroire. S'il y a eu d'évidentes exactions colonialistes, et s'il subsiste assurément une incompatibilité de vie entre les deux communautés blanche et noire, néanmoins l'histoire calédonienne échappe à la répression typique de la guerre coloniale telle qu'elle s'est déroulée en d'autres continents. Au contraire, maints exemples ponctuels viennent à l'appui de rencontres souvent émouvantes entre les deux peuples, de recherches sincères, et le zèle presque intempestif de l'administration, à partir des années 1950, à vouloir rattraper le temps perdu ne prouve ni sa malhonnêteté passée, ni son manque de bonne volonté. Jusqu'à l'époque du « boom minier » de 1971, responsable en grande partie des malheurs d'aujourd'hui, une population s'était formée sur les chevaux du stock ou les bancs des écoles, au cours des conduites de bétail, dans les longues chevauchées de la brousse, à la pêche aux mulets, tués à la sagaie dans les chenaux de la côte, et à la chasse au notou dans les forêts... Le vieux stockman Robelin est mort à la tribu dans une case de Canaque et le jeune Delhumeau vivait avec ses frères noirs, là-haut à Poum, dans le rêve de créer avec eux une petite société de pêcheurs. Les causes des événements actuels devront être recherchées ailleurs que dans une histoire coloniale de type dur, où l'on pouvait assister au génocide entier d'un peuple. Le peuple canaque est là aujourd'hui, doué d'une étonnante santé et d'une bonne vitalité, la France ne l'a pas tué.

Le sociologue Pierre Métais hanta si longtemps les tribus du côté de Sarraméa et de Couli qu'on avait fini par l'appeler « le Canaque blanc ». Il était arrivé jeune instituteur au village de La Foa et il s'était si passionnément attaché à l'étude du comportement mélanésien qu'il sera chargé de suppléer Maurice Leenhardt à sa chaire d'histoire des religions primitives. C'était un homme concret, avec une stature de paysan et un rude accent de terroir. Il travaillait beaucoup, ces dernières années, sur la notion d'héritage dans le monde mélanésien. Il était devenu amer, très pessimiste sur l'évolution des esprits dont il avait décelé en tribu l'âpreté. Ces expériences l'avaient rendu sceptique sur les motivations des hommes en général, et, à une jeune journaliste qui l'avait interrogé avec passion sur ce monde indigène qu'elle découvrait, il avait répondu avec ce ton paternel qu'il adoptait volontiers : « Attention, petite, n'idéalise pas les Canaques. Ce sont des bipèdes, comme nous, rien que des bipèdes... »

La nouvelle génération d'ethnologues se réclame actuellement encore de l'apôtre de Donéva. Le *Do Kamo*, l'œuvre clé du pasteur, est leur livre de chevet. Parmi eux, Hilda Danon jettera sur l'actualité un regard des plus lucides : « Dans le passé, oui, l'administration a souvent fait “ suer le Canaque ” en lui imposant un impôt – de capitation – et des corvées pour construire. Mais son identité, le Canaque n'a pas à la retrouver, il ne l'a jamais perdue. “ On nous a parqués, disent-ils, dans des réserves mais on nous a ainsi réservés, c'est-à-dire préservés. ” Le problème pour lui serait plutôt de conserver son identité en passant suivant la formule “ de l'âge de pierre à l'âge atomique ”. »

L'influence de M. le pasteur Leenhardt se révélera donc d'une importance capitale. Son œuvre imprimée est immense. Il assistera à la montée des Mélanésiens et aux premiers succès de ses étudiants. Il mourra à Paris en 1954. Son esprit reste. On peut dire qu'avec lui, et grâce à lui, l'immense porte d'une société brisée tourne sur ses gonds et s'ouvre sur des horizons nouveaux. Toute la grande région centrale de l'île, entre La Foa, Canala, Ponerihouen et Poya, dotée de cette langue bien structurée, le houaïlou, qu'il aurait voulu élever au rang de langue unique dans toute l'île, se montrera particulièrement attachée à lui.

Quand éclatera, comme un coup de tonnerre dans le ciel, l'annonce de la guerre de 1914 sur le monde, ce sont les Houaïlou, tous les gens de cette région où la France soudainement s'était incarnée dans l'image de ce bienfaisant pasteur, qui répondront spontanément à l'appel pour le recrutement des volontaires. L'Histoire ne pourra oublier l'appel pathétique qu'allait lancer le grand chef Mindia qui, curieusement, retrouverait en cette circonstance le lyrisme, la chaleur, et le verbe même d'Ataï...

CHAPITRE IX

LA GUERRE DE 1914 ET LA RÉVOLTE DE 1917

Mindia, le vieux chef, debout sur une pierre, à côté de la perche d'un mât, avait parlé à son peuple : « Je harangue, je parle à la bouche de ce peuple qui danse, remue, qui déborde et s'agite pareil à un fourmillement de grillons. La foule se presse, les visages s'exaltent au bruit des sagaies et massues entrechoquées. Dansez, vos armes sur l'épaule, ornées de feuillages magiques! Mon peuple se répand, s'ébranle, se disloque, s'effrite, et se brise, envoie tourbillonner les armes en l'air, ou stupéfie la vie, comme l'euphorbe dans les trous d'eau. L'adversaire se cache à ras du sol, il est balayé comme flamme au vent. Quant à l'ennemi, si de chez lui quelque mâle intervient, glisse sous les racines des paroles secrètes et brise les fils d'araignée qui soutiennent le pays, haranguez à votre tour, appelez les forts, courez et, en pleine unité d'action, sans écart entre vos ailes, allez, incendiez, poursuivez le fuyard, piétinez-le! »

Maurice Leenhardt qui a assisté à la harangue ajoute : « Tout cela est dit avec une profusion de noms propres, noms de clans, souvenirs de guerre et tout le vocabulaire ancien qui a ses résonances au cœur du Mélanésien. La parole est jetée. Alors elle ébranle les masses : les femmes veulent que les hommes soient des héros et le premier bataillon des tirailleurs du Pacifique fut ainsi formé » (*Do Kamo*).

Le chef de Houaïlou avait mobilisé ses hommes alors que les taxis de la Marne étaient déjà montés au front et que commençait au début de 1915 la longue guerre des tranchées.

C'est un Calédonien, M. Courtot, qui avait capté le premier l'annonce du drame de Sarajevo. Il l'avait appris par le câble de Téoundié, dans le Nord, qui reliait la Nouvelle-Calédonie à Sydney. Quelques jours après, le 5 août, un télégramme officiel arrivait : « Allemagne a déclaré la guerre à la France et à la Russie. Autriche pas encore engagée dans le conflit. Italie a fait déclaration de neutralité. »

Aussitôt, à Nouméa, le gouverneur Repiquet répond par une déclaration officielle : « Ici, tous d'un même cœur enthousiaste, nous préparons la défense pour être à la hauteur du péril si notre belle colonie était menacée. Tout et tous pour la patrie. »

Car on se pose la question : « Les Allemands viendraient-ils à Nouméa ? » Ce n'était pas impossible étant donné le nombre de croiseurs germaniques qui hantaient alors le Pacifique Sud. Lorsqu'on apprit bientôt que la ville de Papeete, à Tahiti, avait bel et bien été bombardée, et qu'un navire corsaire, l'*Emden*, avait entrepris une véritable campagne de guerre dans le Pacifique, on renouvela des consignes d'extrême urgence à la population. Cinq coups de canon tirés à trente minutes d'intervalle, suivis de la sonnerie de clairon « la générale », devaient annoncer aux citadins le danger. En même temps, au sémaphore, on hisserait un signal : le jour, flamme rouge hissée au mât de pavillon, la nuit, feux aux extrémités de la vergue. L'alerte ne se fit pas attendre. Le 15 août, en dernière heure, *Le Bulletin du commerce*, publiait un radiotélégramme du consul général de France à Sydney : « On suppose que deux croiseurs allemands sont au nord de la Nouvelle-Calédonie. » Il était demandé à la population de garder le plus grand calme, de se sentir prête à toute éventualité et de faire des provisions pour quarante-huit heures. Pure supposition heureusement ! Tant en brousse qu'en ville, les Calédoniens purent à nouveau sortir et manifester hautement leur patriotisme. Dès le 6 août, cent cinquante jeunes gens s'étaient rassemblés devant la mairie et aux cris de « A Berlin ! », un ancien combattant de la guerre de 70 avait pris la tête d'un cortège fervent qui avait parcouru la ville en chantant : « Vous n'aurez pas l'Alsace et la Lorraine. »

La leçon avait été bien apprise. A l'instar de leurs collègues métropolitains, les premiers instituteurs laïques sont républicains et patriotes. L'instruction civique est la matière de choix de l'enseignement. Tous les matins, les petits élèves sont invités à noter sur leur cahier les hautes sentences des stoïciens, des maximes guerrières et des vers de Déroulède. Une vieille broussarde, Mme Passili, qui, sa vie durant, n'avait jamais quitté sa maison retranchée derrière ses barrières à bétail, montrait, aux lendemains de la guerre de 1939, ses premiers cahiers d'écolière. Sans bouger, ne traversant chaque jour que les grands marais de Bouarou pour aller au village, elle avait vécu trois guerres. En 1914, la scolarisation était encore bien imparfaite. On ne comptait pas cinquante écoles dans toute l'île. Mme Passili avait eu cette chance de tomber sur un des premiers maîtres qu'on avait envoyés dans le Nord, un jeune homme prêt « à la revanche » qui écrivait des vers ardents et donnait des leçons de chant. La broussarde savait par cœur toutes les paroles de *La Marseillaise*, du *Chant du départ* et de *La Brabançonne*, et elle qui n'avait jamais fait que parler à ses poules vous entretenait de Barrès ou de François Coppée avec une rigueur d'académicienne.

Au collège de Nouméa, le seul établissement scolaire ouvert depuis 1903, on avait diffusé le même enseignement martial. Dirigé par un Alsacien qui avait perdu son père sur les champs de bataille de 1870, le « collège colonial » ne comptait avant la guerre qu'une poignée de jeunes Nouméens. On saluait l'ouverture des classes chaque matin au lever des couleurs. M. Flize n'avait que deux mots en bouche : civisme et honneur. En 1914, il présida la distribution des prix avec émotion, choisissant, dorés sur tranches, des livres de récompense où éclataient les figures de Gallieni et de Lyautey. Henri Schmidt, le fils aîné du vieux colon rhénan de la pointe Mâ, alors professeur d'anglais et « plus français que les Français », admirait la prestance de cet homme, sa carrure d'officier et l'art qu'il avait d'émailler sa conversation de sentences morales et patriotiques toujours bien placées.

Les petits indigènes de cet enseignement laïc qui, juste avant la guerre, avait fait de réels progrès, puisqu'on comptait une quinzaine d'écoles pour un effectif de six cent quatre-vingt-dix-huit enfants, étaient soumis aux mêmes programmes.

L'histoire y tenait une grande place et des commentaires à la Plutarque y ponctuaient les chapitres. Les *Vies des hommes illustres* étaient des livres de chevet et, dans toutes les chaumières de France et de Navarre, apparaissaient des revues en tricolore où se tenaient, embrassées, les petites orphelines de l'Alsace et de la Lorraine. Le patriotisme était exacerbé. Ce ne fut là qu'une brève mode. Très vite les esprits des enseignants changèrent. Les méthodes pédagogiques s'assouplirent et même lors de cette période chauvine, on peut penser que l'extraordinaire Frédéric Surleau, qui n'hésitait pas à traverser la brousse à cheval pour visiter les écoles, avait plus la dimension d'un humaniste que celle d'un revanchard.

Mais cet état d'esprit vengeur, dans une population où les vieux soldats de l'Empire, les petits paysans Feillet et les capitaines de bateaux constituaient le fond le plus solide, explique bien le ton des communiqués. A Koné, on parle des « Barbares », on commente les tactiques des Prussiens, on récite des monologues fervents, on célèbre des fêtes en tricolore. On fait même une grosse affaire pour rassembler des fusils dans les mairies afin d'armer des volontaires en cas de besoin. Partout les hommes se mobilisent. A Nouméa, au contingent actuellement sous les drapeaux, pouvaient venir s'ajouter mille recrues. Il y avait au quartier de l'Artillerie de la poudre et de la mélinite en stock. Le *Kersaint* était en rade. Comme leurs frères de France, les Calédoniens s'impatientaient. Il fallait se battre.

Ils partiront en effet, plus tard qu'ils ne l'avaient espéré. Le gouvernement français ne semblait pas tellement pressé de faire appel à ces soldats du Pacifique mal entraînés aux hivers. A la fin de l'année, le ministère de la Guerre fera allusion à l'envoi d'un premier contingent de combattants. Mais en fait, appelés, réservistes, volontaires, au total sept cent treize hommes, ne s'embarqueront que le 23 avril 1915 à bord du navire le *Sontay*. Débridée, ne se contenant plus après la longue impatience des trois mois qu'elle avait vécus à attendre ce jour glorieux, c'est une ville ravagée de fièvre patriotique qui porte littéralement au quai ses enfants. Elle les appelle ses « Niaoulis », elle chante, elle hurle, elle pleure et le gouverneur crie aux mobilisés en tenue de campagne et casque blanc : « Vous franchirez le Rhin.

Le jour de gloire est arrivé pour vous! » Le jour des affaires était arrivé aussi pour certains commerçants qui ne manquaient pas d'inviter les futurs poilus à se munir de boissons hygiéniques, voire d'élixirs de longue vie qu'ils trouveraient à coup sûr chez X. ou à ne pas partir avant de faire l'emplette d'une montre, indispensable dans les longues heures des tranchées; seul le spécialiste Y. pourrait leur en fournir.

C'était plus que « la fleur au fusil », c'était les mouchoirs, les chapeaux, les cannes et les parapluies qu'on jetait en l'air. Pas un bouton doré ne manquait aux vestes sombres fermées en dolman par un petit col droit, les jugulaires étaient redressées à l'avant des casques de liège et tous les souliers étaient cirés. *La Marseillaise* n'avait plus qu'à retentir. Le *Saint-Antoine* accompagnait le *Sontay* jusqu'au phare. « C'est émouvant, beau. » Le journal de la ville écrit que « c'est même immensément beau ». Les Calédoniens s'en allaient à la guerre...

Le poilu calédonien

Metzger, Lechenadec, Rapadzi, Letocart, Cornet, le vieux Bénébig et le vieux Magnier, Georges Dubois et les trois frères Vautrin seront entre autres pendant plus d'un demi-siècle les piliers des associations combattantes. Toujours réunis aux grandes fêtes du territoire sous des fanions aux noms des plus éclatantes victoires, on les retrouvera, le chapeau de broussard ou le petit béret noir sur le front, immanquablement présents. Les brochettes de décorations sur leur poitrine, figés aux premières heures dans des garde-à-vous impeccables, on les verra peu à peu mollir, se rapetisser, s'effacer, disparaître, héros devenus vulnérables, presque étrangers à une ville qu'ils reconnaissaient de moins en moins au fur et à mesure des anniversaires qui passaient : « 11 Novembre » des éclatantes saisons quand, à l'arrivée du haut-commissaire, de l'amiral et du général, les sections en armes prenaient place, face au « poilu de bronze » dressé, le fusil Lebel en main, dans un bouquet de lauriers-roses.

Ils avaient connu l'enfer de Barleux, marché, de la boue au ventre, dans le brouillard rouge des obus, bondi à l'assaut des tranchées ennemies, traîné des musettes de grenades dans des boyaux jonchés de morts. A la lueur des fusées éclatantes, ils avaient reconnu leurs tués. Troquant le casque de liège pour le petit képi gansé de rouge, héroïquement dispersés dans des régiments fameux, ils seront au Chemin des Dames, en Argonne, à Verdun, sur les routes des Dardanelles, dans les déserts de Serbie ou l'austère forteresse de Monastir.

Mince, modeste, dans le civil champion de course cycliste, ce que le vieux Lechenadec avait retenu de ses souvenirs, c'était le merveilleux voyage du *Sontay*. Insouciants, jouant à la belote sur le pont, ressortant leurs pantalons de broussards et leurs vieilles bretelles, les Calédoniens avaient fait la traversée en touristes. Visages encore poncés du soleil de leur Caillou, ils avaient fait à Marseille l'enthousiasme des curieux. Sur la place de la Joliette on les avait applaudis. Il n'avait fallu qu'un gamin gouailleur dans la foule pour les rembrunir quelque peu. Un vrai gosse, qui avait crié : « Tiens, voilà les forçats ! » Fâcheuse interpellation dont ils riront après, tant leur bonne humeur était inaltérable. Lechenadec n'avait flanché qu'aux approches de Verdun, à ce second hiver de la guerre qui sera pour ces enfants du Pacifique un interminable calvaire.

René Metzger, qu'on appelait en Calédonie « Bob », était le plus dynamique de tous. Ce petit-fils de colon Paddon, dont le nom était inscrit au florilège des chercheurs d'or du centre minier de Ballarat, avait très tôt adopté la nationalité française. Le verbe toujours enflammé, le bel canto aux lèvres, il était soldat comme il était colon dans la Chaîne, avec quelque emphase. Il avait été l'homme du « ravin de la Mort » qu'il avait dû traverser sous la mitraille. Il en était ressorti gravement blessé et gazé. Des années après il évoquait encore les visions hallucinantes de cet assaut. Il en avait gardé le corps criblé de grenaille et un volontarisme dur et lyrique qui le poussera toujours, même en temps de paix, à monter à l'assaut des combats politiques, dès qu'il en flairait de subtiles traîtrises. Il mourra, très vieux, dans un imaginaire corps à corps dont la tristesse apparaît aujourd'hui significative. Ce colon, invétéré broussard, qui avait eu les plus belles têtes de bétail du territoire et des caféeries dans le Nord, ne supportera pas en 1980 la présence au secrétariat des D.O.M.-T.O.M. de M. Paul

Dijoud. Le cheveu très blanc, la canne entre ses jambes déformées par les rhumatismes, il avait écouté à la radio cette voix qui parlait de racheter les terres des propriétaires blancs pour les redistribuer aux Canaques. Ce vieux cultivateur naturalisé, d'origine prusienne, dont le père avait été fortement éprouvé par l'insurrection de 1878 et qui avait su, à la force du poignet, rebâtir sa vie, n'avait pas toléré cette injure. Dans sa petite maison, qu'il avait appelée « les Elogettes » en souvenir de la guerre et qui fleurait si bon ces demeures coloniales emplies d'odeurs de carry et couvertes de liane-amanda *, il tomba tout net. Foudroyé par une attaque, on l'emmena en clinique. Ses dernières paroles incohérentes s'adressèrent jusqu'au bout à son Caillou, sa patrie, son fief, son œuvre indiscutable et le champ de sa bataille.

Quant à Louis Lèques qui avait été un jeune officier superbe et avait mérité une citation des plus élogieuses, on le verra dans les Forces françaises libres reprendre du service dès septembre 1940 en compagnie d'Albert Rapadzi, ce jeune saint-cyrien de 1915 qui adhérera à la France libre dès la première heure et deviendra, la paix retrouvée, un des patrons du Nickel.

Joseph Candide

Le contingent des combattants mélanésiens ne partira sur la ligne du front que plus tard, et en trois convois, par le *Gange* d'abord en 1916 puis par le *El Kantara* en 1917. A dire vrai l'appel du chef Mindia n'avait guère été entendu que par les gens de Houaïlou. Ceux de la vallée de la Paimboa, qui étaient des guerriers, avaient été plutôt vexés de ne pas partir avec les soldats du *Sontay*. « Comment? s'étaient-ils écriés, on nous tient à l'écart comme si nous étions des Français de seconde zone! » Mais ces sentiments étaient loin d'être partagés par tous. *La France australe* se fera l'écho des Canaques de Pouébo « qui ne seraient pas fâchés de nous voir flanquer une pile comme en 1870 ». « Il n'y eut donc jamais de levée de masse dans le monde mélanésien mais une lente prise de conscience qui sera tantôt encouragée et tantôt combattue selon la personnalité des chefs coutumiers » (*Mémorial calédonien*). L'un d'eux, Bobby, l'amusant petit chef de Oundjo, l'œil malicieux, un extraordinaire chapeau tyrolien en tête, glissait volontiers à votre oreille qu'il était parti à la guerre uniquement parce qu'on l'avait alléché par une promesse de terres. Pauvre Bobby! A son retour de Verdun dont il avait dégusté jusqu'au bout l'horreur, il ne recevra rien. Pas un champ, pas un périmètre du bord de mer, pas un pouce de sol, ne lui sera accordé. Promesse trahie! Chez un Mélanésien, manquer à sa parole ne se pardonne pas. Dans ce village de pêcheurs qui était constitué d'exilés de 1878 adonnés à la pêche aux trocas, on parlait encore de l'amère déception du combattant de 1914. Un enregistrement doit subsister dans les archives de Radio-Nouméa, où le petit chef, dans un jargon de poilu et les vigoureuses images de son vieux parler canaque, exprimait son émoi.

Mais le plus populaire de tous les poilus des tribus était bien Joseph Candide. C'était encore un de ces pauvres nomades exilés de 1878, que les autorités françaises avaient déplacés dans le Sud, un « Néméadjou », membre d'une vieille famille du Ouitchambo. A dix-sept ans, planton chez un habitant des bords de la Coulée, magnifique fleuve bordé de filaos à quelques dizaines de kilomètres de Nouméa, il s'était engagé. Avec les « Pacifiques », comme on appelait alors les volontaires, il était monté en Champagne. Jamais visions de la guerre mondiale n'allaient revêtir descriptions plus pittoresques, images plus saisissantes : le Canaque voyait vraiment la bataille comme un cyclone sous le vent duquel « roulaient les casques boches comme des noix de coco ». Pour avoir du courage il s'emplissait la bouche d'une poignée de petits piments. « La gueule en feu », il se sentait plus fort. Il avait vu dans la gadoue les morts « la peau des yeux » tombée sur des visages sanglants, et pour exprimer l'immense fatigue des campagnes, il avait coutume de recourir à un petit sifflement, la langue contre le palais. Il la projetait longuement devant lui, la gauloise éteinte, le regard pâli dans la fente de ses yeux plissés.

Il avait fini ses jours au sein de la tribu Saint-Louis, non loin de la mission mariste, dans la banlieue de la ville. Ce village ombreux se peuplait de métis. Les mauvaises langues n'arrêtaient pas de susurrer que les bons pères n'avaient peut-être pas été étrangers à cette floraison d'enfants à peau claire. Le poilu de 14 y était la vedette et vous n'aviez pas de peine à trouver sa maison : des groupes de gamins exubérants vous emmenaient sur-le-champ voir le « Vieux » et restaient à l'écouter. Joseph Néméadjou devenait splendide quand il évoquait la cathédrale de Reims en flammes. Il avait assisté trois fois à son bombardement. A la fin de son récit il s'affaissait toujours sur son lit encombré de vieux manous, il voyait l'édifice « tournoyer comme un oiseau noir ». Il ne rallumait sa cigarette qu'après une pause tragique à laquelle on ne pouvait pas ne pas participer et qui était ponctuée, chez son jeune auditoire, de « Youssi ! » appuyés, expression fréquente chez les indigènes pour exprimer une stupéfaction sans bornes. En France, le « caporal Candide » n'avait jamais quitté son chien devenu la mascotte du régiment. Cette brave bête courageuse avait été officiellement décorée.

Son casque de poilu remisé sur le dessus d'une vieille malle, il vous en montrait toujours un autre, troué d'une balle à l'arrière, qu'il avait pris sur un jeune mourant. Il l'avait assisté dans ses derniers moments et n'avait jamais connu son nom. Blessé, gazé, bien vigoureux cependant, on voyait Candide tout droit sur des petites jambes étiques ouvrir ses boîtes de cassoulet pour le repas et boire dans son quart de troupier sa ration de gros rouge. On l'aimait bien, tant les anciens combattants de Nouméa que les jeunes générations de Mélanésiens qui venaient s'ouvrir à lui de leurs problèmes et lui demandaient des conseils. Il restait l'ami fidèle des copains de combat, ceux avec qui il avait vécu dans le vrai coude-à-coude du quotidien. A la guerre comme ailleurs, il y avait des classes, des « gradés en hauteur » ou des fiérots peu sociables. Joseph n'avait guère connu vraiment que les humbles, comme ce vieux Louis Boulanger, qui avait travaillé sur les mines de cuivre du Nord, un vrai Caldoche à « parler vrai », qui savait aussi bien qu'un Canaque « débourrer » les noix de coco ou « dégomater » de leurs perchoirs les pigeons gras des forêts.

Car l'originalité de ces poilus de la Calédonie sera bien leur inénarrable langage truffé d'expressions de terroir tirées de leurs vieilles histoires de bagne, de mer, de vie tribale ou de cavalcades. En Calédonie, on prend « une douille » quand on subit une défaite, ou on « emboucane les gens » si on les empoisonne, physiquement et moralement! Se risquer à être trop bavard, c'est dangereusement « faire journal » et se sentir fatigué c'est être tout simplement « marré ». Cette langue moqueuse, verte, émaillée de « Ouah! » ou de « La, la la la la lala » sur un mode musical à sept notes, c'est elle qui fera « souquer » sur sa pédale le coureur cycliste ou « tomber en bouillon de brèdes * » les discussions qui auront tendance à s'éterniser. La connaît-on, qu'on s'en délecte! Les Français, frais débarqués, en seront dès l'abord choqués mais l'adopteront vite dès qu'ils auront acquis quelque complicité avec les uns ou les autres. Maniée aussi bien par les Caldoches que les Canaques, par les Indiens, les Malabares, les Javanais ou les Vietnamiens, elle est bien au-delà de la grammaire des écoles, du jargon des administrateurs technocrates ou des langues vernaculaires. C'était peut-être le seul élément qui aurait pu faire espérer une âme commune entre les ethnies. Mais le temps va trop vite, les jeunes générations brassées au rythme de l'audio-visuel en adoptent les clichés morts. Aujourd'hui se perd le langage calédonien à travers lequel vivaient les chevaux « boquant » au paddock, le bétail sauvage « rentré au calicot » dans les « carrés » ou les « herbes d'amour », ces petites graines brunes qui se collent à vos jambes dès que vous quittez la ville. Et les indépendantistes eux-mêmes délaissent l'humour de leurs pères pour parler de « créneaux », de « plans à long terme », de « convivialité », d'« interdépendance » ou de « productivité », établissant désormais avec les Blancs un dialogue décoloré.

La révolte de 1917

Une incontestable solidarité était née de la grande aventure de 1914. « Trois légions d'honneur et soixante-douze croix de guerre viendront récompenser ce magnifique fait d'armes des enfants du Caillou » (*Mémorial calédonien*). Le retour des combattants se fera par le cargo *El Kantara* rentré en rade de Nouméa le 17 juillet 1919. « A peine le *El Kantara* doublait-il l'îlot Brun qu'une véritable flottille d'embarcations et de pétrolettes * l'entourait, laissant claquer au vent tous les pavillons inimaginables » *(Le Bulletin du commerce)*. Le gouverneur Joulia saluait les combattants. Blancs et Noirs avaient accompli leur mission sans défaillance. On pleurait les morts : sur 2 290 participants, 456 avaient disparu. 429 vivraient handicapés, gazés ou estropiés. Ils resteront pendant plus d'un demi-siècle « les combattants de la Grande Guerre » et quand, poussant doucement la porte d'une demeure calédonienne ou celle d'une case canaque, vous aperceviez un casque croché sur un corail mort, une guirlande de papier gaufré tricolore, une photo de Clemenceau, ou une de ces vieilles gravures d'époque représentant la Paix en dame romaine sur un champ de croix de bois, vous étiez chez un ancien de la bataille de Villeroy ou au logis d'un de ces permissionnaires du bateau le *Gange* qui avait coulé au large de Bizerte. Alors vous n'aviez plus qu'à vous asseoir, écouter chanter le coq de la tribu, mitonner au feu la soupe de papayes ou regarder par la fenêtre les bougainvillées « bleues » : vous vous sentiez bien !

Pendant quatre années, la Nouvelle-Calédonie s'était efforcée de survivre. On avait achevé pour le « petit train » le pont qui lui permettait désormais de franchir la rivière de la Dumbéa, organisé le « colis au soldat », envoyé quelques douceurs aux combattants et collectionné des photos. Mais en 1917 une nouvelle sédition allait naître.

On pouvait penser qu'une partie des tribus commençait à s'habituer à la présence des Blancs. Les religions, qui devenaient communes, les épiceries où l'on se côtoyait, les occupations quotidiennes qui se ressemblaient et la Grande Guerre enfin, qui avait créé quelques liens de camaraderie, tout pouvait laisser croire qu'on avait fait un pas sur le chemin de la coexistence. On n'avait pas compté sur les hautes tribus de la Chaîne, païennes et primitives. Leurs chefs y avaient des pouvoirs tout-puissants et les sorciers y concoctaient de maléfiques « boucans ». Ces opérations de sortilèges, appelées généralement « Iarik », se trafiquaient à l'aide de petits paquets de feuilles liés par des herbes. Ils étaient porteurs de malchances. Encore aujourd'hui on s'interroge sur cette magie noire, ensorcellement, alchimie néfaste obtenue avec les étamines des fleurs de datura * et le jus de la pomme épineuse. A Nouméa on n'en riait qu'à demi. N'y avait-il pas eu des cas d'empoisonnements et des exemples d'envoûtement inquiétants? On avait même vu des Blancs, sains de corps et d'esprit, victimes d'obscures machinations sombrer dans une folie douce. De vrais thaumaturges pouvaient aussi guérir, par un simple roulement des lèvres, les abcès ou les vilains chancres! Ces dangereux médecins connaissaient tout de la nature : ses poisons et ses contrepoisons. « Un envieux a-t-il conçu le désir et l'espoir de posséder un jour la case, les cocotiers, en un mot, la terre d'un proche parent : pour le priver d'héritier, il va trouver un magicien. Mais de son côté, la victime pourra recourir à un artifice neutralisant » (P. Lambert). La réputation des sorciers était telle que beaucoup de visiteurs dans les tribus refusaient de boire quoi que ce soit, de peur d'absorber une goutte d'une potion funeste et il n'y a pas dix ans encore, un homme politique, qui avait fait une longue tournée de propagande en tribus, était tombé subitement malade. On avait bel et bien fait courir le bruit « qu'il avait été emboucané ».

Dans les régions montagnardes, hérissées de rochers et couvertes de grottes, sans écoles, sans missionnaires, on vivait encore en 1914 comme avant la prise de possession : costumes rudimentaires, grands masques de fêtes, cérémonies de circoncision, manipulations de plantes et fumigations secrètes. C'est dans cette atmosphère occulte que débutera la révolte, en février 1917, après une année agitée par les opérations de recrutement déclenchées en vue d'obtenir des soldats. Beaucoup, refusant de s'engager, prendront la fuite et les jeunes, terrorisés, les suivront, ayant entendu le redoutable mot d'ordre qui circulait de tribu en tribu : « Les Canaques qui donnent la main aux Blancs pour la guerre européenne seront tués par le diable canaque. Il faut au contraire tuer les Blancs, prendre leur cœur et le donner aux chefs canaques pour détourner les maléfices du diable... » Les sorciers avaient bien fait leur œuvre. Bons techniciens en matière de stratégie psychologique, ils avaient littéralement envoûtés des groupes qui reconnurent leur meneur en la personne d'un petit chef, appelé Noël, qui lui aussi avait pris le maquis.

Au début de 1917, chacun a donc son calendrier canaque : cordelette de poils de roussette munie de nœuds qui sont au nombre des semaines. On compte celles qui restent avant l'attaque. Celle-ci a lieu le 17 février 1917 : les Canaques d'Atéou surprennent les tribus catholiques profrançaises de Koniambo, près de Koné.

Le chef Noël

On connaissait Noël, à Koné, où il avait ses habitudes. Il allait et venait dans les rues, sa grande barbe noire en avant et des cheveux en broussaille sur un front très haut. La population du village, insouciante, était partie au wharf mettre au bateau des volontaires qui s'en allaient sur Nouméa. Le centre était donc désert. Pas assez cependant pour qu'on ne surprît tout à coup Noël, en accoutrement de guerre, arrivant avec sa troupe dans les rues abandonnées. Il avait lancé un signal d'attaque. Les gendarmes étaient arrivés à temps, mettant en fuite le rebelle. Mais la violence commençait : stations dévastées, cases incendiées. Cascade d'événements sanglants : attaque d'une station dans la Forêt-Plate, d'une autre à l'orée de la Forêt-Français, assaut de la mine Kopéto; trois morts déjà! Les rebelles courent sur les hauteurs, traversent la Chaîne, tombent de l'autre côté sur la côte Est où ils pillent, agressent, tuent. Le 16 juin, dans un store, ils abattent au fusil le commerçant Grassin et sa femme, s'acharnent sur d'autres victimes. Encore des blessés, encore des morts! Le 8 juillet, c'est la station Laborderie qui est investie. Le 14 une opération de pacification s'ébranle, forte de trois cent cinquante hommes. Des battues s'organisent. Des soldats permissionnaires se mêlent aux opérations. On ratisse la brousse. La tête des insurgés est mise à prix. On offrira 2 000 francs à qui ramènera Noël vivant!

On le ramènera en effet, mais décapité. On racontera différemment le récit de sa capture. C'est, on l'affirme, un Arabe, Mohammed Ben Ahmed qui avait porté sa tête aux gendarmes. Comment l'avait-il obtenue? Poursuivi de toutes parts, mourant de faim, littéralement traqué, le chef des rebelles était allé frapper à la porte de l'Arabe parce qu'il le connaissait. Les uns disent que Mohammed aurait tué Noël à bout portant au seuil de sa maison, d'autres affirment qu'il lui aurait fait du café et lui aurait tranché la tête avec son tamioc * au moment où le fugitif se penchait vers son bol. D'autres encore racontent que tout se serait passé sous les arbustes d'une petite caféerie autour de laquelle l'habitant de Koné faucillait l'herbe. Le *Mémorial calédonien* en donnera une version détaillée : « Absorbé dans la mastication d'un quignon de pain accompagné d'une tasse de café, il [Noël] ne voit pas l'Arabe décrocher son fusil et le mettre en joue. C'est au moment où il se lève pour regagner ses montagnes qu'une balle l'atteint au dos. Blessé, mais non fauché, il parvient à gagner la rivière qui coule à cinquante mètres de là, mais il y est rejoint par le traître et un terrible combat au corps à corps s'engage. Lardé de coups de couteau, le chef rebelle finit par succomber au moment où un voisin, attiré par le bruit de la lutte, accourt avec un sabre d'abattis. Mohammed s'en saisit et décapite sa victime dont il ramène triomphalement la tête à Koné. »

L'Arabe ne toucha pas la prime convoitée : il n'avait pas ramené le chef vivant!

La rébellion tomba d'elle-même. Elle avait perdu son meneur. Quelques jours auparavant le sorcier Paétou qui avait magiquement conditionné ses troupes, par des pilous exaltés et des paroles empoisonnées, s'était livré au pasteur Leenhardt et devant le gouverneur avait dit : « Me voici, c'est moi le grand sorcier Paétou. Je viens recevoir la suite de ce que j'ai fait... »

La tragique décollation du chef canaque dont la tête fut exposée à la gendarmerie de Koné, l'explosion brutale d'une rébellion qui plongeait ses racines dans les plus épaisses ténèbres de la vie mélanésienne, avaient violemment commotionné le village habité par quelques grandes familles issues de la colonisation libre. Les plus anciennes, des Magnier, des Devaux, des Renevier, et d'autres encore, avaient bien entendu, bien repéré, ils le disent aujourd'hui, les tam-tams des forêts et les lueurs de feux dans les clairières. L'un d'eux, qui s'était aventuré à cheval sur un sentier de tribu, avait même discerné au bout d'un haut mât une grande écorce blanchâtre, signe d'un appel aux guerres tribales. Ils avaient tous pensé qu'on allait voir les indigènes crier et hurler entre eux, se disputant leurs femmes ou leurs champs d'ignames. Le furieux torrent de la révolte leur apparut monstrueux et pour ces premiers habitants de Koné, ce soulèvement sembla tellement barbare qu'ils ne parleraient plus autrement des Canaques qu'en levant des yeux courroucés du côté des montagnes, à l'encontre de cette Chaîne dont les rebelles, avaient fait leur maquis et de cette tribu du Petit-Atéou, la plus haut perchée de toute la Grande Terre, où un militaire n'avait jamais réussi à mettre le pied.

Décorum de guerre, fuligineuses manifestations des sorciers étaient aussi, il faut le noter, la réaction instinctive d'un peuple violemment malmené par les opérations de recrutement que l'on tentait dans les tribus les plus éloignées. C'était très simple : « Des gendarmes promettaient quinze jours de prison et 500 francs d'amende aux chefs qui ne fourniraient pas un minimum de recrues. D'une phrase lapidaire, ils menaçaient les sujets récalcitrants : “ Si toi pas volontaire, toi aller à la boîte. ” Des sous-fifres souvent autochtones se faisaient comprendre en ces mots : “ Accepte de t'enrôler ou bien les Blancs vont te ficeler comme un cochon avant de bombarder ton village avec leurs gros canons et te couper le cou ! ” » (*Mémorial calédonien*). Plus doucement on essayait quelquefois de les amener à comprendre la situation : « Il faut faire la guerre au “ méchant Guillaume ”, c'est très loin, au bout du monde. » Mais cette perspective était en réalité effrayante pour eux : « Il s'agissait d'un voyage sans retour, d'un aller vers une mort dont ils ne saisissaient pas le pourquoi » (M. Leenhardt). Cette grande peur, jointe à l'horrible malaise qui régnait dans la population des tribus depuis la mise en place des « cantonnements Feillet », expliquera la levée des casse-tête phalliques et des masques diaboliques, la montée des incantations et des cris, rites sécurisants contre les Français.

De cet affrontement horrible, échappera de justesse une enfant, la petite fille de commerçants de la côte Est, les Grassin sauvagement assassinés. Recueillie par des colons voisins, elle deviendra institutrice et épousera un enseignant, un homme politique entièrement dévoué à la promotion mélanésienne. Attachés tous deux à l'île, ils avaient su dépasser l'événement. Paul Griscelli, leur fils, premier agrégé de lettres calédonien, aura cette générosité : aujourd'hui professeur au lycée La Pérouse, il sera un des militants les plus jeunes et les plus dévoués de l'Union calédonienne. Le petit-fils des malheureux commerçants victimes de la rébellion de 1917 avait fait sienne la devise du parti : « Deux couleurs, un peuple! »

Deux cents morts chez les Mélanésiens. Une centaine d'inculpés en prison. Un procès s'ouvre. « Le verdict en est surprenant de mansuétude pour l'époque : cinq condamnations à mort, soixante condamnations à des peines de prison et huit acquittements dont celui du chef Néa qui réussit fort bien à tirer son épingle du jeu » (*Encyclopédie de la Nouvelle-Calédonie*). La plaidoirie de l'avocat défenseur avait été éloquente. Évoquant les trois cent vingt soldats tombés au champ d'honneur, il avait conclu : « Assez de sang, assez de larmes. Vous n'avez plus en face de vous que des seconds rôles. L'Histoire est là pour nous montrer que la vengeance n'a jamais constitué la bonne solution ici-bas! »

Vers les années folles

Tout rentrait dans l'ordre. Comme en 1878, sitôt les tribus réduites au silence, la vie européenne reprenait sur un mode majeur.

Un vieil habitant de Bouloupari, qui fut nommé cocher à cette époque au Gouvernement, en garde une vision charmante. Son patron, le gouverneur Joseph Joulia, était un homme courtois et actif, et le jeune Édouard-Léon Bouyer avait été mêlé à la vie broussarde et citadine de cette île dont il était un enfant. Le grand événement des centres de brousse était le ravitaillement qui s'effectuait par voie maritime. Les gens se rendaient avec des voitures à bœufs au-devant de l'*Océanie,* un bateau de 25 tonneaux, et en attendant son arrivée, on déjouguait la tête des bœufs de leur flèche de bois pour les mettre aux pâturages. Les marchandises chargées, on s'en revenait au village en chantant en chœur. L'agglomération ne comptait à cette époque que huit habitations. On était en famille.

Quand il prenait son poste aux écuries gouvernementales, le jeune Bouyer mettait son costume blanc à boutons dorés, ses souliers blancs et son casque colonial, avec ses gants, blancs eux aussi. Il montait sur le siège de sa calèche tirée par deux magnifiques chevaux, anciens trotteurs australiens, qui répondaient aux noms de Baron et de Marquis. Quand l'équipage du gouverneur et de madame passait dans les rues, les hommes bien éduqués ôtaient leurs chapeaux, les dames s'inclinaient. Il y avait la « petite calèche » ou la « grande calèche » selon l'importance des jours. Aux sonneries des clairons, les bêtes piaffaient, se cabraient souvent et il fallait les maîtriser avec grand calme. A cette époque il n'y avait que cinq ou six voitures à Nouméa et quelques guimbardes qui n'étaient pas au point. Quand le gouverneur fit l'acquisition d'une Buick qui appartenait à un gros commerçant de la ville, M. de Béchade, ce fut pour le jeune homme une grande tristesse. Les Nouméens aussi furent déçus et l'on critiqua fort l'administrateur d'avoir acheté une voiture de marque étrangère au lieu d'un véhicule français! Le gouverneur laissa parler les gens, et se penchant gentiment vers son cocher, il lui glissa à l'oreille : « Maintenant, Édouard, allez faire le colon! », et le jeune homme était allé à Mandabourou, dans un coin sans route, envahi de goyaviers. Il se nourrissait de manioc et d'un bout de citrouille le matin, mais, sous son toit de chaume, avec son jardin bordé de frangipaniers, il ne se plaignait pas. Presque tous les petits colons vivaient ainsi.

La vie quotidienne à Nouméa était tout autre : belle maison de M. le procureur général à l'angle du boulevard Vauban et de la rue de l'Alma, fiacres et réverbères. La ville avait sa bibliothèque, créée grâce à un don généreux de M. Bernheim, dans le pavillon de l'exposition parisienne de 1900 destiné à représenter le territoire : elle avait été tout simplement remontée au pied de la cathédrale. Immeubles, grosses entreprises de commerce, Maison de Béchade et Établissements Ballande, taxis, cabriolets et limousines avec capotes et hauts châssis, voiliers et vapeurs stationnés le long des quais, le quartier des affairistes et surtout la banque s'étaient emparés de Nouméa. Au bord de la mer on allait toujours placer les balancines, petits éperviers à mailles doubles utilisés pour la capture des crevettes, mais de plus en plus, des villas se construisaient le long de belles plages dites de la baie des Citrons ou de l'anse Vata, séparées par le cap du Rocher à la Voile, pierre marine en taille-vent, étarquant son granit aux souffles des alizés. On s'en plaignait : ces rivages bordés de bois de rose et d'acacias blonds se trouaient de brûlis * préparant les terrains pour de nouvelles fondations. Le sentier de la côte, hier chemin pastoral, s'en allait à travers ces récentes percées urbaines recouvertes de caillasse ou de soupe de corail par les terrassiers. Les petits hérons de nuit désertaient les faubourgs. On rejoignait la ville bruyante où, sur des chaises de basane, on discutait placements et dividendes. La statue de Céleste s'élevait toujours, le genou dévoilé dans la danse des saisons, au centre d'une grande place entourée de bazars et de magasins de nouveautés. Le pittoresque cipaye, vieux soldat de l'armée des Indes, ramassait le crottin dans une brouette toute neuve qu'il avait troquée contre son vieux cheval maigre. Signe des temps! Le tendre bohème, affublé d'un chapeau mélancolique et d'une barbiche livide, s'était mis au goût du jour. Même lui s'effaçait dans le va-et-vient de la ville et personne ne l'entendait plus quand il grattait sa guitare le soir, assis sur les racines des flamboyants, son front plombé rougi par le soleil accroché chaque soir aux cimaises d'un couchant qu'il s'était obstiné à peindre sur des toiles criardes. Aurait-il voulu encore lever dans la ville son chevalet, qu'il ne le pouvait plus. Cartons de marchandises, étalages inédits, crieurs de rues, mareyeurs ambulants, rétameurs et réparateurs de sonnettes encombraient les chaussées. Au bord des zincs, on dépliait *La Liberté coloniale* pour y supputer les aubaines. La cité vouée très tôt à l'économie des comptoirs retrouvait la fièvre des imports-exports. On vendait de tout en vrac : jambonneaux, chaussures et bonneterie. Vieux stocks d'invendus, on refilait en brousse les « rossignols » aux Canaques.

Déjà s'accuse ce qui sera une caractéristique de l'île calédonienne : l'hiatus entre la brousse pauvre et la capitale hypertrophiée où l'argent sera bientôt la seule valeur reconnue. Ici et là, on voit, on sent, on pense différemment. L'état de votre esprit lui-même se modifie sitôt franchie la rivière de la Dumbéa et sitôt entrevu au loin le profil bleu du N'Zumac, massif austère.

Dans la ville du Sud, les petites chapelles sociales sont strictes, les bourgeois endimanchés, le temps compartimenté, les convoitises toujours allumées et les jalousies vivaces. En brousse, pauvres ou riches, on mange à la même table un cuissot de daguet *, on parle bétail et les hommes, pantalon de toile et torse nu, poussent d'un même cœur les bêtes au stockyard *. Les heures n'ont plus d'importance. Elles vont avec la course du soleil, portées par les brises, zébrées par les taons des premières chaleurs, partagées entre les deux azurs du ciel et de la mer, retenues le soir dans la lumière de ces conifères maigres et bleus, les bois de fer, où les vents chantent. On laboure à la grosse pioche, on fabrique son pain à la poêle. On vit avec les bouviers et les ramasseurs de café indigènes ou javanais. Des poules, un cochon, des barriques d'eau et quelquefois, au milieu du jardin, un gros kapokier qui laisse tomber des graines de laine.

Près de quatre-vingts ans après, sur les écrans de la télévision, au gré d'une actualité où ils apparaissaient soudain chassés de chez eux, ce sont les fils de ces mêmes familles que l'on verra descendre des petits avions de la compagnie aérienne locale, « petits broussards » guère responsables des événements. Ils avaient vécu derrière leurs poteaux écorcés en regardant autour d'eux dégringoler les terres minières au gré des grandes fortunes du siècle.

Thio-la-Jolie

Car M. Higginson n'est plus, et la Société Le Nickel bat de l'aile. Le grand homme d'affaires est mort le 7 février 1905 dans sa bonne ville de Nouméa où il repose encore, embaumé, dans une chapelle de marbre. L'après-guerre est pour la S.L.N. catastrophique. Le Canada, qui n'a pas souffert des temps, lui fait concurrence et les combustibles australiens sont hors de prix. Les cheminées de Doniambo ne crachent plus leurs fumées grises. Tout est stoppé, hors le centre de Thio.

Thio, redevenu village minier, à la pointe des événements de 1985 et dans la ligne de mire du leader F.L.N.K.S., Eloi Machoro, passait, dans la première décennie du siècle, pour une étonnante cité minière. Inscrite dans tous les registres maritimes du monde comme le terminus des grands bateaux du nickel, elle était le port par excellence des cap-horniers et de la marine à voile. Elle restera dans le cœur des matelots de la terre entière l'escale bénie où l'on pouvait, après quatre-vingt-dix ou cent jours de traversée, s'arrêter enfin, une fois passé le terrible cap Horn balayé par de brutales rafales venues de l'ouest. Quatre-mâts carrés, avec des kilomètres de voilure qu'il fallait larguer entre le bâton de foc et la corne d'artimon, cinq-mâts bien gréés, perroquets et misaines portant en écharpe les triangles de ses focs et de ses diablotins, c'est avec sextant et chrono qu'il fallait marcher sur des vagues de trente mètres de creux et de plus de trois cents mètres de long, sous des bourrasques de 54 nœuds environ, soit 100 kilomètres-heure. Quelquefois, on tournait en rond. Impossible de doubler les redoutables falaises. « Métier de marin, métier de cochon » : le cap Horn, c'était pour ces rouliers du Pacifique le cap Dur. Entrevoyait-on enfin l'île calédonienne qu'on respirait et la curieuse silhouette à deux têtes du Bota-Méré, montagne côtière coiffée de pins colonnaires au-dessus de la grande plaine deltaïque de la Thio, jetait à bord l'allégresse. On allait pouvoir manger des oranges sous les arbres, s'enfoncer dans les belles gorges de la Dothio, regarder les chalands remonter les rivières et fraterniser avec les équipages des petits rafiots locaux qui rafistolaient les mâts et accomplissaient d'incroyables aller et retour, même par mauvais temps, pour monter dans les vergues et en redescendre.

A l'arrière du port c'était le haut plateau rouge grouillant d'une foule de coolies numérotés sur le dos et portant les coiffures les plus diverses : turbans ou chapeaux de feutre, toques ou bousingots *, champignons de paille chinoise ou bérets noirs. Japonais, Indiens, Indonésiens abattaient le minerai à la pioche ou à la barre à mine, le mettaient en sacs et le descendaient en wagonnets le long de câbles métalliques jusqu'à la rivière. Là, embarqué sur chalands, le nickel était conduit aux voiliers mouillés au large.

Le soir, dans Thio-Village, tous, on se retrouvait, dans ces bars à matelots où l'on jouait aux dés au son de l'accordéon. Les patrons se retranchaient sous de grosses tentes de toile bise, buvant un doigt de rhum en compagnie de leurs épouses en corsage de linon clair. On se racontait les éternelles histoires de la mer : ces voiliers perdus, comme le *Ville de Saint-Nazaire* affrété en 1904 pour un transport de minerai et qui avait été drossé sur des bancs de coraux et le *Ville de Belfort*, démâté par un cyclone. En 1912, il avait fallu remorquer le *Thétis* en perdition avec deux cent quarante hommes à bord, et en 1914 c'était le *Montcalm* qui était apparu aux gens de Thio comme un bateau fantôme, sans voiles et sans mâts, flottant au hasard entre les écueils, dans le flou d'une brume matinale : il avait connu le feu à bord ! Les drames de la mer étaient légion dans ce pays ancré à sa ceinture de corail, lui-même beau navire à coque oblongue sous la grande tartane du ciel. A Thio, entre les récits des voiliers du thé ou des chasseurs de phoques racontés par les marins, il y avait toujours un Calédonien pour évoquer de dramatiques naufrages : celui d'un voilier, le cinq-mâts *Royal Oak*, qui avait brûlé comme une torche devant Néhoué, jusqu'à la quille (chargé de nickel, il portait à bord des kangourous et des perroquets qu'on avait retrouvés à demi calcinés dans des racines de palétuviers), ou la dramatique aventure des goélettes *Les Deux Caps* et l'*Amédée-Charles de Rouzic* qui avaient disparu corps et biens. A Thio, on se le répétait : la mer n'épargne ni les gens, ni les choses. La constellation de la Croix du Sud le savait, qui là-haut, dans le ciel de la cité côtière, veillait jusqu'à l'aube sur le sommeil des mineurs éreintés et de ces loups de mer brûlés par les embruns.

Beaucoup de ces anciens cap-horniers avaient choisi de vieillir sur la terre de leur dernière escale. Ils étaient devenus des petits planteurs ou des rentiers pensifs : le vieux capitaine Chaniel avait vu les derniers navires en bois, portant quinze mille mètres courant de toile sur lesquels naviguaient les chercheurs d'or. Et le commandant Lefebvre avait plus de quinze fois franchi le cap Horn. Pour eux, Thio restera « Thio-la-Jolie » avec ses côtes bien exposées au levant, la foule colorée de ses trimardeurs, ses vallées fraîches, la découpe austère du grand plateau et le va-et-vient des bennes. On y avait connu les promenades à cheval, les pêches fabuleuses, les fêtes des ignames et goûté, l'espace d'un instant, les joies d'une coexistence sans problèmes. Car, ironie du sort, c'est à Thio qu'un bon accord s'était établi entre tous : les indigènes, pour beaucoup enrôlés à la manœuvre des chalands du nickel, descendaient sur des pirogues à balanciers les cours paisibles de la Thio et de la Dothio pour aller pêcher au lagon. Ils cuisaient souvent le bougna devant l'église flanquée de petites tourelles rondes, en compagnie des gens des tribus de Saint-Michel et de Saint-Gabriel, spécialistes de la pêche aux langoustes et qu'ils ramenaient en vrac dans de grands paniers de pandanus tressé...

Grâce à la bonne marche de ce centre minier, la S.L.N. avait pu tenir bon en dépit de transactions locales qui se révélaient la menacer dangereusement. En 1919, l'International Nickel Corporation à capitaux étrangers avait revendu son domaine minier à la Société Ballande et le marché retombait brutalement. Mais la société allait se ressaisir. Fortement atteint par la crise, M. Bernheim, son principal concurrent, mourait en 1917. Il laissait des parts importantes dans une récente entreprise prometteuse d'espoir : la Société Le Chrome.

L'exploitation de ce minerai ne commença vraiment qu'en 1902, dans le Nord, sur la montagne de la Tiébaghi. M. Bernheim avait été nommé administrateur délégué et président du conseil d'administration de la société. On s'assura de bons actionnaires et d'hommes de terrain dont ce fameux Duhamel, qui avait donné à la montagne le premier coup de pioche. Il s'y enrichit si vite qu'on le vit bientôt allumer ses cigares avec des billets de banque. Figure du Nord légendaire, Duhamel vivra longtemps là-haut dans ce grand paysage vert-de-grisé ouvert sur des lointains d'îles et de goélands. Bien connu de tous, depuis la presqu'île d'Arama jusqu'à Paagoumène, il n'avait pas voulu quitter cette ultime terre où l'on vivait de coprah et de pêche aux trocas. Jovial mineur, installé à Poum dans une maison de bois, il mourra brusquement à Karembé, à califourchon sur sa chaise plantée dans le sable en face de l'océan, comme il avait coutume de s'y tenir, nu dans son seul manou. Il regardait le soleil briller sur les hauteurs de la Tiébaghi, qu'il prononçait à la façon des travailleurs : « Tc... chiébaghi. »

On avait attaqué la montagne sur son dôme, faisant éclater une calotte de terre et creusant un cratère qui peu à peu prit la forme d'un vaste entonnoir. On dégageait le minerai au pic et on le descendait à dos sur une plate-forme de stockage. Des attelages de bœufs le traînaient lentement jusqu'au littoral où étaient amarrés des chalands. Au large, les grands voiliers se tenaient immobiles dans l'attente de leur chargement. On avait recruté des Indochinois et surtout des Japonais qui vivaient dans des paillotes, soumis à un régime de travail si intense qu'on vit bientôt la montagne se transformer, devenir un puits immense à sept gradins aménagés pour éviter les éboulements. On se mit à creuser des tunnels de dégagement et, plus tard, l'exploitation deviendra souterraine. Mais à ce moment-là, on verra le destin brusquement basculer et la mine changer de visage.

En attendant, quatre villages s'égailleront sur ses pentes au gré des couleurs de ses travailleurs : il y aura la cité européenne, le centre japonais, les quartiers indiens et mélanésiens, tous animés, aux jours de fête, de lampions et de drapeaux. Mais le travail y est rude, la discipline sévère, la solitude souvent intenable, les rixes nombreuses. Des bourricots, empruntant le sentier qui vient du village de Paagoumène au pied de la mine, transportent les vivres. Au fil des années les conditions de vie se transformeront, des petites maisons pourvues de jardin remplaceront les premiers gourbis, mais chaque communauté gardera ses traditions, jettera les cris de ses prières, chantera ses hymnes propres : Ramadan, fête du Têt, processions de dragons, cloches de l'église, et le gong bouddhique appelant ses fidèles, tout est réuni au flanc de la haute Tiébaghi, la montagne du Tonnerre, comme l'appellent les indigènes, pour que se crée un curieux centre multiracial, une cité sans discrimination où chacun, plié à la lourde obligation du travail, occupe ce qui lui reste de jour ou de nuit à retrouver des pensées et des gestes d'un autre monde! C'est, dans les années folles, Noël qui sera le plus joyeusement fêté par les Européens. Les plus vieux travailleurs de la Tiébaghi s'en souviennent encore : mât de cocagne, courses de brouettes, flons-flons des bals pour lesquels on avait ravi aux alentours dames et demoiselles emmenées en amazone sur des coursiers fous!

C'est aux alentours de 1925 que le village de haute montagne prendra sa splendeur de petite agglomération minière. On y vivait, téléphérique et bennes à l'appui, entre l'église, l'école, la poste, les bars, dans le va-et-vient des ouvriers de couleur auxquels étaient venus s'ajouter les Javanais. Quand un nouveau directeur arrivera, M. Carter, la « bosse » connaîtra son apogée : ateliers, salle des fêtes, tennis, infirmerie et terrain de football, Tiébaghi devient la capitale du chrome. Elle a ses quartiers, ses transports, ses citoyens, ses peines, ses jeux, ses fantasmes. Sur cette mine qu'on se plaisait à appeler la « vache mère » parce que les salaires y étaient devenus très bons, n'avait cessé de planer un fantôme : celui d'une femme à robe de brouillard, qui se promenait sur les pentes. Elle restait accrochée aux rochers, allait voler les miches dans ces boîtes à pain traditionnellement posées devant les maisons, ou chipait des boutures dans les jardins. C'était la « Dame Blanche », elle s'était déjà laissé voir à Ducos au-dessus de la presqu'île des Déportés. Aujourd'hui, elle était venue sur ces terres à chrome, n'en finissant pas de traîner sur les chemins nocturnes ou d'apparaître à l'aube, en des formes indéfinissables. Elle glissait, toujours fuyante, à cinquante centimètres du sol. On en parlait dans toutes les langues. Les bayous en contaient l'histoire en javanais, les Indochinois la susurraient en petites phrases gutturales et les vieilles indigènes se la répétaient, persuadées que cette femme pâle était l'épouse de quelque célibataire volage qui venait de métropole demander des comptes à son mari. Quant aux Calédoniens, ils se la transmettaient de mineurs à colporteurs, si bien que la mystérieuse inconnue était devenue à la fois familière et terrifiante. Tout le monde prétendait l'avoir vue, et le plus incroyant de tous, Gaston Clauze, conducteur de diesel, lui qui avait dévalé la mine sur des virages vertigineux, au-dessus de précipices à défier les plus grands périls du *Salaire de la peur*, Gaston-le-Costaud-du-Grand-Nord, avait un beau matin tremblé comme un gosse quand, à la lumière de ses phares, il avait aperçu la Dame, debout sur une pointe de chromite, fuseau de lumière pâle, qui avait frôlé son moteur et traversé la route avec une hallucinante langueur.

Tiébaghi, mine symbole

Il faut aller jusqu'au bout de cette mine, marquée par un exceptionnel destin. Elle accompagnera pendant de longues années la vie calédonienne. Avec ses comparses, la Fantoche, mine exploitée en souterrain, munie d'une belle loco diesel, qu'un ingénieur ancien combattant avait baptisée du nom d'*Argonne*, et la mine Alpha où une installation avait été mise en place pour broyer le minerai, la Tiébaghi marchait à plein. « En 1920 le chiffre record de production de 91 534 tonnes de minerai était atteint » (*Encyclopédie de la Nouvelle-Calédonie*) et le chrome arrivera bientôt en première place dans les produits d'exportation. Avec son accroissement rapide, ses progressions brutales, en dents de scie, et ses méventes cruelles, elle deviendra la mine symbole de cette île toujours secouée de fièvres accompagnées de redoutables temps morts. L'évolution de la production de chromite, soulignée par un graphique éloquent dans la *Géographie* de Jean Le Borgne, est à l'image même de l'île dépeinte tantôt comme un Eldorado, tantôt comme un marais d'eaux résiduaires. Elle démontre et la fragilité de l'aventure minière et sa collusion avec un élevage extensif où les capitaux de quelques-uns trouvaient vite de nouveaux investissements en des propriétés démentielles. Aux portes mêmes de la grande région minière, la vaste plaine de Ouaco sera, les cinquante premières années du siècle, le théâtre d'un colossal empire : troupeaux à perte de vue, usine capable de produire neuf mille boîtes de bœufs en gelée par jour, tonnes de savon et conserves de toutes sortes : l'argent retournait à l'argent. Ce circuit n'allait pas fatalement à l'encontre des intérêts calédoniens, au contraire, mais il favorisait la montée en flèche de quelques grosses fortunes locales au détriment des petites entreprises. Il créait surtout à l'orée des tribus une puissance d'argent qui ne sera pas sans être critiquée souvent exagérément par quelques leaders politiques. Jean Guiart, dans le journal *La Croix* du 22 décembre 1984, aimera le rappeler après les événements de Thio : « Les Kanaks viennent de détruire une des structures du pouvoir de leurs adversaires de toujours, l'alliance entre la mine où l'on gagne l'argent et l'élevage où on le place spéculativement. » C'était vrai, dans un pays en fait partagé dès le début de son histoire par deux conceptions de l'humanité. Ici l'efficience et l'individualisme; là, un collectivisme passif et presque religieux...

Seriez-vous remonté sur la Tiébaghi ces dernières années que vous n'auriez plus retrouvé qu'une ville déserte. C'était même surprenant : le dôme se tenait curieusement figé comme après le passage d'un cataclysme terrifiant. Tout était là pourtant, les fauteuils sous les vérandas, les machines à écrire sur les bureaux, les bouteilles de champagne vides, les armoires ventrues et les tasses de thé froid abandonnées sur des guéridons de kaori. La ville s'était tue brusquement. Elle restait, fantomatique, accrochée au talus de la montagne. Les bennes et les camions se rouillaient et les petits quartiers des ethnies étaient exsangues. La ville n'avait pas résisté aux crises.

Issu de la solitude et de la catastrophe, subsistait, seul, un petit homme, vieux coolie maigre qu'on avait surpris sur sa jonque au large de Canton et qu'un bateau recruteur avait quelque peu malmené pour l'emmener travailler aux mines calédoniennes. Il s'appelait Min-Hoï et n'arrêtait pas de sourire sur ses dents gâtées. Les pommettes courbes, le regard oblique, vêtu d'un vieux pyjama propret, il ne savait pas son âge et avait continué à vivre sur la terre abandonnée avec quelques biquettes et un troupeau * de poules en liberté. Il avait connu le temps où les premiers Japonais y étaient arrivés, la natte dans le dos et le kimono flottant. Il y avait rencontré les coolies tonkinois, vu les grands patrons de la « Société », ces Anglais qui tondaient des pelouses devant leurs maisons, et aimé les Javanais avec qui il partageait le bami, y ajoutant, avant de le manger, des petites cuillerées de soyu *.

Aujourd'hui la montagne du Tonnerre s'élève dans le redoutable silence du grand Nord, avec ses ruines pillées, son village effondré. Min-Hoï y vit-il encore à l'ombre des Dames Blanches? C'est peu probable, mais la Tiébaghi racontera toujours les grandes tristesses de l'Histoire calédonienne et ses prodigieuses résurrections.

CHAPITRE X

VERS LA PAIX DE M. LE GOUVERNEUR GUYON

Avant les années 30, la vie minière se portait donc bien. La Calédonie aussi, on avait gardé un bon souvenir de M. Repiquet qui avait dû assurer un intérim délicat pendant la Grande Guerre et avait prolongé son mandat, à titre de gouverneur cette fois, jusqu'en 1923.

On sera quelquefois sévère en Calédonie envers ces hauts fonctionnaires, vite arrivés, vite repartis, et dont quelques-uns, par une méconnaissance évidente des réalités locales, commettront d'irréparables bévues. Celui-ci, au cœur de la révolte, n'avait pas hésité à courir à cheval sur les crêtes des montagnes. Ensuite on le verra, sur le terrain, visiter les écoles, les installations portuaires, les liaisons télégraphiques et téléphoniques. Il était rituellement accompagné de son épouse, dont le chapeau, garni de lourdes cerises rouges, impressionnait les broussards.

Tout de suite après la guerre, trois sociétés minières se disputèrent le territoire. La puissante Société Le Nickel créée par John Higginson et M. Hanckar, la Société Le Chrome, installée au Nord comme au Sud, à Tiébaghi comme à Yaté, par Lucien Bernheim et la Société des Hauts Fourneaux fondée par M. André Ballande. La mort de M. Bernheim avait simplifié le jeu. Si la S.L.N. abandonnait Le Chrome, sur la base de la Tiébaghi, par contre elle s'emparait de Yaté et s'empressait d'y implanter une usine électro-métallurgique.

Ce travail de titan avait été accompli par une main-d'œuvre indochinoise dans des conditions que ne réglementaient ni lois sociales, ni considérations humanitaires. Un petit cimetière sans croix, ponctué de simples colonnes tronquées, dominant de quelques mètres la rivière dans un fouillis de goyaviers, est assez éloquent. Il dit la rudesse d'un travail sans pitié : les coolies qu'on attachait aux chênes-gommes lorsqu'ils titubaient de fatigue ou de chaleur, les journées continues, les travailleurs corvéables à merci. Rien ne fut tendre pour mener à bien une réussite difficile.

Le plateau du Sud et les cobaleurs

Depuis 1920 le chantier était ouvert. Il s'agissait d'élever un barrage de soixante-dix mètres de long sur une quinzaine de large, en forme de voûte, et une centrale des plus sophistiquées. Tâche colossale sur l'estuaire du fleuve, à l'extrémité de ce plateau du Sud, un roc alternativement rougi de feu et lavé d'averses. Les phalanstériens de M. Guillain en avaient éprouvé la rudesse. Les ruisseaux y sont perfides, creeks d'une eau glauque, couleur de pastis, sous la transparence du ciel, rosis d'argiles par les orages. Le travail de ces hommes avait été un long calvaire. Un 14 juillet, à deux heures du matin, un premier pas avait été accompli. On avait réussi à passer de l'autre côté de la montagne. Un tunnel était percé. Mais on était encore loin du compte, les travaux continueraient de longues années sur un rythme de fièvre ou en des ralentis interminables. Il fallait s'adapter à des crises imprévisibles qui rendaient les chantiers frénétiques ou déserts.

C'est aux époques de fléchissement du nickel que s'improvisaient des prospecteurs hardis. Inventifs, curieux, ils se mettaient à gratter la montagne en quête d'une trouvaille. Hier, c'était le chrome. Le cobalt, pourquoi pas? Ce sous-produit du nickel, découvert dès 1875, avait été à la Belle Époque, sur le plateau du Sud, l'objet d'une nouvelle ruée. De petits artisans de la mine partaient en file, au petit jour, avec des poulies sur le dos, balançant des quinquets bricolés par eux dans de vieilles bouteilles en verre blanc.

C'étaient les « petits cobaleurs » : procession d'hommes à gros croquenots qui montaient en zigzag le long des sentiers. Ils descendaient le minerai au moyen d'un câble passe-ravine, pour le jeter au plus près d'un point d'eau sur un tampon de branchages et de paille. Les pieds nus, sautant joyeusement dans de grandes laveuses d'eau claire, la pelle à la main, les mineurs rinçaient leur butin qui, ensaché de jute, était vite expédié à Nouméa ou à Thio. Quelle épopée! Il y fallait du flair, du doigté, une patience inimaginable, une obstination d'abeille ou de rongeur. On creusait à la main, à travers la montagne, de petits tunnels qu'on appelait « trous de rats ». On les boisait soigneusement. Demeurait le risque de périr étouffé dans ces boyaux étroits où roulaient les pierres.

Personne ne prendra vraiment au sérieux les expéditions de ces fous de la mine : « Le cobalt était une sorte de produit de cueillette que de nombreux petits mineurs extrayaient au moyen de puits et de galeries » (J. Le Borgne). Aucune société ne crut utile de dégager des capitaux pour une telle entreprise. L'héroïsme de ces hommes, leur solitude, leur rage à forer leurs terriers, l'aventure dans laquelle chacun s'engageait personnellement donnera à l'un d'entre eux l'envie de les chanter.

Acré, cobaleurs!
Ceux qui en mordent pour le cobalt
N'ont qu'à se radiner à Koumac!

Annonce publicitaire, hymne, marche ou harangue? Georges Baudoux fredonnera ce refrain allègre qu'on se répétera sur les mines, dans les stores et dans les bistrots :

Pour faire un cobaleur, nom d'un chien
Faut arriver à l'heure au turbin
Il ne faut pas être rosse pour monter
Quarante molosses
Tout en haut de notre bosse!
Aïe, les reins!

Il connaît bien les Calédoniens, ce garçon de la brousse et il parle leur langue. Son père était venu en Nouvelle-Calédonie en tant que surveillant de la déportation politique. À sa mort, son fils, âgé de sept ans, avait traîné dans les paddocks et s'était habitué à ruser avec le bétail, à le déloger des endroits les plus périlleux. Avec ses guêtres à éperons, son fouet à manche court prolongé d'une longue lanière de cuir et d'une mèche en fibre d'aloès, il était devenu un beau stockman à moustache lorsqu'il s'éprit d'une amazone de seize ans qui galopait, intrépide, sur les chemins du Nord, dont, fine mouche, elle connaissait tous les pièges : à la seule couleur de leurs chevaux, elle identifiait les brigands; à la seule trace de leurs pas sur les sentiers, elle devinait le passage des évadés arabes.

Mais ce cavalier avait d'autres amours : les terres riches de cobalt et de chrome qu'il voulait conquérir dans le fabuleux triangle du Nord, Koumac-Néhoué-Karembé! Quand il en fut devenu le roi, il redescendit au grand galop à la rencontre de son écuyère. La dernière mine qu'il acquerra au fond du village de Gomen, il la baptisera du nom de cette jeune fille retrouvée : Fridoline! Il s'y mariera, installera sa femme « dans un cirque de maquis et de blanche silice » et repartira de plus belle, mousquetaire hardi, glanant, au cours de ses chevauchées, les mille et une anecdotes des derniers bagnards vivants de rapines, de drames, de coups de surin. Il aimera les étonnantes pierres du pays qu'il savait soupeser, caresser, estimer au jugé, racler au moyen de la petite rapière qu'il portait à sa ceinture et qui lui servait pour tailler le manche des pioches dans les trous à cobalt et pour ouvrir les boîtes de singe.

Et puis, brusquement, après la guerre, il liquide tout : mines, stores, stations. Il se retire à Nouméa et écrit *Légendes noires des Chaînes, Les vieux savaient tout, Ils avaient vu des hommes blancs.* Toute la Nouvelle-Calédonie pionnière chante sous sa plume : les cavaliers déguenillés enfourchant des montures volées aux gendarmes, les métis et les vieux Canaques assis sur des galets chauds de soleil; près d'eux, ces défricheurs de la conquête française qui fabriquaient de belles carottes de tabac et soignaient des mouches à miel entre deux cavalcades de gauchos.

On retrouvera Fridoline, le jour de ses cent ans! Elle les fêtera dans une maison de vieillards à quelques kilomètres de Nouméa. Elle avait connu une existence rude.

C'était le lot des broussardes : l'homme passait vite, avec des bottes cavalières, et la femme se retrouvait seule entre le store et le paddock, entourée d'une nichée d'enfants et d'une dizaine de chiens bleus *. Un mineur ne s'arrêtait jamais, battant incessamment la savane, franchissant les crêtes, et Baudoux appartenait bien à ce peuple de pierrailles, prospecteurs ou employés, souvent dispersés dans des épiceries de campagne et dans des étables, couchant quelquefois à la belle étoile ou dans la mangeoire de leurs chevaux. Les cailloux les faisaient aller! Ils espéraient le coup de pioche qui les mettrait en face du filon précieux.

Les petits mineurs

Ceux qui, les premiers, avaient tenté l'aventure avaient fait trente-six métiers et connu trente-six misères avant d'entreprendre sur les bosses leurs premières prises d'essai. Ils recherchaient des échantillons dans les régions de Touho, Hienghène, Koné. Au cours de la dernière révolte, les indigènes étaient tombés sur eux et les avaient attaqués avec de vieux fusils chargés de projectiles de fortune, des pieds de marmite par exemple! Un prospecteur avait même reçu un plomb d'épervier qui s'était fiché dans le bourgeon de son sac à dos. Du haut des montagnes, ces hommes étaient les témoins de drames lointains : comme le naufrage de ce bateau gréé en trois-mâts qui devait prendre 3 000 tonnes de minerai et qu'on avait vu s'enfoncer dans une mer d'huile, toutes voiles noyées de bleu. C'était l'*Haudaudine.* A bord, le capitaine n'avait pas bougé. Il avait été englouti avec son bâtiment, comme avalé par l'eau tranquille. Quelques-uns se souvenaient des navires à hélices qui filaient douze nœuds, crachant des escarbilles par les cheminées et chargeant les premiers sacs que des Japonais descendaient sur leur dos avec une endurance étonnante. On se répétait qu'un Japonais seul valait trois Chinois ensemble! La mine Bilboquet avait connu grâce à cette main-d'œuvre un rendement sans pareil.

Baudoux avait vécu à la charnière de deux mondes : celui de cette mine ancienne hantée de drames, nourrie de peines et celui des années fastes où la recherche devenait la plus riche des aventures. C'est à cette dernière époque que naquit l'expression de « petit mineur ». Elle deviendra quasiment ironique quand, à terme, les nomades se retrouveront à la tête de fortunes inespérées.

Véronique Le Cordrocq tenait alors une mercerie au village de Koné. Elle y avait aussi créé un hôtel-restaurant appelé « Au rendez-vous des ouvriers ». Quel joyeux tohu-bohu quand se réunissaient chez elle les travailleurs du Koniambo! C'était une Bretonne qui, toute jeune, avait suivi M. Escande au château de Muéo pour être la gouvernante de ses filles. Maintenant elle vivait pleinement l'épopée des mineurs. Ils passaient des mois, là-haut, sur le massif, à ciel ouvert. À la pince, ils arrachaient le métal; à la pioche, ils cassaient les cailloux; au pic, ils faisaient couler des ruisseaux de terre rouge! Le « petit mineur » respirait sa mine, la jaugeait, en cernait l'horizon, en éprouvait la rondeur ou l'aigu, en supputait le rapport. Il savait dégager la richesse d'une terre brute. La prospection du chrome est toute différente de celle du nickel. La nature du terrain révèle vite le nickel. C'est en surface qu'on devine le chrome. Le sondage est l'art complexe d'un ouvrier lié à son pic, collé à une bosse secrètement interrogée. L'approche des veines se fait humainement dans un paysage minier qui semble se dessiner presque à la main.

Tout changea quand le boucher du château de Muéo eut l'idée de faire venir par le petit « Tour de côtes » le premier camion Berliet. Mécanisée, la mine deviendra brutale. Les boues rouges stériliseront la région et les décharges tomberont dans la vallée jusqu'au bord de mer où mourront les poissons dans les chenaux.

Si les « petits mineurs », exploitants indépendants devenus des hommes d'entreprise et d'habiles financiers, jouent dans l'économie du pays une partie serrée avec la toute-puissante S.L.N., on ne peut oublier la modestie de leurs origines et leur ténacité. L'un d'eux, Clément Brunelet, avait travaillé dès l'âge de quinze ans sur les mines et sa femme n'hésitait pas à affirmer que « le premier après le nickel, c'était lui! ». Il s'était intéressé à des mines de charbon découvertes du côté de Moindou. Entre 1922 et 1931, on était arrivé à en extraire 17 000 tonnes de combustible. Brunelet avait accompli l'exploit de construire des tonnes de chalands et de remorqueurs pour les charbonnages. Il lui était arrivé de fabriquer 3 000 rivets par jour. Sur ses mines, ses employés l'interpellaient joyeusement. « Il fallait voir, aimait-il à rappeler dans sa vieillesse, les jours de la paye! les hommes! On les appelait “ les gamellards ” parce qu’à la cantine ils avaient une gamelle pour deux. Ils chantaient la chanson des Dragons de Villars, ou encore “ Halte-là! Montagnards ”. »

Parmi ces futurs industriels, partis le piolet en main sur les sentes du pays pour y glaner des fortunes, les réussites furent des plus inégales. Henri Lafleur s’y taillera une part de roi. Cet extraordinaire homme de terrain repérera lui-même avec soin les mines qui feront son opulence. Il saura se créer un domaine si puissant qu’il entrera en concurrence avec la redoutable S.L.N. Sa réussite politique sera grande et son efficacité dans la gestion des affaires du territoire, certaine, mais sa simplicité, sa populaire gentillesse, sa bienveillance, il les devra à son passé de prospecteur alors qu’il était le compagnon de ces hommes en tricot de corps et en manou qui s’affrontaient à la grande Chaîne. Hier adolescent aventureux, il sera après un long passé politique, un Calédonien aimé des citadins et des colons : « Papy », comme on se plaisait à l’appeler. Il avait vingt-trois ans lorsque arriva sur le territoire un de ses plus grands administrateurs : M. le gouverneur Guyon.

Le gouverneur Guyon

C’est un fort bel homme qui descend du navire le *Dupleix* sur le quai de Nouméa le 15 mars 1925. A la grande satisfaction des Calédoniens méfiants à l’égard des métropolitains chargés de gérer leurs affaires, il commence par leur promettre de ne pas se comporter en fonctionnaire de passage. Puis, avec la plus grande courtoisie, il reçoit le conseil général. Cette assemblée n’avait vu son pouvoir s’élargir que sous le gouverneur Olry. Élue au suffrage universel, elle comptait cinq conseillers pour Nouméa et une vingtaine pour la brousse. Les inévitables joutes entre les élus et le chef de la colonie feront l’objet d’une étude de P. Gasher : *La Belle au Bois dormant*. Il est amusant d’y découvrir combien de fois l’Assemblée locale dut être dissoute pour incompatibilité profonde avec ces hauts fonctionnaires fraîchement débarqués. À l’arrivée du gouverneur Guyon, le conseil général ne compte plus que dix membres, dont un colon

Feillet, M. David, gros propriétaire en brousse, et un certain Florindo Paladini physiquement absent de l'hémicycle, mais moralement là et même dangereusement représenté par la bruyante renommée qui entoure son nom!

Le nouvel arrivé fait la meilleure impression : ce veuf a l'air sérieux. Sa mise est stricte. Ses cheveux sont soigneusement partagés en leur milieu par une raie droite. Il s'installe avec ses deux filles au palais du Gouvernement. Depuis la mort accidentelle de sa femme, il ne lui reste qu'elles. Il s'occupera donc de leur éducation et de leurs jeux. Deux tâches l'attendent : d'abord veiller à leur installation dans cette résidence ancienne qui est un édifice militaire, l'ancien quartier général de la bataille de Sébastopol démonté pour être transporté à Nouméa, ensuite assurer la bonne garde de cette grande île dont il tient entre les mains le destin. Cet ancien collaborateur de Gallieni est un ferme capitaine. Jamais les Calédoniens ne le verront tomber dans l'emphase, sombrer dans la démagogie ou trahir ses sentiments les plus secrets. De telles qualités serontelles jusqu'au bout reconnues par ces îliens impitoyables, public souvent cruel?

Le gouverneur Guyon a un plan : celui de grands travaux destinés à aplanir le dangereux fossé qui se creuse entre Nouméa capitale et la brousse obscure. Il faut lier fortement la ville à son arrière-pays par des routes : y établir des écoles, des internats, y fonder des dispensaires, raccordés par des pistes. Ouvrir cette brousse et son chef-lieu sur le Pacifique par la mise en valeur de sa rade. Dresser des phares, jeter des quais, des embarcadères, des débarcadères! C'est d'emblée beaucoup demander à une petite assemblée locale généralement réticente devant toute dépense, devant toute innovation. Mais sous son évidente civilité, le gouverneur cache une volonté de fer. Bon gré, mal gré, voilà le territoire engagé dans un projet échelonné sur plus de trois années. Tout se serait passé relativement bien si un phénomène d'immigration spontanée n'était venu compliquer la tâche du chef de la colonie. De nouveaux colons débarquaient : vingt-deux ménages, dix-sept enfants, vingt-cinq célibataires, tous originaires du Nord de la France. C'était ahurissant : venus de Lille, Roubaix, et Tourcoing, ne prétendaient-ils pas ici planter du coton?

Les Nordistes

Avec leurs cheveux clairs, leurs yeux pleins d'espoir et leurs enfants pâlots, on les appellera « les Nordistes ». Il ne s'agissait d'ailleurs que d'un premier convoi arrivé par le *El Kantara*, le 8 janvier 1926. D'autres devaient suivre.

A Nouméa, c'est la stupeur. Officiellement nul n'avait été prévenu. Seul, un communiqué de presse avait laissé entendre, en novembre 1925, qu'une centaine d'habitants de la région de Lille pourraient arriver prochainement dans le territoire. Ce brusque débarquement jette la consternation. Devant la complexité de la situation, le gouverneur transmet un message à Paris : « Pas informé projet. » On déplie des cartes : où et comment installer des gens qu'on n'attendait pas? à quelle culture les atteler? à celle du coton qui s'était déjà révélée ici tellement aléatoire?

Ils sont toutefois touchants ces « ch'timis » pour lesquels l'Union musicale, orphéon de la ville, a attaqué *La Marseillaise* et qui, au terme de leur long voyage, se mettent à pleurer tout de bon. Ce sont pour la plupart des victimes de la guerre. Leurs villages ont été brûlés, leurs installations industrielles détruites. Ils n'ont survécu qu'à la lumière d'une petite annonce parue dans leurs journaux de province. Elle faisait écho à un long article de revue où il était dit que l'industrie du coton pouvait procurer du travail à des centaines de milliers d'ouvriers, que des essais avaient été effectués en Afrique noire, à Tahiti et en Nouvelle-Calédonie et que, dans cette dernière contrée, sa culture était susceptible d'un grand développement. Si l'on ajoutait à cela la garantie que les champs de coton produisaient une récolte un an seulement après la plantation et que l'investissement était relativement minime, tout était réuni pour provoquer l'enthousiasme de gens pour lesquels le textile « n'est pas une industrie de seconde main mais la première du monde ».

Nouméa adopte ces grands enfants perdus. On les aime bien. Ils ont les qualités des Nordistes : le sérieux, l'ardeur au travail, de bonnes vertus traditionnelles. Leur façon de parler de la Nouvelle-Calédonie émeut. Dans le gris de leurs brumes, ils ont imaginé une terre de rêve et de lumière sertie de son lagon bleu!

La déception sera horrible lorsqu'on les amènera jusqu'à l'endroit même où, en France, on avait promis de les installer : le lieu dit Daoui, au large de Bourail, vallée de mamelons rocailleux. C'est un désert où ne poussent que des petits niaoulis gris, tourmentés et chétifs. Terre de bagne, abandonnée par les oiseaux et par les cerfs. La Pénitentiaire elle-même avait refusé d'y rester! Aventure incroyable : un rêve s'écroule. Les immigrants n'en croient pas leurs yeux. On les a bernés. Il y a sous roche une escroquerie indéniable. Quel en est l'auteur?

M. Lang, maire de Nouméa

À l'origine de la supercherie, il y a Marx Lang, un vétérinaire du cadre colonial élu maire de Nouméa. Il avait quitté sa ville en mai 1925 pour soutenir à Paris une thèse de doctorat : « La Nouvelle-Calédonie, son climat, sa faune, sa flore, ses ressources naturelles et ses possibilités agricoles ». Voilà une excellente étude, et le récent diplômé aurait dû s'en tenir là. Au lieu de quoi, profitant de son congé, le voici qui entreprend à travers la France une série de conférences.

Bien qu'il ne soit plus tout jeune (il a près de soixante ans), il a gardé les illusions de son maître, M. Feillet, qui, plus d'une fois, a signalé à Paris son mérite. Le rêve agricole du proconsul se poursuit en lui. Il est si convaincant qu'en France on l'écoute bouche bée. « La possibilité de cultiver ce textile en Nouvelle-Calédonie, dit-il, n'en est plus au stade expérimental. » Affirmation outrancière! La première tentative osée en 1868 par quelques colons de la Ouaménie, si elle avait démontré des virtualités, n'avait pas été concluante. Qu'importe! Le vétérinaire rallie à la cause cotonnière la nature même du sol : « Sans doute, les terrains minéraliers de la Nouvelle-Calédonie jouent-ils un rôle bénéfique. » C'est aller un peu loin dans l'argumentation. Mais le ton du propagandiste a monté. « Faire fortune plus rapidement que sur notre vieux continent et servir du même coup son pays est une destinée qui tenterait plus souvent nos compatriotes s'ils étaient mieux et plus complètement informés. » Hélas! la « désinformation » devient évidente quand le maire ose affirmer : « La puissance du sol calédonien est si surprenante qu'avec un peu d'eau seulement on arrive à faire sept à huit coupes de luzerne par an. » *Le Figaro* se met à jouer le rôle d'un surprenant orchestre : « Si ce n'étaient pas ces fougères arborescentes dressant à plus de trente mètres de hauteur leurs gracieux panaches en vous rappelant de loin en loin que l'on est sous les tropiques, on se croirait, dans les bois, aux Pyrénées de Luchon! » Arrivés sur les lieux, les immigrés mesurent leur naïveté. Et les vieux colons calédoniens de bougonner à leur adresse : « On ne s'embarque pas pour la Nouvelle-Calédonie comme on prend un train pour Puteaux! » Les premiers Nordistes écrivent à leurs compagnons prêts à partir : « Ne venez pas, on nous a trompés! »

Ils arrivent cependant. Le *Louqsor* dépose sur le quai, le 13 mars 1926, de nouveaux colons. Ils se sont regroupés en différentes coopératives. Dès leur arrivée ils comprennent vite : après la déconvenue de Daoui, ceux qui les ont précédés ont été dirigés sur la Poindiavano, petite vallée entre les deux rivières de la Moindou et de la Nessadiou. Ils se sont efforcés là de brûler les broussailles pour y monter des tentes. Spectacle affligeant : « Ces hommes font preuve d'un véritable héroïsme. Ils ont le visage si boursouflés par les piqûres de moustiques qu'ils n'ont plus face humaine », constate-t-on, et le défaitisme est général. Les sociétés sont dissoutes. L'Union coopérative de colonisation néo-calédonienne réclame une enquête.

Maxime Bayeul

C'est dans ce climat de révolution que, le 8 juin 1926, débarque avec les trente-cinq représentants de la Fraternelle coloniale un des derniers Nordistes, Maxime Bayeul. Ce petit artisan qui tente l'aventure des tropiques a noté sur un carnet de bord les détails de son odyssée.

Ils s'étaient tous embarqués sur le *Ville de Verdun*. À la lecture des lettres désespérées de leurs compatriotes, le mécontentement avait éclaté à bord et s'était développé au point de devenir alarmant. On se disputait, on parlait de faire demi-tour. Par qui avait-on été trahi? Par les organisateurs d'une intempestive propagande ou par des concitoyens que l'on soupçonnait de profiter si bien de l'Eldorado convoité qu'ils n'entendaient plus céder une part du gâteau? Pénible malentendu. Le désordre est tel chez les passagers du bateau qu'on les débarque à Sydney. Bayeul expliquera plus tard qu'on l'avait conduit jusqu'à un dock où des animatrices de l'Armée du Salut lui avaient apporté du thé chaud. Le lendemain soir il s'était entendu annoncer qu'il aurait à reprendre, avec ses compagnons, un nouveau navire.

Ce sont de véritables révoltés qui débarquent du *Dupleix* le 8 juin 1926. Ils sont trente-cinq, prêts à se battre. Le ministère des Colonies, alerté, répond qu'il n'est en rien responsable de l'affaire. Ce sont, dit-il, des initiatives privées qui ont lancé l'aventure. Les Nordistes sont scandalisés : l'escroquerie est évidente. Non seulement on leur a promis des terres qui n'existaient pas mais encore quelques-uns d'entre eux ont consenti des avances considérables aux coopératives agricoles qui les avaient enrôlés. Or, la plupart de ces sociétés n'avaient aucune existence légale. Une propagande éhontée, à base de prospectus et de photos, avait été lancée. Elle ne reposait que sur des faux.

Les journaux du Nord se déchaînent. Le maire de Nouméa, M. Lang, est violemment pris à partie : quel fou dangereux! « C'est un abus de confiance caractérisé que de dire à des gens non spécialisés : formez une coopérative pour cultiver le coton à Nouméa. » Le régionalisme s'exacerbant, de Lille à Roubaix, ce n'est qu'un cri déchirant : « Et dire que nos frères sont maintenant prisonniers de cet horrible pays, peuplé de fils de bagnards et autres rebuts de la société. »

A vrai dire, et Maxime Bayeul l'affirmera sur ses vieux jours, la première colère passée, sur la terre maudite on s'était senti plutôt à l'aise. L'île entrait dans sa saison fraîche. Plus de moustiques. Un air de printemps sur des plages de sable fin. Et cette inégalable lumière posée sur les chemins comme une invitation à revivre. Le coton, pourquoi pas? N'avait-on pas indiqué du côté de la Forêt-Plate, sur le rivage de Pouembout, à l'ouest, une bonne terre où l'on avait planté des graines avec succès? Avec le dernier convoi d'immigrants arrivé en août 1926, muni d'un solide équipement, on se reprend à espérer. Maxime qui accompagne ses compatriotes ne s'est jamais tant amusé de sa vie : bals, kermesse, village en liesse, les gens de Pouembout accueillent fraternellement les nouveaux planteurs. La joie pourtant est de courte durée. La Forêt-Plate est, après la tribu de Gouaro, un terminus tragique. On y frôle des gommiers à bois violet. Ces arbres à goudron sont capables de vous provoquer d'insupportables démangeaisons. Surtout, le sol est pauvre. Excellent pour les petits tamariniers et les faux gaïacs, il ne semble guère convenir à de jeunes plants friands de terres meubles reposant sur des madrépores. Miracle : si quelques-uns se découragent, il en est d'autres qui s'obstinent. Entre Pouembout et Koné, on verra bientôt des champs couverts de ouate. Les travailleuses, vêtues de tabliers lourds, leurs cheveux emprisonnés par de grands fichus de toile, ramasseront les graines. À Koné une usine à décortiquer fonctionne sous la conduite de M. Azéma, et le village connaît un temps une ère de prospérité. Il faut être attentif à la cueillette, se méfier des piquants, et faire de gros ballots en jute qu'on empile sous les hangars. Toute la vie des habitants est orientée en ce sens, et si une femme, au village, a le malheur d'arriver à la messe le dimanche sans avoir pris grand soin de sa mise, on se moquera d'elle : « Elle est cousue comme un sac à coton », sera l'expression qu'on se transmettra en riant.

Le Caillou

La grande crise des années 30 qui, dès la fin de 1927, s'amorce sur le territoire aura raison des derniers cotonniers. La plupart des Nordistes se convertiront à des petits métiers d'artisans. Souvent, comme ce sera le cas de Maxime, ils recourront instinctivement à leur ancienne profession. Ils se retrouveront marbriers, menuisiers, charpentiers ou maçons. M. Bayeul, lui, pratiquera la sellerie, un art qu'il connaît bien. On verra longtemps ce vieil artisan dans son atelier, au cœur de la ville, assouplissant des peaux de bétail et travaillant les longues fibres des agaves pour en fabriquer des cordes aussi solides que celles du chanvre.

Bien avant sa mort il était devenu un Calédonien invétéré. Pour sa retraite il s'était construit une maison en dur, flanquée du traditionnel *car-port*, bâti rustique, en tubes galvanisés, qu'à partir des années 30 on s'était mis à confectionner pour protéger les automobiles. Les pieds au large dans ses claquettes japonaises, très à l'aise dans son pantalon gris et sa vieille chemise d'artisan, il se tenait droit sur l'herbe à bengalis poussant aux alentours et aimait vous entretenir de « ses deux guerres » : l'aventure nordiste et la guerre de 1914 dont il avait été l'un des premiers volontaires.

Ainsi une nouvelle vague d'immigrants s'était ajoutée à ce peuplement calédonien qui, en 1931, formait une population importante puisqu'on y recensait 17 215 Européens. Avec les 11 448 travailleurs exotiques et les 28 502 Canaques, l'île comptait 57 165 habitants. Ces chiffres, recueillis dans l'*Encyclopédie de la Nouvelle-Calédonie*, montrent que la proportion s'établit déjà moitié pour moitié entre les Canaques et ceux que nous appellerions aujourd'hui les « Caldoches ».

Mais ce qui était déjà très sensible, c'était la communauté qui se fortifiait entre les gens du Caillou. Regroupés sous le vocable de « Calédoniens », vite ombrageux dès qu'une atteinte était portée à la tranquillité de leur vie, ils allaient se définir avec rudesse. L'immigration nordiste serait la dernière de groupes métropolitains quelque peu cohérents. L'échec ou le semi-échec de telles entreprises, le bouleversement qu'une telle installation apportait au pays et le désir de garder pour eux une île dont ils entendaient profiter au mieux, avaient incité les îliens à refuser systématiquement tous « autres envahisseurs ».

Quand, aux approches de 1940, « le conseil général devra examiner rapidement un projet d'implantation de 6 000 israélites dans la région du Diahot par les Associations juives internationales » (*Encyclopédie de la Nouvelle-Calédonie*), ce sera un tollé général. Le même ostracisme se retrouvera, après les événements d'Algérie, envers une proposition du général de Gaulle qui entendait envoyer sur la grande île des Pieds-Noirs fort capables de la mettre en valeur. Réaction de refus si catégorique que les élus locaux qui s'en firent les porte-parole devaient finir par indisposer au plus haut point celui-là même qui était alors le chef de l'État français.

L'immigration ne se fera plus qu'à titre individuel et l'adoption d'un nouveau venu ne sera pas chose aisée. Le « métro » sera abordé avec méfiance et vite jalousé s'il manifeste quelque originalité, quelque esprit d'entreprise. À son égard les lettres anonymes et les dénonciations en tous genres ne manqueront pas de proliférer. On peut comprendre l'irritation des Calédoniens envers des gens parfois arrogants se présentant comme en pays conquis et faisant fi des habitudes locales. Mais, poussé à l'extrême et dépourvu parfois de discrimination, cet ostracisme enfermera les insulaires dans une solitude redoutable. Tant que les Mélanésiens resteront acculés au fond de leurs tribus, les Calédoniens de vieille souche pourront dans leur île se tailler la part du lion. Le peuple noir redressant la tête, ils seront contraints à un face-à-face tragique. En 1970, dès que s'ébauchera un véritable parti politique noir, les autorités calédoniennes prendront conscience du danger et le maire de la ville, Roger Laroque, prônera la nécessité de « faire du Blanc » au plus vite. Il était déjà trop tard. Tout au plus réussira-t-on, à la veille d'élections redoutées, à faire basculer le jeu des forces électorales en introduisant dans l'île des familles wallisiennes alors en surnombre dans leur petite île et résolument profrançaises. Cette manœuvre sera interprétée par les tribus comme une machination détestable.

On mesure aujourd'hui les conséquences de ce long égoïsme. Une île plus généreusement peuplée et ne laissant prise à aucune rivalité raciale aurait permis une œuvre de civilisation plus humaine et une évolution des Mélanésiens plus paisible et plus sûre. La parité numérique des communautés blanche et noire, ce fameux *fifty-fifty* longtemps considéré comme une garantie, recelait en fait la menace d'affrontements mortels.

« Mais pourquoi les Calédoniens sont-ils si détestables envers nous ? » s'écriera un administrateur hors de lui au moment de son départ forcé pour la métropole. Certes, les fonctionnaires français ne sont guère populaires : ils vont et viennent sur le territoire. Effroyables budgétivores, ils ont de bonnes payes et se permettent cependant de mal juger cette petite vie locale mijotée au mieux des intérêts de quelques-uns. Ce sont de redoutables dérangeurs. À ce titre les élus locaux leur mènent la vie dure. S'ils passent sur le territoire au rythme d'une valse peu croyable, c'est à cause des obstacles que, sur place, on leur opposera systématiquement tout autant que des caprices d'un pouvoir central indifférent à leurs capacités.

Le meilleur d'entre eux, ce gouverneur Guyon, sage administrateur, qui établira un record de durée au gouvernement de l'île, ne repartira pas, lui non plus, sans lassitude! Il était resté sept ans. Nul mieux que lui n'avait su allier la bienveillance à la fermeté, ne s'était montré plus attentif aux intérêts des colons. Il avait su encourager ces exilés tout en cherchant à développer les qualités réelles des autochtones et à les sortir de leur isolement. Développer les tribus, en améliorer les conditions sanitaires, envoyer les enfants noirs à l'école et surtout doter chaque indigène d'une petite caféerie personnelle qui lui permettrait d'accéder peu à peu à la société privée : tout cela était en germe dans le fameux « plan Guyon ».

Certains colons le critiqueront, hélas sans ménagement. L'un d'eux, Henri David, aura ce mot révélateur : « Le gouverneur Guyon est un grand homme, mais " trop grand " pour la Nouvelle-Calédonie. » Les réactions à courte vue, souvent rétrécies à des intérêts privés et immédiats, empêcheront la réussite des plus viables projets. L'exemple du meilleur chef que la Grande Terre ait jamais porté n'avait pas échappé à cet obstacle. Quand le « trop grand » homme partira, on accusera l'administration centrale de « torpiller en douce la colonisation ».

L'effort du gouverneur pour mettre en place une nouvelle politique mélanésienne ne lui avait pas attiré que des sympathies. Il l'avait clairement exprimée : « De trop nombreux indigènes vivent dans un désœuvrement, cause de démoralisation et de dégénérescence, obstacle au progrès matériel et moral. » Quand, après lui, on en viendra à des réalisations concrètes pour les incorporer à la vie économique en leur réservant la plantation de cultures d'exportation, le mécontentement sera violent. Un conseiller s'indignera : « Ou les indigènes continueront leur mouvement ascensionnel et deviendront des producteurs et des petits propriétaires, ou bien vous vous arrêterez à une politique plus réaliste et direz que c'est le Blanc qui doit vivre d'abord! » Bien mieux, n'est-ce pas la notion même d'autonomie qui est alors exprimée par un autre conseiller? « Nous ne demandons qu'une seule chose : que la France nous laisse nous débrouiller seuls, qu'elle nous accorde une large autonomie, comme aux dominions anglais... »

« Le 2 juillet 1932, c'est un homme malade et désabusé qui reprend définitivement le chemin de la métropole, laissant derrière lui une œuvre inachevée » (*Mémorial calédonien*). Le gouverneur avait à sa tâche épuisé ses forces. Plus tard, on s'accordera à reconnaître ses mérites. Plus tard... quand les passions locales se seront apaisées.

Ainsi, dès les années 30, le peuple calédonien se révélait émotif et irrationnel. Difficilement gouvernable. Ce peuple neuf, concret, utilitaire, était complexe. Enthousiaste, il pouvait l'être, cruel, aussi. À le diriger, les plus sages se cassaient les dents. Et pourtant ses joies collectives, ses bondissements, des générosités inattendues le rendaient souvent attachant. L'envie vous aurait pris de lui ressembler, de vivre avec lui, de partager sa complicité. Un métro adopté était un phénomène rare, mais c'était un homme heureux. Partie prenante du pays, il pouvait devenir Calédonien. À quel moment était-il reconnu enfant de l'île? À quels signes? Il est impossible de le préciser. La métamorphose s'opérait à son insu. Dès qu'il se mettrait à taquiner le « communard », à traîner dans la boue des palétuviers avec des bermudas délavés pour aller aux lunes des étés piéger les crabes des marées basses, quand il aurait cessé de « vous jeter de la caillasse aux yeux » et qu'il serait capable de « shooter » un daguet, alors, il aurait fini d'être « cette crasse-de-meule-de-métro », personnage inutile venu au pays pour le profit.

C'est entre les deux guerres que grandira et s'affirmera ce peuple, qu'on se plaira plus tard à appeler « caldoche », turbulent et déconcertant. En cette période il acquerra son originalité et prendra conscience de son bonheur. Plus rien n'aura raison de lui : ni les mini-dépressions du nickel, ni les joutes politiques, ni la guerre proche qui va sur le Pacifique étendre sa terreur. Au contraire l'adversité durcira sa solidité et définira sa solitude. La grande crise des années 30 qui va sérieusement l'affecter ne le condamnera pas au marasme.

La grande crise des années 30

Le phénomène était mondial. L'effondrement des cours de la Bourse à New York avait entraîné la faillite de nombreuses entreprises. Le 18 décembre 1929, *Le Bulletin du commerce* de Nouméa le soulignait : « Le bas de soie a remplacé le bas de laine, mais l'argent se fait plus rare, le crédit augmente, tout le monde se serre. » La crise est là.

L'extraction du minerai tombe au plus bas. Les chômeurs sont légion. On les embauche sur les chantiers publics et, en particulier, à celui de la baie de la Moselle, qu'ils ont charge de remblayer sous un soleil sans pitié; car la sécheresse, pour comble de malheur, sévit sur le territoire. Le bétail amaigri se traîne sur des paddocks de paille et les colons cassent les branches des cassis pour les nourrir. Les affaires sont au point mort; et l'on voit, phénomène jamais enregistré, des corporations entières disparaître.

Ce sera le cas des charpentiers de marine, disséminés sur le chemin dit « des Artifices », en bordure de la baie de la Moselle. Ils avaient doté ce quartier d'une gaieté et d'une originalité peu communes. Justus William Asmus, arrivé en Calédonie aux environs de 1870, y avait créé des chantiers de construction et de réparation de navires. Ce vieil ouvrier disparu, la tradition s'était gardée. On avait vu là naître les plus belles goélettes construites avec « des bordées qu'il fallait ployer tout chaud! » C'étaient les beaux temps du *Saint-Louis*, du *Saint-Pierre*, de *L'Emeu*, les courageux rafiots de l'île dont il fallait refaire les cloisons à chaque voyage, tellement on les bourrait de marchandises. On rabotait à la main les planches de sapin et on les sciait au cran, cette fameuse « bête-à-cornes », qui était, avec la hache « épaule-de-mouton », l'un des deux outils inséparables des charpentiers. Il fallait voir la beauté du travail quand les hommes cintraient le bois pour l'avant des bateaux. Chauffé dans une grande étuve, ils le pliaient lentement, le saisissant d'un commun accord avec des bouts de sac. Ils le travaillaient à sept ou dix, le maintenant fortement par des cales et des serre-joints, rythmant leur travail d'équipe avec de grands cris. Tout un répertoire d'expressions s'alliait à leurs gestes. Un vrai cérémonial. Il y avait là les Doudoutte, les Lechanteur et cet étonnant Berthier qui avait réalisé la première cale de halage à la baie des Pêcheurs et fait la maquette du *France.*

D'ailleurs, dès 1922, les charpentiers de marine avaient été cruellement éprouvés par la perte de ce beau voilier à cinq mâts qui, le 13 juillet, s'était encalminé dangereusement aux approches du lagon. Encastré dans le corail, il avait coulé lentement au large de Teremba. Tous ceux qui relèvent de la mer le savent : il y a des présages funestes. La disparition du magnifique navire, qui portait des tonnes de gréements répartis sur trente-deux voiles, était de mauvais augure. Les soixante-trois hommes d'équipage avaient été sauvés sur les côtes. Mais, entre marins, on ne se faisait pas d'illusion. Une série de vilains jours allaient déferler sur l'île. Le *France* reposait dans un linceul d'eau tranquille, parfaitement visible dans la transparence de l'océan. Il n'en signifiait pas moins qu'on allait devoir en découdre avec la mer.

Les Calédoniens l'aiment, cette onde plus amère et plus belle que partout ailleurs. Leur histoire avait commencé avec elle entre des îlots éclairés de lance-flammes tandis que des balles de mousquets éclataient à bord des navires. La plupart d'entre eux descendaient de ces bourlingueurs qui avaient fait tant d'enfants aux femmes des îles océaniennes que beaucoup, çà et là, portaient les marques de cet héritage : métis costauds pourvus de cœurs énormes, capables de rires inénarrables. Les trois frères Terrasson, Gaston, Édouard, Marcel, étaient des capitaines terribles. Fils d'un noble navigateur, Terrasson du Vernon, qui avait apporté dans ses bateaux tout un matériel venu du Brésil pour faire du café, ces trois marins connaissaient tous les caps, toutes les baies, tous les récifs et toutes les « patates » des côtes qu'ils n'avaient cessé de hanter sur des bateaux sortis de leurs mains. Leur parlait-on du Caillou ? Des flammes sortaient de leurs prunelles, brasier de tendresse et de colère. Aujourd'hui leurs fils vous le diront : ils s'estiment « maîtres à bord » du bateau « Calédonie ». Le sort qu'on réservait jadis aux mutins reste seul équitable.

Comme tous les charpentiers, les Terrasson avaient ressenti la crise de 1930 au point qu'ils avaient dû ralentir leur trafic et délaisser un peu les chantiers. Leurs vieux bâtiments n'avaient plus qu'à mourir : la *Dumbéa*, la *Langouste* ou la *Néra*, péniches de la Pénitentiaire, avec lesquelles il avait fallu déménager tous les lépreux des archipels du Nord pour les installer à Ducos aux portes de Nouméa. Transport pénible que celui de ces malades aux membres rongés, dont les pleurs coulaient sur des visages sans yeux, et qui, arrachés à leurs villages, gémissaient de douleur. À force de côtoyer les drames et les fêtes du pays, ces navigateurs étaient devenus des écorchés et des sensitifs. Doigts rugueux, âmes sensibles, blagueurs sur le « Tour de côtes » où ils partageaient avec les passagers des soirées à la gaieté mémorable; sombres, quand on évoquait leurs drames. La grande crise en était un.

Tout s'était arrêté. Les scies ne bougeaient plus. Des incendies s'étaient déclarés dans les tas de copeaux abandonnés. C'en était triste à mourir. Les derniers bateaux, on les avait baptisés de la couleur des temps : la *Désolation*, la *Famine*, la *Folie*... Même les plus riches armateurs étaient atteints. Nicolas Hagen dont le père avait lancé dans la baie de la Moselle le *Cagou*, premier bateau à vapeur du pays, s'était senti sévèrement touché. Et pourtant cet entrepreneur intrépide avait plus d'une corde à son arc : créateur de sociétés, planteur, robuste marin, il avait essuyé des coups durs. Voyageant sur ses goélettes de 80 tonneaux, il était à tel point aimé de tous, qu'on ne l'appelait que « Tiby ». Un mousse indigène qui avait travaillé sur l'*Antoinette* parlait encore de lui avant de mourir dans la tribu. Il serrait les dents et levait le pouce sur son poing fermé pour indiquer fortement la dimension de ce marin. « Son rayonnement dépassait même de beaucoup la Nouvelle-Calédonie puisqu'il reçut un jour de Paris un câblogramme ayant comme simple adresse " Tiby, mers du Sud " » (P. O'Reilly). Il avait dû lui aussi faire le gros dos sous l'orage et attendre l'accalmie. Les années néfastes n'auraient qu'un temps. Mais il était, lui, de taille à repartir. On l'avait vu exporter du kaori vers l'Australie sur son vapeur le *Néo-Hébridais*. Ceux qui étaient moins fortunés devaient y laisser leur peau.

Dans les grandes régions du Nord, la crise avait pris un tour catastrophique. Les charpentiers s'étaient reconvertis à la pêche aux trocas et à la cueillette du coprah. Josiah Winchester, à l'îlot Mouac, sur les plus vieux chantiers du territoire bâtis par ses pères, s'était senti vaciller. Il était le descendant de ce capitaine baleinier, Alexander Winchester, un Écossais petit, nerveux, strict, doté d'un nez si fin qu'on se demandait dans son entourage comment il s'y prenait pour respirer. Les missions catholiques l'avaient appelé « le Devil » parce qu'il était protestant. Ce buveur de gin dormait avec sa Bible! Aidé par un jeune garçon roux aux yeux bleus du Sud de l'Angleterre, William, qui avait été mousse à bord des baleinières, il avait transformé l'îlot en entreprise de charpentage, un métier dont tous deux connaissaient toutes les finesses. Les grands chefs de l'île de Maré leur avaient fait l'honneur de leur donner des femmes : leurs propres filles. Si bien qu'ils avaient essaimé des douzaines de familles sur Nébia, Balabio, ces îlots au large de Poum, terminus de la Grande Terre. Leurs tombes sont encore sur Mouac, île aujourd'hui déserte, envahie par les « guéritout » et les « queues-de-rat », ces simples dont ils faisaient des potions magiques. Josiah, leur petit-fils, n'avait pas eu de chance. A six mois, on l'avait mis sur un établi et, le temps d'aller chercher un harmonica, le bébé était tombé. Ce futur charpentier en était resté boiteux. Lorsque la crise s'était abattue sur la région, la transformant en un marigot d'une insupportable tristesse, il avait près de dix bateaux en chantier. Il aurait fallu voir Mouac quand jouaient ensemble les enfants Winchester et William et qu'on faisait le pain dans des fours à cailloux tandis que la baleinière *Haro* débarquait les sacs de farine achetés sur la côte. L'îlot servait de liaison avec les îles Surprise, où l'on exploitait du guano, et Bouara, où vivait un métis du nom de Napoléon. Aux mois de pêche, la maison des baleiniers était toujours pleine de monde. Pirogues indigènes et bateaux y accostaient parce qu'elle était sise près du grand récif. On étalait à terre des nattes et on se livrait aux échanges avec des tabac-bâtons et du riz. Le curé Puech disait toujours que c'était la maison même du bon Dieu! La grand-mère Rébecca faisait cuire les cochons au four avec des racines de jeunes papayers et elle confectionnait chaque dimanche le *cook-y-too*, sorte de pot-au-feu avec citrouilles et manioc largement arrosé de lait de coco. La crise interminable avait changé cela : finies les fêtes sur l'îlot bruissant d'ouvriers, la confection de couronnes tressées avec des fleurs de frangipaniers et ces petites corolles du bord de mer qu'on appelait les « polopes ». Les joyeux mariages ne s'y déroulaient plus quand, au soir de la fête, on jetait à la mer, avec des hurlements, la mariée toute habillée de blanc. Les belles femmes qu'elles étaient! Vigoureuses métis à chevelure de frisons, aux yeux souvent bleus, aux formes pleines, à la peau chocolat et aux pieds larges. Ces descendantes de baleiniers anglais et de filles de chefs canaques alliaient la solidité des femmes tribales à un curieux humour d'outre-Manche.

Les métis du grand Nord, baragouinant le bichelamar, grandis avec les indigènes, échelonnés au-delà de Koumac dans des gourbis de paille, sont aujourd'hui les Calédoniens les plus déchirés. À cheval sur deux mondes, hésitant entre deux origines, ils sont hors des chemins claniques et boudés par les Européens dont ils sont des enfants « hors texte ». Partagés et vulnérables, ils peuvent être violents. Dans la mesure où ils veulent délibérément s'affirmer, ils choisissent des positions extrêmes. Parmi les plus engagés des indépendantistes, réclamant leur identité kanak, il en est dont les veines charrient le sang de la vieille Europe. Parmi les plus farouches partisans de la France se trouvent beaucoup d'hommes colorés. Intelligents? Ils le sont. Les sang-mêlé manifestent même souvent des aptitudes peu communes.

Plus que tout autre région le grand Nord se relèvera mal de la crise des années 30. Sa population connaîtra la solitude et l'abandon. Souvent superstitieuse, hantée par la présence du « Dogui », ce diable canaque qu'on entend boire le soir dans les « caisses-à-eau », elle ne prendra part que tardivement à l'évolution qui va se manifester dans le Sud. Mouac, aujourd'hui, ne compte plus que des ruines. Le dernier des Winchester s'est installé sur Poum pour fabriquer des conserves : achards au citron et gelée de barbadine. Le pourpier a envahi le grand atelier de charpente, les goyaviers, la cocoteraie. On discerne encore sous les ronces la grande salle du dock, la citerne, les claies destinées au séchage du coprah et la cuve en cuivre qui servait à laver la laine des moutons, mais plus personne ne vit là, sauf un vieux Javanais, à l'esprit simplet, Radfane, qui s'y promène tout nu.

Quelle différence avec la capitale du Sud qu'on verra émerger de la crise avec exubérance!

En 1930 tandis que le petit train de Païta bat de l'aile, les automobiles se sont multipliées. Nouméa ne compte encore que 12 000 habitants mais les grands travaux de M. Guyon l'ont transformée. Certes les traditionnels palmiers royaux dominent encore les quartiers sordides constitués de baraques en planches qu'on traite de « vieux poulaillers ». Mais de larges artères s'ouvrent sur des carrefours où abondent les plus beaux magasins : Société havraise calédonienne, Magasins Balande, Paris-Mode, et la grande librairie fondée par un homme d'affaires génial, Édouard Pentecost, qui n'a pas fini de faire parler de lui. Agence Citroën, Cercle civil, restaurant colonial, c'est déjà l'embryon d'une importante cité. Sur la pittoresque place du Marché, envahie de femmes asiatiques aux larges pantalons noirs, leurs balanciers à corbeilles sur l'épaule, on se raconte les potins du pays : serpents de mer dont on parle depuis les années 20, étranges apparitions d'un cachalot énorme à tête de chameau que des équipages affirment avoir vu soulever la mer comme un gigantesque éléphant; arrivée, bien réelle celle-là, de ce « lévrier des mers », le navire *Milwaukee,* une merveille, propulsée par douze chaudières et qui, cinglant vers les îles du Pacifique, porte deux hydravions à bord.

Les sports font fureur. Des clubs se forment : l'Impassible, les Vétérans. Le 29 février 1928, Numa Daly, jeune descendant d'une vieille famille irlandaise, crée la Fédération calédonienne de football. Des championnats officiels sont organisés. Les Mélanésiens se révèlent particulièrement doués pour le ballon rond. Le dynamique Henri Lafleur encourage fort les champions locaux. Quand ils réussiront, le 15 août 1933, à battre les Australiens sur la pelouse du stade-vélodrome, ce sera du délire.

La bicyclette à son tour passionne les insulaires. Déjà les noms de Maurice Delessert et de Maxime Ulm sont sur toutes les lèvres. En 1932, longiligne et taquin, Clément Germain régnera en maître sur le peloton de ses adversaires Testard, Le Pironnec, Canel et Brock.

Sur les pentes du mont Coffyn se multiplient les courts de tennis. On y joue entre soi mais on y joue bien. De bons joueurs décontractés y réalisent des coups superbes. En pantalons de flanelle ou en longues jupes de toile fraîche, ils manient de grandes raquettes à cordes de boyau, rêvant de s'illustrer un jour à la façon des « Mousquetaires » français ou des grands Américains.

Le basket verra s'illustrer une petite Calédonienne, habituée à godiller sa plate dans la baie de la Moselle, et qui s'appelle Irène Deneef. Peu apte aux tangos du jour et aux élégances féminines, vrai garçon manqué, elle avait enfourché les premiers vélos de course, mais personne ne réussira comme elle de beaux paniers.

Sur le ring, se rassemblent des lions. Elmour et Canaldo s'affrontent devant des salles combles.

La natation n'en est encore qu'à ses balbutiements. On ne dispose pour s'entraîner que du Bain militaire, dûment défendu par une murette contre les redoutables requins. Plus tard, beaucoup plus tard, Nouméa possédera de belles piscines et s'enorgueillera de très grands nageurs. Apothéose du siècle, en revanche, le water-polo, introduit par un Calédonien, M. Veyret, démarre déjà avec panache et la première équipe porte avec éloquence le nom de « Canards sauvages ».

Quand, parti du Bourget, le 6 mars 1932, un jeune pilote français, Charles de Verneilh, réussit, sur son petit avion le *Biarritz,* à atterrir à la Tontouta le 5 avril, les Calédoniens pleurent de joie. L'appareil ne s'est pas posé en douceur, il a subi quelques dommages, mais, sortant indemne de sa carlingue en compagnie de ses deux coéquipiers, l'aviateur vient au nom de la France, et sur une distance décuplée, de réussir à dépasser l'exploit de l'Australien Victor Roffey qui, l'année précédente, avait volé de Ouaco à la ville australienne de Rochampton, sur le cap Sandy.

Ayant franchi nombreux, à bord de trois cents voitures, cinquante-quatre kilomètres pour accueillir à la Tontouta les héros de la première liaison Paris-Nouméa, les Calédoniens vivent des heures inoubliables. À leur retour, les Nouméens croiront rêver en découvrant leur ville illuminée. La fée Électricité y était ainsi triomphalement inaugurée. Pour la première fois la capitale calédonienne se sentait reliée au monde, aux grands mouvements du siècle, à cette marche en avant qui, hélas, s'accompagnera bientôt d'un bruit de bottes guerrières. Sourdes rumeurs qui, étrangement, seront à l'origine d'une vitalité renaissante du pays.

Le nickel repart de plus belle. La guerre se prépare. On a besoin d'alliages et les aciéries allemandes marchent à plein. À Doniambo, on va vers l'euphorie. Aux antipodes on se porte bien! Soirées de gala au grand théâtre Ménard, au Central Ciné-théâtre, au Cercle civil. Régates à l'anse Vata, tandis que les turfistes, sur les hippodromes, lèvent, à la rencontre des plus beaux alezans, leurs jumelles dorées. Chapeaux cloches et petits souliers à brides vernies, on va manger le dimanche chez Banuelos à La Foa : ce pittoresque aubergiste espagnol s'est spécialisé dans les repas de fruits de mer.

L'harmonie municipale accompagne toutes les festivités. Les marins des bâtiments de guerre, en escale, défilent et l'on reste bouche bée devant les premières voltiges des avions locaux.

L'enseignement a accompli d'immenses progrès. Elles ont toujours été sympathiques ces petites écoles de brousse à préau de bois et à toit de chaume! Les institutrices y officient, règles en main, selon tout un cérémonial scolaire et les programmes, en dépit de l'éloignement, restent rigoureusement identiques à ceux que l'on dispense dans tous les villages de France. Jean Mariotti, dans *A bord de « L'Incertaine »*, se remémore les paroles de sa maîtresse présidant, devant son pupitre, aux longs après-midi d'études, dans la touffeur des interminables étés calédoniens : « " Quand je parle des saisons, je parle des saisons vé-ri-ta-bles, et non du temps qu'il fait ici. Décembre est le mois de la neige et juillet celui du soleil. " Mme Boubiguan parla d'abondance. Elle divisa l'année en quatre tranches bien nettes comme un melon partagé. Elle revêtit l'une des tranches des couleurs brillantes du printemps, l'autre [...] Les enfants écoutaient charmés, emportés dans un conte de fées. Aucun manuel ne mentionnait jamais la saison ou l'époque de la récolte du café, des ambrevades ou de la vanille, mais tous parlaient de la " moisson blonde "... »

Quand, au micro d'Antenne 2, en 1985, un leader indépendantiste se plaindra amèrement qu'on ait fait ânonner à des générations de Mélanésiens : « Nos ancêtres, les Gaulois... », il faisait très précisément allusion à cette naïveté. Manuels simplistes, pédagogie candide : ce ne fut là, à vrai dire, le lot que d'une brève époque. Très vite l'esprit des enseignants changea. De quelles inventions n'embellirent-ils pas alors leurs classes : expérimentations de plein air, cours d'histoire naturelle au bord des creeks, observation des anguilles dans les trous d'eau, des oiseaux-suceurs perchés sur les hibiscus, ou des poissons en vrac dans les paniers des colporteurs : le vrai livre était là, à côté de l'école. On en parcourait les chapitres avec la musette et le goûter de quatre heures. Il y eut même une génération d'instituteurs calédoniens pas banale. Obligés d'aller rejoindre leur poste à cheval dans la Chaîne, logés dans des maisons en chaux-de-caillou *, ils devaient assurer la rentrée scolaire en dépit des cyclones et des inondations. En vrais broussards, ils donnaient le ton d'un enseignement qu'on en venait à livrer plus en calédonien que dans la langue de Vaugelas. Paul Rival et Albert Perraud resteront les gais conteurs de leurs itinéraires scolaires : chaland qu'il fallait prendre pour passer les rivières, moustiques, gués à traverser, cascades qui vous éclaboussaient, siestes qui vous sollicitaient et les inénarrables malentendus avec la stricte administration de Nouméa assez peu compréhensive à l'égard de leurs difficultés.

En 1930, les écoles publiques comptent soixante-quatre classes ouvertes fréquentées par 1 792 élèves. Internats, cantines, bourses s'organisent. L'enseignement indigène est donné dans des écoles publiques entretenues par la colonie ou dans des écoles privées. Une école normale indigène existe même à Montravel, près de Nouméa : elle a pour but la formation d'instituteurs mélanésiens.

Quant au collège colonial, qu'on a baptisé collège La Pérouse, il compte toujours en 1930, d'après les chiffres donnés au commissariat général pour l'Exposition parisienne de 1931, deux cent trois élèves, seize professeurs, deux chefs d'ateliers.

Les missions, tant protestantes que catholiques, s'adonnent elles aussi à un énorme effort pédagogique. Une trentaine d'écoles catholiques assurent la formation de plus de deux mille élèves. Vingt-trois autres, protestantes, accueillent près de huit cents enfants.

Le pasteur, qui, à Nouméa, dirige l'Église évangélique, fait de fréquentes tournées dans l'intérieur de la colonie et supervise trois postes de missions. À Nouméa fonctionne sous son patronage, dès 1929, une maison d'éducation pour jeunes filles.

Quant à l'Église catholique, dont le supérieur est le vicaire apostolique, Mgr Chanrion, elle compte une quarantaine de missionnaires maristes. Des frères tiennent à Nouméa un collège pour l'enseignement primaire et les premières années du secondaire. Les religieuses de Saint-Joseph-de-Cluny préparent les jeunes filles au brevet. Un pensionnat des plus cotés, à la Conception, est une sorte de « couvent des Oiseaux » local. On y assure l'éducation des demoiselles de bonne famille.

Vrai régiment de cornettes intrépides et souvent pittoresques, s'activent, d'un bout à l'autre du territoire, d'innombrables bonnes sœurs. Européennes ou indigènes, dans les hôpitaux, les léproseries, les centres de brousse ou les dispensaires des îles, elles font office d'infirmières, d'institutrices, de garde-malades ou de cuisinières. Dévouées, aptes à tous travaux, adoptant, s'il le faut, le gaillard langage de la brousse, elles accomplissent les tâches les plus rudes avec un inaltérable sourire. À Ducos, au chevet des lépreux, personne ne pourra oublier sœur Othilde. À Thio, qui ne se souvient de sœur Fausta, assurant héroïquement le ramassage scolaire? Toujours pressée, la robe « à l'équerre », marchant à grandes enjambées, elle se projetait au volant d'une impossible guimbarde, bagnole si populaire qu'elle sera dénommée, à plus de dix lieues à la ronde, le « Fausta-Car ».

Car l'île, dans ces dernières années, était devenue cela : une province. Tout le monde finissait par s'y connaître. D'originales figures s'y dessinaient. Une communauté se créait. On se distribuait des surnoms. On pouvait s'égratigner aussi, mais subsistait je ne sais quelle complicité qui liait, imperceptiblement, ces gens appelés à vivre sur le Caillou comme les membres d'une même et étrange famille. Plus tard on les retrouvera au cours de ces itinéraires quotidiens assurés par des fourgonnettes uniformes, rituellement peintes en bleu, les « bus », qu'on appelait à l'anglaise les *beusses*! Serrés au coude-à-coude sur des routes poudreuses, ils empruntaient *L'Étoile de Koumac* ou *L'Éclair de Ponerihouen* pour se rendre en brousse. En ville, on ne se compliquait pas les choses : c'était sur l'injonction des passagers que le chauffeur improvisait son parcours. On faisait le « tour du mont Dore » ou la traversée de l'île d'un côté à l'autre par le col de Nassirah. On pouvait se déplacer à bon compte du nord au sud de l'île et même se risquer sur les transversales, qui étaient des pistes à peine améliorées!

Les relations avec les tribus s'étaient détendues. En 1934, l'administration établira l'état civil des Mélanésiens pourvus désormais d'un nom, d'un prénom, enregistrés par les syndics *. Les initiatives du gouverneur Guyon étaient encore timides. Elles seront largement dépassées par ses successeurs : 282 tonnes de café en provenance des réserves et 608 tonnes de coprah seront produites par les indigènes qui verront s'améliorer leur habitat. Leurs cases, désormais rectangulaires, seront munies de portes et de fenêtres. La vie s'y révélera transformée : on s'y habillera de bric et de broc mais toujours à la française et l'on choisira quelquefois du mobilier européen. La natalité se relèvera. A la ville comme aux champs, les activités des Noirs mêlées à celles des Blancs feront des Mélanésiens sur leurs îles verdoyantes des gens souvent heureux piquant des fleurs de tiaré ou des corolles de frangipanier dans leurs chevelures.

Zéoula à Lifou

Derrière leurs palissades, les huttes des anciennes chefferies subsistaient, souvent animées de fêtes. Les flèches des toits, les chambranles sculptés, le jet splendide des poutres ligaturées de lianes et l'axe de la demeure autour du haut poteau central attestaient une esthétique puissante.

En 1930 hélas, que de magnifiques ouvrages, faîtages anciens, bas-reliefs, ou masques de guerre, avaient déjà été subtilisés par des Européens peu scrupuleux, pour enrichir des collections personnelles! Plus rien ne reste aujourd'hui de ces bois travaillés au ciseau de jade qui révélaient des figures étranges toujours magiques : flèches des cases tirées des arbres tabou, pirogues confectionnées dans les faux chênes, poteaux en bois de rose ou d'absinthe et statues en bois-bouchon violet et nuancé comme du palissandre. Toutes ces œuvres étaient des expressions originales, toujours inspirées par le désir de correspondre avec l'invisible. Si la matière en restait mal dégrossie, le motif n'en était que plus saisissant. L'artiste y exprimait tout dans le choix d'un seul détail comme le font les naïfs et les enfants. Pas d'analyse desséchante, mais une optique affective et jaillissante. Maurice Leenhardt avait bien vu, à son époque, cette capacité de création instinctive chez l'indigène : « Dès qu'il se retrouve dans des conditions de vie paisible, sans exigences de main-d'œuvre, il décore son cadre. Nos élèves sculptaient pour jouer, des jougs, des porte-plumes variés. Dans les villages on voit partout de timides fantaisies pour orner les constructions. Un Canaque même, bâtissant un tombeau selon le mode européen, imagina de façonner dans le béton un bas-relief représentant les perches sacrées qui ferment l'accès vers les morts... » L'ethnologue pareillement se lamentait de l'inadmissible pillage que l'on faisait d'un tel art : « En statuaire, j'ai vu deux motifs superbes et neufs, un homme, une femme tenant un enfant; ils flanquaient de chaque côté la porte d'une case moderne près de Bourail. Quand je repassai pour m'enquérir de ces deux œuvres d'art, elles étaient disparues, un brigadier de gendarmerie les avait demandées. Où sont-elles? Elles portaient en elles les promesses d'un renouveau. »

L'acharnement de certains à dilapider un tel trésor ne connut plus de limites, et l'on vit disparaître des lieux où ils avaient été créés et pour lesquels ils avaient été imaginés tout un univers de formes, de dessins, d'objets, de balassors, ces bannières légères tissées avec les racines aériennes des banians, de haches-ostensoirs, de casse-tête en forme de bec d'oiseau ou de phallus et ces étoffes végétales appelées tapas, hardiment striées de motifs irrationnels en des teintes brunes ou fauves ponctuées de noir...

La ruée fut telle qu'on vit même arriver un dentiste du Texas qui, profanant les sépultures sacrées, s'en ira dans le grand Nord arracher les dents aux squelettes des anciens guerriers soigneusement alignés dans de gros cailloux. Il comptait ainsi les récupérer pour fabriquer de nouvelles prothèses.

En 1930, cependant on retrouvait des vestiges d'art. La joie coutumière éclatait encore par bribes au cours de la vie quotidienne. On avait rejeté les aigrettes et les parures, peignes d'écaille ou champignons phosphorescents, mais on savait encore se couvrir de cendre et de craie ou se décolorer les cheveux. A cette époque, l'un des chefs de l'île de Lifou, Zéoula, gardait la tradition des cultures et des fêtes, connaissant les gestes symboliques qui annonçaient les « débroussages », les brûlis, le défonçage des terres avec des pieux durs et le rite des danses traditionnelles. Jusque vers les années 50, il recevait volontiers dans sa chefferie, ornée d'une case impressionnante, à l'ombre de laquelle on s'asseyait, soudain recueilli. Comme dans un lieu sacré, on s'y sentait tenu de parler à voix basse. Le toit immense, en cône de paille, se renversait sur des solives puissantes, maintenues par d'impressionnants faisceaux de lianes noircies de suie. Un matelas d'herbes sèches la capitonnait d'un tapis épais maintenu par des linteaux décorés. Entre la colonne centrale et la petite porte basse de l'entrée, les cendres du foyer étaient toujours tièdes.

Zéoula était un homme lourd à visage foncé, les cheveux rasés court, la parole très lente. Les tombes de ses aïeux se dressaient sur un tertre de corail et de sable. Des générations de chefs en tenue d'apparat s'étaient ici succédé, en ces lieux où il allait et venait, vêtu aujourd'hui d'une chemise de toile brune et d'un pantalon de terrassier. Quelque chose d'indiciblement secret l'habitait. Il n'était pas d'objets autour de lui, de sagaies ou de simples marmites, qu'il ne sût déplacer silencieusement avec les gestes d'un notable.

Qui a eu la chance d'être reçu par lui en gardera de la gravité. Il se tenait au centre d'une île qui vibrait au rythme des morts et des vivants réunis. Dans les falaises de la côte, les trépassés dormaient couchés, quelques-uns dans des barques légères, leurs os retenus par des cordelettes. De ce voisinage, Zéoula recevait une aimable sérénité. Les Canaques n'ont pas, comme nous, une conception nuisible de la mort. Celle-ci est perçue dans le jeu normal des échanges : le visible et l'invisible n'étant que l'endroit et l'envers d'une même réalité présente, et tous deux s'éprouvant comme des variations de température ou des changements de pression, ces états ne remettaient nullement en cause la vie elle-même. Aussi le chef se tenait-il paisible sous un abri de palmes de pandanus, vous réservant, si vous alliez le voir, la chambre d'une construction en dur consacrée aux visiteurs, encombrée de cartons d'épicerie et de coupes sportives. Vous pouviez y dormir sur un petit lit de campagne recouvert d'une pièce de manou.

Quand vous pensiez devoir succomber au sommeil, à la

lueur d'un quinquet qu'on avait allumé près de vous pour éloigner les rats, vous étiez en réalité étrangement retenu au bord de la nuit par une question urgente et un peu désespérée : quel était donc cet homme passif et simple, noyé d'évidences sacrées, docile à l'instant? Il avait su vous parler des ignames, de la grande case, de ses petits-enfants, de la jeunesse et des morts, dans un langage familier, mais retenu, ouvert sur de vertigineux silences. Vous y perdiez vos références, votre logique, vos refuges. Même votre simple désir d'amitié tombait dans un gouffre d'inutilité. Vos paroles étaient superflues. Vos questions inutiles. Zéoula n'y répondait jamais dans les termes que vous attendiez. Sa pensée était courbe. Elle s'enroulait sur elle-même, vous abandonnait, vous reprenait, opérait des méandres. Déconcertante, elle se dérobait ou réapparaissait en plein jour, rieuse, timide, hardie, toujours sinueuse, toujours échappée à votre rigueur. Il était vain d'insister. Ou vous obéissiez à votre désir de parler et vous parliez seul, ou vous vous appliquiez à percevoir l'homme dans la calme écoute d'un temps sans limite.

On aurait pu se demander vraiment qui, jamais, doté d'une peau blanche et d'un raisonnement d'Occidental, serait susceptible d'appréhender ce peuple jusque dans ses fibres les plus secrètes. Non, vraiment, la vie quotidienne mélanésienne ne pouvait s'inscrire au fil d'un récit cohérent, dans une histoire consciencieusement datée, nourrie d'informations et de notions claires. Elle obéissait à une logique obscure, à des forces irrationnelles. Elle échappait à l'art explicatif. Elle ne pouvait être qu'obscurément ressentie. Il fallait la capter par touches, en écouter les accords imprévisibles et profonds, l'embrasser avec sympathie d'un seul élan comme on s'infuse dans la vision brusque d'un arbre, d'une plante, d'une fleur. Zéoula, c'était une entité puissante. On le recevait avec émotion d'un seul bloc. Sa connaissance était instantanée ou ne serait jamais plus.

Le peuple indigène était ainsi. Sa tradition était orale, on ne pouvait l'inscrire dans des registres précis, elle échappait aux compétences. Des ethnologues sincères mais toujours soucieux de répertoires avaient disséqué les hommes, analysé leurs comportements, pris les autochtones comme des insectes entre des pinces pour les regarder vivre, respirer et mourir. Une somme d'explications intellectuelles s'acharnait à les définir. Or les insulaires étaient de la nature de la lumière ou du vent, insaisissables. Comme la lumière ou le vent, ils pouvaient vous combler si vous étiez devenu vacant, vidé de vos pensées, déconditionné et nu, dépouillé de vous-même.

Si Zéoula vous avait invité à un de ces derniers pilous à l'orée de sa chefferie, il aurait été convenable de vous en tenir au simple accueil des choses : la veille vous auriez vu les femmes s'asseoir par terre, sous les arbres, leur machine à coudre à manivelle posée entre leurs jambes écartées, confectionnant les dernières robes-mission pour la fête, grandes femmes gaies, aux rires bruyants, aux yeux souvent alourdis de cils horizontaux et droits. Vous les auriez aidées à cuire le pain-marmite, enrobé d'une feuille de bananier bien huilée, ou à préparer les paquets de bougna, poissons, crabes, langoustes ou poulets, accompagnés de légumes largement arrosés de lait de coco, hermétiquement serrés par des palmes de cocotiers avant d'être enfouis en terre sous des pierres brûlantes. Vous auriez surpris les danseurs se préparant au pilou-pilou, revêtus de feuillage, des bracelets de paille aux poignets, des coquillages au cou et tout à coup vous vous seriez senti emporté au rythme d'une danse monotone et violente, martelée par le piétinement des pieds, le halètement des poitrines, le bruit des lèvres, les pulsations sourdes des corps déchaînés, essoufflés et brusquement pantelants, immobilisés à la suite d'un cri inattendu et bref, onomatopée étrange clouant au sol les danseurs trempés de sueur.

Les pilous étaient jadis spectaculaires. Ils pouvaient durer des semaines, atteignant un paroxysme tel que les bons pères missionnaires s'en étaient effrayés. Ces danses étaient vraiment trop païennes. Ils avaient cru bien faire en les interdisant. C'était porter atteinte à la vitalité des tribus. Le pasteur Leenhardt le dit clairement : « Ainsi, le sommet de la société canaque n'est pas une tête hiérarchique, un chef, il est le pilou même : le moment de communion de clans alliés qui, ensemble, dans la ferveur des discours et des danses exaltent les aïeux, les totems, les invisibles qui sont la source de vie, l'appui de la puissance, la condition de la société même. Que les pilous cessent, la société perdra son lien et se désagrégera... »

Devenu prétexte de réjouissances pour fêtes officielles ou occasion de distraire les touristes, le pilou perdra peu à peu son sens véritable. Pendant longtemps, à la chefferie de Zéoula, on avait gardé les grandes conques marines préludant à la danse et les tambours qui en soutenaient le rythme n'étaient pas fait de plastique ou de boîtes de conserve mais ils avaient été fabriqués dans de l'écorce de figuier selon les traditions. Les chœurs y étaient originaux, pas encore influencés par l'harmonique des Européens, mais faits de ces accords discordants et gutturaux, voix qui se cherchent, s'établissent, se situent dans le groupe roulant en une lente montée de notes, grave et nostalgique, comme un océan de sons. Dans ces années 30 encore à Lifou, les fêtes s'inspiraient de belles traditions mélanésiennes, elles célébraient les scènes de pêche et la confection des pirogues. Elles chantaient les gestes quotidiens ou célébraient d'étranges histoires d'amour. L'humour canaque y était souvent cocasse, tendre et pudique. Ne célébrait-on pas à Ouvéa, dans l'île voisine, l'histoire d'un roi sanguinaire et attendrissant à la fois, Kong Ulup, guerrier invincible qui ne se résignait pas à devoir exterminer tous ses frères? Alors, pour les épargner, il avait demandé à un grand banian qui poussait au bord d'un trou d'eau de bien vouloir prolonger, très profond et très loin sous la mer, une de ses racines pour que celle-ci atteigne la Grande Terre. Ceci permettait aux gens d'Ouvéa de s'exiler en douce. En suivant ce miraculeux fil sous-marin, les îliens étaient sûrs de ressortir au centre de la grande Chaîne. De fait, si aux environs de Canala, en la tribu d'Osseu, on retrouve aujourd'hui encore des descendants d'habitants d'Ouvéa, c'est bien grâce à cette ruse subtile du vieux Canaque qui avait su sauver ses frères et du même coup préserver sa réputation de méchant roi.

Un bonheur calédonien

Les Calédoniens étaient-ils en marche vers le bonheur?

Tout pouvait le laisser supposer. Les fêtes les réunissaient pour des tombolas et des « petits chevaux ». Pétards et confettis, barbes-à-papa et tirs au pistolet dans les baraques, on s'amusait follement, c'était la kermesse!

Jeux, farces, beignets, ce peuple de Far West adore les gros ballons rouges et les oriflammes, bacchanales populaires où l'air sent la saucisse grillée. Les colons y déambulent en chapeau de feutre noir et les femmes indigènes ou « poppinées » mettent leur robe-mission gonflée de jupons éclatants. Les vieux Canaques pour l'occasion arborent leurs « costards » et les Javanais s'endimanchent. Jolies Eurasiennes en robes légères, sportifs en pantalon blanc, de telles attractions rassemblent le pays entier. Plus tard viendront s'y ajouter la braderie de Nouméa et la traditionnelle foire de Bourail, avec ses pittoresques surenchères agricoles. On s'y racontera comme hier des histoires de chasse au cerf ou de pêche. On y traînera aussi sous le soleil et dans la poussière en suçant de la pâte de goyave. Qu'importe le temps! On rentre à la maison « à l'heure canaque », c'est-à-dire à une heure indéterminée. À moins qu'on n'aille rejoindre un de ces bals de brousse où l'on valse sur des planchers bruts dans des odeurs de tabac et de bière et qui ne se terminent jamais sans quelque mémorable bagarre.

Aux portes de Nouméa, la Rivière-Salée n'était pas, elle non plus, de morte-eau. C'était le lieu vivant d'une étrange cavalcade : celles des conduites de bétail qui descendaient de la brousse pour les abattoirs. Ces étranges défilés de bêtes et de gens, empoussiérés et joyeux, se révélaient les héroïques cortèges de l'histoire du « stock ». Y paradait ce cavalier de légende, le stockman.

Rassemblant le troupeau au claquement de son fouet, il est accompagné d'une meute de chiens de bétail, les chiens bleus, sortes de petits dingos australiens. Il porte son grand chapeau de feutre, à bords roulés, ses guêtres munies d'éperons. Il est vif, bricoleur, répare les barrières, court d'un *run* * à un autre. C'est le roi de la pâture. Il brûle ses bêtes au fer rouge pour les marquer de son sceau. Il les rabat dans son stockyard à travers le couloir étroit d'une coulisse * balisée de calicot rouge. Un poète calédonien chantera ce chevalier des antipodes.

Il nous vient d'Australie, avec ses grands houseaux,
Son feutre à larges bords, sa selle en grenouillère,
Avec poitrail, croupières et fortes étrivières...

(Soury-Lavergne)

Toute la brousse, du nord au sud, est animée par les cortèges de troupeaux poussés par ces nouveaux gauchos soit vers Ouaco pour les conserves, soit vers Nouméa pour les boucheries de la ville.

La conduite a son rituel : haltes du soir au cours desquelles on enferme « au carré » les bêtes fatiguées, sommeil à la belle étoile. On vit de pain sec et l'on marche sous la pluie avec des sacs sur le dos, toujours attentif au troupeau qui peut flâner, brouter les mimosas du chemin ou s'énerver dangereusement. La marche est longue. Nouméa est à l'autre bout de l'île. Des vaches tombent malades, d'autres s'égarent. Quelques-unes vêlent en route. C'est en ramassant les nouveau-nés tombés dans les fossés qu'un vieux Calédonien, le père Vaudor, à La Foa, s'était constitué « une souche de bétail ». Qu'est-ce que les chefs de conduite auraient pu bien en faire de ces quasi-fœtus nés quelquefois avant terme au cours de ces marches harassantes? L'homme avait donc ramassé les bébés veaux, creusant pour eux des crèches dans l'herbe couleur de paille. À la saison fraîche, il s'était couché près d'eux pour les réchauffer. Guidant leurs premiers pas dans la prairie, peu à peu, il avait acquis, à peu de frais, un beau troupeau.

Calédonie pastorale et citadine, c'est toute la joie « caldoche » dans ces dernières années de la folle époque! Le gouverneur Guyon n'aura pas été étranger à cette félicité, ni les sages administrateurs du service des Affaires indigènes qui avaient donné aux Mélanésiens l'espoir d'une existence meilleure et la possibilité de participer correctement au développement du pays. En 1931, Léon Archimbaud, délégué de la Nouvelle-Calédonie au Conseil supérieur des colonies, écrira avec quelque emphase en conclusion à un très long rapport concernant la colonie : « Telle est la jeune France australe pour laquelle une bonne fée, de sa baguette magique, a réuni dans les limites d'un territoire restreint, les splendeurs et les charmes de maintes régions de la Mère Patrie et qui présente, sous un ciel resplendissant, dans les draperies moirées et les dentelles de sa ceinture marine, un ensemble fait tout à la fois d'éblouissante beauté, de grâce délicate et de pittoresque. » M. le gouverneur Guyon note avec plus de simplicité : « La Nouvelle-Calédonie est une province de plus. Elle réalise comme un renouveau de l'Acadie canadienne du XVIIIe siècle. Les étrangers nous l'envient... »

En 1939 tombera sur cette île pacifiée l'annonce de la Seconde Guerre mondiale.

Les Calédoniens l'apprendront par le petit poste local de Radio-Nouméa, poste privé ingénieusement bricolé par un des leurs, Charles Gaveau. Depuis 1934, l'émetteur fonctionne. C'est de son logement de la rue de l'Alma que le technicien a lancé ses premières émissions. Tous ceux qui se passionnent pour les essais de la radiophonie le soutiennent. Radio-Nouméa-Amateur, petit poste de 15 watts, diffuse musique, informations locales et résultats sportifs. Le speaker y parle tranquillement sur un fond de bruits familiers : chants de coqs, braiement d'un âne dans une cour, cloches de la cathédrale qui s'ébranlent, ragoût mitonnant dans la cuisine des Gaveau. C'est dans cette ambiance de village heureux que Nouméa prend connaissance du drame. Ce drame est maintenant à sa porte : les troupes allemandes ont envahi la Pologne. La France et l'Angleterre ont déclaré la guerre à l'Allemagne.

CHAPITRE XI

LA SECONDE GUERRE MONDIALE ET LE TEMPS DES AMÉRICAINS

Les Calédoniens apprirent la déclaration de la Seconde Guerre mondiale sans étonnement. Sur leurs derniers postes à galène, de fabrication artisanale mais dont la réception était très audible, les discours de Hitler et sa spectaculaire escalade à l'Est de la France leur étaient parvenus inéluctablement.

Pour ces Français du bout du monde, les voix captées de Sydney ou de Melbourne étaient le seul lien qui les reliait au monde. Plus aucun bateau de commerce français n'entrait dans leur port. Communications coupées avec la métropole, ils ressentirent le drame immédiat : celui de leur solitude et de la pénurie qui allait s'ensuivre. Nombre d'entre eux se tournèrent instinctivement vers le continent australien.

Ce mouvement, quasiment viscéral, en vint à prendre un instant une couleur nettement autonomiste. On était fatigué de la France, de ses défaillances, de ses abandons, du statut de tutelle où elle maintenait l'île. Le conseil général était cantonné dans le rôle secondaire et limité de l'examen du budget, et le conseil privé, composé d'une poignée d'anciens Calédoniens réputés pour leur bon sens, n'était qu'un office purement consultatif dont le gouverneur, éventuellement, se passait volontiers. Ce dernier, en 1940, se montrait particulièrement hésitant, brouillon, craintif. En fait, le gouverneur Pélicier subodorait des heures difficiles. Il semblait vouloir se retrancher derrière l'armée, placée sous les ordres du lieutenant-colonel Denis, et la marine, qui n'avait, certes, aucune base en Nouvelle-Calédonie, mais un solide aviso le *Dumont d'Urville*, détaché de l'escadre de Saigon, et qui sera, dans la suite des événements qui allaient implacablement se dérouler, une sentinelle redoutable.

L'effondrement – prochain – du nickel, l'indécision du gouverneur, le marasme d'une « drôle de guerre » dont on ne comprend absolument pas l'immobilisme s'ajoutent à une avalanche de mesures dont on ne voit pas à priori l'urgence : multiples taxes nouvelles, réquisitions diverses, recensement du bétail. Ce sont là tracasseries de province...

Certains esprits en arrivent à envier la terre australienne, confiante en l'heureuse issue de la guerre et résolument entrée dans la lutte aux côtés d'un empire britannique intraitable. Et puis, il faut le dire, une fraction des Calédoniens se sentira souvent plus proche du continent anglo-saxon que d'une mère patrie située à 20 000 kilomètres de distance et qu'elle ne connaît pas. Nombre de ces broussards sont frères des « hommes du bush ». Comme les dresseurs de chevaux de Broken Hill galopant parmi des aborigènes couverts de peaux de kangourous, ils sont aussi des coureurs de buissons, ivres de liberté et de concrètes réalisations. La vieille France des cathédrales et des pierres anciennes leur parle moins que ces pays neufs, terres aux larges horizons où l'on vit dans des ranches au cœur de grandes prairies. L'élevage intensif qui s'est développé sur la côte Ouest depuis des décennies a entraîné les grands éleveurs plus vers le compte en banque que du côté du bas de laine auvergnat. Et la progressive transformation des petits paysans français en « planteurs » accentuera ce goût des dominions indépendants. Ne pourrait-on jamais vivre ici comme dans un Far West sans contrainte, sans complexe, libéré d'une métropole tatillonne qui à l'autre bout du monde ne comprend généralement rien aux problèmes de ses colonies? Cette attitude constante de certains îliens, on la retrouvera à plus d'une époque de l'histoire calédonienne. Le phénomène sera amplifié bientôt par la présence des Yankees qui se répandront dans un pays devenu tout à coup stratégique. « Plutôt eux, que vous, les Français », entendra-t-on parfois. Il était symptomatique ce reportage, réalisé en avril 1985 par la télévision, nous montrant un jeune broussard au pied d'un gigantesque drapeau américain planté au cœur de son paddock. L'homme avait affirmé avec sa rude franchise et la gouaille des gens de l'intérieur que c'était pour lui « l'indispensable roue de secours ». Que la France nous lâche et nous saurons vers qui nous tourner! Discours bref, mais très clair.

Le Ralliement

En juin 1940 l'armistice coupera court à ces velléités séparatistes, car l'idée d'un ralliement s'imposera aussitôt. Comment les hommes de Pétain à cette époque ont-ils pu un instant s'imaginer que la Nouvelle-Calédonie allait tergiverser dans ses choix? MM. J. Guiart et Deschamps feront une excellente analyse des faits : « Le ralliement était rendu quasi obligatoire par la position excentrique du territoire; coupée de la France, la Nouvelle-Calédonie ne pouvait être ravitaillée que d'Australie et seuls les Alliés pouvaient lui fournir le charbon nécessaire à son industrie du nickel. Il est curieux d'ailleurs que cette situation se soit présentée sous un jour confus, non pas tant aux fonctionnaires métropolitains qui craignaient les sanctions de Vichy, qu'aux notables locaux qui apparurent notoirement irrésolus. Le ralliement fut l'œuvre de l'enthousiasme de la population elle-même, tant de Nouméa que de l'intérieur, conduite par des hommes nouveaux dont l'influence politique ne devait pas survivre à la guerre. »

Toutefois l'affirmation selon laquelle les « notables locaux » balancèrent avant de s'engager dans la voie du difficile pari est peut-être injuste. Dès le 24 juin 1940, le conseil général, amputé de quelques membres, sera d'une fermeté totale : continuer la lutte contre les puissances de l'Axe aux côtés de la Grande-Bretagne était la conclusion d'une délibération sans ambiguïté.

Personne ne connaissait l'illustre soldat alors clandestin qui, de Londres, avait lancé l'appel fameux : « La France a perdu une bataille mais elle n'a pas perdu la guerre », constatation ferme et concrète qui bouleversa la population calédonienne. Deux jeunes hommes prirent leur plus belle plume pour lui écrire aussitôt : Marcel Kollen, un sportif, qui plus tard tombera aux combats de Bir-Hakeim, et Georges Chatelain, d'une famille de marins. Un troisième homme les avait même devancés, Raymond Pognon, rude colon des environs de Bourail à qui de Gaulle demandera personnellement de former un comité en faveur du ralliement. Le Calédonien acceptera avec d'autant plus d'enthousiasme qu'il sait qu'un combattant inattendu avait pris la tête d'une brillante offensive : le commissaire de France aux Nouvelles-Hébrides, le gouverneur Sautot. Cet administrateur avait envoyé au Général un télégramme retentissant où il saluait le rebelle de Londres comme « le seul chef légal des Français d'outre-mer ». Il ralliait délibérément à la France libre cet archipel franco-anglais, terre volcanique située à deux heures à vol d'oiseau des côtes calédoniennes.

Le geste révélait une audace incroyable. Ce petit homme grassouillet et jovial, au demeurant bon républicain, qu'on appellera volontiers plus tard « le père Sautot » entrait dans l'Histoire. Proche des populations océaniennes, il avait très tôt flairé l'importance que pouvait d'un instant à l'autre prendre le Japon dans le conflit mondial. Dans la vie quotidienne, les Nippons étaient là, sur les mines, au cœur des plantations, dans les bazars, et à mille riens, mille indices, on pouvait soupçonner leur méfiance. L'administrateur du condominium, dans son livre *Grandeur et Décadence du gaullisme dans le Pacifique*, l'inscrira au cours des premières pages : « Nous sentions, tous, ces gens impressionnés par notre défaite; nous les voyions, eux si corrects et si mielleux envers l'Anglais et le Français jusqu'alors, changer d'attitude, devenir moins respectueux, voire même hautains et arrogants, et nous devinions parfaitement que l'entrée en guerre de leur pays était virtuellement décidée. Or l'entrée en guerre du Japon devait, à notre sens, entraîner l'entrée en guerre des États-Unis qui ne pourraient accepter de voir le Japon établir son hégémonie sur le Pacifique et... ajoute Henri Sautot, cela nous donnait confiance. »

De la confiance, les gens de Nouméa et de la brousse en ont! Fini le désarroi qui avait suivi l'annonce de la capitulation. Le gouverneur Pélicier fait-il montre de ses éternelles timidités? Une cartouche de dynamite éclatera bientôt dans son jardin. Il préparera vite ses valises pour rentrer en métropole non sans avoir doté le commissaire-résident Henri Sautot, dont il est en fait le supérieur hiérarchique, d'une « brochette infamante » de sanctions. Le « comité de Gaulle » est animé par deux patriotes ardents, un notaire à feutre de cow-boy et noble lavallière, Me Michel Vergès et André Prinet, austère Nordiste. A eux s'associera un commerçant de la ville, Emile Mouledous. Comment se fera la coordination de ces véritables leaders du Ralliement avec le duo Pognon-Sautot, cheville ouvrière du combat, et dans quelle mesure une sourde rivalité ne viendra-t-elle pas ternir la générosité du mouvement? C'est là le secret d'une petite histoire locale, bien mince, en regard du vaste projet qu'un grand général concevait, depuis son lointain état-major londonien, sur l'immense région toute bleue du Pacifique austral.

Dans l'esprit du Général, certes, il fallait qu'au plus vite l'Océanie française entre en bloc dans son combat. Tahiti, les Nouvelles-Hébrides, la Nouvelle-Calédonie : triptyque de défense! Ce grand homme monolithique aime les stratégies cohérentes et il a déjà misé sur ce fonctionnaire du condominium, Henri Sautot, prompt et averti, pour organiser un grand ensemble de résistance française, sous un gouvernement commun. Le chef de la France libre verra-t-il trop grand? Ou sera-t-il quelque peu déçu par Henri Sautot lui-même, zélé, mais peu sensible aux vues foudroyantes d'un militaire de génie? On peut penser que les réticences du commissaire-résident des Nouvelles-Hébrides seront à l'origine de la décision que prendra plus tard le général de Gaulle en nommant l'amiral Thierry d'Argenlieu au poste de haut-commissaire de France dans le Pacifique Sud.

Mais pour le ralliement de la Nouvelle-Calédonie à la cause de la France libre, Sautot est l'homme qu'il faut. Cet administrateur connaît bien le Caillou. Volontiers bonhomme, il en adore la population. Il est constamment en relation avec ses marins qui assurent les liaisons fréquentes des Nouvelles-Hébrides avec la grande île et puis, frondeur, la moquerie aux lèvres, nul doute que ce subalterne aura grand plaisir à ravir au colonel Denis ses pouvoirs. C'est une pirouette à exécuter au nez de celui qui règne en maître à la résidence de Nouméa, et le petit homme des Hébrides en est ravi.

Un certain 19 septembre

Le 19 septembre sera le jour décisif. Le capitaine de vaisseau de Brossard en dressera une narration éloquente : « Au petit jour, la coque grise, les trois cheminées, le tripode et les tourelles du croiseur australien *Adélaïde* étaient apparus dans la passe de Boulari qui, dans le corail du récif-barrière, ouvre la route maritime devant Nouméa. L'administrateur Sautot se trouvait à bord et n'allait pas tarder à débarquer... » Rétrospectivement, ce qui frapperait cet écrivain navigant passionné par l'histoire calédonienne, ce ne serait pas les habiles manœuvres marinières que le bateau exécuta grâce à des complicités locales, ni les traditionnels échanges entre le commandant du croiseur et celui du *Dumont d'Urville* toujours légalement stationné en rade, mais l'aspect de la ville littéralement métamorphosée. Toute la brousse était là ! « Avec leur caractère turbulent et parfois excessif, les descentes de broussards sur Nouméa, expression d'un caractère dont la fermeté ne perd rien dans son extériorisation, prouvent combien cette population influe sur les destinées de l'île. En métropole, c'est Paris qui jalousement veut tenir son rôle, en pointe de toutes les évolutions politiques. En Calédonie, à chacun des tournants de l'histoire, on trouve un mouvement de la brousse. Ce fut vrai le 19 septembre 1940 lorsque les gens des stations, des centres, et à leur tête ceux de Bourail, envahirent Nouméa, armés comme à leur habitude. On peut presque dire qu'en ces occasions, Bourail mène le jeu. Mais aucun doute sur ce point : lorsque les camions des " broussards " convergent vers la grande route du Nord et la suivent vers Nouméa, on peut affirmer que la situation est grave. »

L'administrateur Sautot avait quitté les Nouvelles-Hébrides dans la nuit du 16 septembre sur le croiseur *Adélaïde*, escorté du tanker *Norden*. Le voyage s'était relativement bien passé mais on avait appris que le gouverneur Denis avait proclamé l'état de siège dans tout le territoire calédonien.

Le passager de l'*Adélaïde* ne put que se réjouir de constater qu'en dépit des consignes du gouverneur, toute la population de l'île semblait descendue dans la capitale. Les quais étaient noirs de monde, et l'instant devint tragique lorsqu'on vit osciller les lourds canons du *Dumont d'Urville* qui, tanguant de la coque, semblait les braquer sur la foule.

Ni une, ni deux, Sautot a bondi sur une pétrolette et le petit insurgé trapu s'est glissé, goguenard, sur ce bateau de pilotage qui pour atteindre le quai au plus vite effleurait presque les flancs du navire de Pétain. La foule hurle. Dix mille personnes gesticulent, chantent *La Marseillaise*, entraînent leur héros devant les grilles du Gouvernement et celui-ci, planté devant le colonel-gouverneur Denis, lui parle sans ambage : « A compter du moment où j'ai mis le pied sur la terre calédonienne, la guerre continue... » Henri Sautot expliquera plus tard : « J'ajouterai que je n'étais pas venu pour discuter avec le colonel mais bien pour prendre possession du gouvernement de la Nouvelle-Calédonie avec pleins pouvoirs civils et militaires. Je sommai alors le colonel Denis de me céder la place... » Puis, ouvrant largement les fenêtres au premier étage du palais du Gouvernement, l'homme crie à la population réunie : « Calédoniens, je suis venu vers vous envoyé par le général de Gaulle ! »

L'opération du 19 septembre s'avérait un complet succès. Dans son télégramme du 13 septembre, de Gaulle, en lui annonçant sa nomination de gouverneur de la Nouvelle-Calédonie avec pleins pouvoirs civils et militaires, avait insisté : « Une seule recommandation, évitez toute effusion de sang... »

On avait pourtant, la veille, frôlé le drame. Une compagnie d'infanterie coloniale avait essayé de dégager la place de la Mairie où les premiers broussards s'étaient rassemblés. On craignit un instant le pire. Et puis, un tirailleur canaque avait répondu vertement à son officier qui lui donnait l'ordre de tirer : « Nous y a engagés pour casser gueule aux Japonais mais pas pour casser gueule aux Calédoniens. »

Cette anecdote, rapportée par Henri Sautot lui-même, montre bien la force que représentaient ces gens de l'intérieur, hommes rudes, prêts à donner l'appui qu'il faut quand les événements l'exigent : « Il faut y voir en réalité la remontée d'un fond puissant d'attachement à la terre, à cette brousse que leurs ancêtres tout proches ont faite, et qui tient en éveil une susceptibilité jalouse. Les " broussards " représentent une forte stabilité. Ils maintiennent. Et ils exigèrent, ce 19 septembre, que l'on maintînt ferme le pavillon. Ce sont des durs qui entendent ne pas quitter leurs " runs * ", leurs " stockyards " et leurs " stations " pour rien. [...] ce sont les descendants ou les successeurs de tous ces pionniers qui ont souffert des moustiques, veillé les tribus, pioché, creusé, assemblé, parqué, trouvé l'eau, surveillé le bétail, subi la grande révolte. Puis est venu le temps de l'entente qui a consolidé l'amitié » (Cdt de Brossard, *Nouméa, Océan des Français*).

Qu'est-ce donc que les broussards calédoniens? Henri Sautot l'écrira : « Sans eux, sans leur ardent patriotisme, sans leur remarquable esprit de décision, le ralliement n'eût vraisemblablement pu réussir. Ce sont les colons, miniers, commerçants qui vivent hors du chef-lieu, le plus souvent isolés dans les fermes éloignées de tout lieu habité. Ils y mènent une vie simple et rude dans le dur labeur quotidien et loin des plaisirs de la ville. » Ils sont les hommes d'un pays : leur Caillou. Ce mot, ils l'aiment plus que tout. Ils l'emploient constamment dans leur vie quotidienne. Il leur sert à désigner autant leur terre, que les pierres des mines ou celles, magiques, des tribus, l'engrais pour leurs légumes ou les plus grosses de leurs abeilles. Une jolie fille même, bien faite, deviendra dans leur bouche « un vrai petit caillou »! Cette tendresse pour leur île sera d'autant plus vive qu'ils la sentiront menacée. Or en 1940, ni eux, ni personne, ne se faisaient d'illusion sur le conflit qui allait la porter à la pointe d'une périlleuse actualité et compromettre du même coup sa paix intérieure.

Les chocs de la guerre

Déjà les Calédoniens avaient été bien éprouvés par la perte d'un de leurs cargos, le *Nautou,* qui faisait la navette entre Nouméa et l'Australie et qu'un corsaire, l'*Orion,* avait arraisonné au large des côtes.

Le 16 août 1940, alors qu'il se situait à trente-sept milles marins du phare Amédée, le petit bateau local s'abîmait touché à bâbord par un obus. Une embarcation à moteur s'approchait de lui. C'était la nuit. On discernait mal les hommes mais on reconnaissait des voix, celles d'Allemands qui ordonnaient à l'équipage de se constituer prisonnier : le capitaine, huit officiers, neuf matelots canaques, dix-huit auxiliaires tonkinois et un passager, M. Vois, le directeur du Nickel. Enfermés dans des chambrées ou dans les faux-ponts du corsaire, ces Calédoniens partaient pour une incroyable errance, séparés à jamais de leur *Nautou* qui disparaissait en mer sous le choc des pièces d'artillerie.

L'aventure sera touchante quand l'évoquera plus tard Wylla Zaziella Djaïs, un des matelots canaques qui la vivra de bout en bout. Sur le petit charbonnier local, Wylla était à la barre quand le drame avait eu lieu. On l'avait mis dans une cale de l'*Orion*. La vie s'était organisée entre les prisonniers de telle sorte que ni les uns ni les autres ne se plaignaient vraiment. Le directeur du Nickel s'était mis à écrire un livre intitulé *Prisons flottantes*, et Wylla avait voulu en faire autant, notant sur son carnet de psaumes, tout ce qui arrivait à bord. Car le corsaire se livrait à des attaques fréquentes et les prisonniers des cargos capturés augmentaient à vue d'œil, si bien qu'à la fin on avait abandonné les gens de couleur sur un îlot pourvu de cocotiers et d'un fond d'eaux saumâtres. Un navire anglais qui passait par là avait vu leurs feux et s'était empressé de secourir les rescapés. Accueilli chaleureusement à Nouméa avec ses compagnons, Wylla avait laissé son carnet de psaumes. Un médecin hollandais qui avait soigné l'indigène et avait parcouru son recueil en était resté sidéré : Wylla avait si bien noté entre ses prières ce qu'il avait vu et entendu sur le corsaire allemand qu'il avait, sans le vouloir, réalisé un étonnant document de guerre et d'espionnage.

Pendant que les autres prisonniers du *Nautou* poursuivaient un périple qui devait les emmener vers des camps de détention en Allemagne, la vie dans l'île calédonienne appareillait vers de mauvais jours.

Au soir du 19 septembre, l'*Adélaïde* était toujours au port, face à face avec les marins du *Dumont d'Urville* et l'armée connaissait un véritable déchirement. On avait arrêté le colonel Denis et tous les officiers d'active qui s'étaient quelque peu montrés hostiles au mouvement du Ralliement. La réorganisation du commandement militaire s'avérait urgente : promu capitaine, le lieutenant de réserve Georges Dubois était nommé commandant militaire en attendant l'arrivée, de Tahiti, du capitaine Broche.

Sur le *Pierre Loti*, en route pour Saigon, on conduisit les fonctionnaires douteux. L'épuration commençait. Les vichystes impénitents y étaient internés à bord. Le gouverneur avait d'autre part assuré la création sur place d'une force de police qui reçut le nom de « milice civique ». Ces volontaires étaient chargés « d'assurer la sécurité du régime de la France libre en Nouvelle-Calédonie contre tous ses adversaires éventuels de l'intérieur et de l'extérieur » (Henri Sautot). Calot bleu marine gansé de rouge et pantalon sombre, cette formation, dont l'appellation avait été plutôt malencontreusement choisie, était composée surtout d'anciens combattants de 1914, contents de réendosser l'uniforme. Ils se spécialisèrent vite dans la recherche des Japonais. Près de mille cinq cents Nippons étaient alors établis à Nouméa et dans la brousse. On s'acharnait à les surveiller de très près.

Le gouverneur Sautot s'était appliqué à la réorganisation totale du pays. Sous des airs de bon apôtre, il se révélait souvent emporté et colérique, se méfiant des complots. Il ne s'était pas fait que des amis au sein de ce « comité de Gaulle » avec lequel il avait eu de pénibles frictions. Patriote, avec quelque emphase, voire cocardier, mais sachant fermer les yeux quand il le fallait, il avait un comportement simple, proche de la population, cordial, quelque peu démagogue. Il plaisait. Sentimental à l'excès, sa moustache, qu'il portait à la gauloise sous un nez boulot, était souvent humectée des pleurs qu'il ne manquait jamais, aux grandes occasions, de verser abondamment... Le 5 mai 1941, on le vit, sur le quai, particulièrement effondré. Il y avait de quoi. Pour la seconde fois, les enfants de la Calédonie partaient au combat.

Ce jour-là, le *Zelandia*, battant pavillon britannique, barrait de sa longue silhouette la perspective ouverte sur la rade et les collines lointaines de l'île Nou, que les Calédoniens avaient pris l'habitude de voir dégagées lorsqu'ils descendaient la rue de l'Alma. « Au-dessus des superstructures blanches du pont, de l'alignement des canots de sauvetage gris et des courtes manches à air avec leurs buses avides, les hautes cheminées pâles du paquebot se dressaient, un peu inclinées vers l'arrière » (Cdt de Brossard).

Le « bataillon du Pacifique » allait partir. En uniformes de toile kaki, Européens, Canaques, Tahitiens, Néo-Hébridais, couverts de bouquets de niaoulis, avaient chanté en chœur : « Ce n'est qu'un au revoir », tandis que le paquebot virait lentement sur l'avant et que la foule obéissant à une vieille tradition se précipitait au Rocher à la Voile pour suivre du regard aussi longtemps qu'elle le pourrait ceux qui s'en allaient. Un second et dernier contingent, auquel s'ajoutera un groupe de parachutistes locaux, s'embarquera au début de l'année 1943.

Le gros de cette troupe était composé d'un grand nombre de volontaires mélanésiens qui avaient répondu à l'appel de la mobilisation avec une spontanéité qu'on ne peut mettre en cause. Leur loyauté, sans nul doute, était le fruit de cette coexistence qui s'était ébauchée entre les ethnies depuis le passage de M. le gouverneur Guyon. Toute une génération de Mélanésiens était alors apparue d'une sincérité si touchante qu'on a quelque tristesse aujourd'hui à en parler!

Le plus généreux d'entre eux avait été Vincent Bouquet, chef de la tribu de Pothé. Personne n'a jamais su parler de la France comme ce Canaque de la Grande Terre. De santé délicate, mince, le visage un peu gris, parce que vite souffrant, des petites lunettes cerclées de fer sur les yeux, il lisait à l'adresse d'une patrie lointaine des discours d'une délicate beauté. Il lui parlait, comme un enfant à une mère ou à une fée. Tirant de son vieux fonds mélanésien des images surprenantes, il se penchait un peu pour en discourir et parlait à voix basse. On aurait dû retranscrire et garder les écrits du « Vieux Bouquet », florilège étonnant d'une poésie sans artifices. La seule chose qui sera retenue plus tard dans les notes d'une journaliste de passage sera cette référence qu'il faisait toujours à un gros coquillage accroché à la flèche faîtière de sa case, dès qu'il évoquait « cette terre à petits clochers » qu'il ne connaissait pas. Il attendait un instant comme si la haute conque marine devait lui répondre ou l'écouter. Il aimait aussi fréquemment, avec une naïveté souvent drôle, comparer les comportements de la nation française aux allées et venues de son petit coq de tribu qui se démenait, la crête écarlate et la queue rouge, dans l'or d'une orangeraie superbe qu'il soignait avec grand soin. Pauvre Bouquet! serait-il revenu ces dernières années en cette petite maison qu'il ornait de guirlandes de papier gaufré tricolore, qu'il y aurait retrouvé l'un de ses fils, emporté et hargneux dans une maison de ciment, les bras croisés sur la table, crachant des paroles mauvaises contre le gouvernement de la France, souvent ivre mort sur un tapis de fruits qu'il ne recueillait plus, critiquant les fonctionnaires, les curés et le ramassage scolaire, attendant l'heure de l'indépendance dans une révolte farouche.

Mais en cette année 1941 ce n'était pas les tribus qui préoccupaient les Calédoniens. C'étaient les Japonais! Les « Japs » comme on disait. Obscurément les habitants de l'île sentaient bien l'importance que prenait la Nouvelle-Calédonie dans le conflit mondial. L'insidieuse infiltration des Nippons, qui s'était opérée depuis quelques années chez eux, n'était pas sans les inquiéter. « Des Japonais, il y en avait partout, pour toutes les bonnes raisons imaginables : ils cultivaient les jardins, ils tiraient le minerai du sol, ils renâclaient dans la poussière des gisements de phosphate, à l'occasion ils pêchaient avec leurs longues lignes et leurs kilomètres de flotteurs » (Cdt de Brossard).

De la côte, on regardait leurs sampans avec méfiance. Certains, bravant tout règlement, s'avançaient dans les eaux territoriales au point d'alarmer la population. Le célèbre Banuelos, à La Foa, avait pour passion de les repérer et, sur sa pétrolette, de s'en approcher au plus près. Faisant mine de jeter sa ligne de traîne au nez des tazars, il essayait, à la jumelle, de repérer ce qu'on faisait à bord de ces mystérieuses embarcations. Bien mieux, un pittoresque broussard, d'origine grecque, Séraphin Dimitrios, un vieux mousse en rupture de ban, avait réussi l'exploit, avec un seul et unique gendarme, de pousser, jusque dans la baie de Poum, un de ces navires espions! Geste de gloire, dont le panache ne sera jamais bien élucidé. Le broussard est souvent un peu Marseillais, donnant à la dernière carangue * capturée ou au notou qu'il a abattu au fusil, une dimension quelque peu lyrique pour en élargir passionnément la vérité.

Quand, aux aurores du 8 décembre 1941, on apprit à Nouméa l'attaque des Japonais sur Pearl Harbor, base américaine des île Hawaii, on ne plaisanta plus du tout. Dans la journée tous les Nippons furent arrêtés, rassemblés devant la caserne, puis sur l'île Nou et en brousse dans des camps bardés de fils de fer barbelés. Tailleurs, petits coiffeurs, photographes, tenanciers de bars ou maraîchers, on devait s'apercevoir avec stupeur que certains étaient des officiers de l'armée, installés en tant qu'agents de renseignements, munis d'excellents postes récepteurs-émetteurs. Une « japonite » aiguë se déclencha dans la population, fièvre de recherche impitoyable. C'est à Goro, où ils avaient obtenu une concession pour l'extraction du minerai de fer, qu'on s'aperçut de leur redoutable organisation. De cette mine du Sud l'on pouvait aisément surveiller les liaisons maritimes de l'île. Les bateaux empruntaient tous le canal de la Havannah à l'abri du mascaret de la côte. « Aussitôt que la B.B.C. de Londres eut informé le monde que la France libre se considérait en état de guerre avec le Japon, le gouverneur Sautot fit appliquer les dispositions prévues faisant appel aux bons services des broussards pour dénicher les ressortissants ennemis éparpillés dans la nature » (Cdt de Brossard). Tout le monde avait compris la situation de l'île, escale immédiate du Mikado sur le chemin du continent australien. Peut-être en cet instant les Calédoniens eurent-ils franchement peur? Ils étaient l'enjeu d'un combat dont la bataille brutalement s'était étendue au Pacifique entier. L'invasion nippone gagnait les atolls un à un. A Nouméa, on creusa des tranchées. A Voh, La Foa, Hienghène et Canala, on garda à vue, avant de les envoyer sur l'Australie où ils seraient cruellement malmenés, ces prisonniers de guerre déjà déterminés à mourir. Froids, silencieux, leurs yeux en fente immobile ne regardaient plus rien. A Païta, quelques-uns d'entre eux choisirent une nuit sans lune pour se faire hara-kiri. On retrouva leurs corps, à l'aube, repliés dans l'herbe, leurs ventres déchirés de pieux qu'ils avaient su aiguiser. Quelques-uns retournés, face au ciel, semblaient regarder encore les pentes majestueuses du mont Mou éclairées de bancouliers. Partout, au large des archipels océaniens, leurs frères de combat « s'abattaient sur les montagnes, sur les plages, les lagons, truffaient les forêts d'artillerie, rabotant les espaces libres pour y faire atterrir les escadres aériennes qui, de proche en proche, portaient chaque mois leur menace plus à l'ouest, plus au sud » (Cdt de Brossard).

De Londres, le général de Gaulle avait eu une sorte de

prémonition des faits, en ce sens qu'il avait envoyé à Nouméa l'un de ses plus proches collaborateurs pour tenir un rôle éminent dans le Pacifique Sud et en assurer la défense : le capitaine de vaisseau Thierry d'Argenlieu. Promu amiral, nommé haut-commissaire de France, celui-ci était arrivé un mois avant Pearl Harbor, le 5 novembre 1941, à Nouméa.

L'amiral Thierry d'Argenlieu

Ce n'était pas pour plaire d'emblée à Henri Sautot qui, bien sûr, restait gouverneur de la Nouvelle-Calédonie mais voyait son prestige diminuer et ses responsabilités s'amoindrir. Roitelet d'une petite île où il était adoré, l'ancien administrateur des Nouvelles-Hébrides aurait à obéir désormais à un supérieur militaire qui n'allait peut-être pas y aller de main morte avec une population qui, en elle-même, ne l'intéressait guère. Ce qui préoccupait l'amiral c'est qu'elle vivait sur un sol devenu névralgique et qu'on était en guerre.

A vrai dire, Sautot avait flairé le vent. Il sentait depuis longtemps le général de Gaulle préoccupé de placer un commandant unique à la tête des trois possessions ou semi-possessions de la France en Océanie. Une mystérieuse mission conduite par le général Brunot était venue enquêter en ce sens et devant les réticences du gouverneur local qui jugeait l'idée insensée et ne voulait surtout pas la prendre à son compte, avait eu avec lui des rapports plus que difficiles. Le conflit devint suraigu quand arriva, flanqué d'un cabinet civil, ce haut-commissaire distingué, le geste coupant, le regard indifférent à la foule qui l'acclamait et visiblement méprisant envers cet administrateur rondouillard qui adorait la galéjade et ne portait pas de gants.

Les rapports entre les deux hommes devinrent si détestables qu'on peut aujourd'hui essayer de les regarder dans une autre perspective que celle de ce quotidien où se trouvait plongée une population qui n'avait au cœur qu'un seul grand désir : celui d'être rassurée. Or, Thierry d'Argenlieu n'avait rien de sécurisant.

Très bel homme distant, au regard froid, il avait le geste

naturellement aristocratique. Assez peu porté aux bains de foule qui faisaient les délices du gouverneur Sautot, il fuyait cette population calédonienne si démonstrative et volontiers brouillonne dont il avait très vite senti le caractère frondeur. C'était un homme de silence et d'autorité. Avant son engagement à Londres, il était moine aux carmes déchaux. On le connaissait sous le nom de père Louis de la Trinité. Le visage maigre, mais éminemment noble, replié sur lui-même, il était maladroit dans ses rapports avec les plus humbles envers lesquels il se conduisait sans chaleur. Il ne retrouvait quelque aisance que dans des mondanités de son rang où, très vieille France, il avait des courtoisies de grand style, ou aux offices religieux où se plaisait sa nature essentiellement contemplative. Ce personnage extraordinaire plongeait le P. Boileau, qui était alors curé de la cathédrale, dans une grande perplexité. Comment pouvait-on allier tant d'orgueil à tant d'humilité? Car le bon père qui avait eu maintes fois l'occasion de converser avec ce moine de grande allure reconnaissait l'intensité de sa spiritualité et son insupportable isolement. Jamais l'accord ne pourrait se faire entre ce mystique glacé et ces Calédoniens exubérants, instinctifs, méfiants à l'égard de tout élan religieux s'il s'égarait hors des digues conventionnelles d'une religion solidement matérialiste, chargée avant tout de leur donner des assurances de salut. La « folie de la croix » leur serait toujours suspecte.

Rien n'allait rapprocher l'amiral du subalterne Sautot très ancré sur le Caillou dont il salue chaque habitant avec cordialité. Aussi répandu en paroles que le haut-commissaire est muet sur toutes choses; aussi près du rire et des afflictions que ce dernier reste impassible; aussi courtaud, ordinaire est remuant, que le marin est princier, longiligne et secret; au marbre d'une excessive retenue, le petit homme des Hébrides oppose un tempérament blagueur, irrésistiblement porté vers les anecdotes grivoises, le rire gras, les plaisanteries légères. Quand, mis sous séquestre, le consulat japonais sera envahi par les hommes de d'Argenlieu qui en retireront non pas des documents de guerre mais des tonnes de revues pornographiques, on s'indignera : qu'est-ce que cela avait à voir avec la défense du territoire? On juge par trop rude et tracassier un militaire qui de toute évidence sort à tout instant de son rôle strict de haut-commissaire de France dans le Pacifique...

Il est vrai que l'amiral Thierry d'Argenlieu avait pris sa mission avec un sérieux outrageant : il avait fait allouer à sa suite et à lui-même des indemnités de luxe, réquisitionner des voitures et les plus belles villas. Il s'était installé au cœur du parc de l'Artillerie dans une magnifique maison en cap sur la mer, face à la ville et au port. Il fortifia la défense de Nouméa : batteries aériennes, batteries côtières, projecteurs de D.C.A., sans réussir à satisfaire cependant les Calédoniens. On avait appris qu'un autre amiral, posté à Saigon, l'amiral Decoux, avait bel et bien l'intention, au nom du gouvernement de Vichy, d'organiser une expédition contre la Nouvelle-Calédonie avec une couverture de navires japonais (André Surleau, *Bulletin de la Société d'études historiques*). Pétain, grâce à Dieu, n'en fera rien, mais les rumeurs qui circulaient, pour la plupart captées d'émetteurs clandestins, avaient mis les nerfs de la population calédonienne à vif. Son contentieux avec le haut-commissaire détesté s'exacerba à tel point qu'on put parler à cette époque d'une population véritablement déchaînée contre une mission qui ne faisait rien pour la comprendre. Un événement de taille aurait pu résoudre le conflit grandissant s'il n'était venu au contraire brusquement l'aggraver : les Américains débarquaient !

L'arrivée des Américains

Le 12 mars étaient arrivés une quinzaine de gros navires américains transportant des troupes et du matériel de guerre escortés d'une dizaine de croiseurs et escorteurs. Jamais la Calédonie n'avait vu cela !

Camions, tanks, canons, « tout le barda guerrier et des outils presque inconnus, d'énormes bulldozers, des scrapers, tout un matériel du génie submergea les places, les rues, commença à se répandre au long des routes. Ce fut un mélange épouvantable et l'on pouvait bien se demander si une apparence d'ordre pourrait en venir à bout.

« Mais cela s'ordonna.

« Quarante mille hommes furent mis à terre...

« En quelques mois la population de l'île allait être décuplée, atteignant en moyenne trois cent mille hommes. A certains moments lors de la préparation des grandes offensives on compterait cinq cent mille soldats U.S., australiens, néo-zélandais, dans l'archipel (Cdt de Brossard). »

Cette colossale aventure avait commencé aux heures de midi : des fumées entrevues à l'horizon. Louis Desnos, un Calédonien de l'intérieur qui sera plus tard maire de La Foa, était alors mobilisé sur place dans l'armée, lorsque du haut de la colline du Oduen-Toro, au fort dit d'Ornano, où se tenait toujours un gros canon de bronze, il avait repéré cette suie dans le ciel. Grâce à une longue-vue montée sur trépied au sommet du mamelon, il avait discerné l'armada. Fou d'inquiétude, s'attendant comme tout Calédonien de cette époque à voir son île attaquée par les Japonais, il s'était précipité chez le commandant du port qui lui apprit la nouvelle : une flotte américaine s'approchait des côtes. Elle s'était heurtée à des navires de guerre japonais qui descendaient sur l'Australie. Elle comptait des unités touchées. Son arrivée dans l'île avait été préparée la veille par le général Patch, commandant en chef d'un corps expéditionnaire important, qui, accompagné de trois officiers supérieurs, avait rendu visite au gouverneur Sautot. Sur leur expresse demande, le gouverneur avait dû arrêter sur-le-champ les cent derniers Japonais installés comme jardiniers dans les faubourgs de Nouméa et que Sautot avait épargnés afin de ne pas priver la population et le port des légumes indispensables.

Le lendemain, les quinze navires de transport étaient là, stationnés entre le grand quai et Doniambo, la presqu'île du Nickel. Les grues entraient en action. Tout devenait hallucinant. Le jeune militaire Desnos, retiré aujourd'hui en France sur des terres catalanes, en garde des visions précises : « Les Américains ont débarqué leurs hommes, puis le matériel. Ça a duré toute la nuit. Au petit jour, ils ont descendu les jeeps. Avec une rapidité surprenante, ils ont élevé leurs campements, vrais villages de toile et monté des petites maisons préfabriquées avec panneaux. Nous, militaires, nous avions été réquisitionnés pour les aider. Moi, je conduisais les camions de l'armée, de la marque Dodge, et je faisais des aller et retour dans les quartiers encombrés d'engins lourds, de chars d'assaut, d'automitrailleuses. On m'a demandé de conduire les " nurses " à l'internat des filles. » Ici, le narrateur sourit, ce matériel léger était composé de solides filles du Massachusetts ou de l'Oklahoma à jupe droite et petit calot militaire. « On avait dû très vite évacuer les jeunes internes de leurs locaux familiers pour les transporter en brousse dans une belle maison de maître, à l'Ermitage, où les petites pensionnaires purent à leur aise s'ébattre dans les goyaviers. »

Sur toutes les collines de Nouméa des nids de D.C.A. sont aménagés. Nouméa devient le quartier général du Pacifique et toute l'île, du sud au nord, est mobilisée pour les combats : « Des postes d'observation sont installés sur toute la Grande Terre, en particulier pour la protection de l'aérodrome de la plaine des Gaïacs entre Muéo et Pouembout. Des unités de reconnaissance sont mises en place à La Foa et à La Tamoa. Des dépôts de carburant et de munitions occupent tous les docks disponibles à Nouméa et se constituent jusqu'à Bourail. Les baies de la Grande Terre sont maintenues sous une surveillance constante et attentive, surtout dans la période du début où un débarquement surprise japonais peut être redouté » *(Encyclopédie de la Nouvelle-Calédonie).*

La ville est en effervescence. On apprend que le contingent de la « Poppy Force » vient de débarquer sous les ordres du général Patch : deux régiments d'infanterie, trois bataillons d'artillerie de campagne, un bataillon du génie. Au quartier général de l'anse Vata, à l'intendance, à l'hôtel du Pacifique où loge l'état-major, on lit l'inscription : *United States Army Forces in New Caledonia.* Sans nul doute ces Yankees ne sont pas de passage. Ils s'installent. La population est partagée entre la joie et l'anxiété. Ce ne sont pas tous des saints, ces grands bagarreurs dégingandés ! Certains sortent bel et bien de prison ! On a promis une grosse prime à ces mauvais sujets s'ils savaient se battre à Guadalcanal. Les premiers combattants qui arrivent pour la bataille de la mer de Corail sont des durs, prompts à vociférer et à vider les bouteilles de whisky. Mais, à leur encontre, la Military Police a carte blanche. A peine étaient-ils arrivés, ces soldats du Nouveau Monde, qu'au Magasin Ballande en pleine ville on avait pu assister à une rixe terrible. Un des fauteurs de trouble avait voulu se cacher sous un comptoir, mais un policeman l'avait abattu aussitôt d'une balle tirée en pleine tête. En dépit d'inévitables bagarres, ils étaient décontractés et serviables, souriant sous des casques à résille kaki ou leurs petits bobs de yachtmen. Sur leurs péniches ou leurs pontons, dans leurs parcs à véhicules, tel ce *motorpool* qu'ils avaient au plus vite aménagé, on s'habituera vite et bien au remue-ménage de ces garçons sans complexe qu'on appellera bientôt, avec quelque familiarité, « les Ricains ». Quand débarqueront l'année suivante les troupes néo-zélandaises, coiffées de leur chapeau à la Baden-Powell et équipées de leur sac à dos, on aura tout lieu alors de se croire transportés moins au cœur de la guerre qu'au centre d'un joyeux jamboree où la B.A. serait de rigueur.

Mais la vie quotidienne d'un pays est ainsi, obéissant à des motifs secrets qui inspirent les âmes ou les désarçonnent, si bien qu'elle se déroule comme un fleuve capricieux moiré de surprises. Les Calédoniens n'en avaient pas fini avec leurs chefs. Le malaise, qui s'était insinué dans leurs cœurs envers un gouvernement bicéphale où le bouillant Sautot se brisait inlassablement les dents aux décrets de l'intraitable Thierry d'Argenlieu, prenait mauvaise tournure. Une vilaine soupe se mitonnait là-haut entre le haut-commissaire de la France libre et le gouverneur de la Résidence, administrateur de la France libre aussi, mais qui se sentait en disgrâce. L'amiral d'Argenlieu n'était-il pas l'ami personnel du général de Gaulle? Et, il faut le dire, le plébéien Sautot en ruminera toujours un indéfinissable complexe : « Pour le Général, il y avait un “ critérium ” [*sic*], l'un des chefs, le plus faible, était issu du peuple alors que l'autre avait un nom ronflant ennobli de particule. Le doute n'était pas possible, il fallait sacrifier le premier... » (H. Sautot, *Grandeur et Décadence du gaullisme dans le Pacifique*.)

Les Calédoniens enragent. Du haut des fenêtres de sa maison, à la pointe de l'Artillerie, l'amiral les guette nuit et jour, exige le couvre-feu, édicte des arrêtés, intervient dans les encombrements de la circulation, procède à des réquisitions abusives, se moque éperdument des rapports des chefs de service locaux. Quant aux chefs américains, il les traite avec hauteur.

La situation s'est compliquée. Il n'y a plus maintenant *deux* chefs à la tête de la colonie mais *trois*. Le commandement général des troupes stationnées en Nouvelle-Calédonie ne relève pas de l'amiral, ni du gouverneur Sautot, mais bien du seul général Patch. Pour l'amiral, c'est tout à fait insupportable. Pour Sautot, c'est l'occasion quelque peu perverse d'envenimer des rapports devenus impossibles, et de se poser en seul allié des Américains pour assurer son succès auprès de la population. Vilaine cuisine dont les Américains feront souvent des gorges chaudes, sauf lorsque des incidents regrettables mettront en cause leur sécurité.

Le scandale des émetteurs de Radio-Nouméa en fut un. Il se passait une chose étrange dès qu'un navire américain sortait de la rade de Nouméa. Immanquablement le bateau était torpillé! Par qui? par quoi? comment? Des sous-marins japonais étaient sans nul doute prévenus par des espions établis dans l'île. Les services de recherches américains réussirent un beau jour à capter des émissions codées à l'intention des Nippons. Ce jour-là, sans prévenir ni le gouverneur français ni le haut-commissaire, les autorités américaines mirent la main d'office sur Radio-Émetteur-État. Leurs officiers assurèrent, seuls, les liaisons radiophoniques. Cette fois-là, le général Patch avait sévèrement froncé les sourcils... Tout devenait intenable.

De Londres, le général de Gaulle prendra la décision de rappeler le gouverneur Sautot. Les Calédoniens apprennent la nouvelle le 29 avril 1942 aux informations de Radio-Nouméa. Leur colère sera violente. Dans ses *Mémoires de guerre*, le général de Gaulle révélera le mot clé qui est à l'origine de la cascade d'événements regrettables qui allaient porter à son comble l'exaspération des Calédoniens. « J'appelai Sautot, écrit le chef de la France libre, à Londres pour lui donner une autre affectation, conforme d'ailleurs aux services qu'il avait rendus, il se décidait à obtempérer, mais ensuite, invoquant le “ mécontentement ” que provoquait dans la population l'ordre qu'il avait reçu, il prenait sur lui de surseoir à son départ. »

Comment? le petit homme des Hébrides « osait » surseoir à l'ordre donné de Londres? L'amiral d'Argenlieu sur-le-champ le fit arrêter! Pour comble, quelques personnalités très attachées au gouverneur comme M. Pognon et le jeune magistrat Élie

Solier, convoquées au haut-commissariat, furent aussitôt appréhendées par un commissaire de police et conduites à bord du *Chevreuil*, stationné en rade, sur lequel Henri Sautot était déjà enseigné. Le soir du 7 mai, à la tombée du jour, l'aviso mouillait sous l'îlot Walpole, terre de falaises tristes balayées de sternes, qui allait être le lieu de leur déportation. Conduit en Nouvelle-Zélande, Sautot aurait à rejoindre Londres aussitôt. Pouvait-on vraiment dire, comme l'affirmera plus tard le général de Gaulle, qu'il avait été embarqué « dans les formes convenables et avec la fermeté voulue »? Cela est certes discutable! En fait ni le général de Gaulle ni l'amiral n'avaient toléré cet « atermoiement » d'un gouverneur trop heureux d'encourager un soulèvement de la population.

Car l'île entière est en révolution. Vient-elle d'apprendre l'arrestation du gouverneur, qu'elle se met en grève. Tous les Nouméens sont dans la rue : ils hurlent, crient, vocifèrent contre l'amiral, acclament le nom de Sautot. Les broussards s'ébranlent. Comme au jour du 19 septembre, on les voit descendre en rangs serrés. D'Argenlieu est cerné par la foule, insulté. On crache sur lui. Dégagé par un cordon de marins, le haut-commissaire rejoint sa villa mais le nombre des émeutiers grandit. Il va paraître à sa fenêtre, parler, apaiser la population? Non! il est trop fier. Atteint par les injures, blessé dans son orgueil, il reste figé. Le marin, enfermé dans sa dunette, refuse d'entendre ces Calédoniens dont la colère gronde comme une tempête. Iceberg au plus froid des solitudes, il laisse son second, le capitaine de frégate Cabanier, s'arranger avec ce peuple ivre. Cabanier file en secret à la station de la petite radio locale réquisitionnée pour les besoins de la guerre et située au centre de la ville, en face du poste de police. Il veut par l'intermédiaire des ondes apaiser toute l'île, atteindre les colons de la brousse pour leur demander de poser les fusils. C'est trop tard. Il est à son tour cerné par la population, injurié, retenu en otage tandis que sa voiture est renversée sous les applaudissements des citadins. Alors avec une dizaine d'acolytes, se méfiant de la troupe elle-même qui visiblement le lâche, le haut-commissaire de la France dans le Pacifique décide de prendre le large. A bord d'une Chevrolet anonyme, il gagne la brousse. Que veut-il? s'y cacher ou l'ameuter contre Nouméa? Arrivés à La Foa, devant ce pont suspendu au-dessus de la rivière que les vieux Calédoniens ont toujours appelé la « passerelle Marguerite », les fuyards se heurtent à ces paysans moustachus à feutre noir dont les grosses mains savent jouguer les bœufs les plus rétifs : les éternels broussards! Vont-ils le lyncher bel et bien, cet homme pâle dont la haute casquette souligne le regard dur? Les femmes du village, au verbe criard, s'en mêlent. L'une d'elles s'en vantera longtemps : elle a pu s'approcher assez près de d'Argenlieu traqué pour le souffleter. A la tête des insurgés le célèbre aubergiste de La Foa, Banuelos, le « père Banu » comme on dit, pistolet à la main, pousse l'amiral dans une chambre de son hôtel et la ferme à double tour. D'Argenlieu captif est soumis à une sommation urgente : il signera un arrêt de grâce pour les exilés de Walpole sinon il est, sur-le-champ, exécuté. Sur la place du village déjà on a dressé le poteau de mort.

« Toute cette chienlit, note l'*Encyclopédie de la Nouvelle-Calédonie*, se déroule alors que la bataille de la mer de Corail fait rage. » Dans le Nord de la Calédonie, les habitants peuvent en capter les rumeurs. Les Américains, excédés, demandent alors au capitaine Dubois, chef de la milice, d'intervenir pour, d'un côté comme de l'autre, libérer les otages. C'était un bon choix. Me Élie Solier l'affirmera plus tard : « Georges Dubois, depuis 1940, a tenu la Nouvelle-Calédonie dans le creux de sa main. Il exerçait sur la population une grande influence et s'il n'avait pas été un homme d'ordre, je me demande ce que serait devenu ce pays. » Tout rentrait dans la tranquillité. Le 8 mai, par décret, de Gaulle rappelait l'amiral d'Argenlieu. Mais on peut penser que le chef de la France libre n'approuva pas le comportement des Calédoniens auxquels il ne pardonnera jamais d'avoir ridiculisé la « mission d'Argenlieu ». Sous couvert du général Koenig, il écrira d'Alger en novembre 1943 au capitaine Dubois : « ... Je persiste à blâmer votre attitude d'indiscipline à l'égard du haut-commissaire de France, l'amiral d'Argenlieu, en 1942, attitude d'autant plus condamnable que la présence de troupes étrangères exigeait de tous une cohésion et une solidarité exemplaires. »

Que ne le savait-il? La population calédonienne est passionnelle. Elle peut être émotive, enfantine et cruelle, insupportable à ceux qui la veulent diriger. Mais retrouve-t-elle son soleil et les horizons de son insouciance, qu'elle sait rebondir, joyeuse, drôle, fantasque, pleine d'humour. Sa vie quotidienne se colore de cette incontestable gentillesse qu'elle révèle à chacun dès qu'on a cessé de la tarabuster. C'est bien ce qui se produira, lorsque, toute querelle intestine apaisée, elle se tournera vers ces grands garçons du Nouveau Monde, soldats américains douloureusement regroupés sur la Grande Terre, escale retranchée à l'arrière d'un épouvantable front de guerre : celui de la bataille de Guadalcanal.

La bataille de la mer de Corail

Depuis le début de mai 1942, la bataille fait rage en mer de Corail. Le commandement américain est passé à l'offensive. Guadalcanal aux Salomons sera la première île du Pacifique reconquise mais au prix de quel effort! Mille cinq cents hommes, campés à La Foa, appartenant aux *peep troops*, sont partis de la piste aménagée dans la plaine des Gaïacs sur des gros avions B-26. Ceux-ci reviendront à leur base en vilain état : trous dans les ailes, moteurs endommagés, les hommes à bord affreusement blessés. Le récit que ces premiers combattants feront de la ligne de feu sera épouvantable : Guadalcanal avait subi un formidable assaut de la part des troupes américaines débarquées de barges colossales, après des vagues de bombardements tels que les soldats pensaient, après ce pilonnage, bien ne plus y rencontrer âme qui vive. Quelle erreur! Les Japonais ressuscitaient devant leurs pas; à vue d'œil, ils proliféraient sur les dunes et jusqu'au haut des cocotiers où l'on voyait briller leurs poignards, prêts à se jeter sur le dos de leurs ennemis pour se battre à l'arme blanche. Les soldats américains sont disséminés dans leurs hôpitaux, à la polyclinique construite à l'anse Vata, au grand hospice de la Dumbéa, dit *General Hospital* – qui réunissait mille lits. Meurtris, ils commencent sous le ciel calédonien une longue convalescence, en marge d'un combat exaspéré.

Par vagues, du grand aérodrome de la plaine de la Tontouta que des experts ont mis au point, les avions de chasse prennent, de jour et de nuit, la relève. La reconquête américaine a commencé. Combats nocturnes sur mer, mêlées aériennes, il n'est pas facile d'ouvrir la route sur Tokyo mais il faut sur le nord opérer l'impossible percée. La Grande Terre, avec ses 20 000 kilomètres carrés de terre ferme, est devenue l'indispensable plate-forme. Elle est transformée en un gigantesque porte-avions. Des pistes d'aviation en brousse, dans les îles, surgissent en quelques mois.

Ancré sur une pelouse de buffalo, dans la courbe d'une plage splendide, le grand quartier général américain, le Pentagone a établi ses bureaux entre les éléments préfabriqués de la polyclinique et une petite église naïve, Sainte-Anne, où l'on chante des cantiques sur des ritournelles du Far West. Les chars roulent sur la ville, des voitures amphibies labourent un lagon tranquille, des patrouilles motorisées font trembler les cocotiers, et des champs de pneumatiques alternent avec des villages entiers de hangars en demi-lunes... Oui vraiment, la vie quotidienne des Calédoniens est engagée dans cette lutte de vitesse, au rythme des manœuvres, des entraînements au sol ou des mille et une acrobaties qu'exécutent dans le ciel ou sur la mer les « casseurs » des Navy, Army, Air Force des États-Unis, de la Nouvelle-Zélande, de l'Australie réunis.

Nouméa s'en porte bien. Mieux, s'en réjouit. Cette vague énorme qui déferle la tonifie étrangement. Chocolat, chewing-gum, Coca-Cola, poudre d'œufs, pâtés californiens, vitamines et suraliments, on est en super-forme! Les restaurateurs locaux font fortune. On paie très cher le rôti de cerf aux papayes vertes ou la salade de poisson cru. Les dollars pleuvent. Les civets de roussettes ou les bulimes * de l'île des Pins, bourrés de beurre persillé comme des escargots de Bourgogne, trouvent toujours preneurs. Il n'est pas jusqu'aux particuliers qui ne se remettent aux fourneaux pour gâter de mirotons exotiques ces garçons nourris d'ice-cream et de viande en boîte. Sur les alcools, c'est la ruée. Les plus opportunistes des trafiquants locaux s'ingénieront à les mélanger dangereusement pour se liver à un commerce clandestin. Les Yankees boivent de tout, jusqu'aux mixtures les plus explosives. La poule aux œufs d'or a fondu sur la ville! Les Calédoniens n'en croient pas leurs yeux. Cette clientèle inattendue leur est venue du ciel. Ils tendent les mains : la manne tombe. Tout est devenu rentable : ravitailler les militaires en légumes et en fruits donne lieu à d'avantageux contrats; laver leur linge, c'est s'acheminer aussitôt vers la certitude de posséder bientôt une laverie des plus sophistiquées; distraire leurs nuits, c'est se garantir à peu de frais des assurances de millionnaires.

Sur la place des Cocotiers, bardée de balustrades anciennes, une « maison rose » fleurit, enrubannée de jolies filles qui font sécher au grand air leurs paréos éclatants, tandis que s'engouffrent vers une tenancière à chevelure de lionne des grands costauds à la dégaine de voyous de New Orleans ou des administrateurs discrets. C'est tout à fait folklorique. Le joyeux établissement jouxte la maison des sœurs de Saint-Joseph-de-Cluny, des fenêtres de laquelle, en plein été, sortent les voix aiguës des petites filles en prières. Tout cela, noyé dans l'écharpe du ciel, le rouge des flamboyants, l'or du soleil, relève presque de la grâce. Merguez, beignets chinois, crêpes à la confiture, café chaud, quelques roulottes d'Arabes traînent encore vers la statue de Céleste aux yeux blancs et des petits mulets passent en files têtues, étrangement conduits par des soldats américains, tandis que derrière eux marchent, imperturbables, les vieux kakanes traînant leurs grands râteaux dans les rigoles. A deux pas, « chez Ménard », jazz et rire de Mohicans, c'est le P.X. : grand magasin du Nouveau Monde, où l'on trouve de tout, du plastique et des pastilles incas, des boîtes de conserve et de la colle de pâte, de la lessive en poudre et des petites échelles d'Apaches en corde lisse, pratiques pour aller cueillir les mangues sur les plus grosses branches des arbres.

Quel choc et quelle joie, pour cette petite île archaïque vouée jusqu'alors, derrière sa barrière de corail, à une vie solitaire, que cette ouverture brutale sur un monde inconnu, moderne, explosif, souverainement matériel! « La Nouvelle-Calédonie a reçu d'un seul coup en avalanche ce que le reste de l'univers avait mis quelques millénaires à digérer : cultures nouvelles, modes de penser nouveaux, religions nouvelles, techniques nouvelles. Ici un saut brusque de l'âge de la pierre polie à l'âge du fer et de la mécanique » (Jean Mariotti, *Livre du Centenaire*).

Car les tribus aussi explosent : les plus reculées dans les îles ou sur la Grande Terre voient un beau jour arriver sur leurs jeeps ces demi-dieux porteurs de nourriture et de tabac. Ils gavent les enfants de sucreries, comblent les femmes de nylon et de pacotille brillante. Les indigènes adoptent vite les treillis des parachutistes, les dungaree * et les casquettes kaki. Sur les tricots de corps brille le pavillon étoilé. Au bichelamar des villages, on ajoute les expressions droit venues du Colorado ou des plus bas quartiers de New York. Ces hommes donnent enfin ce que les missionnaires prodigues en promesses de salut n'ont jamais donné : l'abondance du manger et du boire, cette plénitude matérielle subtilement liée chez les hommes des tribus à leurs extases métaphysiques. Comme aux Nouvelles-Hébrides ou dans certaines îles du Pacifique, naîtra un nouveau paganisme, le « culte du cargo », attente du blanc navire de l'espérance chargé de tous les biens de consommation de ce monde, conduit par un archange aux cheveux blonds inévitablement sanglé dans une tenue d'officier de parade yankee. L'Amérique, c'est le Paradis plus sûrement obtenu que par la voie incompréhensible de la croix missionnaire qui n'a jamais enrichi les hommes en soutane ni ceux qui les ont suivis. Sans prendre les dimensions que le mythe du nouveau messie « John Frum * » atteindra dans l'archipel néo-hébridais, les plus vieux des Canaques voyaient, dans l'arrivée des hommes des États-Unis, l'approche de dieux. A Oundjo, un indigène d'une trentaine d'années, qui avait travaillé à la plaine des Gaïacs et s'était acharné pour eux à dessoucher les plus gros arbres de la savane, ne quittera jamais plus le bleu de chauffe qu'on lui avait attribué. Il avalait son chewing-gum avant de baragouiner américain et vous conduisait dans sa case où il avait accroché au mur la petite pioche de campagne qu'on lui avait donnée, outil repliable et splendide, brillant neuf. Il ne s'en était jamais servi, préférant travailler avec son pieu de gaïac durci au feu... L'outil américain était vénéré comme une relique et admiré en secret.

Des gains et des jeux

Pendant que la bataille s'intensifiait, que mouraient les Japonais en fuite sur leurs atolls, fous de fièvre et de rage, et que se dessinait une des manches du combat, la plus importante, celle des Salomon orientales, la balance des comptes des Nouméens s'établissait au mieux de leurs gains. Dans des touques, qui deviendront à jamais célèbres, on enterrait à l'ombre des manguiers des monceaux de dollars. Ces fortunes, exhumées après la guerre, serviront aux plus avantageuses spéculations.

De l'hôtel de France, au Helyett Bar, jusqu'au Triangle Garden où se déroulent, place du Marché, des matches de boxe, à Moindou où pour un dollar on mange un *steak and egg* arrosé de limonade, jusqu'à Koumac où dans les bars du Nord on trouve des alcools durs et des quartiers de cerf, des mains de ces « Ricains », qui vont peut-être mourir demain, les billets pleuvent! Théâtre aux armées, films, dancings, les idoles d'Hollywood arrivent en grand nombre. Pin-up et tarzans réjouissent les foules et les Calédoniens se laissent porter sur la vague énorme de ces trois cent mille soldats qui vont passer, rire, souffrir, chanter, danser et consommer, consommer beaucoup parce qu'ils savent que leurs jours sont comptés, qu'ils sont dans cette île comme dans l'antichambre éclatante de la mort et qu'il faut vivre! Pour les jeunes Calédoniens, c'est une expérience étonnante. La Calédonie de grand-papa tombe d'un coup. Les vieux colons à col dur piochant la terre à la binette, ramassant les feuilles de niaouli dans de vieux alambics pour en extraire l'essence après des jours de préparation minutieuse, ces vieux-là qui pouvaient parfois lire Virgile dans le texte ou vous jouer au violon des menuets précieux, s'estompent bel et bien dans l'aube explosive d'un pays neuf, nu, bardé de fer et de béton, vrombissant, promis aux grandes fortunes. Toute une génération de Calédoniens en seront à jamais marqués. Leur jeunesse ne sera plus celle de leurs pères, mais radicalement autre chose. Ils en garderont, jusqu'à l'âge mûr, une étonnante nostalgie...

Le Dr Jacqueline Exbroyat, médecin régional du service de la Santé, conserve du temps des Américains dans son pays natal d'ineffaçables souvenirs : « J'avais chez moi un véritable trésor de chocolats fourrés, de boîtes de jus de fruits énormes, de marshmallows et aussi de boîtes de ration : ces petites merveilles qui devaient assurer la survie des soldats aux combats. Avec des amis américains, mon père avait formé un petit orchestre : violon, flûte, hautbois et violoncelle. Ils se réunissaient à la maison. L'un d'eux, qui n'avait pas d'enfant aux États-Unis, demanda à m'adopter en toute simplicité. Ce fut le début de ma grande période du cinéma américain. Nous étions depuis longtemps des habitués du Rex et, au balcon du cinéma Hickson où nous nous entassions pour voir et revoir Jean-Pierre Aumont, Charles Boyer, Gloria Swanson et Gaby Morlay, nous grignotions inlassablement des cacahuètes, que nous appelions pistaches. Les cinémas en plein air étaient gratuits. Des Américains regardaient le film assis dans leurs jeeps et ce furent les premiers *drive-in* du Pacifique. Nous dansions avec Judy Garland, Mickey Rooney, Ginger Rogers et Fred Astaire. Nous portions comme eux des chaussures à deux tons. On pleurait avec Bette Davis, Joan Crawford et Katharine Hepburn. On trépignait avec Betty Grable et Carmen Miranda. On admirait Rita Hayworth, Lana Turner et Veronica Lake. Nos héros s'appelaient Errol Flynn, Clark Gable, Joseph Cotten, mais nous avions un faible pour Peter Lawford. Nous devenions des *teenagers* et nous portions comme les W.A.C. et les W.A.V.E.S, nurses de l'armée et des Marine Corps, le sac en bandoulière [...] Nous découvrions les *cartoons,* les westerns et les bandes dessinées. Je me souviens avoir vu la vie de Roosevelt en dessins animés. Noël était un moment merveilleux, que ce soit un 25 décembre où nous étions invités par des Américains au Sémaphore de Nouméa et où je vis pour la première fois une oie dont les dimensions me semblent aujourd'hui encore monstrueuses, ou bien que ce soient les réveillons préparés dans l'enthousiasme avec des gros bouquets de fleurs de flamboyants placés de chaque côté du “ MERRY X'MAS ”. Les Canaques de la Société havraise venaient chanter des chants mélanésiens et nous reprenions ensemble : “ Bonne année... ée... ée...ée. Bonne santé...ée...ée...ée ” avec cet inimitable accent qu'on avait en tribu traînant sur des finales chantantes. Et puis on dansait beaucoup : le swing, le slow, le jitterbug sur les airs des grands orchestres de l'époque : Glenn Miller, Benny Goodman, Jimmy Dorsey. Nous chantions *Sweetsue, Chattanooga choo choo.* Seul, Tino Rossi résistait à ce déferlement américain avec son refrain :

Tu n'as pas seize ans et faut voir comme...
Tu affoles déjà les hommes... Tchi, tchi... »

Catalina, P-38 et ces forteresses volantes, les B-17, passaient sur cette jeunesse en fête avec des paris impossibles : les Yankees rasaient les toits, laissaient tomber dans les jardins des messages accrochés à des parachutes miniatures, ou juraient de passer sous le pont de la Dumbéa, exploit qu'ils réussiront de justesse. Ils partaient aussi chasser les cerfs à la mitrailleuse, ramenant sur leurs jeeps, trophées sanglants, des bêtes admirables. Les gros ballons argentés de la défense se gonflaient dans un ciel de gloire et à bord de leur Pontiac ou de leur Dodge *fluid drive,* les Calédoniens avaient fini par adopter leur manière de vivre. Avidement, ils se jetaient sur les maisons en dur, l'argent, le luxe, la mécanisation.

Enfants brusquement gâtés, plus soucieux de richesses que de culture, préférant le ciment, la pierre, les pare-chocs nickelés, les glaces, le clinquant au bon goût, les self-services aux vieilles boutiques tassées sous leurs vérandas, on les verra vivre, en deçà des silhouettes naïves de l'îlot Maître ou de l'îlot Canard, dans des cubes de béton anarchiquement disposés à l'arrière du lagon, moutonnement de terrasses insipides, tragique déferlement d'« agglos » qui allaient curieusement les durcir et les isoler.

Il n'était pas faux de dire que la présence des Américains serait le dernier panache de leur histoire. Le roman de la Grande Terre était terminé. Finies les belles histoires santalières, celles des héroïques colons. Les hautes figures de broussards et d'humanistes s'éteignaient. Le vrai soleil de la brousse mûrissant au rythme des labours, des plantations, de la récolte du café et du ramassage des fleurs de frangipaniers, les éclairera de moins en moins. On avait été follement heureux de la présence de ces sympathiques garçons du Nouveau Monde qui n'avaient pas hésité à cuisiner dans leurs touques à pétrole, savamment récurées, des nouilles à l'italienne et des sauces à la menthe et qui avaient si joyeusement vécu avec tous, entraînant tout un chacun en des courses folles sur leurs jeeps dos-de-chameau et leurs voitures amphibies. Mais ils avaient laissé entrevoir un autre soleil : celui de l'argent. Pour peu que l'aventure minière s'en mêle, les Calédoniens ne seront plus au bout de leurs convoitises et de leurs amertumes. Oublieront-ils l'économie fragile de leur île, son nickel tentateur, ses fièvres suivies de dépressions qui ne pourront plus être banales. Ils n'étaient plus seuls. Vaille que vaille le monde les regardait et les enviait. Le Dr Exbroyat, à la fin de son témoignage, ajoutait avec tristesse : « Si ma mémoire retient, de mon enfance, ces merveilleux moments de la guerre, à cause d'eux, je le sais, venait aussi le temps du chagrin. »

Le 9 février 1943 le général Patch télégraphiait à l'amiral Hasley à Nouméa : « Défaite totale et complète des forces japonaises de Guadalcanal, achevée à 16 h 25 aujourd'hui... » La route vers Tokyo s'ouvrait. « Elle n'était pas facile, mais la bataille ne reviendrait plus au sud. L'Australie, la Nouvelle-Zélande, la Nouvelle-Calédonie, les Nouvelles-Hébrides étaient couvertes définitivement, la bataille s'éloignait vers le nord... Il restait à Nouméa d'assumer un rôle nouveau de base arrière » (Cdt de Brossard).

A la fin de la même année, l'énorme dépôt de munitions que les Américains avaient établi sur la presqu'île du Nickel explosait, mettant la capitale en danger. Un pilote calédonien, Louis Hénin, déhalera de justesse un cargo qui, chargé de bombes, aurait pu mettre le feu aux quais. Les civils seront sauvés, mais on comptera cinquante morts chez les Américains et les docks de la société seront détruits. L'année suivante les Calédoniens organiseront une course cycliste sur des vélos de trente-cinq kilos! L'aumônier des troupes américaines, le P. Lynch, fêtera l'Assomption à la cathédrale, et l'illustre Bob Hope, accompagné du guitariste Tony Romano et de l'idole d'Hollywood, la jolie Patty Thomas, viendront entretenir le bon moral des soldats : la fin de la guerre approche. Le 8 mai 1945, la nouvelle est vraie, c'est officiellement terminé. Nouméa vivra une nuit d'allégresse. Soldats et citadins sont dans la rue. Les Yankees vont partir, les « Volontaires » revenir. L'un d'eux, Tom Hagen, descend déjà sur les Champs-Élysées à la tête de son détachement. Le 14 mars 1946, les voilà à bord du *Sagittaire*. La ville a changé. La population aussi. Eux, plus que tout; ils ont connu les bombardements de Londres, le débarquement en Normandie ou les batailles d'El-Alamein ou de Bir-Hakeim.

Il faut maintenant revivre dans l'île au rythme d'un quotidien où abondent aussitôt les arrêtés de l'administration, les intrigues d'une politique locale trop longtemps tenue au silence et les incompréhensibles comportements d'une métropole qui commence à indisposer tout le monde en donnant l'ordre aux Calédoniens de détruire sur place tout le matériel américain sans exception.

Quelle catastrophe! Toutes ces belles automobiles climatisées, à pare-brise bleutés, ces Buick ou Pontiac à dossiers inclinables qu'on transformait en couchettes de première classe, ces chenillettes, les « pipes » et camions tout terrain que les particuliers commençaient à racheter avantageusement, tous les éléments agricoles, faucheuses, égreneuses, tracteurs, allaient être jetés à la mer? Quel gâchis! C'était pourtant l'horrible vérité : le gouvernement français voulait que la Calédonie achète français. Ce matériel yankee faisait une concurrence déloyale à l'industrie de l'Hexagone qui émergeait péniblement de ses cendres.

Ce qui fut ordonné fut fait. Dans les grandes failles du lagon reposent aujourd'hui, sous la rouille des années et le calcaire des huîtres côtières, les plus belles trouvailles de la technique américaine. Seuls quelques camions de transport et d'ingénieux engins échapperont aux démolisseurs. Ils viendront souligner, avec les étendards étoilés remisés aux hangars, les grandes fêtes nostalgiques des îliens qui, par période, au gré de leurs relations difficiles avec Paris, ne manqueront pas d'exprimer leur rêve : revivre à l'heure américaine! En chacun d'eux sommeillera un incorrigible cow-boy!

Il fallait plus sérieusement penser que leur Caillou s'imposerait désormais aux stratèges. Il avait été le porte-avions géant, tremplin de la reconquête du Pacifique. Demain, les forces de la planète changeant de cap, ne serait-il pas convoité comme la plaque sensible d'un océan où risquaient de s'affronter l'Est et l'Ouest du monde? Caldoches et Kanaks le savent aujourd'hui, qui, dans leur dramatique combat, ont déjà choisi leur camp. Bannière étoilée plantée dans les stations, bandeaux rouges au front des indépendantistes.

Marx et Jésus

Au lendemain de la Seconde Guerre mondiale, les jeux commencent. D'étranges propagandes se dessinent, divisant Calédoniens et tribus. A peine les derniers G.I. ont-ils salué l'île d'un geste d'adieu, que celle-ci ne connaîtra plus de répit. Les idéologies la déchireront jusqu'au bout.

En brousse, une femme étrange, sorte de pasionaria, parcourt les tribus. Elle s'appelle Jeanne Tunica y Casas. Elle a adopté le mot de passe de Louise Michel : « Gou... chénéré... » (je suis votre amie). Elle se consacre à répandre l'évangile marxiste. Secrétaire du parti communiste local, elle soutient l'œuvre du conseiller général Florindo Paladini. Celui-ci a créé le comité des « Amis de l'U.R.S.S. ». Tribun fougueux, intraitable et violent dans les assemblées locales, il est allé à Moscou où on a pu le voir à l'Opéra avec son vieux chapeau calédonien et des bottes de moujik. On l'appelle « le manchot » parce qu'il a perdu un bras au cours d'un drame passionnel. Revenu dans son pays natal, il a juré de rallier les indigènes de la Chaîne à la cause soviétique, accolant à ses candidatures électorales une étiquette époustouflante : « Paladini : homme de la justice et de tous les progrès. » Florindo et Jeanne sont des croyants. Ils font de la politique à fond de train et vivent près des indigènes dont ils essaient d'apprendre la langue. Le communisme primitif des tribus les enchante et cette vieille science des Canaques dans laquelle ils puisent d'intarissables recettes de santé. Le conseiller général entre en communication avec les plus grands botanistes du monde et surtout avec Paraf-Javal, un savant juif. Au pied du mont Mou, un vieil indigène lui avait fait découvrir un arbre miracle dont la feuille guérit les tumeurs. Sans nul doute, Florindo tient là le remède contre le cancer! Entre deux télégrammes au camarade Mao et au camarade Staline, le broussard écrit aux plus grandes sociétés de recherches internationales. Savant? il pense l'être. Si sincèrement et si naïvement qu'il s'égare dans les sentiers les plus fous de la science-fiction. On l'écoute comme un prêtre. Sur le plancher brut de sa petite maison de Païta où grince aux alizés une girouette en zinc, coq inattendu d'un clocher d'église provinciale, il célèbre chaque dimanche de vraies messes politiques où il se révèle un officiant de grande classe. Il chante *L'Internationale* et trois chefs de la Grande Terre et des îles l'ont déjà adopté.

Tout ceci n'est pas sans inquiéter les missions catholiques et protestantes qui voient leurs ouailles leur échapper. Sous la pression des nouvelles idées sociales et politiques, les maristes et les natas deviennent à leur tour militants. Les Églises se vouent à l'action. Scoutisme et patronages fleurissent. Si Maurice Leenhardt a quitté Houaïlou, appelé à de plus hautes fonctions, il a laissé derrière lui des pasteurs étonnants : l'un d'eux est un orateur remarquable. C'est Boexesou Sene. Il exalte les valeurs culturelles de la Mélanésie et groupe autour de lui une élite de nouveaux catéchistes attentifs à retrouver les sources cachées du monde noir. Le curé de Nakéty, de son côté, l'actif P. Luneau, n'entend plus placer son apostolat sur le seul plan religieux. Il se veut prêtre social et politique et dirige ses séminaristes vers l'écoute de leurs frères. Ce brancardier de 1914 dont la soutane est illuminée de brochettes de décorations cherche des soldats. Il faut défendre Jésus contre Marx avec les armes modernes d'un combat inscrit au cœur de la vie de chacun, dans les cases, sur les billons d'ignames, dans le fourré des clans, à l'affût des revendications de ces indigènes noyés d'alcool, insuffisamment scolarisés et vraiment mal reconnus dans le monde puisqu'en 1931, à l'Exposition de Paris, on a eu l'impudeur de les présenter aux Français comme des animaux rares dans un stand jouxtant celui de crocodiles africains. Missionnaires catholiques et protestants conjuguent leurs efforts. Le P. Luneau rassemble à Nakéty des petits séminaristes, Tarcisius à chevelure de laine, qui s'appellent Apollinaire Ataba, Michel Matuda, Luc Amoura, Gabriel Païta. Voilà réunis avec l'intelligent pasteur Elia Thidjine, le pieux Roch Pidjot, Raphaël Banaoui et Michel Kauma, les hommes de la Mélanésie de demain. Prêtres? ils le seront presque tous, ou moniteurs d'enseignement, ou animateurs de centres de jeunesse. Cette jeune chrétienté mélanésienne s'instruit aux sources bibliques et s'emplit d'une nouvelle fierté. Un jeune scout à visage fin anime les éclaireurs évangéliques, il s'appelle Yann Céléné Uregeï. Le monde l'entendra et le verra demain principal leader du Rassemblement de la Guadeloupe qui réunira les indépendantistes notoires de l'outre-mer. Petites lunettes d'instituteur sur le nez, un autre passe ses diplômes d'enseignant primaire, c'est Éloi Machoro. Et le monde en parlera aussi. Un troisième enfin gravit les échelons ecclésiastiques pour s'acheminer vers la cathédrale dont il sera nommé le doyen; c'est le « Père Jacob ». De la grande famille des Doumbea qui jadis occupaient coutumièrement la presqu'île du Sud, ce prêtre canaque avait un beau jour jeté le froc aux orties parce qu'il avait ressenti si cruellement au cours de son apostolat le désespoir de sa race en face de la supériorité des Blancs qu'il avait voulu la défendre autrement que par des prières. Il était descendu chez les dockers du port. Il s'en expliquera des années plus tard au micro de Radio-Nouméa : « J'ai été un des premiers curés noirs. J'ai vu Pie XII à Castel Gandolfo et me suis agenouillé devant Jean XXIII. On a pensé qu'il fallait me donner une paroisse en France. J'ai vécu avec les paysans de Beauce. Ces hommes-là étaient dans leurs champs comme nos flèches faîtières sur nos tribus. J'ai acquis la conviction de l'universalité des hommes. Sur nos terres nous devions, nous, redevenir droits comme eux... »

Ce jour-là les auditeurs de Radio-Nouméa avaient harcelé le standard téléphonique. « C'était intolérable. Ce défroqué parlait trop bien! Arrêtez au plus vite l'émission. » Ne pas entendre, surtout ne pas entendre!

Les Calédoniens, trop heureux dans leur île, se montreront souvent hostiles et sourds à tout ce qui sera de nature à les déranger. En 1964, un journaliste de passage, Pierre Macaigne, le remarquera à une époque où le « paradis calédonien » lui semblait déjà menacé : « Avec une certaine nonchalance, Nouméa mène la vie sans heurt des sous-préfectures. Le Calédonien roule dans la nature au volant de sa voiture. Il fourbit ses hameçons. Il vérifie son fusil. Il plonge dans le moteur de son canot. Il est prêt à vous inviter à la chasse aux cerfs et à se précipiter pour vous sur le dos des tortues dans les eaux couleur d'émeraude du lagon, à la seule condition que vous ne veniez pas le tirer de son rêve... »

Dès 1946 que n'a-t-on pris au sérieux cette poignée de Mélanésiens fervents! La fournée de ces nouvelles soutanes rentrait dans le giron d'une Église qui, dirigée alors par Mgr Bresson, représentait une bonne droite catholique et traditionnelle. Ce vicaire apostolique, à barbiche blanche et aux petits yeux paternels, avait donné sa bénédiction à l'œuvre du P. Luneau. Quant à Florindo et à ses discours exaltés, ils tenaient du folklore politique!

La capitale s'embarquait pour une bienheureuse somnolence et prenait son visage de petite cité tranquille. Avec beaucoup de chagrin on avait enterré Elise Noëllat, une enseignante vénérée qui avait pris place parmi les plus grands noms des éducateurs aux côtés de ceux de Frédéric Surleau et de Suzanne Russier. Avait quitté aussi les citadins Gabriel Laroque, un vieux collaborateur de Higginson, dont le fils, Roger, allait entrer dans la nouvelle équipe municipale comme adjoint au maire. Car le gouverneur Sautot, revenu en Nouvelle-Calédonie, sera élu à la tête de la cité à l'unanimité des suffrages. Il terminera d'ailleurs ses jours à Nouméa, poussif et rhumatisant, dans l'ombre de deux maîtresses femmes, fortes brunes, outrageusement maquillées, qui se ressemblaient comme deux gouttes d'eau et que les Calédoniens, souvent pleins d'humour, avaient surnommées « Honneur et Patrie ». Le souvenir du gaullisme hantera toujours l'administrateur en retraite qui décidera de ne pas recevoir le Général lorsque celui-ci viendra à Nouméa en 1956. Mais lorsque de Gaulle, désinvolte et souverain, bien résolu à revoir l'homme du 19 septembre, forcera son seuil, Sautot, fidèle à lui-même, fondra en larmes...

Tout se sait dans cette petite ville échotière, mi-vieillotte mi-moderne. Des chapelles sociales s'y dessinent. S'organisent de nouvelles administrations. Souris grise au cœur des archives de l'évêché, le P. Laurenge officie à la procure de la mission, le calot de mariste sur un petit front de profès sérieux. Le Dr Magnin, dans la magnifique maison coloniale du commerçant Unger, projette d'établir un solarium et un centre de transfusion sanguine, et Henri Martinet, ce fou volant qui a perdu son avion en mer en allant avant la guerre repérer de redoutables sampans, acquiert un nouveau Caudron qu'il appellera *L'Aiglon*. La rue de l'Alma est métamorphosée par les magasins d'Edouard Pentecost plus que jamais lancé dans le sport et les affaires et, à l'angle des rues Surcouf et de Verdun, l'établissement Lhuillier est des plus florissants.

Dans le début des années 50, la ville a poussé ses faubourgs vers l'anse Vata et la baie des Citrons. L'usine de nickel s'est munie de fours scientifiquement élaborés. Dans les locaux américains, le Dr Edmond Caillard fonde la « Polyclinique de l'anse Vata » et Georges Brunelet, qu'on appelle entre soi « Jojo-Cambouis », transforme ses Forges et Chantiers de l'Océanie dont il est si fier!

En brousse, la grande famille calédonienne se réjouit du mariage de deux de ses enfants, le jeune colon Nagle de Poya avec une demoiselle Devaud, d'une vieille famille de Koné. On rit des histoires de l'impayable aubergiste Normandon, installé à Ouégoa dans l'éternel mirage de l'or, et on porte aux nues un terrible boxeur, Georges Champion, vedette des mers du Sud, qu'on couvre de fleurs et d'applaudissements sur les airs de l'accordéoniste local, Gabriel Simonin, qui, à l'instar de Jean Sablon, diffuse dans toute l'île des ritournelles attendries : « Oh! Nouvelle-Calédonie! » Sur un rythme de valse tendre et le trébuchement ému d'une note syncopée, la chanson deviendra l'hymne national.

On la chante partout, jusqu'à cette mission de Hienghène, dans le Nord, que le P. Rouel, revenu de France et de quelques malentendus avec l'impitoyable d'Argenlieu, réorganise dès 1952 avec un zèle accru. Ce missionnaire, aux allures de bûcheron, à la lèvre fleurie d'anecdotes, prend des photos, monte des films. C'est un vrai reporter! Sur sa magnifique pelouse, aux bords de la rivière et de la mer, s'ébat autour de lui la jeunesse des tribus en tenue de foot. Il les connaît tous, ces petits Canaques du grand Nord, ceux de la mission de Ouaré, à l'embouchure de la Tanghène, ceux de la baie de la Coulnoué sous des rochers qui tombent à pic dans la mer et ceux du village de Lindéralique, bien au-delà des « Montagnes bleues », non loin de Kolégone où reposent les ossements du terrible Bouarate, le chef turbulent des premières heures de la prise de possession.

Le père shoote, rit, appelle par leurs noms de petits chrétiens ces adolescents sombres aux yeux d'or, torses moulés aux couleurs du patronage. Il a déjà privilégié l'un d'eux : un garçon d'une quinzaine d'années, trapu, pieux, la nuque large, le front buté. Il le destine à la prêtrise. Doué pour les études théologiques, c'est un adolescent méditatif et rusé. Il s'appelle Jean-Marie Tjibaou.

CHAPITRE XII

LES ANNÉES DU CENTENAIRE

Dès les années 50, on le pressentait, la Nouvelle-Calédonie allait très vite changer de visage. L'évolution de cette colonie de peuplement n'avait jusqu'alors été caractérisée que par l'immigration française. Les trois éléments essentiels de la vie quotidienne étaient le colon, le gendarme et le missionnaire. Envers les tribus on pouvait se conduire de deux façons, avec paternalisme ou avec autorité, mais les indigènes restaient cette toile de fond imprécise, moutonnement de Noirs encore primitifs, terrassés par l'alcool, encombrants parfois. À titre individuel pouvaient avec eux s'établir d'amicales relations, l'idée n'était pourtant venue à personne d'attribuer à ces analphabètes une part de responsabilité dans le gouvernement.

Tout se modifiait : même si l'on ne voulait pas la voir, une jeune élite mélanésienne était là. Elle vivait sous les bannières missionnaires. Aptes à manier admirablement la langue française, à l'écrire, ces jeunes gens étaient résolument des pacifiques. A quoi bon la violence, pourquoi lever les casse-tête, imaginer des ruses? Ils pouvaient parler, dire à haute voix ce qui n'allait pas, se poser en égaux avec leurs vainqueurs d'hier et fixer les jalons de leurs revendications. Leur histoire à eux allait commencer : elle serait rigoureusement politique.

D'aucuns vous le diront aujourd'hui : tout cela avait commencé trop tôt. L'arène, pour ces nouveaux venus, était vide. Nul ne pouvait s'ériger en leader. De toute évidence il leur fallait un chef. Un Blanc. Miraculeusement il s'en présenta un. Maurice Lenormand entrait en lice, littéralement propulsé sur les tréteaux parlementaires : il s'y démènerait pendant quarante ans.

Dans quelle mesure cet homme jeune, doué pour l'intrigue, n'allait-il pas faire de l'aventure mélanésienne qui commençait son aventure personnelle? On en discute encore âprement. S'agissait-il d'un génie de la politique ou d'un apprenti sorcier? Nous verrons le phénomène Lenormand entraîner un enchaînement de faits, logique et tragique à la fois, qui conduira un jour, de la façon la plus abrupte, aux premières revendications indépendantistes.

Évolution politique

Bien que le général de Gaulle eût abandonné le pouvoir en 1946, le discours prononcé par lui à la conférence de Brazzaville, le 30 janvier 1944, était resté pour beaucoup la charte inaliénable de la politique coloniale de la France. Et bien que, selon le Général, toutes nos colonies ne fussent pas promises à la même évolution, le grand dessein du chef de la France libre avait suscité parmi les privilégiés de l'Empire une inquiétude à la mesure de l'immense espoir qu'il avait éveillé chez les populations indigènes et chez ceux qui en avaient pris à cœur le bien-être et la dignité. Ni cet espoir ni cette inquiétude n'étaient, au seuil des années 50, tout à fait étrangers à un territoire comme la Nouvelle-Calédonie où l'on aurait pu penser que les immigrations auraient tempérés l'équilibre numérique des ethnies et leur passé commun de sacrifices et de fierté. L'effet modérateur s'en serait fait sentir sans le rôle, déterminant à notre époque, de principes idéologiques rigides par essence et ignorant la mesure. Dans un tel contexte doctrinal, il arrive que les intentions les meilleures et les plus aptes à composer avec des aspirations contradictoires soient récupérées et, du même coup, déformées par des projets intransigeants servis par une tactique sans scrupules dont l'apparente souplesse masque une fixité de visée redoutable. Trente-cinq ans après les premiers pas accomplis sur la voie la plus généreuse par des gens de bonne foi, on mesure déjà les effets d'un mécanisme destructeur depuis longtemps en marche, tantôt accéléré et tantôt ralenti par le jeu des intérêts, la qualité des esprits et les vicissitudes des caractères.

Comment contester l'excellence des mobiles ayant présidé, en 1947, à la fondation par le P. Luneau et d'autres missionnaires catholiques de l'Union des indigènes calédoniens amis de la liberté dans l'ordre, ou U.I.C.A.L.O.? Que trouver à redire aux objectifs des pasteurs Benignus et Charlemagne lorsqu'ils avaient créé, la même année, l'Association des indigènes calédoniens et loyaltiens français, ou A.I.C.L.F.? Ces organisations inspirèrent au conseil général de la Nouvelle-Calédonie la formation d'un conseil des notables qui, dès sa première réunion, en avril 1950, réclama, pour les Mélanésiens sachant lire et écrire, le droit de vote. Pour tous les travailleurs indigènes, outre un salaire minimum garanti, les allocations familiales. Revendications justifiées que le conseil général adopta.

Prendre parti dans les querelles politiques est un droit qu'un certain courant de pensée a toujours contesté aux Églises. Mêlez-vous de ce qui vous regarde, c'est-à-dire des questions spirituelles à l'exclusion de toute autre, laissez aux politiciens le soin de la « chose publique », ainsi se sont toujours exprimés les tenants d'un ostracisme auxquels évêques et pasteurs ont beau jeu de répondre qu'en démocratie chacun a le droit d'exprimer son avis. Bien plus : sur ce qui touche l'existence de leurs ouailles, la politique notamment, s'exprimer leur paraît un devoir.

Catholiques et protestants partageaient alors un même sujet d'alarme, la propagande marxiste, parce que nourrissant de promesses leur espérance d'autonomie, elle risquait de détourner les Mélanésiens de leur foi religieuse. En 1946, le parti communiste avait été fondé en Nouvelle-Calédonie par Florindo Paladini. Pourfendeur du capitalisme, ce personnage à la silhouette étrange sous son chapeau cabossé se donnait des airs de prophète et conseillait à qui voulait ou ne voulait pas l'entendre la lecture assidue de *La Pensée,* cette revue de haut niveau qui est aux grands prêtres du marxisme ce que sont *Les Études* aux révérends pères jésuites. Toujours est-il qu'il ne se faisait pas faute d'endoctriner les tribus. Et c'est pour contrecarrer son souffle révolutionnaire qu'il s'était agi pour les responsables des Églises d'allier fermement le concept d'ordre à celui de liberté et la qualité de Français à celle d'indigène. Ils en vinrent à juger ces précautions insuffisantes : la virulence du prosélytisme léniniste du cultivateur-éleveur commençait à produire son effet; il fallait y faire obstacle sur le terrain même du combat politique. À l'approche des élections législatives de 1951, il convenait d'opposer au candidat athée un chrétien qui prônât aussi haut que lui le droit de la population mélanésienne à la dignité et à la liberté.

L'ethnologue Jean Guiart et le pasteur Raymond Charlemagne s'accordèrent pour pressentir en vue de ce rôle un pharmacien de trente-sept ans, catholique et ancien élève du pasteur Leenhardt. Non seulement Maurice Lenormand connaissait bien la Nouvelle-Calédonie pour y avoir accompli, en 1934, son service militaire, mais il s'était épris de l'île et de sa population indigène au point d'entreprendre des études d'ethnologie et de se faire affecter au bataillon du Pacifique, à Nouméa, dès le début de la guerre. Après avoir combattu avec le 6e régiment d'infanterie coloniale, revenu à Paris en 1940, il s'était, parallèlement à ses études de pharmacie, inscrit à l'École des langues orientales où, entre autres idiomes, il étudia l'un des dialectes les plus importants de la Grande Terre, le houaïlou. Il arriva à Nouméa en 1946, y acheta une officine et consacra ses loisirs à approfondir sa connaissance de l'ethnie mélanésienne et de ses moyens d'expression.

L'Union calédonienne (U.C.)

Maurice Lenormand est un homme de petite taille, mais vigoureux, vif et de belle apparence. Brillamment doué intellectuellement et d'une grande puissance de travail, il est de surcroît particulièrement apte aux contacts humains. Le fait qu'il ait épousé une Mélanésienne de Lifou sera un atout de plus dans la partie qu'il va entreprendre.

Conformément à la loi votée le 23 mai 1951 par l'Assemblée nationale, la composition du corps électoral avait été profondément remaniée. Sur 19 761 électeurs, on comptait 8 930 Mélanésiens, soit 45,20 % des inscrits. Soutenu par le P. Guillaume, missionnaire mariste, procureur de la mission catholique depuis 1948, par Roch Pidjot, secrétaire de l'U.I.C.A.L.O. et par Doui Matayo Wetta, chargé des mêmes fonctions à l'A.I.C.L.F., Maurice Lenormand pouvait espérer recueillir, outre les suffrages indigènes, ceux des progressistes chrétiens, désireux d'écarter conservateurs aussi bien que marxistes. À la veille du scrutin, si peu connu qu'il fût de la majorité des Calédoniens, il partait favori.

Son succès était d'autant plus prévisible que, chez ses adversaires modérés, l'unanimité était loin de se faire sur le nom du député sortant, Roger Gervolino, gaulliste, il est vrai, mais aussi syndicaliste, ce qui n'avait pas l'heur de plaire à la majorité du conseil général, dominée par les représentants du grand patronat. Ne lui reprochait-on pas aussi de ne pas avoir soutenu, à l'Assemblée nationale, le dossier des écoles privées? Pour ces dernières, portées à bout de bras par le candidat des missions, Maurice Lenormand, et par Henri Bonneaud, le leader du conseil général, un bel avenir s'annonçait. Mais ce point commun entre les deux hommes passait pour le seul, d'où l'audience relative, mais certaine, d'un M. Métadier, se présentant sous l'étiquette du R.P.F., autant dire avec le parrainage du général de Gaulle.

Contre 4 207 voix à M. Gervolino, 2 249 à M. Métadier et 2 152 à M. Florindo Paladini, communiste, candidat de la gauche, Maurice Lenormand en recueillit, le 1er juillet 1951, 5 034, soit 36,9 % des 13 642 suffrages exprimés. Élu député, il lui restait à préparer l'avenir.

Avait-il, en choisissant de s'établir dans l'île, envisagé ce destin? Pour l'assumer, les dons ne lui manquaient pas. Ceux qui avaient misé et qui, plus nombreux encore, miseraient bientôt sur lui trouveraient-ils toujours des raisons de s'en louer? C'est une autre histoire, fort longue au demeurant : celle d'un caractère dont les facettes imprévues émergeront au hasard des événements et des rencontres pour étayer ou, parfois, contrarier de leur influence une maestria manœuvrière sans égale dans la classe politique calédonienne.

Cependant que ses adversaires conservateurs se consolent en le traitant de « député des Canaques » et se fourvoient en réclamant pour instrument de leur revanche un double collège, voire une double assemblée, c'est d'extrême habileté que le nouvel élu fera preuve en informant les missions qu'il appuiera à l'Assemblée nationale les revendications de l'enseignement privé. Ce ne sera pas seulement leur exprimer sa gratitude, ce sera couper l'herbe sous le pied des traditionnels défenseurs droitiers de l'école libre. Ce sera, en prévision des élections au conseil général, retirer à Henri Bonneaud l'apanage d'un de ses chevaux de bataille favoris.

Après avoir, en désespoir de cause, accordé son soutien à Maurice Lenormand, le directeur général de la Maison Ballande le lui retire et, le 20 mai 1952, provoque la dissolution du conseil général, prorogé depuis le 19 janvier faute de découpage électoral et faute d'un statut déterminant le nombre des collèges. L'Assemblée nationale opte, le 10 décembre, pour la mise en place de cinq circonscriptions. Les vingt-cinq membres du nouveau conseil général seront élus par tous les électeurs inscrits des deux sexes. Avec le concours de Pierre Bergès, personnalité politique de premier plan, conseiller général au cours des années 1945 et 1946 et collaborateur apprécié du *Bulletin du commerce,* Maurice Lenormand forge l'instrument de combat qui lui manquait, un parti solidement structuré, au recrutement diversifié. Ce sera l'Union calédonienne, au sein de laquelle militeront, parallèlement aux adhérents de l'U.I.C.A.L.O. et de l'A.I.C.L.F., les petits colons fidèles à M. Bergès.

Le scrutin du 8 février 1953 donnera quinze sièges à l'Union calédonienne, huit à la liste d'union présidée par Henri Bonneaud et deux à des indépendants, dont le Dr Marc Tivollier, qui se déclarera apparenté à l'Union calédonienne. Neuf Mélanésiens et seize Européens siégeront côte à côte. Dès la première réunion du nouveau conseil, Pierre Bergès en est élu président et Maurice Lenormand, vice-président.

Deux traits appelés à caractériser longtemps la vie politique de la Nouvelle-Calédonie vont se faire jour dès la première année de cette assemblée d'un nouveau style. C'est le comportement autoritaire, certains diront dictatorial, de Maurice Lenormand et de son parti. C'est aussi un antagonisme politique très net entre Nouméa, la capitale, et le reste de la Grande Terre et des îles.

Les intrigues

Le despotisme de l'U.C. et de son chef se manifestera au conseil général dès qu'il se sera agi de désigner les conseillers appelés à participer aux commissions. L'Union calédonienne refusera d'y accepter une répartition proportionnelle des sièges disponibles. Elle n'en accordera que quelques-uns selon son bon plaisir, provoquant aussitôt le refus hautain de M. Bonneaud. Seuls accepteront de siéger dans les commissions avec les conseillers de l'Union calédonienne, MM. Daly et Tivollier. Et encore renonceront-ils, dès 1954, à cette aumône.

L'antagonisme politique entre Nouméa et le reste du territoire apparaissait déjà à travers les résultats de l'élection du 8 février 1953 : sept des huit candidats élus de la liste Bonneaud l'avaient été dans la circonscription Sud, où les voix de la capitale prédominent, et seulement le huitième dans la circonscription Est. Quant à l'Union calédonienne, elle avait obtenu tous les sièges de la circonscription Ouest, des îles Loyauté et de l'île des Pins et trois sièges sur quatre de la circonscription Est.

L'élection de tous les candidats de la liste Roger Laroque au conseil municipal de la ville de Nouméa et celle de M. Roger Laroque lui-même, proche collaborateur de M. Henri Bonneaud à la direction des Établissements Ballande, à la dignité de maire confirmeront ce partage des tendances qui, dès lors, et compte non tenu d'exceptions notables, souligne la désunion politique des composantes européenne et mélanésienne de la population.

Curieusement, en 1954, se font jour à la fois une tendance de l'Union calédonienne à progresser sur le plan électoral et quelques grincements dans les rouages intérieurs du parti. La démission de M. Bichon, conseiller général de la circonscription Sud appartenant à la liste Bonneaud, entraînera une élection partielle qui verra le succès de M. Armand Ohlen, de l'U.C., par 1 568 voix contre 1 286 à M. Rolland, présenté par M. Bonneaud. Si l'U.C. dispose alors de seize sièges à l'assemblée locale, ce n'est pas pour longtemps. Tout en demeurant conseiller général de la circonscription Ouest, voici que M. Newland quitte le parti, ayant saisi pour ce faire l'occasion d'un désaccord mineur avec M. Lenormand, mais peut-être surtout par lassitude devant son absolutisme. L'Union calédonienne, d'ailleurs, acceptera-t-elle toujours d'en passer par où son chef le voudrait? Pour la première fois, en effet, en l'absence de M. Bergès, le conseil général, par douze voix contre onze, rejette une proposition de M. Lenormand tendant à la création d'une société d'économie mixte à laquelle participeraient le territoire et l'État et destinée à absorber la Société Le Nickel.

Voici bientôt que les arguments se mettent à voler bas entre les adversaires politiques de la place. À droite, on se met à fouiller avec suspicion dans le passé de Maurice Lenormand, cet empêcheur de partager le pouvoir entre gens du même monde. Les circonvolutions de sa ligne politique, dit-on, ne plaident pas pour sa sincérité. N'a-t-il pas, pendant la guerre, navigué dans les eaux vichystes? À l'Assemblée nationale, ne mêle-t-il pas maintenant ses voix à celles de l'extrême gauche? À ces détracteurs mesquins, les militants de l'Union calédonienne répliquent sur le même registre. Parmi les élus de la liste Bonneaud, tout le monde avait-il, naguère, parié pour la France libre?

Ainsi le débat politique prend-il peu à peu, dans la vie quotidienne des Calédoniens, une place prépondérante. On se passionne à la lecture d'informations qui se succèdent pour la satisfaction des uns et la déconfiture des autres.

La loi-cadre

Une nouvelle capitale pour l'avenir du territoire arrive de Paris : le vote par le Parlement, le 19 juin, de la loi-cadre. Était-il bon d'appliquer à l'Océanie française ce texte fait sur mesure pour nos possessions d'Afrique, premier pas sur le chemin de l'indépendance prévue par le discours de Brazzaville? À tort ou à raison, nulle distinction ne fut faite par le législateur entre les vastes colonies africaines et les petits territoires que Jean-Claude Guillebaud appellera un jour « les confettis de l'Empire ».

Un décret du 22 juillet 1957 applique à l'île le nouveau

statut en vertu duquel le conseil général était remplacé par une Assemblée territoriale de trente membres, élue par un collège unique, au scrutin de liste à un tour sans panachage et avec représentation proportionnelle. Un conseil de gouvernement présidé par le gouverneur comprendra un vice-président et six ministres élus par l'Assemblée territoriale. Le découpage du territoire sera ramené à quatre circonscriptions : Sud, Ouest, Est, et Loyauté. Tous les Mélanésiens majeurs voteront.

Un nouvel incident, en septembre, mettra une fois de plus en lumière la suspicion, fondée ou non, en laquelle M. Lenormand tient certains de ses collaborateurs et son adresse tactique à se tirer des plus mauvais pas. Un nouveau congrès de l'U.C. ayant refusé d'entériner par une exclusion l'accusation de « trahison » lancée contre Louis Eschenbrenner par son commissaire général, celui-ci, coup d'éclat inattendu, démissionne. Sur ce, Louis Eschenbrenner, de lui-même, se retire, et Maurice Lenormand se voit restituer son rôle directeur.

À la suite de l'élection du 6 octobre, l'Assemblée territoriale aura la composition suivante : Union calédonienne, 18 sièges ; Fédération des républicains sociaux, 7 sièges ; Indépendants, 4 sièges. Michel Kauma en est élu président.

Encore la révolte des broussards

Aujourd'hui plus que jamais le vieil Eschenbrenner, ce métis aimé des tribus, représentant si authentique des colons-broussards, homme rompu aux questions agricoles et porté par l'histoire européenne dont il est l'un des plus illustres fils, n'en démord pas : le petit pharmacien de la métropole est un traître. Il s'est débarrassé de ses amis, l'un après l'autre, au gré de ses intérêts, avec un opportunisme déroutant. L'idéal de l'U.C. qui avait mobilisé les plus généreux des Calédoniens s'en est allé, remplacé par une cuisine électorale de mauvais goût. Newland, l'homme de Poya, vite écœuré, a quitté le parti, Georges Nagle, le leader de la côte Ouest, l'a suivi. Les hommes de la terre ne se sentent pas bien parmi les politiciens. Ils démissionnent. Ces gens de labour ou de semailles sont peu portés aux stratégies machiavéliques. Tout étonnés de se retrouver sur le carreau sans l'avoir mérité, ils se sentent confusément irrités.

L'année 1958 sera l'une des plus agitées de l'histoire calédonienne. Le mécontentement provoqué dans une partie de la population par certaines mesures aboutira, le 18 juin, jour anniversaire de l'appel historique du général de Gaulle, à un mouvement de révolte dont l'échec, en fin de compte, ne sera dû qu'à la dextérité du vice-président de ce gouvernement. On reprochait à Maurice Lenormand son refus de laisser désigner à la proportionnelle les commissions de l'Assemblée, d'avoir fait adopter la création d'une police rurale, d'avoir constitué un office de la propriété formé de cinq ministres et, enfin, accru exagérément, en la faisant passer de vingt-huit à trente-quatre millions, la subvention du territoire aux écoles privées. Jusqu'où s'égarerait le despote si l'on n'y mettait bon ordre?

Une foule d'une importance inhabituelle assiste au traditionnel dépôt de gerbes au monument aux morts. La cérémonie se déroule sans incidents jusqu'au départ du gouverneur. A peine a-t-il tourné le dos, des calicots se dressent au-dessus des têtes, porteurs d'inscriptions hostiles à Maurice Lenormand. Aux cris répétés de « démission, démission », deux ou trois milliers de personnes prennent le chemin de la résidence. À Nouméa, comme à Alger, on compte sur de Gaulle, enfin au pouvoir.

Quatre cents broussards ont apporté une grande quantité de fusils ou de revolvers, une dizaine de mitrailleuses même, prétend-on. Ces armes sont restées sous bonne garde dans des véhicules parqués en ville : on ne les exhibera qu'en désespoir de cause, on espère n'avoir pas à s'en servir.

On n'en aura pas besoin, en effet. Quatre délégués des manifestants sont introduits chez le gouverneur. Dans la soirée se répand la nouvelle : par décision de M. Grimald, le conseil de gouvernement est suspendu. Suspendu? Le mot est équivoque. Il convient de se méfier. Quelques minutes de flottement, et voici la foule qui reflue vers l'hôtel de ville, où elle élit un comité de vigilance. Cela, pourtant, ne lui suffit pas. Il lui faut encore s'emparer du coupable qui a déchaîné sa colère. Elle se lance à sa recherche. Puis, instant redoutable : une contre-manifestation de l'Union calédonienne réclame le passage. Les broussards s'y opposent. Sans trop d'hésitation, les hommes du député se retirent. Quant au député lui-même, il reste invisible.

Encore une fois on avait frôlé la catastrophe. Encore une fois les broussards étaient descendus sur Nouméa. Tout se gâtait. On avait misé sur le créateur de l'Union calédonienne pour être un facteur d'espérance. Il se révélait fauteur de discorde. Peut-on vraiment lui en vouloir? Dans les jeux politiques, il avait senti chez ses opposants une telle aversion, qu'il leur avait emprunté leurs armes.

On ne le reverra que six jours plus tard, le 24 juin, une fois calmée la fureur de ses adversaires. Contre eux, il porte plainte auprès du procureur : on a voulu le tuer.

Qui eût pu se porter garant, en effet, du comportement d'une meute excitée? Qu'on persiste, à froid, à vouloir la mort du député, ce n'est guère probable. À dater de ce jour, cependant, l'homme ne sera plus tout à fait ce qu'il était. Envers ses adversaires politiques, son antipathie, teintée de ressentiment, vire à l'inimitié. Quant à sa méfiance envers son propre entourage, elle devient obsessionnelle. Michel Kauma et Doui Matayo, qui se sont opposés à l'intervention des Canaques contre les manifestants, sont accusés par lui de traîtrise.

La suite de l'affaire a Paris pour théâtre. Sans l'aval du gouvernement central, la suspension de l'équipe ministérielle locale resterait lettre morte. Aussi deux équipes s'envolent-elles pour la métropole. L'une représente le comité de vigilance. L'autre, l'Union calédonienne. De Gaulle, qui veut juger sur pièces, délègue à Nouméa l'ancien gouverneur Angamarre, sur le rapport duquel il propose la représentation proportionnelle dans les commissions de l'Assemblée territoriale, une participation de la minorité au conseil de gouvernement, une diminution du nombre des ministres. Sans doute faut-il voir une nouvelle maladresse de la minorité dans le refus qu'elle oppose à cette offre. Elle aurait voulu que Lenormand fût formellement désavoué. C'est trop demander au sauveur de la démocratie. En prononçant la dissolution de l'Assemblée territoriale, il préfère s'en remettre au jugement du peuple : les élections auront lieu en octobre.

Dans l'intervalle, la Nouvelle-Calédonie, le 28 septembre, approuve par 26 085 oui contre 500 non, soit à la majorité de 98 %, la constitution de la Ve République. Maurice Lenormand, en faisant voter oui, a montré une fois de plus son savoir-faire. Il en fera preuve encore devant le congrès de l'Union calédonienne, dont la réunion précédera de peu le scrutin prévu pour octobre, en s'engageant de la façon la plus solennelle à « ne jamais demander l'indépendance de la Nouvelle-Calédonie et [à] exclure toute personne qui la demanderait ». Autant en emportera, un jour, le vent capricieux de l'Histoire...

Repoussées au 7 décembre, les élections rendront à l'U.C. ses 18 sièges, n'en attribuant que 11 à la coalition du Rassemblement calédonien et 1 aux marxistes.

Appelée aussitôt à choisir pour l'archipel entre les statuts de département, de territoire ou d'État indépendant, membre de la Communauté, l'Assemblée se prononce en faveur du statut de territoire, grâce aux seules voix de l'U.C. La minorité a préféré s'abstenir.

Entre l'Union calédonienne, détentrice d'une portion non négligeable du pouvoir légal, et Paris, représenté à Nouméa par M. Péchoux, nommé gouverneur avec le titre de haut-commissaire, la tonalité du dialogue sera celle d'une incompréhension mutuelle tournant à l'hostilité. Le Premier ministre du président de Gaulle, Michel Debré, dont M. Péchoux est le mandataire, n'a, devant les particularités d'un territoire en pleine évolution, rien abdiqué de ses conceptions centralisatrices. Ni l'aspect généreux du programme de l'Union calédonienne, ni la nécessité de respecter la part d'autonomie octroyée au territoire ne seront par lui pris en compte. Pas davantage ne sera correctement apprécié par Maurice Lenormand le poids des changements survenus à Paris. En eût-il été autrement, assez vieux routier pour y réussir, il eût infléchi sa méthode en conséquence. À Matignon, on paraît avoir ignoré ce que les Mélanésiens de Nouvelle-Calédonie doivent à Maurice Lenormand. Au conseil de gouvernement de Nouméa, on n'a pas exactement mesuré le prestige du général de Gaulle aux yeux d'une majorité de Calédoniens, Mélanésiens y compris. Inconscience réciproque où gît la source de décisions antagonistes qui conduiront, par étapes inexorables, l'Union calédonienne, telle que nous l'avons connue, humaine et française, sur la voie de son déclin, et beaucoup d'indigènes, déçus et se jugeant bernés, à souhaiter l'indépendance.

Le 26 avril 1959, l'élargissement du collège des grands

électeurs par la constitution de la Vᵉ République permet à Henri Lafleur d'être élu sénateur par 38 voix contre 28 à Armand Ohlen. À cet échec de l'Union calédonienne, s'ajoutent, pour envenimer les rapports de M. Lenormand avec le représentant du pouvoir central, les mesures prises pour priver le député et ses ministres d'une partie de leurs prérogatives : les fonctions de parlementaire et de vice-président du conseil sont décrétées incompatibles; il est notifié à M. Lenormand qu'il ne saurait exister dans le territoire d'autre police rurale que la gendarmerie nationale; on le prie, enfin, de ne pas oublier que la station de radiodiffusion locale relève de la compétence de l'État. Pour protester, Maurice Lenormand envoie à Paris une délégation exclusivement composée de Mélanésiens. Peine perdue. Il se voit contraint d'accepter les décisions de la métropole.

Les élections législatives du 24 mai 1959 lui seront l'occasion d'une revanche.

Pour s'assurer la totalité des voix indigènes, il s'est choisi un suppléant mélanésien : Michel Kauma, auquel il a pardonné son « lâchage » du 18 juin 1958. Il l'emporte sur M. Hénin, U.N.R., par 16 573 voix contre 7 236. C'est Michel Kauma qui sera vice-président du conseil.

Faut-il vraiment voir, dans la nomination en brousse, en fin d'année, de trois représentants du haut-commissariat, une réplique tardive à ce succès? Plus simplement, croyons-nous, une confirmation de la politique centralisatrice de Paris qui rendra bientôt cette nomination institutionnelle par la création des chefs de subdivisions.

Les années 60 ne s'annoncent pas faciles pour Maurice Lenormand, aux prises, à la fois, avec un haut-commissaire pour lui sans égards excessifs et, dans son propre parti, avec un état-major de plus en plus réticent.

Le Centenaire

Mais pour ces îliens, les Calédoniens blancs, issus d'un siècle de présence sur le territoire, la politique, après tout, n'est qu'une frange encore discrète de leur vie quotidienne. Ils avaient éprouvé, aux alentours du 24 septembre 1953, une grandiose allégresse. En 1853, on avait hissé le drapeau tricolore. Cent ans plus tard, on en célébrait la pérennité.

Avait-elle véritablement évolué en un demi-siècle, cette petite île provinciale qui allait renouveler, comme en 1903, les cérémonies anniversaires de la prise de possession avec la même emphase et la même naïveté?

Le monument du Centenaire se trouve à Nouméa, devant la baie de l'Orphelinat. Il consiste en une gigantesque ancre de marine reposant sur un socle de pierre où sont gravées les dates 1853-1953.

Des cases du Centenaire furent édifiées en plusieurs endroits et notamment près de Poindimié, à Tiéti, sur le territoire des grands chefs de Wagap, et à Bayes, sur le territoire de la tribu du même nom. Ce sont des cases rondes, en écorce de niaoulis. Le toit, ici d'herbes sèches, là de palmes et de paille, en est surmonté d'une flèche décorée de coquillages. Quant aux fêtes proprement dites, les Calédoniens ne devaient pas les oublier. Par leur nombre et leur luxe exceptionnels, elles avaient évoqué les kermesses flamandes, les ducasses du Nord métropolitain et les corsos fleuris de Provence.

Imaginons des Français de la métropole posant pour la première fois le pied sur la terre calédonienne en cette année 1953. Supposons-leur ce point commun de s'être embarqués avec un lourd bagage de chimères. En cours de route, on avait fait admirer aux uns des Antilles et une Polynésie rutilantes. Le DC-4 d'Air France avait offert aux autres les déserts de l'Arabie, un lever de soleil sur Bagdad, les rizières de la Cochinchine; frangée d'écume et de bleu par son récif et par son lagon, l'île « de lumière » ne leur avait pas, de loin, semblé moins séduisante. Interrogés sur leurs impressions le lendemain de leur arrivée, ils n'en avoueront pas moins une certaine déconvenue. Leur désenchantement a commencé dès leurs premiers pas sur un quai malodorant ou entre les cloisons d'une aérogare misérable.

Pour les plus observateurs, cet anniversaire se profile à l'horizon comme un motif d'ouvrir bien les yeux et de se montrer tout oreilles, dût cette attitude justifier à leur adresse le sobriquet de « zozos », diminutif de « zoreilles », dont on les affuble avant de les connaître. Et, de fait : « Qu'est-ce que la France, se demandent-ils avec plus d'impatience que de discrétion, qu'est-ce que les Français ont, en presque cent ans, réussi à faire de cette île où, avec eux, nous allons vivre et travailler ? »

On conduit la plupart à l'hôtel du Pacifique situé sur le rond-point du même nom, à la jonction d'un faubourg poussiéreux et du centre de la ville. Ils y passeront un mois ou deux, quelquefois davantage, dans des chambres monacales alignées le long d'un couloir en bois, construction légère donnant sur la rue. Les cloisons séparant deux cellules n'en atteignent pas toujours le plafond, si bien que tel ou tel pourra, avant de goûter un sommeil précaire, converser avec un voisin ayant lui aussi du mal à s'endormir. Il faut dire qu'allié au bourdonnement des usines de nickel le battement des brasseurs d'air suspendus au plafond compose, avec la chaleur qui paraît l'amplifier, une symphonie sans agrément où semble se perpétuer le ronronnement de l'avion ou du paquebot abandonnés depuis peu. Telle sera l'illusion que quelques-uns croiront, plusieurs heures durant, sentir osciller le plancher du bord.

Ce qui frappe, c'est l'imposante étendue de cette localité à la population si restreinte. De vastes espaces déserts, certes, et qui mettront quelques années à se combler. Mais, déjà, sur les quelques kilomètres à vol d'oiseau qui séparent l'anse Vata des usines de Doniambo, comme de la baie de Magenta le centre de la cité, espacées ici, là serrées les unes contre les autres, à perte de vue des maisons individuelles chapeautées de tôle.

Qui fait connaissance avec Nouméa six ou huit ans après le second conflit mondial s'étonne du contraste entre l'insignifiance quantitative de la population et la difficulté de la circulation à travers des rues d'une largeur insuffisante. C'est que, relativement au petit nombre des citadins, celui des voitures est l'un des plus élevés, sinon le plus élevé du monde : une pour trois habitants. Or il s'agit souvent de conduites intérieures ou de décapotables américaines de dimensions respectables. Le fait d'avoir élu domicile « à la montagne Coupée » ou « au Receiving » dans une demi-lune mangée de rouille à l'abri des faux mimosas n'exclut pas la jouissance d'une Buick, d'une Chevrolet ou d'une Studebaker aux chromes miroitants.

Au vrai, les nouveaux venus sont aussitôt frappés par l'air de santé, par la beauté des visages et des corps, par l'impression d'insouciance et de joie spontanée qui en émane. Cela les change heureusement des mines préoccupées et des teints blêmes observés dans le métro parisien.

Sur la place des Cocotiers, les voici qui s'enchantent. Radio-Cocotier, c'est, à Nouméa, la rumeur publique, c'est ce canal de bouche à oreille par quoi les gens bien informés se communiquent les dernières nouvelles, bonnes ou mauvaises. Un cocotier dans le creux de la main, c'est l'évocation d'une paresse frisant la démesure. Or cette place n'est-elle pas celle où l'on s'arrête pour causer, n'est-elle pas aussi le royaume de ceux qui, n'ayant rien à faire, tuent le temps, soit affalés sur un des bancs jaunes qui entourent le kiosque à musique, soit assis par terre à l'ombre du bras tendu de l'amiral-gouverneur Olry, soit debout aux confins de la rue Georges-Clemenceau pour d'interminables parties de pétanque?

Au seuil de l'été, la place dite des « Cocotiers », surtout plantée de flamboyants, éblouit. Elle enivre. Par dizaines, les parapluies rouges de ces arbres, pareils à autant de soleils couchants, la parsèment et s'imposent, sans pour autant faire oublier les cocotiers dont les quelques palmes luisantes rehaussent encore leur éclat. Sous le reflet de cette floraison triomphante, le sol lui-même rougeoie.

Un léger détour permettra à nos explorateurs de terminer leur tournée en grimpant jusqu'à la cathédrale. Le toit grisâtre et les deux tours pseudo-gothiques qui dominent la ville de leur masse un peu écrasante les y ont moins attirés que la vue sur la mer qu'ils espéraient avec raison pouvoir contempler du parvis. À l'intérieur, ils ne feront guère attention qu'à des vasques d'eau bénite comme ils n'en avaient jamais vu : les valves énormes de deux de ces coquillages appelés précisément bénitiers. Il leur faudra revenir accompagnés d'un initié pour s'intéresser de plus près aux matériaux calédoniens utilisés là, pierres du mont Coffyn, bois de kaori et de kohu, nickel.

S'ils n'ont pas encore trouvé de logement, il leur sera conseillé une incursion dans une des rues qui débouchent, un peu plus au nord, sur la vallée des Colons : la rue de Charleroi, par exemple. Ils y rencontreront de vieilles maisons en bois aux vastes toits de tôle à pans verticaux, à pignons ouvragés. De vastes vérandas – à Nouméa, on dit varandes – pourvues souvent de persiennes, entourent ces sanctuaires ombreux du style colonial à demi dissimulés derrière un rideau de lianes. Il y règne une fraîcheur oubliée aujourd'hui dans les immeubles en béton, bâtis sans qu'il ait été tenu compte du soleil tropical et où l'on brûle, en été, quand des climatiseurs ne les ont pas transformés en glacières. Dans des jardins touffus, à l'ombre des manguiers et des jameloniers *, rutilent les hibiscus.

Hors de la ville commence la brousse. Tout y est différent. Rythme d'un quotidien offert à la course lente du soleil. Plages vierges. Forêts denses. Savanes. A côté de leurs maisons rustiques, des hommes vous y attendent. Ils ne deviendront vos amis que si vous savez avec eux gratter les rougets, préparer aux piments les clovisses ramassées sur les plages ou cueillir les brèdes pour accompagner, en guise d'épinards, le rôti du soir.

N'imaginez pas vivre en touristes dans cette étrange solitude : la brousse, c'est tout ce qui n'est pas la ville. Les hôtels, les centres, les écoles, les bals ou les curés, les gendarmes même y composent une humanité tout à fait particulière. On est « de brousse », dès qu'on a franchi le sixième kilomètre.

Votre vie s'y inscrit, isolée, dans un maquis de bruyères et de petits gommiers, de champs de goyaviers et de touffes de lantana trouées d'éoliennes. Vous n'y existerez plus qu'en vertu de gestes simples : balancer l'épervier, pique-niquer dans la plate avec dame-jeanne et saucisson, plonger dans des trous d'eau pour y surprendre les anguilles. Entre les éventails verts des arbres du voyageur * qui peuvent vous offrir dans leurs hautes tiges une eau abondante et douce et les mamelons d'herbes sauvages d'où jaillissent les cerfs, ce gibier de choix, vous passez vos jours sans aucune notion du temps, dans un rêve immobile et chaud. Ne vous pressez pas surtout. Rien ne vous y autorise, ni les routes cabossées de nids-de-poule et de tôle ondulée, ni les creeks en crue ni les radiers effondrés. Les traditionnels bacs des rivières vous offriront d'ailleurs tout le temps qu'il vous faut pour prolonger vos rêveries. Au fil des années hélas des ponts bardés de fer viendront remplacer ces chalands exotiques qui vous faisaient paresseusement aller d'une rive à l'autre en compagnie d'un passeur toujours pittoresque. Souvent c'était un indigène qui marchait pieds nus sur le filin d'acier, câble mobile qui permettait à l'embarcation d'avancer lentement entre les bords verdoyants d'un fleuve orné de bambous pèlerins ou poncé par l'ombre de hautes montagnes toujours moirées au sommet par le bleu du ciel, par les roches vertes du nickel et par le sang des latérites écarlates.

Au large, les « trois Loyauté », posées sur la mer, s'ouvrent sur des golfes d'un bleu vif taché d'outre-mer et de turquoise. Ouvéa, comme une ancre basculée au bord d'une plage de trente kilomètres de long. Lifou, hérissée de falaises grises, et Maré, plateau compact et tassé, pinèdes denses.

Sur cet infini broché d'atolls, que le drapeau de l'Hexagone était pimpant! Sur ces rivages du Pacifique, la France pionnière avait-elle une seule ride après cent ans d'âge? On la retrouvait partout, bien semblable à elle-même, ingénieuse, naïve, cocardière, piaffante, attendrissante souvent! Exacte réplique du bâtiment de l'hôpital, toujours debout sur son fortin d'Empire, s'élève le vieux collège colonial, aussi désuet qu'hier, au seuil du promontoire réservé aux quartiers militaires. Collège technique et cours pédagogiques, Nouméa vit au rythme de ses écoles. Les flamboyants s'embrasent chaque novembre annonçant les grandes vacances australes et la « foire du bac » est une tradition, folie joyeuse et bruyante des potaches au volant de voitures dont le gymkhana nocturne à travers la ville, des heures durant, apeure les passants et réveille les dormeurs.

L'Institut français d'Océanie a été créé dès 1946 à l'anse Vata, dans les locaux mêmes de l'ancien quartier général des Américains et son fondateur, le Dr Catala, travaille à la réalisation d'un aquarium appelé à devenir mondialement célèbre. Quelle reconnaissance les Calédoniens doivent-ils à cet ingénieux savant qui, avec une épouse aussi passionnée que lui, sera le magicien d'une telle féerie! Campé sur un promontoire proche du Rocher à la Voile, le couple Catala dirige un véritable laboratoire de biologie océanique : merveilles sous-marines, alcyonnaires et anémones, coraux fluorescents luisant dans la pénombre d'une galerie obscure. Dans un décor de collines, à proximité du lagon qui en assure une alimentation continue, cette fresque aquatique, étrangement colorée, dansera désormais à l'orée de la ville. « Aller à l'Aquarium » le dimanche s'ajoutera au traditionnel « tour de l'anse Vata » qu'on accomplit chaque soir, à 40 à l'heure, assis sur les coussins d'une limousine luxueuse, ou au pèlerinage qu'on fait au port chaque mois à l'arrivée du *Calédonien* ou du *Tahitien*, ces paquebots mixtes récemment mis en service, reliant miraculeusement Marseille à Nouméa en cinq semaines par le canal de Panama!

Avec son ciel de vitrail, l'innocent panache de ses bâtisses militaires et ses saloons de Far West, derniers feux d'une histoire locale que les dollars américains n'ont pas réussi complètement à éteindre, la ville peut attendre le général de Gaulle. L'hôte illustre y trouvera l'estrade héroïque qu'il lui faut.

Le séjour du général de Gaulle

Quand, en 1956, il apparut debout, haute silhouette légendaire, dans l'embarcation qui, du paquebot *Calédonien* ancré dans la baie de l'Orphelinat, le conduisait à terre, la vie à Nouméa cessa pour un temps d'être quotidienne. Des milliers de personnes l'attendaient avec des drapeaux et des fleurs. Ce fut du délire.

Le soleil, noyé depuis plus de deux jours, se montrait enfin. Ce qu'on a coutume d'appeler « une immense clameur » salua le Général quand il monta sur le wharf aménagé pour la circonstance. M. Laroque, maire de Nouméa, Louis Eschenbrenner, conseiller de l'Union française, et Maurice Lenormand, député du territoire, étaient là pour l'accueillir. Pour toucher sa main, des milliers de mains se tendirent. Il en serra des centaines avant de gagner à pied, sous une pluie de pétales multicolores, entre deux haies d'admirateurs contenus par la police, le carrefour du monument aux morts.

Là, sous les ovations, entouré de son aide de camp, le lieutenant-colonel de Bonneval, de MM. Foccard et Roger Frey, après avoir déposé aux pieds du poilu une gerbe en forme de croix de Lorraine, il prit pour la première fois la parole : « Un mot pour dire mon émotion, ma fierté, ma joie de me trouver en Nouvelle-Calédonie, à Nouméa... »

On peut aujourd'hui l'affirmer : on a vu des grands chefs pleurer, des anciens combattants mélanésiens se redresser, des femmes de tribus lui offrir des couronnes de tiaré. Partout en brousse on s'était réuni autour des postes de radio. On écoutait le grand chef blanc. Le général de Gaulle entrait dans la lignée de ceux que l'on vénère et que l'on respecte parce qu'ils sont semblables à la puissante colonne du centre de la case, celle autour de laquelle est ordonné l'édifice.

Sa parole ferme lorsqu'il s'adressait aux gens des tribus, ce geste à la fois débonnaire et raide qu'il avait quand il leur tendait la main, donnaient au Général une dignité qu'ils appréciaient et qui les remplissait de reconnaissance. De Gaulle apercevait-il un notable modestement retranché parmi les officiels que, fendant délibérément la foule, oublieux de l'itinéraire prévu, il allait à lui de cette lente démarche de monarque solitaire qui jetait dans le cœur de l'homme une indicible fierté! On pouvait entendre le grand chef du « petit Pothé », si habile à manier l'art du discours, comparer le chef de la France libre à la Montagne, alliance de la Grande Terre et du soleil, et il ajoutait avec la finesse qu'on lui connaissait que, devant lever la tête pour regarder un tel père, il n'était guère possible en sa présence de rester des petits. Louis M'Boya, plus tard, quand il parlera du dialecte pati, cherchant à en définir les mots, s'arrêtera sur l'expression courante de *nionikan,* qui signifie dense, lourd, plus solide que tout ce qui peut être solide. On est « nionikan » quand on porte sa force et sa plénitude en soi-même. En cherchant des exemples, le vieil homme en avait trouvé trois : seuls Jésus, le chef et le général de Gaulle savaient être ainsi, sans légèreté, sans superflu!

À leurs yeux enveloppé de mystère, lui vouant une vénération quasi mystique, les Mélanésiens, sur la côte Est à Houaïlou, Ponérihouen, Poindimié et Thio, sur la côte Ouest à Bourail, Bouloupari, Moindou, La Foa et Païta, avaient reçu le Général en scandant son nom dans leurs pilous et en le célébrant par leurs chants. « Vous avez, avait-il répondu, renforcé ma fierté! »

L'osmose n'était pas feinte entre ces hommes épris de prestige et ce général qui savait si sûrement sonder les cœurs. On échangea des cadeaux, on recourut à la Parole, on fit des bougnas, et les petits Canaques des tribus élevèrent sur la plage de grands bonshommes de sable mouillé, autant de De Gaulle symboliques, blondes colonnes, hautes et fragiles qui ne résistèrent pas aux alizés du soir.

Amertume de l'Histoire! Sitôt passé le cap des festivités, l'île calédonienne allait tomber dans la turbulence du monde. Elle n'échapperait plus aux forces des mutations, à leurs fatalités. Quand il reviendra vers l'archipel en 1966, le général de Gaulle, président de la République, fera, sur ses côtes, figure d'ancêtre. Tout ce qu'il représentait n'était déjà plus. Le volet de la vie coloniale et pionnière se refermait. La remise en cause de la petite colonie allait être totale. Elle avait réussi pendant un siècle à surmonter elle-même bien des difficultés, attentive à ne plus vivre que sur elle-même, protégeant un bonheur provincial qui la concernait seule. Désormais, on allait s'occuper d'elle. Tout événement de la planète saurait l'atteindre et incessamment compromettrait son équilibre.

En fait, il n'y aurait bientôt plus d'îles isolées dans le grand Pacifique austral. Nouméa avec son grand terrain d'aviation de la Tontouta devenait le centre d'une gigantesque étoile de relations aériennes. Aux continents du monde entier, l'île serait peu à peu rattachée. À compter du 12 janvier 1953, Air France remplaça ses DC-4 par des Constellation, réduisant ainsi à trois jours la durée du voyage de Paris à Nouméa qui, jusqu'alors, en exigeait cinq. Trois ans plus tard, on abandonna la ligne à une autre compagnie, celle des Transports aériens intercontinentaux ou T.A.I. dont, à partir du 1er janvier 1956, les DC-6 B accomplirent en cinquante heures, une fois par semaine, le trajet Paris-Saigon-Darwin-Nouméa. Six mois plus tard, la T.A.I. assurait par DC-3 une liaison entre la Nouvelle-Calédonie et les Nouvelles-Hébrides. En février 1957, la ligne Paris-Nouméa était prolongée jusqu'à Auckland, au nord de la Nouvelle-Zélande. En octobre 1958, elle atteignait Bora-Bora et la Polynésie française. En août 1959, enfin, par Nouméa, Tahiti et Honolulu, Paris était relié à Los Angeles!

Au cœur de ses nouvelles relations aériennes et maritimes, la Nouvelle-Calédonie se sentirait sécurisée. Mais dès les années 50, elle s'en était trouvée endeuillée : à Bahreïn un DC-4 qui la reliait à Paris s'était écrasé au sol et un bateau local, la

Monique, venant des îles, s'était perdu en mer, corps et biens.

L'équipage de la *Monique*, son capitaine, cent six passagers et dix-huit marins ont péri dans le naufrage. Le motor-ship avait quitté Nouméa à destination des Loyauté le mercredi 22 juillet 1950. Il s'agissait de toucher successivement Maré, Lifou et Ouvéa, puis de nouveau Lifou et Maré avant de remettre le cap sur Nouméa où le bateau était attendu pour le samedi 1er août. À l'aller, tout s'était passé normalement. Nul incident non plus entre Ouvéa et le second mouillage à Maré, devant Tadine. Il semble que la nécessité de « faire vite » ait alors été déterminante. Pour éviter une escale trop longue, on n'a pas voulu ouvrir les cales. Sur le pont, l'échafaudage des sacs atteint deux mètres de haut. Les témoins du départ, le ven0redi 31 juillet, parleront d'une gîte légère à bâbord et de l'essoufflement des moteurs. À quatre heures un quart de l'après-midi, la radio du bord lance pourtant ce message : « Partis de Tadine à 14 heures. Arrivée à Nouméa prévue pour demain à 8 heures. Aurons probablement de l'avance. Indiquez poste à quai. » Ensuite...

Ensuite, c'est le silence. Le navire, appelé sans relâche, le lendemain, en raison de son retard, ne répond pas. Il ne répondra jamais. Il est entré abruptement dans la légende.

Car, dès le début, c'est de légende qu'il s'agit, avec tout son poids d'angoisse, de silence, de mystère, de vaines recherches et de fausses nouvelles bientôt démenties. Bateaux, avions, hydravions français, australiens, fidjiens, fouilleront la mer jusqu'au soir du 6 août, date à laquelle la *Monique* sera officiellement déclarée disparue.

À l'exception, peut-être, d'une bouée découverte quelques mois plus tard aux Bélep (et encore l'authenticité de cette attribution a-t-elle était contestée), on n'a pas retrouvé d'épave. L'incertitude résultant de cette absence de preuve matérielle évidente du naufrage a permis les hypothèses les plus folles. Le cotre aurait été enlevé par des pirates japonais. Des témoins auraient reconnu la *Monique* dans le port de Yokohama. Une bouteille contenant une lettre, trouvée près de Moméa, sur la côte Ouest, par des chercheurs de crabes, a accrédité un instant cette version rocambolesque. Mais l'écriture n'était pas celle du commandant Ohlen, signataire prétendu du message.

Plus de trente ans après, le mystère qui a enveloppé le drame dès le premier jour reste entier. Résignons-nous à accepter les conclusions de la Marine nationale selon lesquelles la *Monique*, ayant basculé et coulé à pic en quelques minutes, repose par deux mille mètres de fond, entre Maré et la Grande Terre, quelque part...

Restée également sans explication probante, l'énigme posée par le drame de Bahreïn est d'une autre nature. Que le DC-4 ayant décollé de Saigon avec 41 personnes à bord le 11 juin 1950 se soit disloqué au contact des vagues dans le golfe Persique après avoir normalement atterri à Calcutta et à Karachi, on l'a su à Bahreïn presque aussitôt, à Nouméa quelques heures plus tard. Et qu'avaient péri dans l'accident tous les passagers ayant pris l'air à la Tontouta le 8 juin pour Saigon, première étape d'un voyage qui aurait dû les conduire à Rome, on n'a pu en douter très longtemps. Aucun d'eux ne figurait parmi les six survivants. Restait à les reconnaître parmi les trente-cinq corps repêchés. La description détaillée des cadavres fournie par les autorités britanniques permit de les identifier d'autant plus sûrement qu'il s'agissait de gens de religion portant les vêtements et les accessoires de leur état. Ce qui demeure incertain, en dépit d'hypothèses vraisemblables, en dépit surtout de la survie et des révélations du commandant de bord, c'est la cause première du malheur.

Le commandant Sladek, informé par la tour de contrôle de la mauvaise visibilité due au vent de sable, avait pourtant réussi à entrevoir la piste d'atterrissage. Au moment où il l'avait aperçue, son altimètre indiquait une altitude de 800 mètres. Il amorça la descente. Quand, avec épouvante, il se découvrit sur le point de toucher la mer, le cadran indiquait 200 mètres. Il hurla l'ordre de remettre les gaz, il essaya de remonter. Il était trop tard. Une seule certitude : l'altimètre du DC-4 avait menti, déréglé tout à coup sans qu'on puisse expliquer pourquoi. Orage magnétique? Grains de sable?

Le lendemain, à la même heure, presque au même endroit, les conditions météorologiques n'étant guère différentes, s'écrasait, sans doute pour la même raison, un autre avion d'Air France, le DC-4 assurant la ligne Hanoi-Paris. Manque le témoignage du pilote qui, à la différence de son collègue du premier avion, périt dans la catastrophe.

Nouméa et la Nouvelle-Calédonie tout entière, cruellement frappées, portaient le deuil du R.P. François Luneau, fondateur de l'U.I.C.A.L.O. et du R.P. Luc Amoura, premier prêtre indigène, de mère Guy de l'Eucharistie, supérieure des sœurs de Saint-Joseph-de-Cluny, et de sœur Marguerite-Marie, attachée à la maladrerie de Ducos, tous quatre envoyés en Europe à l'occasion de l'Année sainte. Avec eux, avaient été tués ou s'étaient noyés l'adjudant-chef Heitzler et M. Gaudin, pharmacien à Tahiti.

Les Viets

En cette moitié du siècle le premier événement mondial qui allait douloureusement atteindre le territoire sera bien la guerre d'Indochine. Elle allait créer à Nouméa une crise de société des plus graves. Travaillés par la propagande viet-minh, les immigrés tonkinois étaient divisés. Le problème de leur rapatriement se posa, après 1954, en termes d'âpre politique.

«Viet dehors!» «Chinois, fous le camp!» Partout, sur les routes, sur les murs, ces graffiti... Comment les Calédoniens avaient-ils pu en arriver à conspuer ces cinq milliers d'Indochinois qui, leur contrat d'immigration rempli, s'étaient installés en résidents libres, créant autour de la ville, de minutieux jardins de maraîchers? La plupart étaient devenus boutiquiers, jardiniers, tailleurs ou restaurateurs, à l'enseigne de ce fameux «Café-Thé-La Soupe» qu'on lisait encore, il y a quelques années, dans le bas de la ville (J. Moret, *Les Asiatiques en Nouvelle-Calédonie*).

Comment en était-on venu à bousculer cette ethnie apparemment si bien insérée dans la vie locale? Elle était travailleuse, catholique, enracinée. Depuis le passage des Américains, la jeunesse calédonienne, débarrassée des préjugés sociaux de ses pères, s'était trouvée avec elle dans un tel coude à coude, sur la plage, sur les bancs de l'école ou sur les terrains de sport, que des mariages s'étaient conclus entre de jolies Hanoiennes et des fils de colons ou de commerçants.

À la vérité, avec les années, s'était manifesté, en Calédonie comme en France, un violent sentiment anti-viet. On découvrait avec horreur qu'une intense propagande marxiste avait considérablement transformé, de l'intérieur, cette population asiatique, secrète, attachée à ses coutumes et que gagnait une intense nostalgie du pays natal. Elle était devenue si prolifique qu'on finissait à Nouméa par la trouver envahissante. Ces petits « Chinetoques » grouillaient partout. On les rencontrait, gosses astucieux, accrochés aux comptoirs des magasins, comptant leurs sous dans leurs petites mains jaunes et mangeant leur bol de riz sur le trottoir dans la poussière du nickel. Pour peu qu'une poignée de rescapés de Dien Bien Phu, retraités sur le territoire, s'en mêle, voilà tous les immigrés indochinois sans exception tombés sous le coup de la vindicte publique. Il n'était pas jusqu'à la grande famille pieuse de l'église du Christ-Roi, à la Vallée-du-Tir, fief des travailleurs tonkinois, qui ne fût soupçonnée de dangereuses menées communistes. Un véritable Viet-minh local, il est vrai, avec ses cellules, ses responsables, ses réunions, ses mots d'ordre, s'était organisé, noyautant ses fidèles et les ralliant à la cause d'un Nord-Vietnam intransigeant qui les revendiquait expressément comme ses nationaux.

Il n'y avait plus à hésiter. Sous la pression de la rue et l'évident désir de retour qui se manifestait chez beaucoup d'entre eux, il importait de les rapatrier. Après mille et une transactions plus délicates les unes que les autres, il fut enfin décidé que l'*Easter Queen*, affrété par le gouvernement français, accomplirait les opérations de rapatriement dès le début de 1960.

Étaient-ils unanimes, ces vieux exilés, à accomplir le définitif voyage? Beaucoup d'entre eux, certes, n'avaient pu se résoudre à oublier le temps de leur esclavage. Cette île avait été leur geôle. Elle devenait le tremplin secret de leur revendication nationale. Sur elle, patiemment, avec toutes les ressources de leur esprit agile et de leurs doigts méticuleux, ils tissaient jour et nuit la toile de l'espionnage. Dans les arrière-boutiques des coiffeurs, le bric-à-brac des magasins, on conspirait. La tête appuyée à des planchettes de bois, on pouvait fumer l'opium mais aussi travailler, le catéchisme rouge à son chevet. De vrais gestionnaires de l'extrême gauche s'employaient à répandre parmi tous les Asiatiques du territoire l'orthodoxie marxiste.

Mais certains hésitaient : quel mirage cachait cette subtile propagande? Hanoi n'avait-il pas envoyé un message sans ambiguïté où il était précisé que le gouvernement du Nord-Vietnam entendait recevoir en son sein de vrais travailleurs et non des boutiquiers? Les nouvelles zones économiques avaient besoin de planteurs de riz, non de commerçants, d'ouvriers pauvres, non d'épargnants! Or, sou après sou, ces exilés en terre calédonienne avaient su pour la plupart amasser d'avantageux pécules. Ils s'étaient hissés à des situations telles que certains n'étaient pas loin de prendre les commandes du petit commerce local. Quel désenchantement les attendait?

La crainte devint une véritable panique lorsque arrivèrent, dans un langage secret destiné à tromper la censure rouge, les nouvelles des premiers rapatriés. Le paradis ne les attendait pas, mais l'enfer des technocraties : embrigadement, restrictions, surveillance, planifications excessives. Un drame commençait.

Le premier convoi avait emporté un lot de Vietnamiens confiants, empilés sur le pont du bateau, avec force gamelles émaillées, baluchons, vélos et paniers de pandanus. Au second départ, la tristesse marquait les visages. Sous les petits chapeaux pointus, les larmes coulaient. Pour quelle aventure et à quel prix quittaient-ils cette côte calédonienne où ils avaient après tout vécu si bien dans leurs jardinets de soja et de haricots chinois, dans leurs invraisemblables boutiques d'éventails et de cocos secs, fleurant le gingembre? Au troisième départ, ce fut bel et bien la panique : certains se cachèrent, d'autres voulurent s'enfuir. Au dernier moment, on se jeta à l'eau. Non, décidément, la terre de l'« oncle Hô » n'enchantait plus personne. Le désarroi devint tel qu'il fallut en venir à la décision de suspendre les voyages de l'*Easter Queen*.

Ceux qui avaient été épargnés poussèrent un énorme soupir de soulagement. Bon nombre d'entre eux se firent naturaliser au plus vite et devinrent des Calédoniens à part entière si acharnés à bien vivre sur le Caillou que leur intelligence, leur gentillesse, la vivacité de leurs multiples activités désarmèrent les plus farouches tenants de l'extrême droite locale.

A fond dans la caillasse!

Le conflit passé, la population calédonienne rebondira. C'est un des traits de son caractère. Aujourd'hui nombre de métropolitains ne manqueront pas de s'en étonner : la voir si souvent « danser sur les volcans » scandalisera quelques-uns. Les images captées à la T.V. en avril 1985, boîtes de nuit de Nouméa battant jusqu'à l'aube le plein de rocks après tant de tragédies, stupéfieront. Parce qu'il fait beau, que les bougainvillées montent à l'assaut du ciel, que le printemps austral ne manque jamais de rejaillir, toujours splendide dans l'éclatement des lianes, on n'a brusquement plus envie de s'en faire, de supputer les lendemains impossibles ou de se casser la tête sur des problèmes. Alors les plages s'emplissent de baigneurs, la brousse de vacanciers et les terrains de sports de supporters enthousiastes. Ces îliens, lavés de soleil et d'eau salée, sont d'incorrigibles joueurs. Ils sont des fils de plein vent et d'action : sportifs et champions. Du sport pratiqué par plaisir et avec une telle intensité au sport de compétition, il n'y a qu'un pas que beaucoup, parmi les plus doués, auront tôt fait de franchir. Aidés par des animateurs de choix, certains accompliront une carrière dont la renommée dépassera, parfois de très loin, les rivages de leur île. Quand seront organisés, à partir de 1963, les Jeux triannuels du Pacifique Sud à Suva, à Nouméa, à Port Moresby, à Guam, on pourra lire en tête du palmarès le nom de la Nouvelle-Calédonie!

C'est à Pierre Jeanson que l'on doit la fête sportive la plus populaire qui sera à l'origine du très célèbre « Tour de Calédonie ». Seul un enfant du pays pouvait concevoir cette idée : lancer sur les routes cette fête exubérante de la Petite Reine. Haut-parleurs déchaînés, autos suiveuses et supporters, kermesse ambulante ou foire, au gré des kilomètres, les badauds sur les talus et sur les arbres crient leur joie. Têtes et jambes en action, chemises hawaïennes, claquettes japonaises et colliers de fleurs, le Tour c'est l'expression spontanée du terroir calédonien. Les coureurs seront pendant une quinzaine de jours les héros d'un rêve ou d'une épopée. Tous, du sud au nord, de l'est à l'ouest, se sentent concernés. Lancés sur des routes impossibles, radiers, dos-d'âne, gorges ou pénéplaines, franchissant les cols les plus durs, dérapant dans la glaise ou étouffés par la poussière, les hommes du Tour traversent une véritable épreuve où ne peuvent que chanceler les moins armés. Il y faut une force d'âme ou un courage de forcené. Sur le fabuleux itinéraire chantent les noms du pays avec leurs lumières et leurs dangers : échappée de la Tontouta, virages de Poya, âpre montée du col des Arabes, épouvantables lacets du Crève-Cœur, descente abrupte du col d'Amos au-dessus des horizons vertigineux de la mer. C'est du grand spectacle. Tout un peuple y participe qui se défoule en expressions ardentes jetées à la tête des combattants avec des seaux d'eau fraîche : « Vas-y à fond dans la caillasse! » « Fais gaffe, l'empété! » Mieux : « Drope à mort, le gars! » ou enfin : « T'as vu Cornaille, il envoie de l'air! »

Ah! oui! vraiment le journaliste Henri de Camaret, qui anima un temps le Tour de reportages éclatants, chantait comme il convient sur un mode de haut lyrisme la grande « geste calédonienne ». Il fallait des images fortes, un rythme essoufflé, une illustration hallucinante pour brasser tout ensemble la route perfide ou belle, les muscles rompus, les volontés tendues, les pneus crevés, les corps harassés, les cocotiers, les cœurs, le ciel, les filles et les Canaques, alors réjouis, qui suivaient la fête en sifflant dans leurs gencives.

Ce sera un des coups les plus durs que les indépendantistes porteront à la fierté des Caldoches que le sabotage du Tour en novembre 1984. Leurs barricades, intentionnellement dressées sur le passage des cyclistes, avaient faussé le jeu, terni la gloire des champions, éteint la joie collective. Pour beaucoup c'était là un indice sérieux. Atteindre la population blanche dans ses fêtes les plus populaires relevait d'une agressivité peu commune. Une spontanéité dans les rapports entre les deux ethnies en serait compromise.

Le ver dans le fruit

À dire vrai, autour des années 60, on n'avait guère, semblait-il, que des occasions de se réjouir. Il ne serait venu à l'esprit de personne de déceler dans l'ère de prospérité qui commençait à s'ouvrir des signes inquiétants. Toutefois, un journaliste du *Figaro*, Pierre Macaigne, s'était livré à une longue enquête sur le pays calédonien, qui aurait pu éveiller quelque doute quant à la durée de cette félicité. Le reporter avait levé les bras au ciel! C'était en avril 1964.

« Quoi? Pas de déclaration sur le revenu? Pas d'impôts directs? Comment? Une voiture pour trois habitants? Un parc automobile supérieur au parc automobile français? Une densité de voitures égale à celle des États-Unis? L'essence deux fois moins chère qu'en métropole? Pas de dépenses de chauffage? Que dites-vous? Une communauté autochtone pas encore gagnée par le nationalisme? Une communauté mélanésienne qui ne rêve pas d'indépendance, qui ne demande qu'à vivre avec la communauté européenne dans une coexistence aimable où l'égalité réciproque des droits soit respectée? Ah! mais, vous êtes heureux! »

On avait installé la télévision. Promise en 1964 lors d'un voyage du Premier ministre Georges Pompidou, elle était devenue opérationnelle l'année suivante. Radicalement, elle changeait la vie de tous! En ville comme en brousse, on avait posé religieusement « le poste » sur la commode IIIe République, près du frigo et des photos de famille. On ne quittait plus l'écran. Quant aux indigènes, attirés le soir comme des phalènes par les lueurs du spectacle, ils se réunissaient dans la rue, s'asseyaient carrément sur la chaussée pour regarder jusqu'à la fin le programme sur les écrans qui brillaient à travers les vitrines des grands magasins. On avait pensé que ce serait là un gadget de diversion pour ces hommes que le problème des terres ne cessait en secret de ronger.

On semblait s'acheminer, comme en 1920, vers une nouvelle « folle époque ». La société européenne se forgeait un regain de dynamisme. Ce n'était pas sa faute si les tribus restaient encore lourdement enlisées. Pour elles, presque tout avait été accompli, pensait-on. Invités à partager les écoles et le sport comme à profiter des progrès sanitaires et sociaux, les Mélanésiens pouvaient accéder, s'ils le voulaient, aux bureaux, aux administrations. On leur avait ouvert largement les chemins de la politique. Forts de cette bonne conscience, on vivrait à côté d'eux paisiblement. À côté d'eux. Avec eux, certainement pas! Pourquoi aller se fourvoyer dans ce monde obscur alors que, tangible et quasi divin, un frémissement de bonheur courait dans le ciel calédonien?

La Nouvelle-Calédonie est riche. L'importance de la Société Le Nickel est maintenant considérable. Elle tient du monopole. Troisième producteur dans le monde occidental, elle participe pour 30 % aux revenus salariaux du territoire. Elle a des projets de développement et de modernisation qui transformeront prodigieusement son usine. Après avoir quelque temps interrompu les voyages de leurs cargos, les Japonais ont repris leurs importations sur une grande échelle. Tout est encourageant. Le marché se développe avec vigueur.

Le 10 mai 1966, le baron Guy de Rothschild et les représentants de la Société Kaiser offrirent un cocktail monstre au Château royal. Tout ce que la ville comptait de hautes personnalités avait été réuni. Un flot avantageux de fonctionnaires métropolitains se pressa aux alentours du buffet. Un temps, on pensa rêver : pour créer quelque ambiance à l'arrivée des invités, l'organisateur de la soirée avait cru bon de mettre une musique de fond; erreur dans le choix du disque ou intention délibérée, les connaisseurs furent quelque peu étonnés d'entendre s'élever, au-dessus de l'assistance rassemblée, le pieux choral de Jean-Sébastien Bach, *Jésus, que ma joie demeure!* Certes, la plus grande jubilation planait sur une assistance qui savait que le pays tenait le bon bout et que l'ère des vaches grasses commençait. Caviar, champagne et petits fours, trois vedettes se profilaient en toile de fond : Edouard Pentecost, ce grand métis à visage presque canaque, au geste délié de sportif et de joueur, qui avait misé sur le grand ensemble minier de Kouaoua; Henri Lafleur, plus parlementaire que jamais, qui, enrichi par ses mines de Poum, venait de racheter le domaine de Ouaco; et, enfin Roger Laroque, le maire, strict et dur, avec un regard d'officier intransigeant. Il est, on le sait, le directeur énergique d'un complexe tentaculaire, les Établissements Ballande.

Sur tout ce monde élégant et gai, règne l'euphorie. Les plaisanteries fusent. On parle de la dernière émission TV. On salue joyeusement Mme Penfold, fille adoptive de M. de Saint Georges, grande Australienne au rire énorme, dont le mari veut lancer en Amérique une affaire d'essence de niaouli. Les Soviétiques ont lancé un véritable laboratoire de l'espace, et il y a eu des troubles au quartier Latin. On s'entretient aussi des cours de civilisation française qui, depuis trois ans, ont lieu chaque année à Nouméa. Des professeurs de Sorbonne viennent y perfectionner des professeurs de français néo-zélandais et australiens et, pendant plus d'un mois, on vit au rythme de conférences et de festivals. On vante « Capucine », le dernier-né des magasins de mode féminine et on commente le dernier livre arrivé de Paris, *Le Choc du futur*, d'Alvin Tofler. Les creeks sont en crue. Jean Vilar est mort. Marcel Dupré aussi, l'organiste de Saint-Sulpice. Un vieux colon bien connu de tous s'est éteint à Sarraméa. Casque de liège et sabots de bois, c'était l'Empire français, là-bas, dans les caféeries. La nuit tombe. Une jolie nuit du Pacifique austral, mer d'étoffe sombre brochée par l'argent de la lune. On va se séparer sous les étoiles et rouler lentement, avant de rentrer chez soi, sur la route des plages, anse Vata et baie des Citrons, au-delà du petit rocher fier et bleu, cap sur des vagues noyées de nuit : le Rocher à la Voile.

En brousse, les Mélanésiens aussi s'endorment dans leurs tribus mal désenclavées, jetés par terre sur leurs nattes après avoir bu, à côté des cendres encore rougeoyantes. Leurs rêves s'enroulent à de vieux songes portés par l'entêtement d'un obscur inconscient. De même nature que les arbres ou les ignames, ils se savent issus de cette terre d'où souvent jaillissent leurs aïeux pour venir jusque dans leur sommeil les tourmenter. « Parents dans une toile d'araignée de parents [...] les Mélanésiens gardent, malgré cent quarante ans de présence française, leur vieux socle culturel. Dans leur conception, non pas symbolique, mais bien réelle, ils sont " sortis " du sol de l'île avec les arbres, les ignames, les taros et les " vrais " bananiers : ils sont les produits spécifiques de cette terre. [...]. C'est le mythe de l'autochtonie : " une terre, une langue, un peuple, données de la nature et tout insécable " » (E. Métais, in *Le Monde, Dossiers et Documents*, mars 1985).

Voilà donc deux mondes côte à côte.

Si radicalement opposés qu'on peut les penser réellement inconciliables.

Le problème des terres, qui va désormais se poser entre les deux communautés, sera vécu par les uns et les autres si différemment qu'il s'ouvre sur des malentendus. Ici, ressenti charnellement. Là, pensé en termes d'économie. À l'heure qui nous occupe, on le néglige. Il aurait exigé une compréhension profonde, avant de devenir un néfaste cheval de batailles politiques. En 1966, il semble qu'on refuse bel et bien de le voir. La signification profonde en échappe. Pour l'écarter, on a soin de se réfugier dans une infantile querelle de personnes qui n'aura pas fini de dégénérer en d'interminables règlements de comptes.

Pour les Calédoniens, qu'est-ce qui importe en cette seconde décennie de la seconde moitié du siècle? Le problème foncier? Non pas! Mais, coûte que coûte, en finir avec Lenormand. Le « député des Canaques » est bien l'empêcheur de tourner en rond, et ses menées politiciennes ne sont que les fils d'une machination destinée à détruire les bases de la société européenne.

Qu'a-t-on à le redouter, le petit pharmacien de Mâcon?

Tout est joué déjà.

L'économie capitaliste, qui va couvrir d'or les Calédoniens, risque du même coup de les entraîner à leur perte. Elle porte en elle-même ses fastes et ses vertiges. Un aigle royal a foncé sur la petite île pour l'entraîner sur de trop hauts sommets. Voici que tout éclate, les réussites individuelles, les banques, les chantiers, les opérations financières. La ville s'étrangle. On rit, on joue, on boit, on mange bien, on spécule, on vit en millionnaire heureux! Le jour où l'aigle desserrera ses griffes, tout ce beau décor de stuc et de feux s'effondrera, et, sous les plâtras de la catastrophe, on pourrait bien mourir.

CHAPITRE XIII

BOOM MINIER ET TEMPS TRAGIQUES

Quand vont s'achever les années 60, on s'accordera à penser, parmi les gens bien informés, que la consommation de nickel dans les pays industriels s'accroîtra de 6 % par an. De 370 000 tonnes en 1967, elle passera à 800 000 en 1980. La Nouvelle-Calédonie, dont le sol recèle près de la moitié du minerai recensé dans le monde, devrait alors répondre au quart des besoins exprimés par les nations démocratiques.

On imagine le vent de folie qui s'emparera des esprits sur cette Grande Terre dont chacun sait qu'elle n'est qu'un gigantesque bloc de nickel. Alors que la guerre menée au Vietnam par les États-Unis bat encore son plein, alors que s'accélère le progrès dans le domaine de l'exploration spatiale et que se multiplient les sous-marins atomiques et les trains à grande vitesse, nul doute que le pays canaque ne soit appelé à devenir un pactole. Les redoutables crises du passé ne se reproduiront pas : le nickel est à présent le métal stratégique par excellence. Les Rothschild, qui ne plaisantent jamais en la matière, prétendent porter à 65 000 tonnes par an la capacité de production de l'usine de Doniambo qui, en 1950, n'en avait fourni que 500. 65 000 tonnes par an : chiffre fatidique, but fascinant sur lequel tous ont les yeux fixés.

La mécanique s'enclenche : on ouvre des chantiers, on réclame des bras. Il en arrive de partout. On s'embarque pour la Nouvelle-Calédonie sans diplôme, sans formation, sans compétences souvent. Qu'importe! Si l'on veut bien songer que les offres d'emploi se ramassent à la pelle, que sur cette terre privilégiée, les revenus ne sont pas imposables, que telle est la parité qu'un franc C.F.P. est égal à cinq francs cinquante anciens, on se représente aisément que la conversion des économies en monnaie métropolitaine sera, compte tenu des salaires élevés, source d'extrême jouissance! D'autant plus que dans ce pays on ne se chauffe pas, on ne s'habille guère et on peut, à la rigueur, se contenter, pour tout repas, de poisson frais et de bananes.

La montagne attaquée de partout, le ciel nimbé d'une fine poussière rouge, la presqu'île de Doniambo enrobée de suie, ses cheminées, derrière leur remblai de scories, crachant des fumées noires, c'est le long des plages, dans les rues, sur les quais, à l'assaut des bureaux et des magasins, un afflux de nouveaux venus : gens de toutes sortes brassant mille projets rocambolesques. Une intention et une seule les anime : faire de l'argent.

Sous leur pression tout se bouscule. La ville n'était pas prête à les recevoir. Les annonces pleuvent : « Cherche à louer studio »; « Achèterais appartement standing »; « Il me faut villa avec jardin ». La pénurie est évidente. On se case tant bien que mal, à l'hôtel, dans des baraquements, dans des hangars, à l'abri des docks, ou sous des tentes. Au pied du Ouen-Toro, sur un terrain de camping, face à la mer, à l'ombre de beaux tamariniers, pousse à deux pas de l'anse Vata un village de toile. Tout ne va-t-il pas commencer sur un air de vacances?

Bien entendu, le bâtiment s'emballe. Les lotissements fleurissent. Extensions 1, 2 et 3 : de grandes zones de terrains vagues s'élargissent autour de la ville, hérissées de grues. Hâtivement découpées en quartiers, on les remplit vite et mal, sans goût : maisons préfabriquées, immeubles dont le béton se développe en hauteur, écrasés de terrasses sinistres. Si les « zozos » ne cachent pas leur intention de faire ici fortune, les Calédoniens, de leur côté, s'excitent. Tout leur est bon pour tirer bénéfice d'une situation alarmante. Une spéculation effrénée se déchaîne sur l'immobilier. C'est un véritable racket. Loyers hors de raison, constructions dérisoires à des prix défiant l'imagination. On crée des complexes si visiblement organisés pour le meilleur rendement que la conception en est indigne. Cages à lapins montées à la verticale du ciel. Pas de balcons. Pas de jardins. Inconfort notoire. Ah non, plus rien n'est paradisiaque à Nouméa ! Des madriers, des caisses partout, c'est abominable ! A la sortie de la ville poussent comme de monstrueux champignons les tours dites de Saint-Quentin sur le lotissement du même nom : ensemble grotesque au premier plan des magnifiques contreforts de la grande Chaîne couverte de forêts ! Soudain, tout s'est enlaidi, tout est devenu brutal. Entre nouveaux venus et Calédoniens, la hargne éclate.

Que ce soit dans les bureaux où on les jalouse, dans les magasins où ils irritent par leurs exigences, à la pêche où ils se ridiculisent, sur les plages où ils attrapent des coups de soleil, dans les conversations où leur « parler pointu » et leurs connaissances agacent, l'animosité des îliens, déjà latente contre tout arrivant, s'exaspère. Ces « bleus » ont de bonnes payes, des primes, prennent souvent les meilleures places, font du bruit dans les restaurants, et surtout, les mâtins, sont bien capables de réussir : crime majeur en Nouvelle-Calédonie où nulle tête, nulle part, ne doit émerger sous peine d'être tournée en dérision. Les relations ne sont pas idylliques entre les Français du Caillou et ceux de la métropole. C'est à cette époque que se répand spontanément la dénomination de « Caldoche ». Comment est-elle apparue ? On donnera de son origine des versions variées et assez confuses. Selon l'explication la plus probante, elle serait due à un métropolitain excédé qui, pour railler l'exclusivisme des Calédoniens enclins à refuser de partager leur terre avec quiconque, aurait assorti leur nom de la finale du mot « boche », ce qui aurait donné cet adjectif malsonnant. Ce qui est certain c'est qu'il ne s'est d'abord nullement opposé au nom de Canaque mais à celui de zozo. Les Calédoniens seront contents de s'en emparer pour s'affirmer en face des zozos.

D'un usage longtemps limité aux habitants de l'île, il était devenu avec le temps une occasion de sourires plutôt que de disputes. Employé sur le ton de la raillerie amicale, il donnait lieu à des plaisanteries acceptées avec amusement. On aimera moins lui voir franchir le lagon. Dans le monde des médias, où il fera fortune, on l'emploiera de telle façon qu'en Nouvelle-Calédonie on en ressentira très mal la fâcheuse divulgation à l'échelle du monde. Les habitants de l'île qui se le renvoyaient volontiers entre eux, par boutade, n'accepteront pas que « d'autres le leur servent ». Et quand, franchissant la barre du public, le mot ira jusqu'à l'Élysée, on le jugera, dans la bouche de nos gouvernants, horriblement déplacé. Par sa rauque intonation, sa rudesse, il avait fait fortune chez des journalistes aptes à saisir au vol le vif reflet des événements. Les « Caldoches », c'étaient bien ces gens d'un Caillou dur, souvent méfiants. Si l'on voulait laisser s'engouffrer dans le mot leur amour violent pour la liberté, on pourrait à la rigueur l'adopter. Systématiquement l'opposer à « Canaque », c'était essentiellement, historiquement, en déformer le sens.

Le terme désigne maintenant la population blanche implantée en Nouvelle-Calédonie. Mais on n'en dira pas moins volontiers de tel Vietnamien ou de tel vieil Indien que c'est un Caldoche. Le mot admet donc d'extrêmes nuances. Jeté en pâture au public en un raccourci déplaisant, il ne reflète qu'une part très incomplète de ce qu'il recouvre réellement. En 1985, en vertu d'une réaction des plus naturelles, la qualité de « Caldoche » est revendiquée fièrement par tous les Calédoniens d'origine ou de cœur.

Vers les années 70, l'ivresse générale qui gagne les esprits a tôt fait de noyer ces querelles de famille. Lorsque, très beau, le cheveu blanc et ras, sautant d'un hélicoptère officiel, arrive le haut-commissaire Louis Verger, c'est la fascination! Il a de l'éclat, du panache, son dynamisme est communicatif, et il plaît aux femmes. L'œil bleu sous une arcade sourcilière à la Paul Newman, c'est un fonceur. La Nouvelle-Calédonie n'était pas habituée à ce style de gouverneur. Les hauts administrateurs arrivaient toujours guindés, regardaient de haut la foule, comme des monarques, s'installaient derrière leur bureau devant des dossiers et saluaient les corps constitués d'un mouvement du buste monotone et compassé. Celui-là est nerveux, impatient, ravagé de tics. Le blanc colonial lui va bien. Il a l'œil à tout, la parole immédiate et lyrique. La magistrature et l'enseignement l'ennuient un peu. Il renvoie les responsables de ces services avec un : « Cher ami, après tout, c'est votre job! » Il ferait plus volontiers des ronds de jambe à l'audio-visuel qu'il adore. Il s'empresse de visiter les installations de l'O.R.T.F. où, à côté d'un directeur à visage quelque peu luciférien, il fait figure d'archange. Dans les tribus, chapeau de pandanus sur la tête et collier de fleurs jusqu'au nez, il adresse aux Canaques des discours enflammés, enrichis de belles images. Sa femme est charmante. A la Résidence, elle reçoit avec aisance. Les cocktails se multiplient. Partout, en ville, en brousse, encourageant les artistes, fidèle à toutes les représentations théâtrales, applaudissant à toute manifestation d'artisanat local, le couple Verger est là, élégant, disert. Devant tous il distribue des promesses, livre des chiffres vertigineux, bâtit la Calédonie future. On y croit. Ce haut-commissaire de choc n'était-il pas prédestiné à propulser l'île jusqu'aux sommets? Louis Verger ne s'en était pas caché. En arrivant sur la Grande Terre, il avait eu ce mot : « J'ai l'intention de traiter la Nouvelle-Calédonie comme les Jeux olympiques de Grenoble. » Tout droit arrivé de son fief de l'Isère, où il avait exercé les fonctions de préfet, il allait, comme il le disait volontiers, en incorrigible zozo qu'il était, « secouer ici le cocotier »!

Il n'est pas besoin de le secouer beaucoup. La marée des événements s'en charge. De nouvelles sociétés s'installent. En 1970, l'International Nickel Company, dit l'« Inco », investit des milliards en Nouvelle-Calédonie. Son équipe franco-canadienne travaillera sous l'étiquette de nouvelles sociétés avec pour allié Edouard Pentecost dont les exportations de minerai sont, dit-on, de l'ordre d'un million de tonnes par an. Dans le Nord, c'est le groupe Patino qui s'associe avec Henri Lafleur pour dresser l'inventaire d'un immense patrimoine. Analyses d'échantillons, dosages, l'entreprise du Nord aura son usine de fusion, son port, sa ville. Car les villes naissent au gré des espoirs, cités entières bâties comme châteaux en Espagne entre des usines et ces grands minéraliers japonais qui ne peuvent pas, pense-t-on, ne pas remplir leurs cales du minerai de la Grande Terre. Deux sociétés, dites-vous? Il y en aura bientôt trois, cinq peut-être! De la pointe de Golone à la plaine des Lacs, de Port-Boisé à Népoui, quatre déjà entrent en compétition. C'est du délire. L'île est à jamais sortie de son engourdissement séculaire. Jamais les salariés n'ont été si bien payés, les fonctionnaires à ce point gâtés. Jamais le commerce n'a connu un tel essor. Les contrats de mines sont mirobolants. Le roulage est la panacée du jour. Avoir un camion sur mine, quel risque certes! Il faut travailler seize à dix-huit heures par jour, subvenir aux pannes, rouler sur les pierres coupantes du talus en des virages à angles droits terrifiants, descendre surchargé sur des routes souvent glissantes. Mais, à ce prix, un bon chauffeur empoche par jour cent mille francs C.F.P., soit plus d'un demi-million d'anciens francs. Des fortunes s'édifient en quelques semaines. Terrassiers, maçons, menuisiers, peintres, ferrailleurs, plombiers, carreleurs, une nuée de petits artisans métropolitains arrivent, heureux d'échapper au fisc et à la grisaille de la France pour se constituer, en moins de deux ans, un solide pécule.

Les services du territoire et de l'État explosent. Leurs cadres, sitôt débarqués, exigent de luxueuses villas. Les fonctionnaires sont légion. Pour eux on bâtit très vite des édifices cyclopéens à corniches de béton. On crée des postes nouveaux. Chacun a des prétentions peu banales. Les directions s'étoffent. Les organigrammes se diversifient. Un brave homme grimpe au mont Coffyn, où se trouve l'immeuble de l'O.R.T.F., et demande naïvement à voir « le chef ». « Mais lequel? s'entend-il répondre. Mon bon monsieur, ici, il n'y a que des chefs! » La transformation du décor, à cet endroit précis, est catastrophique. A la place d'une ravissante maison de style, agrémentée de girouette et de balustrades en bois, que l'on a soigneusement rasée, s'élève une construction géométrique bardée de brise-soleil. Climatiseurs, portes cellulaires des bureaux, on y opère dans une atmosphère de clinique sèchement administrative. Supprime-t-on des tranches d'enregistrement ou modifie-t-on des programmes? C'est toujours en fonction d'une publicité omniprésente et toute-puissante. « Ça paye! » Tout désormais se résume à cette réponse catégorique, justificative de tous les abus, de toutes les incorrections, de toutes les violences.

« Ça paye », les annonces, avis et communiqués, vrai matelas de papier qu'on fourre entre les deux feuilles d'un quotidien bourré de faits divers. On se croirait reporté en cette année 1873, embrasée par la fièvre de l'or où se desséchaient les esprits à tel point que *Le Moniteur* n'était plus qu'un horrible placard publicitaire. « Ça paye », les surgelés et les fromages en boîtes vendus à des prix fous. « Ça paye », le poisson congelé, alors que le lagon déborde de saumonées et de gros rougets. Les grandes surfaces de distribution se multiplient, étouffant le petit commerce local : l'épicerie d'autrefois se meurt, souvent tenue par un Chinois-Tahiti, comme on disait, riche en fruits et en légumes du pays, en tranches de citrouille sans cellophane, en petites pommes canaques et en fruits de la passion cueillis dans la savane. Allez donc trouver une roussette pour votre civet, un bon quartier de cerf, des huîtres de palétuviers ou ces pigeons verts qu'on dégustait jadis bien grillés sur des braises rouges? Les poulets aux hormones et les plats cuisinés arrivent dans de grands frigos. On ne connaît plus la joie des marchés de plein air saturés de fruits à pain et de bananes-poingot. Quant aux petites industries, elles peuvent fermer boutique. Elles vivaient déjà à grand-peine dans ce pays économiquement livré depuis des décennies aux grandes forces de l'importation souveraine. Elles n'ont plus maintenant aucune chance de surnager. Fabriques de savon, usines de boutons de nacre, moulins à huile de pistache, jamais, il faut le dire, une petite entreprise de production locale n'avait prospéré. Commerce monopolisé, économie moyenâgeuse, même le fromage de la Néra n'avait pu tenir, ni bien sûr le rhum de Bacouya et pas davantage M. Lavoix avec son projet de pastis calédonien. A Ouaco même, M. Lafleur, le puissant M. Lafleur, avait bien été obligé de renoncer à ces merveilleuses conserves dont le bœuf en gelée était la boîte vedette! Trop d'intérêts étaient en jeu à la tête du circuit de distribution. Ils ont à présent le poids d'une chape de plomb. Écrasés, les petits commerçants doivent baisser pavillon, chercher à se reconvertir. Avec eux, c'est tout le pittoresque de la petite ville des antipodes qui est en train de s'éteindre. Qu'êtes-vous devenues, marchandes polynésiennes haranguant la foule, Canaques accroupis parmi les bananes et les viviers où sommeillaient gros napoléons * tout verts et carangues à queues bleues souvent saupoudrées d'or? Quand s'étalait cette provende dès les premières heures du matin, dans une poussière tachée de l'encre des fruits tombés des hauts jameloniers, on pouvait dire que toute la ville y puisait sa couleur, et le ciel, au-dessus, semblait s'allumer.

Rien ne s'allume plus, hormis le soir les cabarets et les boîtes de nuit draguant une clientèle toujours prête à payer l'addition. On va au Cappa-Club, à la Dolce Vita, au Biarritz ou au Tahiti-Cabaret voir danser le tamouré et entendre hurler les guitares électriques. Au Tivoli, vieille boîte à matelots, on guinche jusqu'à l'aube.

Des potins scabreux circulent. A la mi-mai 1973 une affaire de mœurs fait sensation. Des homosexuels de bonne famille sont inclus dans une histoire douteuse. C'est le régal d'une petite presse locale qui en fait un tabac. Dans la même quinzaine on trouve une jeune femme vidée de son sang sur un terrain vague : l'épilogue, pense-t-on, d'une sinistre affaire de drogue. Machines à sous, pince-fesses et cloportes dans les poubelles, Nouméa est une petite ville du Massachusetts avec négoces et dandys, automobiles à essieux souples, escrocs à lunettes noires stoppant devant des bars aux lampes rouges.

Les vieux Calédoniens ne s'y retrouvent plus. Ils traversent, à pas tremblants, les passages cloutés, et on ne les remarque plus. Dans les banques, qui se dressent à tous les carrefours, dans les administrations, honte suprême, on leur demande leurs papiers. « Vous ne me reconnaissez donc pas? Moi, le colon Feillet, le Nordiste, l'ancien combattant de 14, le planteur de la Négropo ou le vieux prof d'anglais du collège colonial? » Quelle plaisanterie! La préposée, épouse d'un gendarme métropolitain, appliquée à multiplier par deux la solde de son mari, éclate d'un rire hystérique. Ces Caldoches sont impayables! S'il fallait les connaître tous!

Une génération entière va se réfugier dans le silence : s'asseoir à l'ombre des vérandas, attendre peut-être la mort. Plus rien dans la ville ne répond à ce vieux rêve de provinciaux exotiques qui les accompagnait dans la paix du soir quand ils allaient contempler le couchant pour y surprendre le fameux rayon vert, ou quand ils s'arrêtaient en souriant au cœur de la cité pour écouter les bengalis dans les banians. Les jours sont devenus mauvais. L'argent, obscène. Le vent ne promène plus les odeurs de la mer mais des relents de cuisine. A l'orée des faubourgs ne poussent plus ces bosquets brefs de faux mimosas investis par des plages de galets sous les arceaux géants des racines de palétuviers. C'est une cité de docks et de charpentes métalliques, de magasins en gros et de hangars géants, dans un réseau de routes poussiéreuses à quelques encablures d'un vaste dépotoir. On y brûle à petit feu la montagne de déchets que la société de consommation a dégorgés aux bords du lagon. Aux environs de Noël et du 1er janvier, le spectacle en devient infernal. Nourries de plastique et de matières synthétiques, les flammes ont des reflets d'améthystes ou d'agate dure. Jouets, bacs de fruits, bibelots, quartiers de viande, boîtes de biscuits, langoustes, il y a de quoi nourrir une ville entière. Fendant les flots de détritus, de vieilles femmes indigènes traversent, pieds nus, ce cloaque comme une mer. Elles en ramassent les trésors. Dans leurs paniers de jonc, elles draguent la lie de la ville, croûtons de pain et farine avariée, restes de lait en poudre et fonds de bouteille. Elles sont souvent subjuguées : un poudrier doré ou un tube de rouge à lèvres, un cadre à photos ou un stylo de galalithe iront rejoindre le stock des merveilles qu'elles conservent, sous leur lit, dans une vieille valise à fermoirs rouillés.

Samedi 13 octobre 1973 : grand cocktail au haut-commissariat! Monsieur le haut-commissaire et madame marient leur fille. Il y a moins d'entrain sous les lustres de la salle de réception. Léger malaise. Le gouverneur a plus de tics que jamais. Mme Verger est un peu pâle. Ce n'est pas que ça n'aille guère : le chef du territoire s'est adjoint un ami, Michel Levallois, nommé secrétaire général, et « ça boume » encore, selon l'expression de l'époque.

Il y a toutefois depuis un an un léger malaise. Les Calédoniens commencent à être agacés par ce petit haussaire * à visage sympathique mais par trop léger. Il « jette de la poudre aux yeux », « fait du cinéma ». Depuis que la ville a appris qu'il écrit des romans noirs sous le pseudonyme de Franck Evans, on ne le prend plus au sérieux. Le beau Louis Verger perd sa cote. On l'appelle « Loulou-Bouglione ». Les gens en ont assez de son cirque. Sa démagogie envers les tribus irrite. On cite des départs suspects. Le directeur de la Cofimpac a quitté brusquement le territoire sans tambour ni trompette. Les lotissements, qui se sont hérissés d'immeubles à étages fort coûteux, n'ont en définitive que très peu d'habitants. On boude ces perchoirs incommodes, fort mal adaptés au pays. Et le fameux objectif de la S.L.N., ces 65 000 tonnes mirifiques? Il n'a pas été atteint et ne semble pas devoir l'être de sitôt. Qu'à cela ne tienne! Les feux d'artifice jaillissent encore.

En brousse, les règles du jeu sont faussées. Si le boom sert les intérêts des « petits mineurs » qui ont à Nouméa leurs villas et leurs jardins, il a si profondément mutilé les montagnes et les forêts que c'en est le massacre général.

Les boues rouges tombent dans les rivières et au bord des côtes. Les poissons meurent. On les voit par centaines dans les chenaux, le ventre en l'air. La poussière devient intolérable. A Saint-Louis, une tribu proche de Nouméa, les gens jettent des pierres sur les camions qui, de l'aube à la nuit, ne cessent de les importuner de leur train d'enfer. Les éleveurs ne décolèrent pas : les pâturages sont fort endommagés par la corrosion. La conséquence en est la mort du bétail. Intrigué de voir périr ses vaches, l'une après l'autre, un colon en a fait pratiquer l'autopsie. N'a-t-on pas trouvé, dans l'estomac d'un de ces malheureux ruminants, des boulettes de métal? Devant les bulldozers et le poison, la forêt recule. Pour reboiser l'île il faudra des siècles. Le paysage sous-marin qui faisait l'admiration des chasseurs en eau profonde est devenu un ramassis de vieilles bouteilles et de boîtes de conserve dans une coulée de latérites brûlantes qui dessèchent les algues et détruisent les coquillages. Certains oiseaux ont disparu totalement et les sarcelles, aux mœurs si douces, abandonnent peu à peu les marais. Les colons, qui par nature ont le goût de l'écologie, s'en plaignent comme les indigènes que bouleverse le viol de leurs montagnes sacrées : un tracteur à chenilles a bousculé l'alignement de pierres dont le tracé ancien commémorait le combat et la chute, jadis, en cet endroit, d'un géant célèbre. Pris au piège par ses ennemis, ce héros qui, de l'ouest, remontait la course du soleil pour atteindre l'Orient, était mort, là, piqué de sagaies. Des mains pieuses avaient reproduit sur le sol sa silhouette monumentale de guerrier canaque. Vision impressionnante, naguère, que celle de ce chapelet de rocaille dans un fouillis d'aubergines sauvages!

Après avoir échappé à la bousculade du chef-lieu, on avait plaisir à retrouver, chez eux, les broussards, pareils à eux-mêmes sur leurs planchers de bois, près de leurs lits à boules de cuivre. Certes, beaucoup de colons, tentés par la mine, avaient déserté les cultures. Raison de plus pour se sentir sécurisé quand, ici ou là, on tombait sur quelque famille caldoche fidèle à sa vocation paysanne. On continuait de s'y désigner au moyen de sobriquets caractéristiques du pays : d'origine indienne, et le visage noir, Ducoin était pour tous « Manioc brûlé », le maigre Castex méritait son surnom de « Loche de Hienghène ». Et puis il y avait la kyrielle des « Bébert », des « Popaul », des « Mimisse », des « Totor », comme partout, mais que la banalité de ces diminutifs n'empêchaient pas d'identifier en y joignant le nom de lieu qu'ils habitaient « Bébert de La Foa », ou « Totor de Païta ». On se racontait à leur sujet d'inénarrables anecdotes : celle par exemple du crabe qui, commençant de cuire en sa marmite, avait, de sa pince, fermé le robinet de gaz, ou celle de cet innocent pêcheur qui, croyant mettre le pied sur un îlot, l'avait, en fait, posé sur la carapace d'une tortue. On allait jusqu'au Nord voir Mme Gastaldi. Elle vous offrait l'apéritif en compagnie du maire de Koumac, M. Trouillot, débordé par les problèmes municipaux dus aux mines Patino. Ailleurs on rencontrait, dans sa petite chaise de poliomyélitique, un bien étrange chimiste, M. Barrat, se livrant à de gigantesques études sur les minerais calédoniens. Ailleurs encore, c'étaient ces métis, petits-fils et arrière-petits-fils de baleiniers, les William et les Song. Près de ses champs d'ananas, le vieux Séraphin se désolait parce qu'il était question de l'exproprier en vue de construire sur sa presqu'île de Golone les fondations de la ville chimère du Nord. Sur des chantiers fraîchement ouverts, il n'était pas rare de se trouver face à face avec Michel, un Mélanésien de la presqu'île d'Arama, qui vous narrait par le menu la légende des vaches marines ou dugongs, cétacés sentimentaux qui pleurent de vraies larmes, sécrètent du lait de femme et broutent les pâturages sous-marins. A la mission de Bondé, on tombait sur le gai père Pradines et, dans le beau soleil, au fond d'un chemin bordé de lantanas couleur de citron, on surprenait des femmes indigènes occupées à broyer du café dans des mortiers de pierre. On ne tardait pas alors à faire connaissance avec le P. Irénée.

En plein boom, à l'écart de la subtile odeur de mort qui régnait sur une capitale corrompue, ce jeune prêtre mélanésien se montrait paisible et grave. Dans cette vaste région du Nord contaminée par la pollution et travaillée par la politique, Irénée Wally, comme son ami, Jean-Marie Tjibaou, vivait au cœur d'un drame. Que deviendrait leur sacerdoce dans ce monde violent où la prière semblait dérisoire quand les sollicitaient leurs frères de race, immensément perdus dans des tribus peut-être éloignées mais où les atteignaient quand même les ravages du bouleversement économique? Quel serait le sort de ces gens dans ce cataclysme nouveau? L'alcoolisme les consumait, expression d'un réel désespoir. Comment concilier une amélioration sérieuse, lente, efficace des conditions de vie de toute la population mélanésienne avec la folie collective qui s'était emparée des Blancs, encore une fois plus préoccupés d'eux-mêmes que de « leurs frères canaques » qu'en fait ils ne reconnaissaient pas comme tels.

En 1970 déjà, Jean-Marie Tjibaou a décidé de renoncer à la prêtrise qui l'enferme, dit-il, « dans un ghetto mystico-religieux, sans prise de responsabilité réelle dans la société ». Il refuse pour l'instant les chemins de la politique mais il anime les tribus, cherche à retrouver les responsabilités coutumières. Irénée, lui, restera prêtre. Mais son sacerdoce sera totalement au service de ses frères de race. A Koumac, plus tard, curé de la petite église aux vitraux éclatants, il sera, de tous, le conseiller et l'ami. Il juge intolérable le fossé qui se creuse entre les Européens voués à un excès de production et de consommation et ces tribus du Nord, de Titch, de Tiabet, de Baaba, de Yengheban, de Pengaï, de Narah, dont beaucoup ne disposent encore ni de l'eau courante, ni de l'électricité! On y vit à grand-peine de la vente d'un coprah que les colporteurs paient mal. On y voit, de près ou de loin, avec angoisse, les montagnes grouiller d'engins qui les profanent et les dégradent. Aussi est-ce sans conviction qu'on y cherche à se faire embaucher sur les mines : comportement suicidaire, on en a cruellement conscience, en même temps que nécessité vitale! Incapable d'échapper à ce dilemme, on engloutira son salaire dans l'alcool. Il y aura des beuveries d'une tristesse navrante.

A ce qui se développe alors dans la conscience de certains jeunes Mélanésiens, les Calédoniens ne prêtent aucune attention. C'est une souveraine révolte. Plus jamais, non, plus jamais ça! Plus jamais, cette autodestruction des vieux absorbant des décoctions incroyables : mixtures d'alcool à brûler et de cirage, d'eau oxygénée et de pâte dentifrice, qui les étendent raides dans leurs cases et qui parfois les tuent. Plus jamais, ces soûleries collectives dans les maisons communes. Plus jamais, l'horrible intrusion de certains hommes politiques européens arrosant les gens de boissons fortes pour obtenir leurs voix. Plus jamais « oui » aux commerçants écoulant leur spiritueux à l'orée des villages et « non » encore à ceux qui ont eu l'impudeur, en ces années du boom, de parsemer la brousse de leurs machines à sous. Si la société européenne tient à se perdre, qu'elle se perde seule! Il n'y a plus rien à attendre de ces Blancs à la dérive, tout juste bons à répandre ici leurs décharges minières, leurs boîtes de bière et leurs films pornographiques.

Cette poignée de jeunes Mélanésiens est de plus en plus certaine qu'il y a des schémas coutumiers à reconquérir. Il ne faut plus se perdre dans le dédale des clans mais se nourrir des fortes vertus d'obéissance et d'humilité d'antan. En un mot réendosser une fierté d'homme canaque. « Il n'est pire chose que d'être chassé du clan, de perdre ces mille et une connexions reliant chacun, de la place qu'il occupe, aux autres, qui font de lui un homme », écrira Jean-Marie Tjibaou, et c'est bien pour réveiller une noblesse endormie qu'il évoquera plus tard « l'histoire de Tein Kanaké, celui qui est le chef » : fort, il vous donnera la victoire; bon, il aidera les infortunés. « Il est sage est connaît sa lignée » (*Kanaké*). Le général de Trentinian, après la révolte de 1878, avait noté comme cause première de l'insurrection le manque de prestige du Blanc. Un siècle après, le scénario se reproduit : ruée vers l'or, appât des gains faciles, prostitutions insensées. Sont-ce là les dieux légendaires que les « vieux » avaient cru accueillir et à qui ils avaient donné leurs terres et leurs femmes? Non, c'est désormais sur eux-mêmes et sur eux que les jeunes leaders mélanésiens doivent compter. Oh! ils ne sont guère nombreux et on les appelle volontiers « les défroqués »! Certains d'entre eux aussi s'étaient mis à boire. Mais on les voit maintenant prendre une conscience de plus en plus aiguë de leur présence au cœur de leur peuple. S'ils ont une certitude, c'est d'être un jour reconnus comme « le sel » de la Grande Terre.

Leur vocation d'appelés de Dieu ne peut plus se satisfaire de l'ombre des confessionnaux et de l'ordre de la liturgie, elle doit, par toutes les voies de l'action sociale, se consacrer à la cause canaque. C'est alors qu'insensiblement on verra paraître un peuple nouveau guettant toute occasion de se différencier du troupeau européen : chevelure en boule, dents de requin sur tricots de corps, refus de toute assistance, retour aux vieux dialectes, insolence d'une jeunesse envahissante bousculant les Européens dans la ville, surgissant au beau milieu des fêtes commerciales avec des pierres dans leurs musettes.

En même temps, situation paradoxale, vivre en tribu est devenu impossible aux jeunes qui s'y ennuient. Ils ne supportent plus le travail coutumier, tournent le dos à leurs vieux, n'écoutent plus le conseil des anciens. Commencée sur le mode mystique, brusquement engouffrée dans le seul tunnel qui s'offre, celui de la politique, la revendication de l'authenticité mélanésienne, jusqu'alors pieusement culturelle, se révèle tout à coup violente, intransigeante. Un cri de vertige. Des adolescents se montrent totalement déséquilibrés entre la fascination qu'opère sur eux la société de consommation et la détestation qu'ils nourrissent à son égard. Ils n'ont plus de racines. Nulle part. Ni dans la société archaïque de leurs pères dont ils ne peuvent plus accepter les consignes, ni surtout dans ce monde européen pour eux irrespirable. La haine n'est plus loin. Avec colère on s'affirme : on est kanak. Le mot, barré de deux « k » sauvages, en attestera la barbarie consciente et revendiquée. Un étudiant, fils d'un grand chef de Maré, qui avait vécu à Paris les échauffourés de mai 1968, se plante devant tous : visage très beau et mèche de cheveux plats écrasée d'un large bandeau rouge, il sera le Christ de la Révolution. De Jésus il a l'apparence, le cœur pacifique et exigeant, pur, jusqu'à l'extrême violence. Fermant son île à tout visiteur blanc, retrouvant dans sa chefferie la douceur des veillées avec ses frères et une « négritude » revécue, il va grouper ses amis, former un parti. Il a nom Nidoish Naisseline. On reparlera de lui.

En ce temps-là, Neil Armstrong avait commencé sa marche sur la Lune et ses compagnons, James Irwin et David Scott, l'y avaient rejoint. La S.L.N. était loin d'atteindre la production espérée de 65 000 tonnes, mais on prenait un malin plaisir à continuer d'en faire miroiter le mirage. Tout devenait lourd. Les colons, découragés, ne faisaient plus d'efforts sur leurs pâturages. A quoi bon? On laissait les clôtures se détériorer. Le bétail reprenait ses divagations. Les gyrobroyeurs étaient remisés. Les goyaviers s'en donnaient à cœur joie autour des stations abandonnées. Les agriculteurs se retrouvaient seuls, leur main-d'œuvre accaparée par les mines. Ce n'était pas tenable. Les broussards n'avaient plus qu'à abandonner leurs paddocks. Les citadins, outrageusement favorisés, dilapidaient de l'argent partout. Insolents, incultes, oisifs, étaient-ce bien là les fils des pionniers d'autrefois ? Deux mondes, chacun de son côté, basculaient. L'un perdait ses traditions provinciales, l'autre buvait aux sources retrouvées de la colère. Entre les Blancs et les Noirs, le clivage s'intensifiait. Il était moins une question de couleur que l'effet d'un mal métaphysique : entre l'avoir et l'être, on devenait fou !

Le 24 septembre 1973, Radio-Nouméa ouvrit ses commentaires sur les fêtes du 24 septembre par un extrait du *Vaisseau fantôme*. Une voix lyrique expliqua : « Tel est aujourd'hui cet anniversaire, celui d'un contact imprévu entre une France autoritaire et cette Grande Terre, peuplée d'Indiens, comme on disait en 1853... » Dans l'éventail des réjouissances prévues, le ciné-club diffusait un film de vampirisme et de sorcellerie, le *Dracula* de Stoker. C'était un coup d'envoi. Il était impressionnant : châteaux hantés, nuits sans lune, on y sentait l'homme écrasé par la société. Fasciné par le cercle qui se refermait sur lui, l'individu s'y immobilisait, aspiré par une mort toujours présente. C'était à la ressemblance du temps : sinistre ! Heureusement, pensait-on, le cocktail offert par le haut-commissariat serait susceptible de vous remonter le moral. Hélas, il s'annonçait lui aussi plutôt sombre. M. et Mme Verger s'apprêtaient à quitter le territoire.

En décembre, on glisse sur les parquets de la Résidence sans trop oser effleurer ces sujets hier brûlants, aujourd'hui refroidis : les nouvelles sociétés métallurgiques, les villes à venir, qui n'existent encore que sur le papier. Le haussaire a le front grave. On a fleuri ses salons de bougainvillées violettes et de hautes verges d'or. Ce n'est plus le navigant de cinéma tombant du ciel sur son « coptère » selon le mot de quelques vieux Canaques. C'est un administrateur déçu. Un mot, apparu curieusement pour la première fois, en 1969, sous la plume d'un journaliste local, le fait se durcir : c'est celui d'Indépendance. Il l'affirme : de ce côté-là, rien à craindre. Il a fait renforcer les effectifs de la gendarmerie. Les pelotons sont désormais équipés de half-tracks que l'on vient de débarquer du *Ventoux*.

Longtemps après le départ de Louis Verger, on vivra

encore dans le fol espoir d'une « reprise ». Mais c'est bel et bien fini. Insensiblement le trafic sur les mines diminue. On ne peut plus payer les fameux « camions Pentecost », achetés à crédit et qui s'empilent du côté de la grande plaine de Magenta. Sentant venir le vent mauvais, des escrocs filent à l'anglaise. L'un d'eux, le célèbre Donnadieu, laisse en s'esquivant d'énormes dettes. Les appartements se vident. Plus que jamais incongrues les abominables tours, à présent désertées, vous ont des airs de drapeaux en berne. Le grand bluff citadin se dégonfle. On ne compte plus les dépressions nerveuses. Les cabinets médicaux s'emplissent. Pour guérir les maux psychosomatiques qui prolifèrent, on va jusqu'à consulter le guérisseur canaque, le vieux Wamytan de la Dumbéa, qui vous soigne à grand renfort de passes magiques, de décoctions de racines de pervenche et de feuilles de bourao macérées.

La grande tempête minière s'éloigne, laissant chacun rompu. Les rivières restent encombrées de glaise, les langoustes ne se reproduisent plus. Les esprits sont moroses et les journaux, pour maintenir le haut niveau de leur vente, se vouent aux rubriques des chiens écrasés, faits divers scabreux, titres alléchants, avis pratiques et publicité. C'est le grand vide. A travers une débauche d'images, la ville se montre telle qu'elle est devenue, blockhaus, banques glacées, immeubles administratifs pareils à des aquariums géants, shop-centers béants. L'information se glisse dans un découpage journalistique absurde où il n'y a plus rien de sensible, d'émouvant, d'humain. Le boom éphémère a tout détruit.

Il ne faut pas chercher ailleurs la cause essentielle des événements de novembre 1984. La ruée vers l'or de 1873 avait répandu le sang de 1878. Le rush minier de 1965 conduira tout droit aux morts de 1984. Comment a-t-on pu se laisser entraîner si sûrement à la catastrophe? Rien ne saurait paraître clair si l'on perd le fil des événements politiques.

Ceux-ci se sont déroulés avec une impitoyable rigueur. Le timonier député, Maurice Lenormand, qui avait toujours voulu, en pleine lumière ou clandestinement, rester au gouvernail, n'avait peut-être pas prévu que les lames de fond deviendraient un jour si puissantes sous son étrave qu'elles étaient appelées à l'emporter lui-même à la fin.

Par son application à faire le vide autour de lui, à polariser entre ses mains la puissance d'un groupe, il allait peu à peu évincer de l'Union calédonienne ses premiers militants sincères, Européens dévoués, selon la vieille devise trahie, à la noble tâche de « rassembler les ethnies ». Encore un peu de temps et son parti, sous sa conduite oublieuse des serments d'autrefois, deviendrait une faction mélanésienne, résolument indépendantiste!

La vie politique

Tout avait commencé par une insignifiante histoire de matériel agricole. Le ministre chargé des Affaires rurales, M. Roch Pidjot, avait voulu faire passer un tracteur de la région de Ponérihouen à celle de La Foa. Le haut-commissariat s'était opposé à ce changement d'affectation. Ce différend banal, source des pires complications, allait se transformer en crise.

En donnant raison à l'administration, MM. Michel Kauma et Doui Matayo, Mélanésiens l'un et l'autre, et tous deux membres de l'Union calédonienne, ne s'étaient pas rendu compte que c'était là faire injure à M. Lenormand. Peu importait à l'intraitable chef du parti que ces deux élus fussent tenus par tous dans la plus grande estime. Il ne tolérait pas qu'on pût, en quelque manière et quelque façon que ce fût, se rallier contre lui aux vues des représentants du pouvoir central. Pareille indiscipline méritait à ses yeux une sanction

A l'occasion de son congrès de septembre 1960, l'U.C., fortement travaillée par son chef, décida l'exclusion pure et simple des deux rebelles. En partant, ceux-ci entraînèrent à leur suite un certain nombre de Mélanésiens fort mécontents.

Michel Kauma, chef de la tribu de Fayahoué, est un homme remarquable. L'un des premiers animateurs de l'Union calédonienne, il avait à ce titre occupé au conseil de gouvernement, dès 1956, le poste de ministre des Finances. De caractère paisible et accommodant, il n'est jamais entré de bon cœur dans la petite guerre à laquelle se livre en toute occasion le député contre le gouverneur. Il prône pour sa part une politique de conciliation. On peut en dire autant de Doui Matayo qui n'a pas apprécié les intrigues du chef de l'Union calédonienne dans les coulisses du parti.

Deux hommes gênants, donc, difficiles à manier et portant ombrage à leur chef. Se débarrasser d'eux avait, au regard de celui-ci, toutes les apparences d'une nécessité. C'était conforme au style politicien d'un homme qui, de toute évidence, avait des comptes à régler avec l'administration. A la motion d'« indéfectible attachement à la France » que MM. Doui Matayo et Kauma envoyèrent au général de Gaulle avec la signature de trente-quatre personnalités mélanésiennes, le député s'empresse d'opposer une proposition d'« autonomie »!

L'attitude de M. Lenormand n'est pas sans révolter un autre Mélanésien, un homme de l'île de Lifou : Dick Ukeiwé. Celui-ci quitte les rangs de l'U.C. avec perte et fracas. De vocation politique, il était entré au parti avec enthousiasme. Mais c'est un homme foncièrement droit, qui se refuse aux intrigues. Sérieux, attentif à ses gestes, à ses paroles, c'est un juste. A l'égard de la France, il est tout attachement et reconnaissance. Tout ce qu'il reçoit d'elle le réjouit. Ses cheveux de laine dure, ses yeux candides, son front resserré, son application dans la recherche de l'expression appropriée, expriment sa nature authentique. L'agitation entretenue au sein de l'Assemblée territoriale par le turbulent député lui paraît nocive. S'il s'en va, c'est parce qu'il sent venir l'illégalité. Et c'est se montrer bon prophète.

Exclu de l'Union calédonienne, M. Kauma n'en reste pas moins à la tête du gouvernement. Maurice Lenormand s'en irrite. On le dirait hanté par ce grand chef au visage sombre, au geste lent, traînant avec lui une sorte de dignité grave qui en impose à tous. Pour l'abattre, un seul moyen : obtenir la dissolution de l'Assemblée territoriale. Calcul machiavélique. Qu'à cela ne tienne! Le député fera bloquer le fonctionnement des institutions en donnant à son parti la consigne de ne pas voter le projet de budget.

Dès lors, c'est une cascade d'événements : dissolution de l'Assemblée, nouvelles élections, explosion d'une bombe, boulevard Vauban, dans l'immeuble du parlement local, attentat dont l'origine restera mystérieuse. Il en sera tout autrement de la tentative criminelle visant, cette fois, la permanence de l'U.C.

où une autre explosion se produit. La surprise est de taille : « L'enquête menée par la gendarmerie amène la découverte rapide des auteurs du dynamitage. Il s'agissait de membres de l'Union calédonienne qui s'étaient essayés au jeu de la provocation, espérant par là déclencher un courant populaire en faveur de leur parti. Les auteurs de l'attentat affirmèrent que Maurice Lenormand était au courant, et le député ne put jamais prouver le contraire » (*Mémorial calédonien,* t. VI).

Tout est alors joué, peut-on dire.

Désormais la Nouvelle-Calédonie aura à souffrir d'une vie politique empoisonnée. Non seulement viennent d'être évincés des Mélanésiens profondément loyalistes, soucieux de construire, pour les Blancs et les Noirs, une société fraternelle, mais encore sont nés les plus détestables malentendus. Le dialogue ne sonnera plus juste. Les intrigues se multiplieront, exaspérées à travers la ville ravagée de ragots et de suspicions. L'Assemblée territoriale, que des journalistes appellent « le cirque du boulevard Vauban », y perdra sa grandeur. Aux yeux d'une majorité d'observateurs, la politique locale, devenue « la politique Lenormand », reste suspendue aux machinations d'un homme qui, bientôt condamné et déchu de ses mandats, n'en continue pas moins de tirer les ficelles. D'autres ne cesseront pas de s'interroger sur la culpabilité d'un politicien connu pour son habileté, gênant pour beaucoup et auquel l'attentat ne pouvait pas profiter.

Le 7 juin 1964, c'est le Mélanésien Roch Pidjot qui, à sa place, sera élu député. Il ne cessera pas, ensuite, d'obtenir le renouvellement de son mandat. Aujourd'hui encore, en 1985, il représente la Nouvelle-Calédonie à l'Assemblée nationale, en compagnie de Jacques Lafleur, élu en 1978, dans la seconde circonscription de l'île. Pidjot est un homme modeste et pieux. Le P. Luneau avait accordé toute sa confiance à ce disciple de l'école mariste. Il a cinquante-sept ans quand il est élu député pour la première fois. En 1985, à soixante-dix-huit ans, il siège toujours au Palais-Bourbon. En Nouvelle-Calédonie, vous le trouverez toujours à la même place, dans son petit kiosque à treillis. Il vous recevra au bord de la route qui serpente à travers un beau paysage de plages et de montagnes à quelques kilomètres de la mission de Saint-Louis. C'est là qu'il vit en silence, assistant aux offices célébrés dans l'église de la Conception, toute proche, drapé aux heures chaudes dans un grand manou, les claquettes aux pieds, des lunettes aux verres fumés assombrissant ses prunelles dissymétriques et douces. Ce métis d'Arabe et de Canaque a épousé Scholastique, une Mélanésienne aussi pieuse que lui, d'une bonté à ne savoir que faire d'un cœur largement ouvert à chacun. Pourvu qu'un Noir ou un Blanc ait quelque chose de sincère à lui dire, Scholastique l'écoute avec intérêt. Elle s'efforce d'aider les femmes des tribus, et, quand elle mourra des suites d'une longue maladie qui chaque jour l'affaiblissait, la tenant recluse dans sa chambre, on la pleurera longtemps.

On reprochera vivement à Lenormand de s'être abrité à l'ombre de ce couple discret et intègre pour y dissimuler ses menées secrètes. Toujours à l'affût d'une revanche, l'ex-député n'a pas désarmé. Il sautera sur l'occasion des élections présidentielles de 1965 pour demander à l'Union calédonienne d'entrer dans l'opposition. Le mot d'ordre est lancé : voter pour le candidat le plus apte à faire échec au général de Gaulle, François Mitterrand!

On sait qu'en dépit de cette consigne, le Général, aimé alors de toutes les composantes de la population calédonienne, emporta largement, dans le territoire, la majorité des suffrages. Mais la qualité des liens entre l'île et sa lointaine métropole s'amenuisait si dangereusement que leurs libres relations ne tiendraient bientôt plus qu'à un fil. Le boom éclatait. Une trentaine d'entreprises allaient ouvrir leurs portes. Les chantiers se multipliaient. On projetait à Népoui la construction d'un téléphérique de trente millions de dollars. Paris entendait tenir bien en main ce pays prometteur. Le pouvoir central allait reprendre ses droits.

Six années d'administration sous le régime de la loi-cadre n'avaient rien donné de concluant. Le ministre de la France d'outre-mer, M. Louis Jacquinot, s'en montrait courroucé. A Paris, il s'était violemment emporté devant les Chambres. Il avait été sévère : sévère pour l'incompétence des élus locaux, sévère pour le conseil de gouvernement, incapable de mener à bien des études de marchés sérieuses, sévère pour l'ex-député plus que jamais nocif au sein de l'Union calédonienne, paralysant à tout bout de champ les institutions. Le 21 décembre 1963, on avait donc tranché. Dans le territoire, les ministres seraient remplacés par de simples conseillers de gouvernement aux pouvoirs amoindris. L'exécutif repassait en presque totalité entre les mains du haut-commissaire.

Cet abandon de la loi-cadre, accompagné d'un retour brutal à un régime d'autorité, ne restera pas, psychologiquement, sans incidence sur la population mélanésienne, qui se sentira trahie. Tous ses représentants étaient destitués. L'un des meilleurs Jean Le Borgne, ministre de l'Éducation, de la Jeunesse et des Sports, qui avait accompli une œuvre intelligente et efficace, s'était vu refuser le renouvellement de son séjour en Nouvelle-Calédonie. Le service des Œuvres du ministère des Affaires étrangères l'avait affecté à l'île Maurice en qualité de professeur. De réaction en réaction, on en arrivait, de part et d'autre, à méconnaître les hommes, à ne plus porter sur le pays un regard lucide, à en nier les aspirations et les particularismes. L'originalité de l'île était bafouée.

Quand furent promulguées, en 1969, les « lois Billotte » qui réduisaient avec une sévérité accrue les compétences territoriales, on peut dire que le souhait d'autonomie, parmi les habitants de la Nouvelle-Calédonie, devint presque unanime. La revendication, hélas, en perdrait vite toute mesure. Elle deviendrait l'objet d'une surenchère des partis face à un régime qui n'était plus celui de débonnaires « gouverneurs coloniaux » mais de « préfets à poigne ».

Caractérisé par une fièvre intense, un mal ravageait le pays : fièvre de production, mais aussi d'administration envahissante. Activité ou agitation? Foucades en tout cas de décisions variées : inaugurations, subventions, adjudications, investissements, gestes d'autoritarisme, on faisait feu des quatre pieds pour se mettre en danse. Une atmosphère d'ostracisme tyrannique se répandait, jugée par beaucoup insupportable. De partout on se sentait cerné. La population était mise en fiches. Le service des Renseignements n'allait-il pas maintenant jusqu'à enquêter sur la vie privée des gens? Sur l'île, se déployait un réseau de polices parallèles. Boom et dictature ne faisaient plus qu'un.

Comment s'étonner que l'île malade, insomniaque, en soit arrivée aux spasmes?

La jeunesse autochtone était parcourue de frissons. Elle ressentait l'existence de la société blanche, surfaite, gavée de nourriture et bouffie d'orgueil, comme une injure à la race mélanésienne, à son impuissance et à sa solitude. Pendant toutes les années de la fièvre économique, les indigènes de la Grande Terre et des îles avaient été des laissés-pour-compte.

Nidoish Naisseline incarnait une immense rancœur accumulée. Fortement métissé d'Européen, ce jeune leader était né au confluent de deux mondes. Son sang de Maréen roulait aussi celui des pêcheurs de baleines. Mais, descendant d'une très ancienne chefferie, il en gardait la fierté. Un de ses ancêtres s'appelait Yeiw. Remarquable pour sa grande beauté, cet homme avait pris l'habitude de se baigner dans des trous d'eau douce. Nommé chef selon les conventions coutumières et obligé de se déplacer dans une région aride, il en tomba profondément malade. Descendant de ce fondateur de dynastie, Nidoish était, à sa ressemblance, beau et sensible. Ce jeune homme au noble visage avait aussi des nostalgies d'eaux douces. Exaspéré par la violence du monde, en enfant absolu, il opérait un retour aux sources. Il le faisait avec colère. Une jeunesse irrationnelle et tumultueuse allait le suivre. Hélas! les plus purs idéalismes sont des pièges : la confusion et la violence descendraient dans la rue, et celle-ci ferait désormais la loi...

Le 2 septembre 1969, pour libérer Nidoish, arrêté comme fauteur de troubles, des émeutiers noirs envahissent la ville, distribuent des tracts antifrançais, barbouillent les murs, déchirent des drapeaux tricolores, jettent des pierres contre les vitrines, brûlent des voitures, assiègent le commissariat de police, entourent le mess des officiers. Fronts ceints d'une écharpe éclatante, chevelures « afro », corps de guerriers adolescents, on les appelle les « Foulards rouges ». Comment le président de l'Assemblée territoriale, qui n'est autre que Yann Céléné Uregeï, pourrait-il les condamner, lui, l'éclaireur protestant de jadis, rêvant, lui aussi, d'une unité canaque dont il serait le chef scout? Dès 1970, sous l'appellation un peu fallacieuse d'« Union multiraciale », il fonde le premier parti politique kanak, d'option purement mélanésienne. En 1971 un nouveau congrès de l'U.C. mit en lumière le désaccord de plusieurs conseillers territoriaux européens avec M. Lenormand redevenu leur secrétaire général. Six d'entre eux quittèrent le parti, le privant ainsi de la majorité absolue.

Vers le drame

A cette heure, n'y a-t-il pas chez les Noirs en révolte, comme chez les Caldoches atterrés, un immense désarroi? Où va s'abîmer le bateau « Calédonie » sur lequel ils avaient vécu ensemble? Sur quel récif d'inimitié? Quelle aventure va diviser des hommes que la vie quotidienne avait si souvent réunis? Il a fallu les forces brutalement conjuguées de l'économie et de la politique pour déchirer le tissu fragile des jours : trame humaine, toujours délicate, spontanée, faite de relations secrètes qui avaient été souvent l'occasion de miraculeuses rencontres.

Ils avaient pareillement aimé cette terre. Elle était la seule où l'on pût se sentir libre, plongé au sein d'une nature totale. La cravate arrachée, le veston aux oubliettes, quasiment nus, les Européens, comme les autochtones, en écoutaient la voix. Charnelle, souveraine, la Grande Terre était un œuf tout poli de lumière, une sorte d'utérus profond. Semblables à des actinies fragiles, Noirs et Blancs s'y branchaient à un tapis de végétaux immenses, y barbotaient dans un marais d'eaux tièdes et de frais alizés. Toute agitation tombait dans la seule volupté d'être. Dès que l'on sentait au sol bouger des racines, on ne pouvait plus vivre qu'à l'état de plante, submergé par des joies végétales et simples. A cinq heures du matin, balancé sur sa plate, entre le ciel et mer, le plus gros des P.-D.G. goûtait comme un vieux Canaque d'ineffables joies cosmiques.

C'était une terre fascinante. Un mythe. Un appel. On y affirmait son droit au bonheur. Retrouver des mers vierges, des plages nues, des horizons infinis, un soleil fondamental! Pourquoi pas moi? se disait-on. Une fois le pied dans l'île, les sortilèges commençaient. Qui a vécu en Nouvelle-Calédonie le sait : on n'échappe pas à cette île, elle vous tient. Qui que vous soyez, quoi que vous fassiez, plongé un jour dans l'immensité de ses forêts ou perché à la pointe d'un de ses rochers noyés de lumière, vous sombriez dans un état d'innocence. Cela ne s'oublie pas. Dans l'immense foyer de la Grande Terre, si vous avez été brûlé, au fond de votre gorge et sous vos prunelles, vous en garderez le feu.

En cette île jetée à l'extrémité du monde, c'était encore un privilège unique : entre les obligations sociales et les facettes du monde civilisé, on avait droit à des minutes sauvages, échappées à toutes conventions, vertiges de félicité réservés jusque-là aux seuls primitifs ou aux enfants. Vivre aux antipodes, c'était enfin vivre! Rejeter sa vieille peau. Renaître. Plus rien n'était classé, compartimenté, chiffré, répertorié. Les saisons n'étaient plus qu'une seule joie déroulée. Lumière et cyclones se confondaient en un seul brasier :

Et debout, là, je reste à écouter l'eau
Je vais autour du rocher qui braille
J'écrase le poteau central
Et je disparais avec dans la forêt...

chante Kanaké. Cette nostalgie de l'homme total au cœur d'un séjour paisible n'était pas le privilège des seuls Canaques. Il était le cri de l'homme tout court : pression universelle et profonde de l'essence en chacun de nous. Il avait été l'immense espérance des pionniers. Si ceux-ci s'étaient accumulés comme les cristallisations coralliennes du récif, cela s'était-il toujours accompli au rythme d'une histoire brutale ou, au contraire, en vertu de ces lois secrètes qui font s'agripper les hommes aux attraits des paradis? La responsabilité de la grande île calédonienne était grande : en inspirant aux âmes l'exigence d'une essentielle félicité, elle leur interdisait de se détacher d'elle.

Sur leurs barricades, dans la nuit de leurs plus atroces malentendus, Caldoches et Canaques se réclameront d'une même foi : leur attachement forcené à leur île de lumière. Ni les uns, ni les autres ne consentiront à la perdre. Aucun d'eux, jamais, n'entreverra autre part le bonheur. Les Canaques hurleront pour qu'on leur rende la virginité de leurs terres. Les Caldoches proclameront la légitimité de leurs rêves. Ces derniers se rendront-ils compte que leurs privilèges, aujourd'hui, ne sont peut-être plus de mise? Mais de leur côté les Mélanésiens s'ils persistent à penser pouvoir préserver par la violence leur bonheur ne se tromperont-ils pas? Descendre un drapeau pour en hisser un autre, est-ce vraiment un geste de libération? N'est-ce pas se créer de nouvelles chaînes?

En 1975, déferla sur la Grande Terre le cyclone Alison qui dévasta une partie de la côte Est. Le 25 juin de la même année, des Canaques rassemblés autour de Roch Pidjot, en son domaine de la Conception, réclameront pour la première fois, nommément, comme un dû, l'« indépendance kanak ».

Dès 1977, Jean-Marie Tjibaou, devenu maire de Hienghène, s'engagera résolument dans la vie politique. Très vite il deviendra le leader incontesté d'une Union calédonienne au nouveau visage. Évinçant un Lenormand vieilli, embourbé dans ses tics politiques et ses ruminations périmées, il insufflera au parti une nouvelle force, un nouveau sens, un but sans ambiguïté : l'indépendance immédiate.

La même année, Jacques Lafleur regroupait Caldoches et Mélanésiens fidèles à la France dans un vaste Rassemblement pour la Calédonie. Le 17 avril, sous un chapiteau dressé au centre d'un stade, le « fils de Papy » osait un pari gigantesque. Ralliant les partis de la majorité, des représentants de tous les groupes ethniques et de nombreux Mélanésiens tant catholiques que protestants, il créait une formation dynamique, étonnamment soudée. Avec Dick Ukeiwé, dont il connaît l'attachement viscéral à la métropole française, il associait dans son enthousiasme total une grande partie des forces vives du pays.

Jacques Lafleur se battra avec fougue pour la défense du Caillou. Ce Calédonien d'une cinquantaine d'années, que tout le monde connaît, est proche de tous. Il tient de son père sa gentillesse et son goût de l'entraide. Ses ennemis se ligueront pour l'abattre. A la tête, on lui jettera cette injure suprême : il est riche! C'est vrai, sa fortune est considérable. Pour beaucoup les Lafleur constituent une forteresse d'argent. Mais de telles attaques paraîtront vite mesquines devant le courage du leader. Jacques Lafleur pourrait aisément quitter le bateau menaçant de sombrer. Il possède assez de biens pour se retirer à Monaco ou pour finir ses jours en Sologne. Mais il est entièrement donné à la cause calédonienne pour laquelle il combat depuis des années. Le journal *Le Monde*, qui n'est suspect envers lui d'aucune tendresse excessive, est obligé de le reconnaître : « Sur le plan économique, il est l'un des rares bourgeois calédoniens qui aient manifesté leur foi dans leur pays par des investissements sur place. » En politique, il se montre ouvert, prêt au dialogue. Le même journal s'en étonne : « Est-ce cet esprit de tolérance qui l'a poussé à aller si loin dans les concessions au gouvernement socialiste? » En fait, la grande majorité des Calédoniens voient en lui l'homme capable de leur épargner l'aventure.

Parce qu'il réunit autour de son nom la grande majorité des électeurs, les indépendantistes sentiront leur cause perdue. Une seule issue leur semblera possible : sortir de la légalité et boycotter les élections.

Le 12 mars 1978, Jacques Lafleur, dès le premier tour, avait été élu député de la seconde circonscription. Roch Pidjot, au second tour, avait emporté l'autre siège. Une mauvaise période commençait pour la S.L.N. qui, toujours en pleine dépression, subissait des grèves d'une importance inhabituelle. La Calédonie devenait pour la France une source de difficultés. Les secrétaires d'État aux Départements et Territoires d'outre-mer se succédaient sans se ressembler, si ce n'est par leur pratique d'un langage maladroit, leurs faux pas et leurs trébuchements en gaffes retentissantes.

Vue de Paris, la question des terres suscite des élucubrations sans fin. Quand, le 21 novembre, par l'un des tours de prestidigitation dont il a le secret, Maurice Lenormand réussit à siéger de nouveau au conseil de gouvernement, c'est de nouveau l'intolérable tension. La bipolarisation chère à l'ancien député s'accroît entre, d'une part, les « nationaux » et, d'autre part, non plus les « autonomistes » mais les « indépendantistes ». Les actions subversives se multiplient, envenimées par les événements des Nouvelles-Hébrides. Le condominium avait accédé à l'indépendance non sans avoir malmené les colons français obligés de se réfugier en terre calédonienne. Le Vanuatu (tel était le nouveau nom de l'archipel) pèserait désormais de tout son poids sur les événements calédoniens. *Le Petit Journal* n'avait-il pas déjà noté, le 13 mai 1886, au cours d'un reportage dans le Pacifique austral, que « tout événement se passant chez les Néo-Hébridais [avait] son contrecoup immédiat chez les Néo-Calédoniens et, par suite, [se trouvait] avoir une importance capitale pour nos possessions océaniennes ».

Quand, le 10 mai 1981, les Français de métropole choisissent leur président en la personne de François Mitterrand, c'est à Nouméa la consternation ou la folie. Les vieux colons se terrent chez eux, physiquement atteints. Les partisans de la France, quelle qu'en soit l'origine, n'y comprennent rien. En masse, ils ont voté pour Valéry Giscard d'Estaing, littéralement plébiscité par 65 % des voix. Quant à bon nombre d'indépendantistes, croyant l'heure arrivée, ils se précipitent dans les magasins, s'y servent généreusement et, aux caissières qui réclament leur dû, répliquent : « C'est l'indépendance, à partir d'aujourd'hui c'est Mitterrand qui paye! »

Tout à coup la vie quotidienne est émaillée d'incidents si insolites, si burlesques, qu'on en rirait s'ils ne révélaient la gravité de l'heure. A l'orée de la tribu de la Conception, sur les hauteurs du lieu dit Robinson, une Wallisienne, qui avait planté là du manioc, se voit brutalement interpellée par des Mélanésiens. On la houspille. On lui demande d'arracher tout de suite ses plants qui poussent en terre tribale. La femme se récrie et, glorieusement drapée dans son manou à grosses fleurs, réplique d'une voix inimitable, à coup de syllabes criardes et traînantes : « C'est pas dans la terre à vous autres que j'ai planté mon manioc! C'est dans la terre à Giscard. » Assise par terre, ramenant entre ses cuisses l'étoffe éclatante, elle croit avoir coupé court à toute autre revendication.

C'est, hélas!, dans ce même paysage familier, où maisons européennes et jardinets wallisiens se côtoient, où les bananiers ombragent les huttes canaques, où les enfants vietnamiens et javanais s'amusent autour de grands-pères centenaires aux fronts exotiques, c'est là que, le soir du 19 septembre de la même année, un homme tombera chez lui, mystérieusement abattu. Il s'appelait Pierre Declercq. C'était un Européen, un métropolitain installé depuis quelques années sur le territoire. Il était le secrétaire de l'Union calédonienne.

Qui l'avait assassiné? Le saura-t-on jamais avec certitude?

Des bruits extravagants circulèrent. Toute supposition semblait atroce, puisque tout restait imaginable. Fallait-il imputer l'attentat à une fraction activiste de la droite locale? A un provocateur? Le torchon brûlait-il au sein de l'Union calédonienne? Les hypothèses fusaient au cours des conversations. On se préparait à sombrer dans un cauchemar fait de malentendus. Plus rien, désormais, n'aurait les couleurs de la vérité. La violence seule comptait. Elle serait le pain des jours.

Le drame avait eu lieu au seuil de cette petite vallée d'Histoire où chantaient encore les noms des vieux missionnaires, non loin de ce « Pont-des-Français », poste militaire dans les premiers temps de la vie coloniale, à moins d'un kilomètre à vol d'oiseau d'Auteuil dont le nom évoquait les courses de la Belle Époque, près aussi d'un rivage frangé de palétuviers, rappelant le trafic des bateaux côtiers chargés de coprah et de grosses bananes.

Planté droit devant la maison du meurtre, se tenait, austère, calciné souvent par les feux de brousse, mais verdoyant aux saisons des pluies, le pic Malaoui, pointe aiguë, moirée d'ombres, sentinelle de la grande Chaîne mélanésienne. On l'avait affublé du nom de « Bonnet-d'Évêque », au temps des catholiques, et de « Chapeau-de-Gendarme » sous le gouvernement policier de M. Feillet. Qu'importe? Il restait là, probablement attentif à d'autres rumeurs, sourd à celles de ses enfants perdus qui n'étaient que remue-ménage d'hommes en détresse...

Il était le haut mât d'une terre qui ne connaissait qu'une seule force, celle, souveraine, des germinations. Il en attendrait le réveil.

APERÇU BIBLIOGRAPHIQUE

GÉOGRAPHIE – HISTOIRE – ETHNOLOGIE

BRIDON (Édouard) : *Histoire abrégée mais très véridique des mines en Nouvelle-Calédonie.*

BROSSARD (Maurice de) : *Nouméa, Océan des Français,* Paris, Éditions France-Empire, 1963.

BROU (Bernard) : *Histoire de la Nouvelle-Calédonie,* Nouméa, Société d'études historiques de la Nouvelle-Calédonie, 1973.

CAROL (Jean) : *La Calédonie agricole.*

DESCHAMPS (Hubert), GUIART (Jean) : *Nouvelle-Calédonie, Nouvelles-Hébrides,* Paris, Berger-Levrault, 1957.

DOUMENGE (Jean-Pierre) : *Atlas de la Nouvelle-Calédonie,* Institut français de recherches scientifiques pour le développement de la coopération, 1981.

DOUSSET-LEENHARDT (Roselène) : *Colonialisme et contradictions. Nouvelle-Calédonie 1878-1978. Les causes de l'insurrection canaque de 1878,* Paris, L'Harmattan, 1978.

DOUSSET-LEENHARDT (Roselène) : *Terre natale, terre d'exil,* Paris, Maisonneuve et Larose, 1976.

Encyclopédie de la Nouvelle-Calédonie, Collection réalisée par Denis Marion, ingénieur I.N.P.S. pour N.E.F.O., Nouméa-Diffusion.

Exposition coloniale internationale de Paris. Commissariat général. Établissements français du Pacifique austral. Nouvelle-Calédonie et dépendances. Nouvelles-Hébrides. Iles Wallis-et-Futuna. Établissements français de l'Océanie; Société d'éditions géographiques, maritimes et coloniales, 1931.

FAIVRE (J.-P.), POIRIER (J.-P.) et ROUTHIER (R.) : *Géographie,* Nouvelles Éditions latines, 1953.

GODARD (Philippe) : *Mémorial calédonien,* 7 vol., Nouméa-Diffusion, 1979.

LAMBERT (père) (missionnaire en Nouvelle-Calédonie de 1856 à 1903) : *Mœurs et superstitions des Néo-Calédoniens,* Nouméa, Nouvelle Imprimerie nouméenne, 1900. Réédition Nouméa, Publications de la Société d'études historiques de la Nouvelle-Calédonie n° 14, 1980.

LE BORGNE (Jean) : *Géographie de la Nouvelle-Calédonie et des îles Loyauté,* Nouméa, 1959.

LEENHARDT (Maurice) : *Gens de la Grande Terre,* Paris, Gallimard, 1937.

LEENHARDT (Maurice) : *Do Kamo. La personne et le mythe dans le monde mélanésien,* Paris, Gallimard, 1947.

MARIOTTI (Jean) : *Nouvelle-Calédonie. Le livre du centenaire, 1853-1953,* Paris, Horizons de France, 1953.

Notice de la Nouvelle-Calédonie, ses richesses, son avenir, rédigée pour l'Exposition universelle de 1900, par l'*Union agricole calédonienne,* Paris, Société d'Editions littéraires et artistiques, 1900.

O'REILLY (Patrick) : *Calédoniens. Répertoire bio-bibliographique de la Nouvelle-Calédonie,* ill. de Jean Lebedeff, Paris, musée de l'Homme, 1953. (Publications de la Société des Océanistes, n° 3).

O'REILLY (Patrick) : *Bibliographie méthodique, analytique et critique de la Nouvelle-Calédonie,* Paris, musée de l'Homme, 1955. (Publications de la Société des Océanistes, n° 4).

O'REILLY (Patrick) : *La Nouvelle-Calédonie au temps des cartes postales,* Paris, musée de l'homme, 1973. (Publications de la Société des Océanistes).

O'REILLY (Patrick) : *Calédoniens. Répertoire bio-bibliographique de la Nouvelle-Calédonie,* 2e édition, ill. de Jean Lebedeff et Chantal Dessirier, Paris, musée de l'Homme, 1980. (Publications de la Société des Océanistes).

PISIER (Georges) : *Bibliographie de la Nouvelle-Calédonie.* Recensement de 3 300 publications pour la période 1953-1982. Nouméa, Société d'études historiques de la Nouvelle-Calédonie.

SAUTOT (Henri) : *Grandeur et Décadence du gaullisme dans le Pacifique,* F.W. Cheshire, Melbourne et Londres, 1949.

SAVOIE (Clovis) : *Dans l'océan Pacifique – Histoire de la Nouvelle-Calédonie et de ses dépendances sous les gouverneurs militaires, 1853-1884,* Nouméa, Imprimerie nationale, 1922.

SHINEBERG (Dorothy) : *Ils étaient venus chercher du santal,* Nouméa, Publications de la Société d'études historiques de la Nouvelle-Calédonie, 1973.

TJIBAOU (J.-M.), MISSOTTE (P.), FOLCO (M.), RIVES (C.) : *Kanaké, Mélanésien de Nouvelle-Calédonie*, Nouméa, Éditions du Pacifique, 1976.

VOYAGES – LETTRES – SOUVENIRS

ALLEMANE (Jean) : *Mémoires d'un communard, des barricades au bagne*, Paris, Librairie socialiste J. Allemane, s.d.

ANDRIEUX (L.) : *Souvenirs d'un préfet de police*, Paris, Jules Rouff et Cie éd.

BRANDA (Paul) : *Colon, Canaque et bagnard.*

COOK (James) : *A Voyage Towards the South Pole and Round the World, Performed in His Majesty's Ships the* Resolution *and* Aventure, *in the Years 1772, 1773, 1774 and 1775, Written by James Cook, Commander of the* Resolution, Londres, W. Strahan and T. Tadelle, 1977.

COOK (James) : *Relations de voyages autour du monde*, Paris, Maspero, 1982.

FAUCHERY (Antoine) : *Lettres...?*

GARNIER (Jules) : *Voyage autour du monde. La Nouvelle-Calédonie, côte orientale (Océanie, les îles des Pins, Loyalty et Tahiti côte occidentale)*, Paris, Plon, 1871.

LE GOUPILS (Isidore) : *Comment on cesse d'être colon*

LE GOUPILS (Marc) : « Colons et Canaques » *in La Revue de Paris*, octobre 1909, p. 449-796.

MARIOTTI (Jean) : *A bord de « L'Incertaine »*, Paris, Stock, 1942.

MICHEL (Louise) : *Mémoires*, Paris, F. Roy, 1886; Maspero, 1979.

MICHEL (Louise) : *Le Claquedent*, Plasma, 1980.

RIVIÈRE (Henri) : *Souvenirs de la Nouvelle-Calédonie. L'insurrection canaque*, Paris, Calmann-Lévy, 1881.

ROCHEFORT (Henri) : « A la Nouvelle » *in Les Aventures de ma vie*, vol. III, p. 263 à 314.

ROUSSET (Léonce) : *Album de l'île des Pins*, brochure lithographiée avec ill. de M. Massard (Coll. Bouge à Paris).

SIMON-MAYER : *Étapes d'un forçat politique.*

STANLEY (James) : *Cannibals and Convicts : Notes of Personnal Experiences in the Western Pacific*, by Julian Thomas, Londres, Auxell and Cie, 1866.

LÉGENDES – ROMANS

BAUDOUX (Georges) : *Légendes canaques*, avec une préface de Lucien Lévy-Bruhl, Paris, Éditions Rieder, 1928. Nouvelles Éditions Latines, 1952.

CHABRIER (Agnès) : *Noire est la couleur*, Paris, Flammarion, 1964.

MARIOTTI (Jean) : *Les Contes de Poindi et les Nouveaux Contes de Poindi*, Paris, Stock, 1946.

MICHEL (Louise) : *Légendes et chants de geste canaques*, Paris, Kéva, 1885. Nouméa, Éditions du Cagou, 1980. Paris, Éditions Opale, 1984.

GUIDES

GODARD (Philippe) : *Reflets de Nouvelle-Calédonie*, Nouméa, Nouvelles Éditions françaises d'Océanie, 1979.

KING (Georges) : *Nouvelle-Calédonie, île Loyauté, île des Pins*, Paris, Hachette, « Les Guides bleus illustrés », 1964.

KING (Georges) : *En Nouvelle-Calédonie*, Paris, Hachette, « Guides Visa », 1981.

GLOSSAIRE

Ambrevade : Pois dont les graines proviennent de la Réunion. Les poules en sont très friandes.

Araucaria : Pin colonnaire pouvant atteindre 50 mètres de hauteur.

Arbre du voyageur : A la jonction des feuilles et du tronc de cet arbre, de l'eau se concentre dans une poche. Elle est sucrée et buvable.

Bagayou : Désignait l'étui pénien dans la société indigène.

Bami : Plat d'origine indonésienne, à base de crevettes, poulet, haricots verts, vermicelles.

Bambounnière ou bamboulière : Terrain sur lequel poussent des bambous.

Bancoul : Noix du bancoulier.

Bancoulier : Arbre de la forêt dont les noix produisent une huile.

Banian : Grand arbre à racines aériennes de la famille des caoutchoucs.

Bayou : Mot qui vient de l'indonésien et signifie sœur. Il désigne familièrement une femme javanaise.

Bichelamar : Vient de « bêche la mar » : à l'origine, langage de ceux qui faisaient le commerce des bêches de mer (trépang).

Billon : Monticule de terre pour soutenir les ignames.

Bougna : Plat traditionnel, enveloppé de feuilles de bananiers, cuit sur des pierres rouges; composé de poulet ou de poisson, d'ignames, de taros, de patates douces, et de lait de coco.

Bourao : Arbre dont les petites fleurs ressemblent à celles des hibiscus. Ses feuilles sont généralement mangées par les chenilles.

Bousingot : Sorte de couvre-chef.

Brède : Plante verte que l'on consomme comme des épinards.

Brûlis : Emplacement dont on a brûlé l'herbe.

Buffalo : Herbe à pâturage introduite par le gouverneur M. Pallu de La Barrière. En Nouvelle-Calédonie, presque tous les pâturages sont faits de buffalo.

Bulime : Escargot en forme de coquillage. Ils sont nombreux à l'île des Pins.

Bushman : Homme de la brousse australienne.

Caféerie : Terme utilisé en Nouvelle-Calédonie pour désigner les caféières.

Cagou : Oiseau typique du pays, devenu le symbole de la Nouvelle-Calédonie.

Caillou-boucan : Caillou qui ensorcelle et empoisonne.

Caillou-Zébrides : Caillou qui a les mêmes pouvoirs que le caillou-boucan et qui provient des Nouvelles-Hébrides.

Calédonien : Terme employé dans les premières années de l'immigration pour désigner tout homme d'origine étrangère à l'île, mais y étant fixé, après une ou deux générations.

Capitation : Impôt par individu, exigé pendant longtemps par les gouverneurs dans les tribus.

Carangue : Poisson bleu-violet.

Casse-tête : Arme de guerre, taillée surtout dans du bois de gaïac, figurant soit un oiseau, soit le sexe masculin.

Centre : Groupement de plusieurs propriétés européennes.

Chaux-de-caillou : Chaux obtenue à partir du corail de la mer.

Chêne-gomme : Arbre des forêts, qui produit de la gomme, dans le Sud.

Chien « bleu » : Dingo d'Australie, chien qui a l'aspect d'un gros renard de couleur gris ardoise.

Chouchoutte : Liane dont les fruits boursouflés, épineux sont consommés comme des légumes.

Cordyline : Plante à feuilles rouges ou vertes, de la famille des liliacées, appelée dans les tribus « bâton de sorcier ». Elle joue un rôle important dans la vie mélanésienne : elle est le symbole de la continuité du clan.

Coulisse : Passage tendu d'étoffe pour faire rentrer le bétail au stockyard.

Coutumier religieux : Ensemble des règles et coutumes religieuses locales.

C.P.S. : Commissariat du Pacifique Sud.

Creek : En Nouvelle-Calédonie signifie un petit cours d'eau.

Cycas : Arbuste exotique, à palmes, dont le fruit sert à faire de la farine.

Daguet : Désignation du cerf mâle, vers sa deuxième année.

Dartrier : Arbre dont les grappes de fleurs jaunes se tiennent droites et rigides.

Datura : Plante vénéneuse qui a de grosses corolles blanches.

Débrousser : Terme local : détruire les broussailles.

Dungaree : Mot utilisé pour les blue-jeans; à l'origine il s'agissait d'une grosse toile de l'Inde.

Emboucaner : Empoisonner moralement et physiquement.

Erythrine : Arbre qui sert d'ombrage pour les caféiers.

F.A.D.I.L. : Fonds pour le développement d'aide de l'intérieur des îles.

Faux-café : Plante qui ressemble à du café et dont les feuilles sont vernissées.

Gaïac : Arbre de la famille des acacias, au bois compact, aux feuilles persistantes et bleutées, aux petites fleurs jaunes.

Gerbera : Fleur de teinte pastel, ressemblant à une grosse marguerite.

Haussaire : Contraction du mot haut-commissaire.

Herbe à para : Graminée introduite pour servir de pâturage.

Houp : Très grand arbre, dont le bois sert pour la menuiserie.

Igname : Plante qui avec le taros et la patate est un des aliments de base des Mélanésiens. Elle a un rôle social et culturel dans les tribus.

Jamelonier : Arbre à fruits comestibles, les jamelons, à chair violette, dont on fait des gelées.

Jamrosat : Arbre exotique, à grosses baies rouges comestibles, sentant la rose.

Jaracunda : Sorte de flamboyant aux fleurs mauves, dit flamboyant « bleu ».

John Frum : Personnage imaginaire de l'archipel, dont le mythe est d'origine hébridaise.

Kakane : Appellation familière des vieux Javanais, qui vient de kakah, signifie frère.

Kohu : Arbre réputé pour son bois dont on fait des meubles.

Kaori : Grand arbre résineux de la famille des conifères dont on fait des meubles.

Lantana : Buisson à fleurs multicolores qui se trouve partout en brousse.

Liane-amanda : Ses feuilles sont luisantes, ses fleurs ont de grandes corolles jaunes.

Maciri : Mot mélanésien : séjour paisible.

Mangrove : Fouillis de végétaux caractéristique du littoral calédonien, composé essentiellement de palétuviers.

Manou : Pièce d'étoffe servant de pagne.

Métro : Abréviation de métropolitain.

Moque : Récipient pour tous usages.

Napoléon : Gros poisson vert, dont le poids est d'environ 100 kilos.

Natas : Pasteurs indigènes.

Néo-calédonien : Terme employé au début de la colonisation par les pères missionnaires pour désigner les indigènes.

Niaouli : Arbre à feuillage gris-vert, typique de la savane calédonienne, dont on tire une essence (huile goménolée, du nom de la tribu Gomen).

Notou : Gros pigeon gris qui vit dans la forêt, au cri monotone et répétitif.

Palétuvier : Arbre de la mangrove dont les racines sont tortueuses. On en extrait une teinture.

Pandanus : Arbuste du bord de mer et des rives de cours d'eau. Ses feuilles tressées servent à confectionner des nattes, des paniers, des chapeaux, etc.

Papayer : Arbre à latex, qui produit un fruit rouge ou jaune, dont la chair est très appréciée, crue ou cuite.

Pétrolette : Petit bateau à moteur servant à différents usages.

Pilou : Danse canaque exécutée à l'occasion d'événements importants.

Piré : Sorte de marché (mot d'origine mélanésienne).

Plate : Barque.

Poinsettias : Plantes d'appartement dont les feuilles vertes deviennent blanches ou roses ou rouges, qui atteignent la taille d'un grand arbuste en Nouvelle-Calédonie. (Poinsettie)

Pomme canaque : Petite pomme sauvage venant d'un arbuste de brousse.

Pomme cannelle : Fruit d'un arbuste à chair blanche et crémeuse.

Pomme liane : Fruit de la passion, gros comme un œuf, violet foncé.

Prospect : Délimitation de l'endroit où l'on cherche le minerai.

Run : Grand stockyard.

Soyu : Mot utilisé pour le soja.

Station : Domaine individuel d'un propriétaire-éleveur.

Stockyard : Enclos à bétail.

Store : Magasin où l'on vend de tout, installé dans les villages et dans les centres.

Syndic : Gendarme faisant office d'homme de loi.

Takata : Sorcier.

Talés : Chambranles placés à l'entrée des cases, représentant des ancêtres, dont l'origine est mélanésienne.

Tamioc : Hachette.

Tapa : Tissu obtenu à partir de l'écorce de certains arbres.

Tarodière : Colline où les taros étaient cultivés en terrasse.

Taros : Plantes à larges feuilles dont on consomme le bulbe et quelquefois les feuilles.

Tazar : Poisson calédonien que l'on pêche à la traîne.

Tayo : Mot qui désignait jadis l'indigène du sexe masculin.

Touque : Mot très employé en Nouvelle-Calédonie pour désigner n'importe quelle sorte de récipient.

Train Decauville : Du nom de sa locomotive; petit train constitué de wagonnets et qui circule sur les rails dans les mines, les ports, etc.

Trépang : Bêche de mer ou biche de mer : espèce d'holothurie marine comme les oursins ou les étoiles de mer ayant la forme d'un gros boudin; faisant l'objet d'un commerce à destination de l'Asie.

Troca : Coquillage en forme de cône, recouvert d'une épaisse couche de nacre.

Troupeau : Image calédonienne appliquée à tout être vivant, animal ou humain.

Vétiver : Touffe d'herbe, dont les racines sont parfumées.

Wharf : Terme anglais qui désigne un appontement, tantôt temporaire, tantôt permanent, là où un bateau doit charger ou décharger.

Zozo : Diminutif de « z'oreilles », mot désignant les Français de Métropole effectuant en Nouvelle-Calédonie un séjour de deux ou trois ans, comme en font les fonctionnaires.

TABLE DES MATIÈRES

Cet ouvrage a été réalisé sur
Système Cameron
par la SOCIÉTÉ NOUVELLE FIRMIN-DIDOT
Mesnil-sur-l'Estrée
pour le compte des Éditions Hachette
le 3 juin 1985

Imprimé en France
Dépôt légal : juin 1985
N° d'édition : 0492 – N° d'impression : 2537
ISBN 2-01-011387-X
23-42-4080-01
ISSN 0768-0074